U0819219

权威·前沿·原创

皮书系列为
“十二五”国家重点图书出版规划项目

中国社会科学院创新工程学术出版资助项目

日本经济蓝皮书
BLUE BOOK OF JAPANESE ECONOMY

日本经济与中日经贸关系研究报告（2015）

ANNUAL REPORT ON JAPANESE ECONOMY AND SINO-JAPANESE ECONOMIC & TRADE RELATIONS (2015)

日本能源形势与能源战略转型

全国日本经济学会
中国社会科学院日本研究所
主　编／王洛林　张季风
副主编／叶　琳

社会科学文献出版社
SOCIAL SCIENCES ACADEMIC PRESS (CHINA)

图书在版编目（CIP）数据

日本经济与中日经贸关系研究报告. 2015：日本能源形势与能源战略转型/王洛林，张季风主编. —北京：社会科学文献出版社，2015. 5

（日本经济蓝皮书）

ISBN 978 - 7 - 5097 - 7420 - 5

Ⅰ. ①日…　Ⅱ. ①王…　②张…　Ⅲ. ①经济发展 - 研究报告 - 日本 - 2015　②对外经济关系 - 中日关系 - 研究报告 - 2015　③能源战略 - 研究报告 - 日本　Ⅳ. ①F131. 34　②F125. 531. 3　③F431. 362

中国版本图书馆 CIP 数据核字（2015）第 082447 号

日本经济蓝皮书

日本经济与中日经贸关系研究报告（2015）

——日本能源形势与能源战略转型

主　　编／王洛林　张季风

副 主 编／叶　琳

出 版 人／谢寿光

项目统筹／祝得彬　王晓卿

责任编辑／王晓卿　李清如　李秀梅

出　　版／社会科学文献出版社 · 全球与地区问题出版中心（010）59367004

地址：北京市北三环中路甲 29 号院华龙大厦　邮编：100029

网址：www. ssap. com. cn

发　　行／市场营销中心（010）59367081　59367090

读者服务中心（010）59367028

印　　装／北京季蜂印刷有限公司

规　　格／开　本：787mm × 1092mm　1/16

印　张：26　字　数：477 千字

版　　次／2015 年 5 月第 1 版　2015 年 5 月第 1 次印刷

书　　号／ISBN 978 - 7 - 5097 - 7420 - 5

定　　价／79. 00 元

皮书序列号／B - 2008 - 078

日本经济蓝皮书编委会

主要编撰者简介

王洛林 男，1938年6月出生，湖北人，1960年毕业于北京大学经济系，曾任厦门大学副校长、中国社会科学院常务副院长；现任中国社会科学院特邀顾问，全国日本经济学会名誉会长，中国社会科学院研究生院教授、博士生导师。主要研究领域：国际贸易、国际投资、世界经济、宏观经济和金融等。代表性作品有：《世界经济形势分析与预测》（主编），《关于国有外贸企业转换经营机制的几个问题》（1995），《日元贬值及其对亚洲经济的影响》（1999），《日本的通货紧缩性经济危机》（2000），《日本金融考察报告》（2001）等。

张季风 男，1959年8月出生，吉林人，1982年毕业于东北师范大学外语系，1992年获东北师范大学日本研究所硕士学位，1999年获日本东北大学经济学博士学位。现为中国社会科学院日本研究所研究员，所长助理，全国日本经济学会秘书长。主要研究领域：日本经济、中日经济关系和区域经济。代表性作品有：《日本国土综合开发论》（专著，2004），《挣脱萧条：1990～2006年的日本经济》（专著，2006），《中日友好交流三十年（经济卷）》（主编，2008），《日本经济概论》（主编，2009），《不断扩展的东亚产业协作》（主编，2010，日文版），《日本能源文献选编：战略、计划、法律》（编译，2014），其他有关日本经济与中日经济关系论文100余篇。

冯昭奎 男，1940年8月出生，浙江人，1965年毕业于清华大学无线电电子学系。现为中国社会科学院名誉学部委员、中国社会科学院日本研究所研究员、全国日本经济学会顾问。主要研究领域：日本科技与经济、中日关系。代表性作品有：《新工业文明》（专著，1990），《21世纪的日本：战略的贫困》（专著，2002），《日本经济（第二版）》（编著，2005），《日本、世界、中国——值得我们关注的若干问题》（专著，2013），其他有关国际问题与中日关系论文100余篇。

吕克俭 男，1954 年 1 月出生，辽宁人，1975 年毕业于大连外国语大学日语系。曾任中国商务部亚洲司司长、中国驻日本使馆经济商务公使；现任全国日本经济学会副会长。主要研究领域；国际经济贸易、国际投资。代表性作品有：《亚太经贸事典》（合著），《日本市场通览》（主编，2002），《日本商务通览》（主编，2012）等。

叶　琳 女，1982 年 7 月出生，四川人，2005 年毕业于外交学院外语系，2007 年获外交学院国际关系研究所法学硕士学位，2011 年开始攻读外交学院国际关系研究所国际政治经济学专业博士课程。现为中国社会科学院日本研究所《日本学刊》编辑部副主任、编辑。主要研究领域：国际政治经济学、日本经济体制等。代表性作品：《21 世纪初日本企业经营的制度环境变革分析》（《日本学刊》2010 年第 1 期），《国际经济学导论》（合译，2011）等。

摘要

2014年是日本经济波动起伏、举步维艰的一年。由于“安倍经济学”失灵和提高消费税税率的共同作用，实际GDP增长率高开低走，第二和第三季度连续两个季度为负增长，陷入技术性衰退，全年也将是负增长。中小企业与大企业之间受益不均、地方与大城市之间经济发展不平衡、工资跟不上物价上涨、低收入阶层生活困难——经济难题堆积如山。由于安倍政府将再次提高消费税税率的时间推迟至2017年4月，加上上一年度的增长率较低，2015年度的经济增长将出现一定反弹。但是，由于消费、投资和出口“三驾马车”都很难跑起来，今后的前景也未必乐观。从中日经济关系来看，由于经济原因、双边政治关系紧张造成的严重影响仍在延续，2014年虽然中日贸易降幅有所收窄但双边贸易持续负增长，中日互购国债与人民币直接交易受挫，中日韩自贸区谈判仍无实质性进展，特别是日本对华直接投资出现少见的大幅下降，使得“政冷经冷”的态势越发凸显。习近平主席与安倍首相在北京APEC会议实现会见后，中日关系出现若干缓慢回暖趋势，在这种大背景下，2015年的中日经贸关系可望出现全面改善，特别是中日韩自贸区谈判可能出现突破性进展。

本书以“日本国家能源战略研究”为专题，因此“总报告”题目确定为“日本能源形势与能源战略转型研究报告”。但是，为了保持本蓝皮书内容上的连续性，继续保留“日本经济热点追踪”和“中日经贸合作现状与走势”两个栏目，此外还有“日本能源战略转型”、“日本能源安全与海外能源开发”、“石油、核电、煤炭、新能源”和“节能与能源合作”四个栏目。全书以总报告为基础，对日本经济、中日经济关系，特别是对日本能源战略演变、战略转型以及能源前景等备受关注的问题进行全方位的分析。

能源战略一直贯穿于日本经济发展的各个历史阶段。二战后日本的能源战略，经历了重点发展煤炭与钢铁的战略、“油主煤辅”的能源结构转型战略、石油替代战略、能源多元化战略、石油危机后的节能战略、石油战略储备、3E协调发展战略等几次重要的演变，为日本在能源资源极度匮乏的现实条件下，确保能源安全、实现经济腾飞和长期发展，发挥了重要作用。但是，东日本大地震和福岛核电站事故发生后，日本的能源形势空前严峻，能源战略不得不重新调整。纵观日本今后能源形势的发展态势，核电站有望重新启动，可再生能源发展战略希望与挑战并存。分析日本能源形势与能源战略的转型，其经验教训可资中国借鉴。

关键词： 日本经济　中日经贸关系　能源战略　能源安全　战略转型

目 录

𝔹Ⅰ 总报告

𝔹Ⅱ 日本经济热点追踪

𝔹Ⅲ 中日经贸合作现状与走势

BⅣ 日本能源战略转型

BⅤ 日本能源安全与海外能源开发

BⅥ 石油、核电、煤炭、新能源

ⅦB 节能与能源合作

ⅧB 附录

总 报 告

General Report

B.1

日本能源形势与能源战略转型研究

张季风*

摘　要：能源战略一直贯穿于日本经济发展的各个历史阶段。战后日本的能源战略，经历了重点发展煤炭与钢铁的战略、“油主煤辅”的能源结构转型战略、石油替代战略、能源多元化战略、石油危机后的节能战略、石油储备战略、3E协调发展战略等几次重要的演变，为日本在能源资源极度匮乏的现实条件下确保能源安全、实现经济腾飞和长期发展发挥了重要作用。但是，东日本大地震和福岛核电站事故发生后，日本的能源形势空前严峻，能源战略不得不重新调整。纵观日本今后能源形势的发展动态，核电站有望重新启动，可再生能源发展战略希望与挑战并存。分析日本能源的形势与能源战略的转型，其经验教训可资中国借鉴。

* 张季风，经济学博士，中国社会科学院日本研究所研究员、所长助理，全国日本经济学会秘书长、常务理事，主要研究领域：日本经济、日本能源、中日经济关系等。

关键词： 日本 能源战略 能源形势 能源安全 战略转型

能源是国民经济的命脉，世界上任何一个国家几乎都将能源安全置于最重要的战略地位。然而，由于自然禀赋不同，每个国家的能源资源储藏量大不一样。日本能源资源匮乏，基本依靠进口能源维持经济发展。第一次石油危机以来，日本大力推行石油替代政策、节能技术以及新能源的开发，力争实现能源结构的多元化和能源进口来源地的多元化，从供需两方面下功夫，保障了能源安全。

但是，东日本大地震以后，日本的能源状况发生了重大变化，能源形势呈现出空前严峻的局面，既定的日本能源战略全部被打乱，不得不进行调整。日本今后能源战略的基本方向仍是将核电置于基荷电源的位置，彻底强化核电站的安全对策，继续实行节能和节电对策，实现能源种类的分散化与结构的合理化。

一 日本能源形势与基本特征

日本依靠从中东进口廉价的石油，在20世纪60年代实现了高速增长，并且在1969年超过德国，成为仅次于美国的西方第二大经济强国。然而，70年代的两次石油危机暴露了日本能源供需结构的脆弱性，日本朝野上下对能源安全的危机感越来越强。以此为契机，日本将确保能源安全作为最重要国策，率先发展液化天然气（LNG）、火力发电和核电事业，同时从国外进口煤炭用于发电。日本产业界大力开展节能运动，城市煤气也迅速完成了从石油、煤炭向天然气的转换。

此后虽然出现了应对地球环境问题以及通过规制改革来提高经济效益等各种新课题，但日本的能源安全供给并没有出现障碍。能源的稳定供给成为战后日本经济健康发展并且维持世界第二大经济体地位长达40多年的重要保障。

但是，2011年3月11日东日本大地震和福岛核电站事故的发生，使日本的能源形势发生了重大变化，其能源战略不得不进行调整。福岛核电站事故虽已过去4年，但核污染水处理等问题还没有得到妥善解决，这说明核事故处理尚未达到收敛阶段。十几万人仍然过着背井离乡的“避难”生活，事故赔偿、清污、“废堆”等难题堆积如山。更为严峻的是，东日本大地震和福岛核电站事故发生以后，人们对过去的能源供给体制的不信任感日益增强，作为日本能源主要供给源之一的核电站全部停机，由于替代燃料LNG、原油和煤炭的进口量大大增加，导致贸易收支迅速恶化，同时由于化石燃料的大量使用，也使日本的温室气体排放越来越重，环境压力越来越大。

总之，东日本大地震后到现在，日本能源的固有问题并没有得到解决，而且带来了新的问题。目前日本的能源结构呈现出如下特点。

第一，日本仍然是世界主要能源消费大国和能源进口大国。如表 1-1 所示，2013 年，日本一次能源消费量为 474.0 百万吨油当量（Mtoe），仅次于中国、美国、俄罗斯和印度，居世界第五位，占比为 3.7%，与 2000 年的 4.7% 相比下降了 1 个百分点。其中，原油消费量为 208.9 Mtoe，次于美国和中国，居世界第三位，石油进口量也居世界第三位。天然气消费量为 105.2 Mtoe，仅次于美国、俄罗斯、伊朗和中国，居世界第五位，但 LNG 进口量上升为世界第一位。原煤消费量为 128.6 Mtoe，仅次于中国、美国和印度，居世界第四位。值得关注的是，日本从 1960 年以来一直处于上升趋势的能源供应总量在 2007 年达到峰值后，开始呈现下降趋势。

表 1-1　2013 年世界各国一次能源消费量

单位：Mtoe

	原油	天然气	原煤	核能	水电	可再生能源	合计
中国	507.4	145.5	1925.3	25.0	206.3	42.9	2852.4
美国	831.0	671.0	455.7	187.9	61.5	58.6	2265.8
俄罗斯	153.1	372.1	93.5	39.1	41.0	0.1	699.0
印度	175.2	46.3	324.3	7.5	29.8	11.7	595.0
日本	208.9	105.2	128.6	3.3	18.6	9.4	474.0
加拿大	103.5	93.1	20.3	23.1	88.6	4.3	332.9
德国	112.1	75.3	81.3	22.0	4.6	29.7	325.0
巴西	132.7	33.9	13.7	3.3	87.2	13.2	284.0
韩国	108.4	47.3	81.9	31.4	1.3	1.0	271.3
法国	80.3	38.6	12.2	95.9	15.5	5.9	248.4
伊朗	92.9	146.0	0.7	0.9	3.4	0.1	243.9
世界总计	4185.1	3020.4	3826.7	563.2	855.8	279.3	12730.4

资料来源：BP, *Statistical Review of World Energy 2014*, http://www.bp.com/en/global/corporate/about-bp/energy-economics/statistical-review-of-world-energy.html。

第二，东日本大地震后，日本本来就很低的能源自给率变得更低。由于能源极度缺乏，日本的一次能源自给率一直很低，在发生第一次石油危机的 1973 年仅为9%左右。此后，日本大力发展核电事业，但由于核电站所使用的铀也需要进口，因此核电也只能算准国产化。到2010年日本能源自给率（包括核电的准自给率在内）提高到19.9%，其中水力和新能源等合计约为4%，其余15.0%为核电等，应当说能源自给率有了一定程度的提高（参见表1-2）。然而，东日本大地震以后，核电站陆续停机，到2012年日本能源自给率又重新降至6.0%的低点，其中水力、天然气和新能源等合计为5.4%，而核电只剩0.6%。2012年，日本的能源自给率在OECD国家中居第33位，为倒数第二位，而同期美国的能源自给率为85.0%，英国为60.7%，法国为52.9%，德国为40.1%，就连韩国也达到18.0%，经济合作与发展组织（OECD）国家平均能源自给率为70.0%。

表1-2　近年来日本一次能源自给率的变化

单位：%

	2010年	2011年	2012年
煤炭	甚少	甚少	甚少
原油	0.1	0.2	0.1
天然气	0.6	0.7	0.7
核能	15.0	5.8	0.6
水力	1.4	1.6	1.5
可再生能源	2.7	3.1	3.1
一次能源合计	19.9	11.2	6.0

资料来源：経済産業省・資源エネルギー庁『エネルギー白書2014』、http://www.enecho.meti.go.jp/about/whitepaper/2014pdf/。

第三，石油在一次能源中占比仍较高。自1973年第一次石油危机以来，日本一直致力于摆脱能源对石油的依赖。石油占一次能源的比重，从1973年的75.5%降至1990年的58.3%，2000年又降至49%，到2010年又进一步降至40%，可以说颇有成效。与此同时，在1973年至2010年，其他主要能源占一次能源的比重也发生了很大变化，其中天然气从1.6%上升至19.2%，煤炭从16.9%上升至22.6%，核电从0.6%上升至11.8%。然而，东日本大地震后，由于核电站停机，日本不得不大量进口石油等化石燃料，结果导致2012年石油在一次能源中的占比又重新反弹至48%，煤炭与天然气各占23%，核电骤降为1%，水力发电占3%，新能源等占2%。总体来看，石油所占比重仍然最大（参见图1-1）。

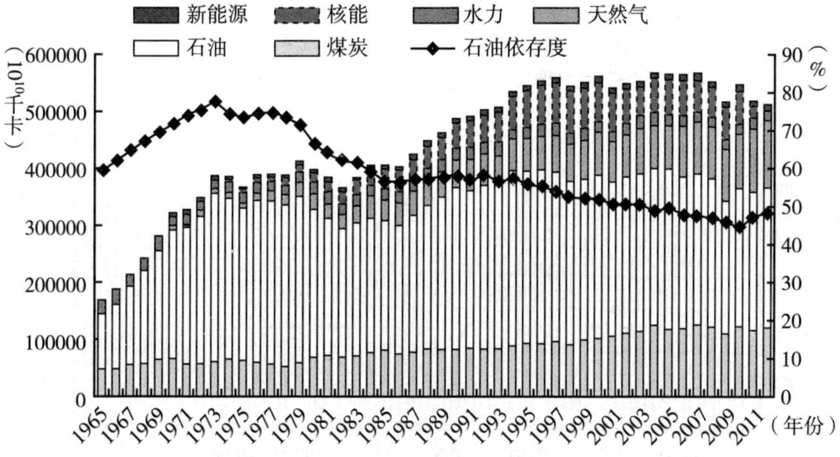

图1－1 日本一次能源结构的变化

资料来源：『エネルギー・経済統計要覧』。转引自小山堅「日本のエネルギー政策の課題」、PPT資料。

第四，石油进口主要依赖中东的格局并没有发生变化。第一次石油危机以来，日本深刻认识到，在一次能源中过度依赖石油这一种能源风险很高，同时石油进口过度依赖动荡不安的中东地区更是十分危险。因此，日本实施能源多元化战略，既包括能源品种的多元化，也包括能源进口地区的多元化。前者主要是利用核能、天然气、可再生能源等其他能源替代石油，降低石油的依赖度；而后者主要是开拓中东地区以外的进口渠道。应当说日本在降低石油依赖度方面进展较快，已经从20世纪70年代初的75%降至2012年的50%以下，但是在石油进口多元化方面却停滞不前。如图1－2所示。日本石油进口严重依赖中东地区的格局并没有发生变化，虽然在80年代中期曾下降至68%，但此后又重新回升到80%以上。而且，天然气的进口对中东的依赖度也高达30%左右。

第五，电力来源结构多元化，天然气所占比重上升。在20世纪60年代之前，日本的电力来源主要是水电和使用煤炭的火力发电。60年代电力工业从“水主火从”转为“火主水从”后，主要是依靠煤炭和石油火力发电。70年代以后以第一次石油危机爆发为契机，日本加速发展核电，到1980年核电机组达到20座，1990年达到40座，东日本大地震之前达到55座，核电占总发电量的30%。除核电之外，LNG火力发电也取得了长足的发展，LNG火力发电占发电

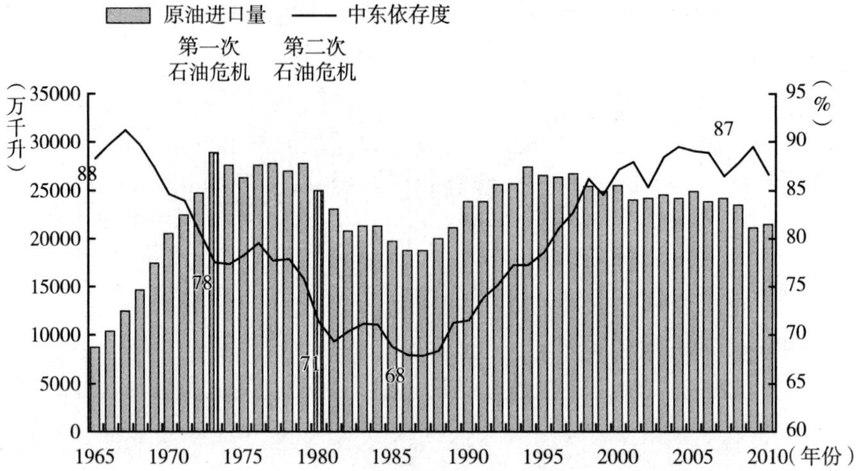

图1-2 日本原油进口与对中东地区的依存度

资料来源：『エネルギー・経済統計要覧』。

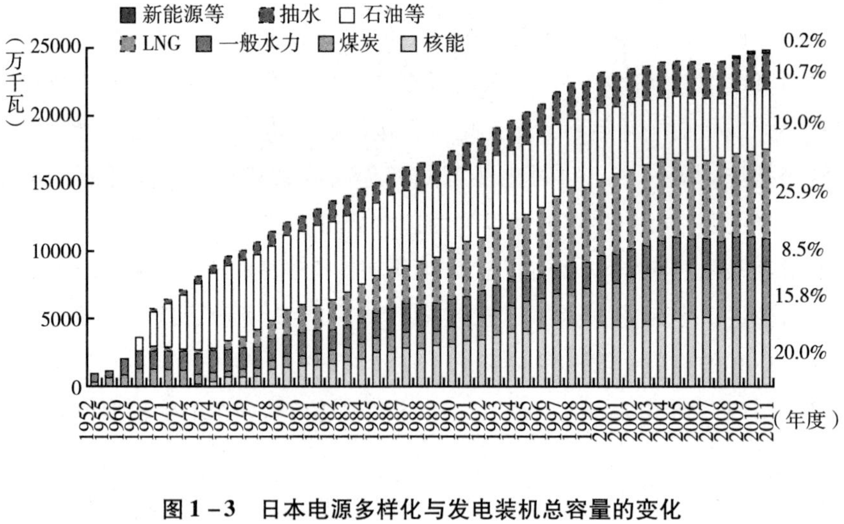

图1-3 日本电源多样化与发电装机总容量的变化

资料来源：経済産業省・資源エネルギー庁『エネルギー白書2013』、http：//www.enecho.meti.go.jp/about/whitepaper/。

装机总容量的比重从1973年的2.0%上升到2011年的25.9%（参见图1-3）。特别是在东日本大地震后，LNG火力发电占实际发电量的比重在2011年、2012

年和 2013 年分别高达 39.5%、42.5% 和 43.2%①，对解决灾后的电力不足问题发挥了巨大作用。另外，城市燃气中的 LNG 所占比重也上升得非常显著。1970 年城市燃气中的石油类燃料占 47.5%，煤炭类燃料占 37.2%，包括 LNG 在内的天然气仅占 15.2%。经过 70 年代的两次石油危机以后，日本大量采用 LNG，石油和煤炭类燃料占城市燃气的比重逐渐下降，而 LNG 所占比重迅速上升，到 2012 年已达到 89.5%，如果再加上国产天然气等在内，天然气的比重更高达 96%（参见图 1－4）。

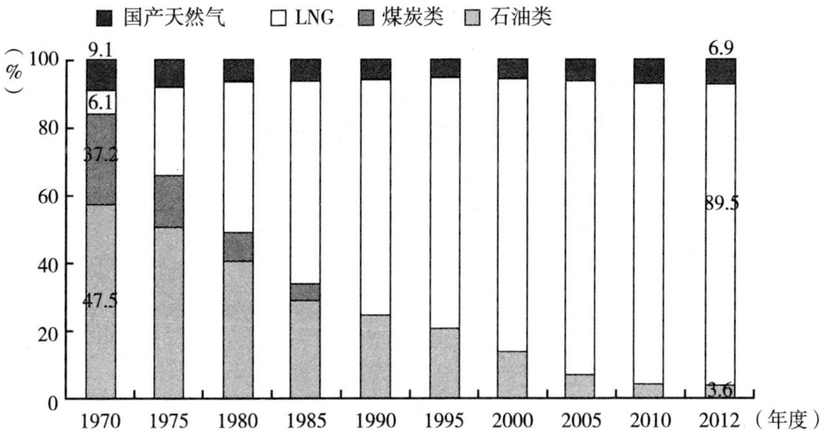

图 1－4　日本城市燃气原料的变化

资料来源：日本ガス協会『ガス事業便覧』、各年版。

第六，能源利用效率与节能技术居世界一流水平。纵观战后日本经济发展的历史，不难看出日本一直致力于能源利用效率的提高。特别是第一次石油危机以后，日本更是将节能和提高能源利用效率置于国家战略的高度。在 20 世纪 70 年代中期至 2005 年长达 40 多年的时间里，日本以消费世界不足 5% 的能源创造了世界 GDP 8% 以上的业绩。如表 1－3 所示，自 1973 年以来，日本能源消费的增长速度长期低于经济增长率，能源弹性系数也长期处于很低的水平。

① 『電気事業連合会会長　定例会見要旨（2014 年 5 月 23 日）』、http：//www. fepc. or. jp/about_ us/pr/kaiken/_ _ icsFiles/afieldfile/2014/05/23/kaiken_ 20140523. pdf。『電気事業連合会会長定例会見要旨（2014 年 5 月 23 日）』、資料 1、http：//www. fepc. or. jp/about_ us/pr/pdf/kaiken_ s1_ 20140523. pdf。

表1-3 日本能源需求与GDP增长率、能源弹性系数的变化

年度	1965~1973	1973~1979	1979~1990	1990~2000	2000~2010	2010~2011
①实际GDP(%)	9.1	3.9	4.3	1.0	0.7	0.3
②一次能源供给(年率)(%)	11.3	1.3	1.7	1.4	-0.4	-4.7
③一次能源消费(年率)(%)	11.8	0.9	1.3	1.5	-0.9	-2.5
弹性系数②/①	1.24	0.32	0.40	1.33	-0.57	-16.76
弹性系数③/①	1.30	0.23	0.31	1.47	-1.24	-9.03

资料来源：日本エネルギー経済研究所『エネルギー・経済統計要覧2013』。转引自藤井秀昭『入門・エネルギーの経済学』、日本評論社、2014年、46頁。

二 日本能源战略的演进

日本能源资源贫乏，却很好地解决了能源安全问题，实现了经济腾飞和长期稳定发展，其中，日本的国家能源战略发挥了重要作用。二战后日本的国家能源战略具有准确性、灵活性和特殊性，颇值得借鉴。其实，关于国家能源战略并没有统一的定义。日本最早使用“能源战略”一词的政府能源政策文件是1978年发表的《面向21世纪的能源战略》，此后再次出现“战略”两个字的政府能源文件是2005年发表的《面向2030年的中长期能源战略》，而2006年发表的《新国家能源战略》的影响也较大。除了国家级的综合能源战略外，比较重要的还有2007年发表的《能源技术战略（技术战略路线图2007）》、2011年发表的《节能技术战略（2011）》及2012年发表的《革新性能源及环境战略》。当然，没有使用“战略”一词的时期并不等于当时日本没有能源战略，实际上日本的能源战略一直贯穿于日本经济发展的各个历史阶段。能源安全、经济效益和环境保护即“3E”（Energy Security，Economic Efficiency，Environmental protection）原则是日本能源战略最重要的精髓，而日本能源所追求的3E协调发展，在不同的历史阶段各有所侧重。到东日本大地震之前，日本能源战略的制定与实施大体可分为四个阶段。

第一阶段：在20世纪70年代之前，是日本能源战略摸索与草创时代。这一时期日本完成了石油替代煤炭的所谓“流体革命”，能源战略主要是围绕经济复兴和高速增长展开的。

第二阶段：克服石油危机时代（1973~1985）。国内能源资源贫乏，而国际能源形势日趋严峻，能源短缺很可能成为阻碍经济发展的瓶颈，能否确保能源安全供给成为日本经济的头等大事。正因为如此，这一时期日本的能源战略重点是围绕能源安全（Energy Security）展开的。也可以说日本主要的能源战略都形成于该时期。

第三阶段：经济全球化时代（1985～1997）。这一时期能源供需关系大大缓和，油价低迷，从而保证了在日元升值背景下日本国际竞争力的提高，由于能源市场放松规制和自由化等促进竞争政策的实施，能源成本大幅下降。能源供给安全问题相对缓和，因此，这一时期日本的能源战略主要是围绕提高经济效益（Economic Efficiency）展开的。

第四阶段：低碳时代（1997～2010）。1997年《京都议定书》的签订，使日本朝野上下乃至全社会对气候变化的风险以及减少温室气体排放和构筑低碳社会的认识，提高到前所未有的程度。因此，这一时期日本的能源战略主要是围绕环境保护（Environmental Protection）展开的，减排、节能和扩大非化石能源利用的比重成为这一时期的关键词。

以下大体按照时间顺序，对日本能源战略的演变加以概述。

（一）重点发展煤炭与钢铁的战略

二战后百废待兴的日本，到处缺少能源和各种重要物资的支持。日本原本就是资源小国，战败后，从海外获取资源的途径又变得极其狭窄，致使日本不得不制定适应当时国情的能源资源国家战略。由于各类主要物资紧缺，恢复经济基础急需增产煤炭和钢铁，如此才能带动机械、交通运输、生活用品等其他产业的发展，让经济逐步走上服务于国民生活的轨道。为保障战后经济复兴对能源的需求，日本确立了优先发展煤炭产业，努力开发水电的基本能源战略。战后初期实行的重点发展煤炭和钢铁工业的所谓“倾斜生产方式”拉开了日本能源战略的序幕，为实现战后复兴做出了重要贡献。

（二）“油主煤辅”的能源结构转型战略

经济高速增长初期，因工矿业生产与国民生活对电力和煤炭的需求增长较快，日本国家能源战略的重点继续放在发展电力和增加煤炭供给上。在这个阶段，日本政府还出台了一些稳定煤炭价格的政策，保护国内的煤炭产业不受外来廉价煤炭和石油的冲击。但20世纪50年代中后期，日本国内的煤炭资源已经趋于枯竭，受政府保护而维持在高价的国产煤炭在价格低廉、品质又好的进口煤炭及石油的冲击下，市场竞争力日益低下。

进入高速增长中期以后，日本的能源供给力快速增强，受国家能源政策的扶持，电力、煤炭、石油等重要能源领域都获得较快发展。日本1960年电力总体的设备能力比1951年扩大了2倍。这一时期积极发展电力的国家能源战略支持了日本电力供需的增长，也促进了日本经济的现代化发展。石油是这一时期迅猛发展起来的又一个能源支柱。日本石油进口在50年代开始大量增加，最初曾经以进口石油产品为主，但50年代中后期，石油产品进口量增长缓慢，原油进口猛增。石油很快成为日本火力发电的主角，大幅度取代了煤炭。

在日本电力工业从“水主火从”转变为“火主水从”后，其能源结构也发生了“油主煤辅”的根本性变革。此后大量进口石油资源、推进海外石油开发、确保石油稳定供给，成为高速增长期国家能源战略转型的鲜明标志。保障海外石油源源不断地流进日本、快速培育石油产业、在国内合理配置石油资源、用石油资源帮助日本实现产业升级和经济现代化，都是这个时期国家能源战略的重点所在。日本高速增长期的国家能源战略转型，不仅是日本自身经济发展的需要，也是受世界经济和能源形势所迫，是顺应当时以西方发达工业国为主的世界能源潮流的一种必然选择。①

（三）石油替代战略

1973年第一次石油危机爆发后，日本意识到“能源资源无限供给的时代已经结束”，依靠廉价石油发展经济已不可持续。在高价石油的巨大压力下，日本整个国家进行了艰苦的能源战略转型。上到国家决策层，下到企业和国民，全社会都意识到了日本经济过度依赖进口石油的危险。调整能源结构，发展石油替代能源，同时全面开展节能运动，谋求能源多样化，力争进口能源多元化，促进原油自主开发，抓紧加入国际石油储备体系，是这次日本国家能源战略调整和转型的主要方向和重点工作。

石油替代战略主要包括核能战略、天然气战略、能源多元化战略、开发新能源战略等。其中，核能战略和天然气战略在日本降低石油依赖的“脱石油”努力中起到了很大作用，可以说，日本主要依靠发展核能和天然气，大幅度降低了对石油的依赖。

1973年，核电仅占日本一次能源供给的0.6%，分量微不足道。经过石油危机以后的大力推进，到1990年核电占比上升到9.4%，到20世纪末其占比上升到11.8%。在2011年东日本大地震前，核电已经占日本一次能源供给的14%左右，占电力供给的30%左右。核能战略对保障日本能源稳定供给、提高能源国

---

① 张季风编《日本能源文献选编：战略、规划、法律》，社会科学文献出版社，2014。

产比率、稳定电价、减少碳排放，都起到了重大作用。

日本在60年代末开始进口天然气，但天然气的价格比石油昂贵，铺设天然气管道、建造天然气运输船舶、建设与天然气相关的基础设施，需要大笔资金。天然气从开采到进口，再到规模化利用，存在技术难题和成本较高的问题。在廉价石油时代，日本发展天然气的速度远不及发展石油。石油危机后，天然气作为替代石油的一种能源选择，已提到日本能源战略的日程上。从政府到企业，都开始积极推动天然气的扩大利用，主要是在发电领域和民用领域。在发电领域，日本计划用燃气火电站取代一部分燃油火电站。这也与石油危机后国际能源组织（IEA）对石油发电站建设做出限制有关。1979年5月，国际能源组织提出原则上禁止新建石油火力发电站，当时天然气火力发电站没有被列入限制对象。日本在石油危机后积极发展天然气火力发电，既有助于实现石油替代的能源战略转型，也有利于减少大量使用石油、煤炭等不清洁能源给社会带来的重度污染。发展天然气的战略兼顾了能源转型和环境保护。

第一次石油危机爆发的1973年，石油在日本一次能源供给中占75.5%；1980年其占比降至66.1%；1985年降至56.3%；1990年有所回升，升至58.3%；1995年又有所下降，降至55.8%；2010年又降至40%，与1973年相比，降低了30多个百分点，取而代之的是核能与天然气。

（四）能源多元化战略

实际上这一战略与石油替代战略密切相关。能源多元化战略一般有两层含义，一层含义是让能源结构更加多元化，不要过度集中在一两种能源上，比如过度依赖煤炭和石油；另一层含义是能源获取的地区应该有更多选择，不宜过于集中在一个地区。在没有引入石油以前，日本的能源来源主要有薪柴、煤炭和水力。20世纪60年代，随着世界快速进入石油经济时代，日本的能源来源也随之发生了巨大变化，薪柴作为能源淡出日本，煤炭、石油、水力成为最主要的能源来源。石油危机后，日本采取能源多元化战略，在大力发展核能的同时，也注重发展天然气，积极推动利用太阳能和风能，鼓励探索利用地热、潮汐、废弃物发电等新能源的研发。

在进口能源多元化方面，除了中东地区的石油以外，日本的海外能源开发增加了对中国、澳大利亚、东南亚国家等亚太地区和俄罗斯的能源的开发与进口，其中包括中国的石油和煤炭，澳大利亚的煤炭，东南亚国家、俄罗斯的油气资源，以及美国阿拉斯加的天然气等。从20世纪90年代日本坚持实施石油多元化战略以来，目前其石油供应国和地区多达40个。

（五）石油危机后的节能战略

节能战略是日本遭遇石油危机后进行国家能源战略转型的重要举措。石油危机以后，日本从政府到企业，几乎是全社会总动员大力推行节能。首先，国家从法律层面制定有利于开展节能的法律法规，1979 年制定了《节能法》。该法明确了日本全国开展节能的方向和国家支持节能的政策精神。为综合推动工厂、建筑物、机械器具的节能，《节能法》提出了各个事业领域的企事业者应该采取的举措，明确了国家对这类节能举措可以给予的政策支援。在石油危机后，国家还设置了稳定国民生活紧急对策本部，对开展消费节约运动和节约使用石油、电力进行行政指导。

20 世纪 80 年代以后日本产业的节能指标显示，石油危机以后日本国家节能战略收效甚大。例如制造业平均能源消费指数，以 1973 年为 100，1990 年降为 53，2011 年又进一步降至 40。[①] 1990 年的制造业 GDP 规模和盈利远超过了 1973 年，而每单位 GDP 的能源消费大幅度降低。日本制造业在节能机械器具、节能工序、节能体系等各个方面进行了全方位节能努力，有力地提升了全社会的节能效果。调整制造业的产业结构、压缩耗能产业、发展高附加价值和低耗能的制造业，对降低制造业的整体能耗也功不可没。

运输和民生领域的节能也很重要。在石油危机发生的 70 年代，运输和民生领域的能源消费所占比重不像产业那么大，在 1973 年的日本能源消费中，产业占 65.5%，民生占 18.8%，运输占 16.4%，当时节能的重点首先是产业，其次是运输和民生领域。在运输领域，推广使用节能交通工具，改进交通体系，减少交通体系不合理造成的能源浪费；在民生领域，推广家电节能和节能生活方式。这些努力都帮助日本走向了节能大国。如前所述，日本产业界，特别是制造业的节能效果最有成效，到 2011 年，产业的能源消费在能源总消费中的比例降至 43%，民生的比例为 34%，运输的比例为 23%。看来日本今后的重点节能领域是民生部门和运输部门。

（六）石油储备战略

石油储备战略是日本的一项基本国策。早在 20 世纪 60 年代末，日本已经意识到石油储备的必要性，1972 年日本政府对石油储备实施行政指导，在通产省

---

① 藤井秀昭『入門・エネルギーの経済学』、日本評論社、2014、51 頁。

智囊机构“综合能源调查会石油分会”的提议下，日本先是制定了一个储备 45 天用量的目标，后来又将储备目标提高到 60 天。

第一次石油危机以后，国际能源组织（IEA）成立，规定其成员国有储备石油的义务，其数量应达到可供本国 90 天的使用量。日本作为加盟国自然要履行这一义务，同时对进口原油的高度依赖也促使日本政府加快建立战略石油储备制度的步伐。日本 1975 年制定了《石油储备法》，规定政府必须储备可供 90 天消费需求的石油，民间必须储备可供 70 天消费需求的石油。经过 30 多年的不断完善，日本的石油储备制度已成为能源安全的重要保障。与其他国家的石油储备不同的是，日本的石油储备带有强制性。2003 年，日本建成的国家石油储备基地为 10 个，国家石油储备设施容量占全国的 51% ~52%，其储备方式有地面罐、地下罐、地下岩洞等。此外，日本政府还租借了民间 21 个石油储备设施，所储备的石油保存在各石油加工厂和销售网点。日本的国家储备全部是原油形式，民间储备中原油和成品油各占一半。目前（2013 年 3 月）国家与民间合计 8590 万千升，可供全国消费 185 天，其中国家储备 102 天，民间储备 83 天。

此外，日本还有液化石油气储备。1981 年，日本按照《石油储备法》的规定启动了民间液化石油气储备。按照日本政府的计划，到 2010 年日本液化石油气储备量要达到相当于 80 天的进口量，其中 30 天为国家储备，50 天为民间储备。东日本大地震发生后的 2011 年 4 月 4 日，位于茨城县境内的国家储备基地提供的紧急救灾液化石油气（LPG）对抗震救灾发挥了巨大作用。

迄今为止，日本已从国家预算中支出近 2 万亿日元用于国家石油储备项目以及民间储备补贴。这笔庞大的开支被认为是必不可少的“国家安全成本”。为了解决石油储备需要的巨额资金，日本对进口原油和成品油收取石油税并设立石油专用账户，税金主要用于国家石油储备。同时，日本还编制了国家石油储备特别预算，作为战略石油储备和液化石油气储备的专项资金。为了扶持企业为完成石油储备义务而建设新增的石油储备设施，日本对企业进行必要的财政和金融支持；对为完成石油储备义务而采购的原油，政府通过 JOGMEC（日本石油天然气和金属矿物资源机构）对超过 45 天储备量天数（最高为 80 天）所需资金的 80% 提供低息贷款。

（七）3E 协调发展战略

进入 20 世纪 90 年代中期以后，为了应对全球化时代突出的环境问题、地球温暖化问题以及石油资源竞争加剧问题，日本国家能源战略不得不再次考虑调整。这一时期的日本能源政策、战略目标更加明晰，并且向更加全面和综合协调的方向发展，那就是实现能源安全（Energy Security）、经济效益（Economic Efficiency）和环境保护（Environmental Protection）的协调发展。3E 中的三个因素同样重要，不可偏废。确保能源安全、提高能源效率、积极开发新能源和可再生能源以及合理利用核能源，对实现 3E 目标具有重要意义。在增强能源的环境协调性方面，控制能源总体消费、减少碳排放、走向脱化石类能源、提高能源效率等，成为能源环境战略的重要内容。

进入 21 世纪，由于世界能源供需形势急剧变化，日本再度转向积极发展核电。在 2005 年提出的中长期能源战略、2006 年的《新国家能源战略》以及 2007 年的《能源基本计划》中，日本政府都强调要推进核电发展，在 2010 年的《能源基本计划》中也提出要进一步大力发展核电事业。毫无疑问，日本的核能战略中增加了对世界环境的考虑，即减少温室气体排放。推进核能战略的同时，日本还反复强调要致力于发展非化石能源，即发展太阳能、风能、地热、水力等低碳和零排放能源。

三 东日本大地震后日本能源战略的重大调整

（一）国家层面的能源战略调整

倘若不发生东日本大地震，日本综合能源战略本应按照如下轨迹发展：核电和可再生能源将得到迅速发展，积极开发类似普锐斯混合动力车那样的节能产品，不仅要摆脱对石油的依赖，还要减少化石燃料的使用，既要保证能源安全，还要积极实施全球温暖化对策，即促进 3E 协调发展。然而，突如其来的东日本大地震和福岛核电站事故彻底打乱了既定的日本能源战略。福岛核电站事故最终被确定为迄今为止最严重的 7 级，这无疑是对日本核电事业的沉重一击。

从大地震前日本最新的能源战略来看，2010 年民主党政权制定了《能源基本计划》，确定到 2030 年要实现以下目标：

（1）能源自给率和化石能源自主开发比率实现倍增，即能源自给率从 18% 提高至 36%，化石能源自主开发比率从 26% 提高至 52%；

（2）零排放电源比率从 34% 提高到约 70%；

（3）民生部门（家庭）二氧化碳（CO_2）排放量减半；

（4）产业部门继续维持和强化世界最高的能源利用效率；

（5）在能源相关产品的国际市场，日本企业要获得最高的市场份额。①

如图 1－5 所示，在上述计划中，日本将零排放的核电置于非常重要的位置，

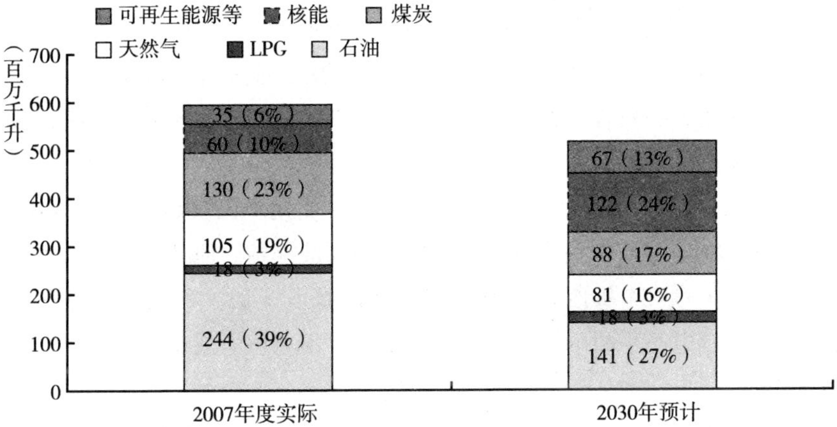

（1）一次能源供给结构

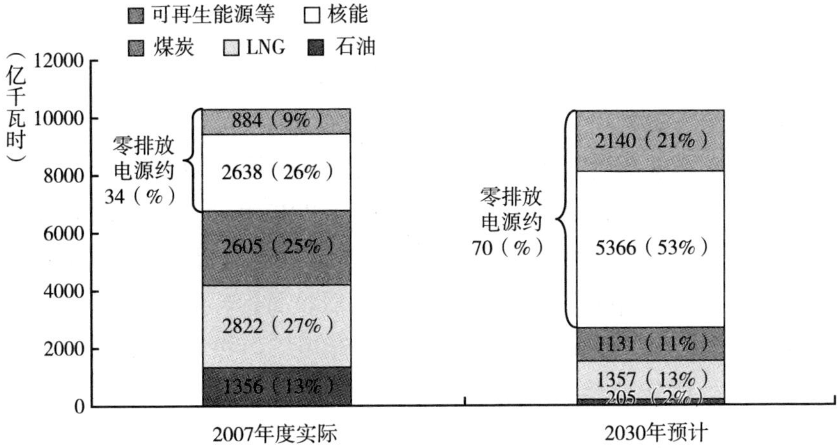

（2）发电量结构

图 1－5　2010 年《能源基本计划》所确定的能源结构目标

资料来源：資源エネルギー庁編『エネルギー基本計画』。转引自橘川武郎『日本のエネルギー問題』、TT、2013 年、7 頁。

① 資源エネルギー庁編『エネルギー基本計画 2010』、13 頁。

核电在一次能源中的比重从2007年的10%提高至2030年的24%，在发电量中的比重从2007年的26%提高至2030年的53%。而且实现这一目标的具体步骤也已经确定，“首先要在2020年之前新建9座核电机组，设备利用率要达到85%（2008年54座核电机组的设备利用率为60%）。到2030年至少要新建14座核电机组，而且设备利用率要达到90%”①。在东日本大地震发生时，在建的核电机组有3座，准备施工并预定在2020年前发电的核电机组有6座，若不出意外，将会如期实现目标。

但是，东日本大地震发生后，形势发生彻底变化。仅仅是福岛核电站就有4座机组报废，在建中或准备建设的9座机组全部被冻结，原计划上马的福岛核电站第7号、第8号机组被废止。2010年《能源基本计划》所确定的目标完全化为泡影。福岛核电站事故的发生，迫使日本不得不对核电战略、能源战略进行根本性的调整。

东日本大地震以后，正在运行中的核电站陆续进入定期检查测试阶段，到2012年5月全部停机。而由于受福岛核电站事故的负面影响，定期检查测试完成后的核电站也难以重启。当时民主党政权为了避免核电站较多的关西电力公司辖区内的大面积停电，于2012年8月批准大饭核电站的3号、4号机组重启，2013年9月上述两个机组也进入定期检查测试期而相继停机，自此日本国内发电系统再次进入“零核”状态。

福岛核电站事故发生后，日本社会反核情绪空前高涨。在社会压力下，当时执政的民主党提出要重新考虑日本的能源战略。2012年日本围绕保留核能还是脱离核能，掀起了一场全社会的大讨论，各种观点产生激烈交锋和混战。此后，迫于反核势力的压力，民主党政权提出明确的脱核目标，即今后要按照“40年堆龄”的核电机组就要报废的原则处置现有的核电站，并不再批准新建核电站，逐步摆脱核电，到2030年实现无核化。作为核能的替代能源，要增加火力发电，发展可再生能源、新能源。民主党政权的这种国家能源战略急转弯，不仅遭到了自民党的抵制，也遭到了来自不同企业群体的质疑，但也得到了相当数量的国民的支持。

但是，争论归争论，现实的电力短缺问题还必须加以解决。为了解决因核电站停机造成的电力短缺，只能依靠火电补充，其中LNG火力发电发挥了巨大作用。如图1－6所示，日本LNG火电占发电总量的比重从2010年的29.3%增加

① 資源エネルギー庁編『エネルギー基本計画2010』、45頁。

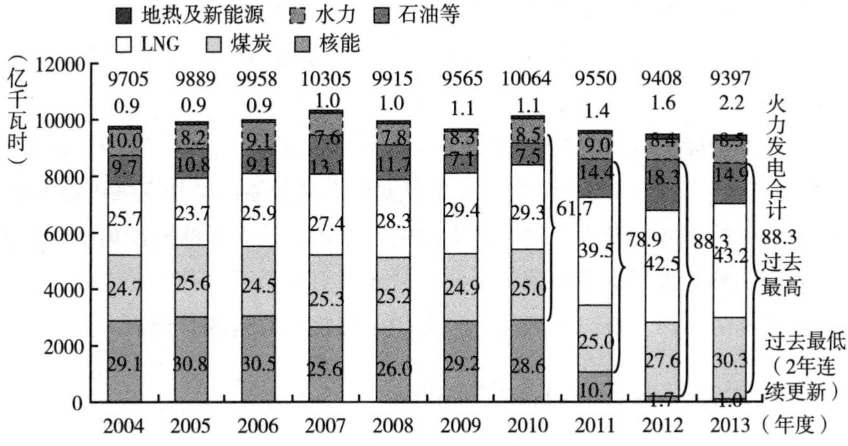

图 1－6　近年来日本发电总量结构变化

资料来源：電気事業連合会資料、2014 年 5 月 25 日。

到 2011 年的 39.5%，2012 年又达到 42.5%，2013 年进一步上升到 43.2%。石油火力发电占比从 2010 年的 7.5% 上升到 2011 年的 14.4%，2012 年继续上升到 18.3%，但 2013 年又降为 14.9%。煤炭火力发电占比也有较大幅度的提高，从 2010 年的 25.0% 上升到 2013 年的 30.3%。但是，大量进口化石燃料也使日本的财富大量外流。据日本经济产业省能源供需检测小委员会的测算，由于核电站停机造成的火力发电燃料进口增加额，2012 年高达 3.1 万亿日元，2013 年更高达 3.8 万亿日元。日本的贸易收支也发生了根本性变化，从贸易顺差国沦为贸易逆差国。2011 年日本的贸易逆差为 2.6 万亿日元，2012 年增加到 6.9 万亿日元，2013 年又增加到 11.4 万亿日元，2014 年下半年国际油价大幅度下降，日本的贸易逆差稍有缓解，但全年的贸易逆差仍为 12.8 万亿日元，再创历史新高。连续四年的贸易逆差恐怕是东日本大地震给日本经济带来的另一个重大挑战。

鉴于化石燃料的大量使用，日本过去承诺的减排目标已成泡影，因此安倍内阁早已撤回民主党政权承诺的“到 2020 年比 1990 年削减温室气体排放 25%”这一不切实际的目标。

2012 年底民主党下台，代表大企业利益的自民党重新上台。鉴于核电站停机给日本经济带来的贸易逆差日趋严重和电价上升等负面影响，安倍首相在 2013 年初上台伊始就表明要修正民主党政权确定的“零核”能源战略，明确提出要制定“负责任的能源政策”。经过一年多的努力，日本终于在 2014 年 4 月出台了新的《能源基本计划》。在该计划中，将核电定位为“重要的基荷电源”，提出在保证安全的条件下重新启动核电站。今后，核电站的重启必须经过原子能规制委员会的安全审查，到2014年2月，已有8家电力公司的17个机组申请安全检查。

今后日本的能源战略将把“安全”（Safety）放在第一位，在原来3E的基础上再加上S，即“3E+S”的组合，最大限度地推动节能活动和发展可再生能源。鉴于福岛核电站事故的教训，现有的十大电力公司一统天下的垄断集中性电力系统存在的很多弊端都暴露了出来，因此今后还要对电力系统进行彻底改革，实行发电与送变电的分离，最终实现能源种类的分散化与结构的合理化。

（二）经济产业省的具体政策措施

配合上述国家层次的能源战略调整，作为能源主管省厅的经济产业省也制定了若干具体政策。经济产业省在2013年3月制定的《创造能源领域战略市场计划》中明确提出，今后要把以下领域作为战略领域：（1）建设高效率火力发电站。日本拥有特高临界压力和煤炭液化复合发电技术，采用这两种技术可使热效率从传统技术的36%提高到41%。而液化石油气发电现在的热效率已达54%，到2020年将提高到57%。考虑到煤炭价格相对比较低廉和日本的技术优势，今后在相当长一段时间内增加进口煤炭的可能性较大。（2）生产大规模蓄电池。日本拥有相当数量的电力系统用大型蓄电池、车载用蓄电池和产业、住宅用蓄电池。日本拥有世界一流的大型蓄电池制造技术，利用大型蓄电池可以对太阳能发电和风电进行波动吸收，而普及蓄电池的最大障碍是成本较高，今后计划在降低成本方面进行技术攻关。(3）充分利用能源管理系统，提供电力利用数据的新服务。日本全国目前已建成四个智能社区，通过大规模的需求响应实验证明，智能社区在用电高峰期可以实现20%的节电效果。通过改装智能电表、电力系统改革，加强能源管理服务，可以培育新产业，扩大市场容量。（4）利用电力电子技术加强下一代电源器件的研发。电力电子技术是实现电频、电压、交直流电转换最小化的技术。利用日本自己研发的新材料碳化硅可使电气化列车实现节能40%，使用新研发的逆变器可使空调节电30%。

另外，经济产业省在《建设多元化供应体系和智慧消费能源的最先进国家行动计划》中提出，为克服能源制约和降低成本，要在生产（采购）、流通和消费等各个方面进行全方位改进，具体措施如下。

第一，在生产阶段，首先要确保多样化的能源种类。要最大限度发展可再生能源，为此要缩短环境评估的时间，率先发展成本相对较低的风电和地热发电，加快输油、输气管道等基础设施的建设和其他能源系统的完善。在确保安全的情况下重启核电站，充分利用好核电。建设世界最高水平的高效率煤炭发电厂，既可降低成本，又能减轻环境负荷。另外，从采购方面，要实现进口能源地区的多元化，官民携手确保低价的液化天然气进口。

第二，在流通阶段，要进行电力系统改革。首先要实行零售、发电的全面自由化，其次是实现送变电部门的中立化，再次是扩大系统的广区域运用。到2020年之前要实现发电与送变电的法律分离。另外，还要严格进行电费的数据采集和检查，通过对电费的智能控制，达到降低燃料成本的目标。

第三，在消费阶段，首先是鼓励工厂通过使用最新的尖端加工设备和节能设备来提高产业竞争力与节能效果。其次是继续推行“领跑者”制度，在过去的10年中，通过“领跑者”制度的实施，日本汽车的耗油指标改善了49%，空调的耗电指标改善了30%，今后还要将“领跑者”制度推广到住宅、写字楼等方面，加大节能力度。再次是实施“需求响应”制度，由需求方的电力用户根据经营状况、服务质量和价格高低自由选择供给方，推广高效率的能源管理系统。

总之，最终要实现多样化、多元化和低廉的能源生产（采购），灵活、可选择和高效率的能源流通以及最智慧的能源消费目标。

四　日本能源形势的最新动态分析

（一）核电站即将陆续重新启动

从2013年9月3日大饭核电站停机到目前为止，日本“无核时代”已持续了一年半时间。如前所述，日本核电约占总发电量的30%，核电站全部停机，造成电力严重不足，只能依靠发展火电予以补充，现在只能完全依赖化石能源。而日本的化石燃料几乎是百分之百依靠进口。大企业强烈要求重启核电站，尽管重启核电站这一问题极为敏感，但代表大企业利益的安倍首相也积极推进核电站的重启。从现在的情况来看，2015年夏季以后核电站陆续启动的可能性很大。最先启动的可能是位于鹿儿岛县内的川内核电站。日本急于重启核电站，主要有如下原因。第一，大量进口液化天然气、石油、煤炭等化石燃料造成严重的贸易赤字。第二，由于进口化石燃料增加，导致电力生产成本上升，电价上涨。第三，温室气体减排压力空前增大。第四，现有核电站停止运行也给核电站本身，特别是核电站所属电力公司带来了巨大损失。第五，对日本的核电国际化战略也造成打击。在近中期之内，核电站重启与达到“寿命年限”的核电站的“废堆”工作可能同时进行。经济产业省前大臣小渊优子指出，在重启安全合格的核电站的同时，还要做好已达到或接近使用寿命（40年）的核电站的“废堆”工作。①目前，20世纪80年代之前建成并开始运行的核电已达到12座②，其中位于福井县的美滨1号机组（43年）、2号机组（42年）正在考虑“废堆”。但是，鉴于经济原因，核废料处理等原因，做出“废堆”决策也绝非易事，日本核电事业正面临着进退维谷的局面。

（二）电力公司拒绝购买新增可再生能源电力——日本可再生能源发展战略受到挑战

东日本大地震以后，发展核电越来越困难，日本将发展可再生能源定位为国家能源战略的重要组成部分。为了鼓励可再生能源的发展，日本从2012年7月开始正式实施“固定价格收购可再生能源的制度”（简称FIT制度），其核心内容是：电力公司有义务对经国家认证的家庭、民间的太阳能发电站、风力发电站、生物质能发电站或中小型水力发电站等生产的可再生能源电力以政府规定的固定价格进行购买，以法律的形式确保和推动可再生能源的发展。③ 该法律实施两年来，日本可再生能源取得了一定成效，除水电以外的可再生能源占电力的比重从2012年的1.6%上升到2013年的2.2%，其中太阳能发电发展最快（参见图1-6）。

然而，自2014年8月初以来，日本的冲绳电力、九州电力、东北电力、北海道电力和四国电力五大电力公司陆续宣布停止收购可再生能源电力，经济产业省也发出了“冻结可再生能源”的通知。此举对日本发展新能源的战略提出了新的挑战。

五大电力公司决定停止按固定价格收购可再生能源电力，其理由是可再生能源特别是太阳能发电站发展太快，超出了原来的想象。由于太阳能在夜晚和阴天都不能发电，极不稳定，过多收购极不稳定的太阳能电力，有可能使电网瘫痪，造成大规模停电。2014年6月，有400多个50千瓦中等规模以上的太阳能发电

---

① 经济产业大臣小渊优子谈话（2014年9月5日）。参见『日本経済新聞』2014年9月5日、http：//www.nikkei.com/article/DGXLASFS05002_ V00C14A9MM0000/。

② 「老朽12原発の廃炉判断、収益力や規模が焦点」、『日本経済新聞』2014年9月6日、http：//www.nikkei.com/article/DGXLASDF05H18_ V00C14A9PP8000/。

③ 张季风编《日本能源文献选编：战略、规划、法律》，社会科学文献出版社，2014。

站提出入网申请，这已经远远超过五大电力公司的入网接受能力①，如果再继续收购和发电并网，现有电网则有被毁的危险。按照《关于电力业者采购再生能源电的特别措置法》第二章第五条第一款的规定，在“有可能发生故障，妨碍该电力业者确保顺利供电”的情况下，电力公司可以拒绝收购和并网。

经济产业省也对此进行了研究，并提出了《可再生能源政策修正案》，其主要内容如下：第一，停止国家对大规模太阳能发电的认证；第二，对购买可再生能源所造成的国民负担设定上限；第三，下调增长过快的可再生能源种类（如太阳能发电）的收购价格；第四，下调已经过国家认证但尚未开始发电的可再生能源的收购价格；第五，重新设定不偏重太阳能的可再生能源的发展目标。②

停止收购政策对日本经济发展的影响也不可小觑。“安倍经济学”“第三支箭”的“日本再兴战略——JAPAN IS BACK”中指出，清洁能源的国内市场规模将从2013年的4万亿日元达到2030年的11万亿日元，而国际市场规模将从2013年的40万亿日元达到2030年的160万亿日元，将接近汽车市场规模。所谓清洁能源领域包括可再生能源、高效火力发电、蓄电池、下一代高端零部件、能源管理系统、下一代节能汽车、燃料电池、节能家电、节能住宅及建筑物等，其中可再生能源居于核心地位。而由于“停止收购”，将使日本的新能源战略遭受沉重打击。

五　启示与建议

日本缺乏能源资源，其状况比中国还要艰难，但是日本实施有效的能源战略和能源政策，在供给和需求两方面做文章，保证了能源安全，最终没有使能源问题成为影响经济发展的约束性障碍。日本根据国际与国内的经济形势、能源形势适时调整能源战略的经验颇值得我国借鉴，特别是能源多元化战略、石油储备战略、节能战略更值得我国借鉴。日本最近重启核电站，能源状况将趋于稳定化，总体来看对我国有利。

第一，日本能源状况缓解，可减轻与我国在能源领域的竞争，中日两国在海外能源开发中的冲突有望减弱。另外，日本石油、天然气、煤炭等化石燃料的进口减少也会减轻中日两国在能源市场上的恶性竞争。

---

① 「太陽光発電の参入凍結」、『日本経済新聞』2014年10月11日。

② 「経済産業省検討：太陽光発電の参入凍結」、『日本経済新聞』2014年10月11日。

第二，有利于中日双边或多边在能源领域的合作，特别是在核电领域的合作。此前，我国通过东芝实际控股的美国西屋公司，已与日本在核电方面进行了实际合作。日本在处理福岛核电站事故、清污以及“废堆”方面，既留下了深刻的教训，也积累了丰富的经验，我们应抓住机遇，扩大两国在这一领域的合作。

第三，日本核电站重启，减轻了世人对核电安全的过度担忧，有利于全球核电事业的健康发展，也能使我国发展核电战略的外部环境变得更加顺畅。另外，日本重启核电站会使贸易收支转好，有利于我国扩大对日出口。在中日关系有所回暖的大背景下，我国应乘此东风，尽快扭转双边经贸合作的低迷状况。

第四，日本从2015年起将着手对已达40年堆龄核电站的“废堆”工作，值得关注。我国核电事业虽处于起步阶段，但秦山核电站一期工程三台机组业已运行23年，距离设计寿命也只有7年时间，对此应未雨绸缪，做好“废堆”的人才培养、核废料最终处理场地的选址等各种论证和准备工作。

第五，日本政府与电力企业事先并没有预料到实施鼓励发展新能源政策后，可再生能源发电特别是太阳能发电会发展如此之快，以致出现了无法继续收购并网的尴尬局面。我国在发展新能源时，也应引以为戒，避免一哄而上，特别是发展太阳能发电时必须充分考虑电网的容纳程度，以免造成巨大浪费。

第六，中日两国都是能源消费大国，进口依存度都很高，因此在国际油、气采购方面具有共同利益，双方可在国际能源团购等方面加强合作，以压低价格。另外，在煤炭液化技术、清洁技术以及节能领域合作的空间十分宽广。

日本经济热点追踪

Japan's Economic Hot Issues

B.2
2014年日本经济回顾与展望

刘昌黎*

摘　要：通过分析2014年日本经济的增长情况与基本特征，指出日本经济发展中存在中小企业与大企业之间受益不均、地方与大城市之间经济发展不平衡、工资跟不上物价上涨、低收入阶层生活困难等诸多问题。虽然日本政府一再渲染“安倍经济学”的成效，但由于通货紧缩难以彻底消除，其财政健全化目标和经济增长目标基本落空，雇用形态持续恶化，“安倍经济学”备受质疑，面临失败。展望2015年的日本经济，其有利条件与不利条件同时存在，共同作用。

关键词：日本经济　经济发展不均衡　安倍经济学　通货紧缩　财政健全化

* 刘昌黎，东北财经大学教授，全国日本经济学会常务理事，主要研究领域：日本经济、世界经济等。

2014年，日本经济经历了剧烈波动。2014年第一季度，受提高消费税税率预期物价上升的影响，消费热持续升温，民间最终消费增加2.2%，企业设备投资增加5.9%，第一季度实际GDP增长1.3%，是自2012年第二季度以来的最高水平。然而，2014年4月1日消费税税率提高到8%以后，情况却发生了截然相反的变化，曾经的消费热和投资热急剧降温。第二、第三季度的实际GDP分别下降1.7%和0.6%，直到第四季度，实际GDP增长率才达到0.6%。从2014年全年的情况看，实际GDP增长率为0.0%，是三年来的最低增长率。

一　2014年日本经济的基本情况

（一）经济增长情况

日本经济在经历美国金融危机冲击、陷入发达国家中最严重的经济危机以后，从2009年4月开始复苏，进入了二战后的第15次景气循环。根据日本内阁府的判断，这次景气循环的时间为44个月，其中2009年4月至2012年4月的37个月为景气扩张期，2012年5月至11月的7个月为景气衰退期，这次景气的山峰是2012年第二季度，谷底是2012年第四季度。日本经济从2012年12月开始复苏，进入了二战后的第16次景气循环，2013年实际GDP增长1.6%，低于2012年的1.8%。目前，日本经济虽然处于第16次景气循环的扩张阶段，却一直处于复苏乏力、一波三折的状态，2013年的实际经济增长率不仅低于2012年，而且前三个季度的增长率还逐季下降，第四季度甚至出现了下降0.4%的负增长（参见表2－1）。

表2－1　2012～2014年日本经济主要指标的变化情况

单位：%

	2012年	2013年	2014年	2013年				2014年			
				1～3月	4～6月	7～9月	10～12月	1～3月	4～6月	7～9月	10～12月
实际GDP	1.8	1.6	0.0	1.3	0.7	0.4	－0.4	1.3	－1.7	－0.6	0.6
内需贡献度	2.6	1.9	0.1	0.9	0.6	0.8	0.2	1.7	－2.7	－0.6	0.3
民需贡献度	2.2	1.2	－0.2	0.5	0.2	0.6	0.1	1.8	－2.9	－0.8	0.3
公需贡献度	0.5	0.7	0.2	0.4	0.4	0.2	0.1	－0.2	0.1	0.1	0.0
外需贡献度	－0.9	－0.3	－0.0	0.4	0.1	－0.4	－0.5	－0.3	1.1	0.1	0.2

续表

	2012年	2013年	2014年	2013年				2014年			
				1~3月	4~6月	7~9月	10~12月	1~3月	4~6月	7~9月	10~12月
民间最终消费	2.3	2.1	-1.2	1.0	0.7	0.3	-0.1	2.2	-5.1	0.3	0.3
家庭实际消费支出	1.1	1.0	-2.9	2.8	-0.2	0.7	0.6	2.3	-5.2	-5.4	-3.4
家庭名义消费支出	1.1	1.5	0.3	2.1	-0.4	1.8	2.4	4.1	-1.1	-1.6	-3.4
私人住宅投资	3.2	8.7	-5.2	1.8	0.8	4.3	2.6	2.4	-10.3	-7.0	-1.2
企业设备投资	3.7	0.4	4.1	-2.2	0.9	0.5	1.2	5.9	-5.0	-0.1	0.1
政府最终消费	1.7	1.9	0.2	0.9	0.4	-0.1	0.1	-0.4	0.3	0.2	0.1
公共固定资本形成	2.7	8.0	3.6	4.6	6.4	5.1	0.7	-2.2	1.0	2.1	0.6
货物和服务贸易出口	-0.2	1.5	8.2	4.3	2.9	-0.6	-0.2	6.5	-0.3	1.5	2.7
货物和服务贸易进口	5.3	3.1	7.2	1.1	1.8	1.7	3.0	6.8	-5.3	1.0	1.3

注：根据日本内阁府2014年9月和2015年2月公布的《月例经济报告主要经济指标》中的数据整理。

资料来源：内閣府『月例経済報告　主要経済指標』、http：//www5. cao. go. jp/keizai3/getsurei/shihyou－index. html。

进入2014年以后，受提高消费税税率预期物价上升的影响，从2013年秋季开始的消费热持续升温，家庭和个人以购买小汽车及家用电器、服装、日用品等为中心，纷纷抓紧购物，并乘机建造或装修住宅。结果，第一季度日本民间最终消费增加2.2%，其中家庭实际消费支出和名义消费支出分别增加2.3%和4.1%，全国商业零售额增加6.6%（其中百货店销售额增加11.0%，超市销售额增加3.3%），小汽车销售量增加20.9%。与此同时，私人住宅投资也增加2.4%。另外，因产品旺销和出口增加，货物和服务贸易出口增加6.5%，企业设备投资在工矿业生产增加的情况下也增加了5.9%。以此为背景，第一季度实际GDP增长1.3%，按年率换算增长5.5%，是自2012年第二季度以来的最高增长率。然而，2014年4月1日消费税税率提高到8%以后，情况却发生了截然相反的变化，曾经的消费热和投资热急剧降温。尤其是第二季度，民间最终消费下降5.1%，其中家庭实际消费支出和名义消费支出分别下降5.2%和1.1%，全国商业零售额下降1.8%（其中百货店销售额下降4.7%，超市销售额下降2.4%），小汽车销售量下降1.9%。与此同时，私人住宅投资下降了10.3%，企业设备投资也减少了5.0%。进入第三季度以后，受到天气异常的影响，空调、啤酒等夏季时令商品销售不振，家庭消费支出继续下降，小汽车销售、私人住宅投资和企业设备投资依然是负增长的局面。以此为背景，第二、第三季度的实际

GDP 分别下降 1.7% 和 0.6%，其中第二季度按年率换算下降 6.7%，是 2011 年第二季度以来下降幅度最大的季度负增长。直到第四季度，随着民间最终消费的缓慢复苏特别是出口增长的拉动，实际 GDP 增长率才达到 0.6%。从 2014 年全年的情况看，实际 GDP 增长率为 0.0%，是三年来的最低增长率。

（二）经济发展的基本特点

1. 民需左右的经济增长

根据前述表 2－1 的统计，2012 年和 2013 年的日本经济增长都是靠内需特别是民需拉动的，内需对实际经济增长率的贡献度分别为 2.6 个百分点和 1.9 个百分点，其中民需贡献度分别为 2.2 个百分点和 1.2 个百分点，公需贡献度分别为 0.5 个百分点和 0.7 个百分点。相比之下，这两年的外需贡献度都是负数，分别为－0.9 个百分点和－0.3 个百分点，即由于这两年的货物和服务贸易的出口增长率都明显低于进口增长率，都起到了拉动日本经济下滑的作用。

从 2014 年的情况看，第一季度的经济增长仍然是靠内需特别是民需拉动的，内需贡献度为 1.7 个百分点，外需贡献度为－0.3 个百分点；在内需贡献度中，民需贡献度为 1.8 个百分点，公需贡献度为－0.2 个百分点。至第二、第三季度，因民间最终消费支出减少，内需对实际经济增长的贡献度都是负数，分别拉动实际 GDP 下降 2.7 个百分点和 0.6 个百分点，其中民需分别拉动实际 GDP 下降 2.9 个百分点和 0.8 个百分点；相比之下，外需对实际经济增长的贡献度都转为正数，分别拉动实际 GDP 提高 1.1 个百分点和 0.1 个百分点。直到第四季度，内需才又拉动实际 GDP 提高 0.3 个百分点，外需也继续拉动 GDP 提高 0.2 个百分点。从全年的情况看，内需拉动 GDP 增长 0.1 个百分点，外需拉动 GDP 减少为 0.0；在内需贡献度中，民需拉动 GDP 减少 0.2 个百分点，公需拉动 GDP 增长 0.2 个百分点，二者大体上相互抵消。

2. 第二产业增速下降，第三产业持续萧条

与 2013 年相比，2014 年工矿业生产指数（IIP）虽然提高 2.0 个百分点，但自第一季度提高 8.2 个百分点、第二季度提高 2.7 个百分点以后就转为下降，第三、第四季度分别下降 1.0 个百分点和 0.8 个百分点。制造业开工率指数为 101.4，比 2013 年的 97.3 提高了 4.1 个百分点，其中，第一季度最高为 106.0，第三季度最低为 98.1，12 月为 101.8，略高于 2013 年 12 月的 101.3。

与制造业相比，非制造业从第二季度起就一直是萧条的局面，第三产业活动指数除第一季度提高 2.1 个百分点以外，第二、第三、第四季度分别下降 2.2 个

百分点、1.9 个百分点和 1.2 个百分点，2014 年全年比 2013 年下降 0.8 个百分点。

在产业活动不旺的情况下，企业设备投资出现了徘徊不前的状态。从全年的情况看，企业设备投资虽然增长 4.1%，明显高于 2012 年的 3.7% 和 2013 年的 0.4%，但如前所述，设备投资增长主要是第一季度的增长，从第二季度开始就连续两个季度减少，第四季度虽然有所恢复，但也只增长了 0.1%。其中，非制造业第一、第二季度的增长率虽然高于制造业，但第三季度只增长了 2.5%，明显低于制造业的 11.4%。

3. 公共投资由增加转为减少

2014 年度国家公共事业关系费预算额为 59685 亿日元，补充后预算额为 64058 亿日元，比上年度增长 1.3%，其中地方普通建设事业费比上年度增长 6.8%。以此为基础，上半年公共投资稳定增加，而下半年则转为减少。以公共工程订货额为例，全年增长 9.8%，低于 2013 年的 17.2%，其中第三季度减少 0.8%，第四季度只增长 0.8%，未能在连续两个季度的负增长后拉动经济复苏。

4. 进口增加快于出口增加，贸易逆差进一步扩大

出口在 2013 年增长 9.5% 的基础上又增长 4.8%，达 731019 亿日元，是 2009 年以来的最高水平，相当于 2007 年的 87.1%；进口在 2013 年增长 14.9% 的基础上又增长 5.7%，达 858893 亿日元，再创历史新高；贸易逆差由 2013 年的 114684 亿日元增加到 127874 亿日元，增长 11.5%，再创历史新高。① 其中，对中国的出口为 133841 亿日元，从中国的进口为 191719 亿日元，分别比上年增长 6.0% 和 8.6%；对美国的出口为 136490 亿日元，从美国的进口为 75403 亿日元，分别比上年增长 5.6% 和 10.6%；对欧盟的出口为 75853 亿日元，从欧盟的进口为 81580 亿日元，分别比上年增长 8.3% 和 6.6%。

5. 企业经营收益增速放缓

从 2010 年度开始，日本企业的经营利润就开始增长。以经常利润为例，2010 年度增长 36.1%，2013 年度增长 23.1%，其中制造业企业分别增长 73.5% 和 38.1%，非制造业企业分别增长 21.3% 和 15.9%。2014 年度，企业经常利润在销售额减少的情况下虽仍保持增长的态势，但增速明显放缓，第一季度增长 20.2%，第二季度增长 4.5%，第三季度增长 7.6%，其中制造业企业分别增长 6.4%、-7.6% 和 19.2%，非制造业企业分别增长 28.2%、12.1% 和 1.4%。

---

① 财務省「報道発表　平成 26 年分（輸出確報　輸入速報）」、2015 年 1 月 29 日。

2014 年第三季度，日本企业的经常利润总额高达 15.9 万亿日元，创历史最高水平。另根据《日本经济新闻》的统计，2014 年 4～12 月，上市公司的经常利润比上年同期增长 7%。[①]

由于经营收益增加，全年企业破产数和破产负债额都明显减少，其中，破产企业数为 9731 家，比 2013 年减少 10.4%，是 2007 年以来最少的；破产负债额为 18740 亿日元，比 2013 年减少 32.6%，是 2004 年以来的最低水平。

6. 雇用形势有所改善

在企业经营收益增加的趋势下，完全失业人数从 2010 年就开始减少，2013 年 12 月减少到 241 万人，2014 年 12 月又减少到 228 万人，是 1997 年以来的最低水平。从 2011 年开始，完全失业率也转为下降的趋势，2013 年 12 月下降为 3.7%，2014 年 12 月又下降为 3.5%，是 1998 年以来的最低水平。由于失业人数减少，有效求人倍率自 2009 年以来一直呈提高的趋势，2013 年 12 月提高到 1.03 倍，2014 年 12 月又提高到 1.15 倍，是 1992 年以来的最高水平。不过，劳动者的工资水平却延续多年来停滞不前的趋势，2013 年劳动者的人均现金工资额（名义额）基本上没有增加，2014 年也只增加了 0.8%。

二　经济发展中的问题

（一）经济发展不均衡，受益苦乐不均

经济发展不均衡，各方面受益苦乐不均一直是日本经济所面临的一大难题，这种情况在 2014 年也依然如故，没有什么改变。

1. 中小企业经营惨淡，苦苦挣扎

首先，日本经济第 16 次景气循环虽然是从 2012 年 12 月开始的，但中小企业经营好转却是从 2013 年末才开始的，与大企业相比明显滞后。而且，在 2014 年 4 月消费税税率提高以后，中小企业遭受的打击明显超过大企业，在各季度的景气动向调查中，中小企业对景气前景的信心指数一直比大企业低 2～3 个百分点，在对 2015 年第一季度的展望中甚至低 5 个百分点。[②] 根据日本银行 2014 年

---

① 「上場企業の4～12 月経常、7% 増益　製造業がけん」、『日本経済新聞』2015 年 2 月 16 日、http：//www.nikkei.com/markets/kigyo/gyoseki.aspx？g = DGXLZO83277260160220015DTA000。

② 内閣府『日本経済 2014～2015』、2015 年 1 月。

12月进行的《企业短期经济观测调查》，2015年第一季度的景气信心指数制造业中小企业比前期恶化5个百分点，非制造业中小企业恶化4个百分点，与制造业大企业改善9个百分点、非制造业大企业改善15个百分点形成了鲜明的对照。①

其次，与大企业销售额从2013年下半年开始增加相比，中小企业销售额一直徘徊不前。2014年第一季度，以非制造业为中心的中小企业销售额虽然也增加很快，但4月1日消费税税率提高后又转为减少，与大企业销售额缓慢增加形成了鲜明的对照。企业经营利润也一样，中小企业的增长也远不能与大企业相比。2013年，中小企业经常利润只增长1.6%，远远低于大中型企业的28.3%；2014年第一季度中小企业的经常利润虽然也实现了两位数的快速增长，但在连续负增长的第二、第三季度又回跌到一位数，分别增长3.9%和5.8%，低于大中型企业的4.7%和8.2%。

值得注意的是，2013年4月日本银行实施“量和质的宽松货币”（简称QQE）政策以来的日元贬值，给中小企业经营带来了新的问题。2014年12月24日日元一度贬值到120.73日元兑换1美元，是2002年以来的最低汇率。日元大幅度贬值虽然是“安倍经济学”既定的政策目标之一，但如此大幅度的贬值出乎大多数企业的意料。日元贬值给汽车等出口产业带来了扩大出口的机遇，丰田汽车等大企业因此赚得盆满钵满。2014年9月，丰田汽车年中决算的经营纯利润达到历史最高的1.12万亿日元，2015年3月的年终决算还可能达到2万亿日元。② 尽管如此，在生产者物价难以提高的情况下，以进口原材料为主的广大中小企业特别是丰田汽车等的系列承包企业，却面临了生产成本提高且难以实现价格转移的困境。结果，中小企业普遍陷入了经营惨淡的状态，因日元贬值而破产的企业迅速增加，2014年1～11月多达301家，超过2013年破产的130家，相当于2011年因日元升值而破产85家的3.54倍。③ 日本进口企业多达7万家以上且多为中小企业或系列承包企业，相当于出口企业3.3万家的两倍多。因此，如何克服日元大幅度贬值的负面影响，就成了日本金融和汇率政策的新课题。

---

① 日本銀行『全国企業短期経済観測調査』、2014年12月15日。

② 「円安の恩恵どこまで？　最高益のトヨタも下請けは悲鳴」、『日本経済新聞』2014年11月20日。

③ ロイター「2倍の速度で進む円安、前回円高時に比べ関連倒産件数は3倍超」、2014年12月5日。

2. 地方经济发展落后于东京等大城市

2012 年 12 月以来的景气扩张是以东京、名古屋、大阪等大城市为中心而展开的，北海道、九州等落后地区的景气扩张一直滞后。在 2014 年第二、第三季度的负增长过后，北海道、九州等落后地区的景气复苏也一直滞后于东京等大城市。

从工矿业生产指数看，2014 年 11 月名古屋所在的东海地区为 110.6，大阪所在的近畿地区为 104.5，东京所在的关东地区为 95.5，这些地区与 2013 年 12 月相比分别提高 0.9 个百分点、4.1 个百分点和 -0.5 个百分点；相比之下，北海道和东北地区各为 95.2 和 96.4，同比分别下降 7.3 个百分点和 1.8 个百分点。① 其中，关东地区虽然也下降了 0.5 个百分点，但降幅明显小于北海道和东北地区。

从雇用方面看，2014 年 11 月的有效求人倍率东海地区为 1.44 倍，关东地区为 1.15 倍，近畿地区为 1.04 倍，都明显高于冲绳的 0.77 倍、北海道的 0.89 倍和九州的 0.96 倍。②

从家庭和个人消费方面看，日本全国各地区百货商店的商品零售额在 4～6 月虽然都出现了大幅度下降的局面，但 7 月以后关东地区、东海地区和近畿地区不仅率先回升，而且回升幅度明显大于其他地区。其中，8 月和 11 月的回升率，关东地区各为 3.3% 和 2.1%，近畿地区各为 2.4% 和 3.5%，东海地区各为 1.9% 和 2.0%；相比之下，四国地区除 8 月回升 0.2 以外，7 月、8 月、10 月和 11 月都是继续下降的局面，分别下降 2.9%、1.2%、2.0% 和 0.1%；中国地区 7 月下降 0.4%，8 月、9 月、10 月、11 月也只分别回升 1.7%、0.0%、0.4% 和 0.7%。③ 东京等大城市的个人消费回升较快的原因：一是经营收益好、工资水平高的大企业大都集中在大城市；二是越是大城市，家庭和个人所拥有的金融资产越多，就越能够享受到股价上升后资产增值的好处。就资本金 50 亿日元以上大企业的地区分布而言，东京占 50.4%，大阪占 13.5%，爱知县占 12.7%，三者合计占 76.6%；就金融资产的拥有情况而言，东京圈、中京圈和近畿圈每个家庭的股票资产都在 80 万日元以上，其中东京圈在 100 万日元以上；相比之下，北海道、冲绳和九州地区都只为二三十万日元。④

---

① 経済産業省『平成 26 年 10～12 月期地域経済産業調査』、2015 年 1 月 28 日。

② 経済産業省『平成 26 年 10～12 月期地域経済産業調査』、2015 年 1 月 28 日。

③ 経済産業省『平成 26 年 10～12 月期地域経済産業調査』、2015 年 1 月 28 日。

④ 内閣府『日本経済 2014～2015』、2015 年 1 月。

3. 工资跟不上物价上涨，低收入阶层生活困难

尽管日本企业经营收益空前增加，但在经营合理化特别是非正式雇用增加的情况下，员工的工资水平却没有什么提高。2013 年，日本人均名义工资额是零，2014 年也只增长 0.8%。因此，在消费者价格上涨 2.7% 的情况下，就出现了家庭实际收入下降的局面，进而影响了消费，导致了经济的零增长。

目前，日本有1/6 左右的贫困家庭，其2012 年的人均可支配收入在122 万日元以下。① 低收入者大都是从事钟点工等工作的非正式员工，他们不仅工资水平低，而且支付消费税的负担一直是最重的。据统计，在消费税税率提高到8%以后，300 万日元以下低收入者的实际税收负担率为6.6%，明显高于500 万～600 万日元收入者的4.2%、900 万～1000 万日元收入者的3.2%和1000 万日元以上收入者的2.8%。② 由于越是收入水平低就越是承担更重的消费税负担，因此，尽管日本政府对低收入者采取了总额为3000 亿日元左右的给付措施，但4月1日消费税税率提高以后贫困家庭的消费支出不仅减幅最大，回升也最为缓慢。以2014 年第四季度为例，高收入阶层实际消费支出增加2.2%，低收入阶层只增加0.4%。③

（二）“安倍经济学”面临失败

一年多以来，日本政府一再渲染“安倍经济学”的成效，在2015 年2 月12日内阁会议审议通过的《2015 年度经济展望和经济财政运营的基本态度》中也强调说，由于综合性地实施“三支箭”的政策措施，即全面推进“大胆的金融政策”、“机动的财政政策”和“激发民间投资的成长战略”，持续实现了经济的缓慢复苏，今后要一如既往，确保日本经济的良性循环。但实际上“安倍经济学”备受质疑，面临失败，主要表现在如下四个方面。

1. 难以彻底消除通货紧缩

“安倍经济学”的主要政策目标是摆脱困扰日本经济十多年的通货紧缩。为此，日本银行根据“大胆的金融政策”的要求，2013 年4 月开始实施 QQE 政策，提出了实现年率2%的通货膨胀目标。但2013 年日本消费者价格指数只提

① 厚生労働省『国民生活基礎調査』、2014 年7 月公布。

② 風間春香『個人消費低迷が告げる「低所得層対策」』、2015 年1 月8 日。

③ みずほ総合研究所『2014－15－16 年度　内外経済見通し』、2015 年2 月17 日、http://www.mizuho－ri.co.jp/publication/research/pdf/forecast/outlook_150217.pdf。

高了 0.4%，如扣除进口能源和食品等因素的影响则下降了 0.2%，并没有改变通货紧缩的局面。2014 年，消费者价格指数虽然提高了 2.7%，但扣除进口能源和食品等的影响只提高了 1.8%；如果考虑 4 月 1 日消费税税率提高 3 个百分点后对抬高物价的影响，QQE 的通货膨胀效果还会进一步减小。为此，日本银行在 2014 年 10 月 31 日又实施了"第二次 QQE"，继续从量和质两个方面加大金融缓和的力度。尽管如此，能否彻底消除通货紧缩仍然是一个未知数。根据日本银行的预测，2015 年度消费者价格上涨率为 1%，而根据日本经济研究中心的调查则只为 0.59%。① 在日本内阁会议 2015 年 2 月审议决定的《2015 年度经济展望和经济财政运营的基本态度》中，也预测 2015 年度的消费者价格指数将提高 1.4%。② 由此可见，2% 的物价指标在短期内很难实现，只能成为中长期的政策目标。

2. 财政健全化的目标注定落空

安倍提出"机动的财政政策"的目的，是使经济再生促进财政健全化，财政健全化促进经济进一步增长，实现二者的良性循环。其中，财政健全化的目标是 2015 年度国家和地方合计的基础性财政赤字对 GDP 的比重压缩到 2010 年度的 6.6% 的一半，2020 年度实现基础财政收支盈余。为此，日本政府在力争经济增长实现税收增加的同时，采取了大幅度削减财政支出、杜绝浪费的措施。尽管如此，但让日本政府始料未及的是 2014 年第二、第三季度实际 GDP 连续出现负增长，全年再次出现零增长。结果，不仅税收难以达到当初预料的水平，而且为刺激景气，日本政府还不得不增加 3.5 万亿日元的财政补充预算，增加了财政支出。由于一再实施紧急经济对策，追加补充预算，日本政府不得不进一步举债维持，长期债务余额已由 2013 年 3 月末的 731 万亿日元增加到 2014 年 3 月末的 770 万亿日元，2015 年 3 月末又增加到 809 万亿日元，两年间就增长了 10% 以上，对名义 GDP 的倍率也达到了前所未有的 1.60 倍，如果加上地方政府的负债，则合计的长期债务总额高达 1035 万亿日元，相当于名义 GDP 的 2.05 倍。③ 这样一来，2020 年度根本就实现不了基础财政收支盈余的目标。根据日本内阁府 2015 年 2 月向经济财政咨询会议提交的测算，2015 年度国家和地方合计的基

① 日本经济研究中心调查。参见日本経済研究センター「15 年度消費者物価上昇率は0.59%」、2012 年 2 月 10 日、http://www.jcer.or.jp/esp/。

② 内閣府『平成 27 年度の経済見通しと経済財政運営の基本態度』。2015 年 2 月 12 日内阁会议审议决定。

③ 財務省『我が国の財政事情』、2015 年 1 月。

础财政收支赤字为16.4万亿日元，比上年度的25.4万亿日元减少1/3以上，占名义GDP的比重为3.2%，达到了3.3%的减半目标。但展望2020年度，即使年均实际经济增长率达到2%，届时也仍将有9.4万亿日元的赤字，相当于当年度名义GDP的1.8%；而如果年均实际经济增长率为1%左右，届时就将有16.4万亿日元的赤字，相当于当年度名义GDP的3.0%。[①]

3.2%的经济增长目标落空

作为实施"第三支箭"的具体措施，安倍政府制定的《日本再兴战略》提出了今后10年实际GDP年均增长2%的政策目标。2013年日本经济虽然实现了1.6%的经济增长，但从宏观经济政策的滞后效应看，至少不能把2013年上半年的经济增长归功于"安倍经济学"的成效。众所周知，安倍是在2012年12月26日当选为首相并正式实施"安倍经济学"的，而当时正是日本第16次景气循环的开始。因此，与其说2013年以来的景气扩张是"安倍经济学"的成效，不如说是景气循环的结果。何况2013年的实际经济增长率不仅比经历了7个月经济衰退的2012年还低0.2个百分点，而且增速逐季下滑，第四季度甚至出现了负增长的局面。现在，关于第16次景气循环的期间以及景气的山峰和谷底虽然还没有定论，但从2014年第二、第三季度连续出现负增长及全年出现零增长的情况看，2%的经济增长目标已经落空。

4.部分经济指标改善不能给"安倍经济学"涂脂抹粉

一年多以来，安倍政府一再炫耀企业收益增加和雇用状况改善。然而，这并不能完全归功于"安倍经济学"的成效，不能给"安倍经济学"涂脂抹粉。如前所述，无论企业收益增加还是雇用状况改善，都不是"安倍经济学"实施后才开始的，何况这两年企业经常利润的增速还明显低于2010年。至于企业的经营利润增加，这主要是营业外的投资收益特别是海外投资收益增加以及经营合理化效果带来的，就2014年而言，则与日元贬值对出口企业的利好有很大的关系。失业率下降与有效求人倍率提高，与少子高龄化生产年龄人口减少趋势下的人手不足有很大的关系，也不能完全归功于"安倍经济学"的成效。近年来妇女和退休后高龄者的就业率迅速增加而年轻人的失业率却居高不下，就充分说明了这一点。24~34岁劳动者的失业率2014年第一季度为4.6%，第四季度提高到4.8%，都明显高于完全失业率的3.5%。换言之，对于就业主力的年轻人而言，其失业率是不降反升的局面。而且，由于妇女和高龄者大多从

① 内閣府『中長期の経済財政に関する試算』、2015年2月12日。

事钟点工等临时性工作，致使企业非正式雇用员工迅速增加。2013年，日本企业的非正式雇用员工数为1906万人，比上年增加93万人，相当于1989年的2.33倍，占员工总数的36.7%，比1989年的19.1%提高了17.6个百分点。同年，日本企业的平均工资正式员工为473万日元，非正式员工为167万日元，与2012年相比，前者提高了6万日元，而后者则下降了1万日元，二者在工资水平方面的两极分化进一步扩大了。这意味着日本的雇用形态不是改善而是改恶了。

三 2015年展望

根据日本内阁会议2015年2月12日审议通过的《2015年度经济展望和经济财政运营的基本态度》，2014年度日本经济的名义增长率为1.7%，实际增长率为-0.5%；2015年度的名义增长率为2.7%，实际增长率为1.5%（参见表2-2），增长形势好于2014年度。

表2-2 2013~2015年度日本经济主要指标的变化情况

	总额(万亿日元)			比上年度增长(%)					
	2013年度 实际	2014年度 预期值	2015年度 展望	2013年度		2014年度		2015年度	
				名义	实际	名义	实际	名义	实际
国内总生产(GDP)	483.1	491.4	504.9	1.8	2.1	1.7	-0.5	2.7	1.5
民间最终消费支出	296.5	295.3	303.5	2.7	2.5	-0.4	-2.7	2.8	2.0
私人住宅投资	15.9	14.6	14.9	12.5	9.3	-7.8	-10.7	1.9	1.5
企业设备投资	68.2	69.6	73.3	4.9	4.0	2.2	1.2	5.3	5.3
政府支出	122.4	126.8	124.5	3.3	3.2	3.7	1.3	-1.9	-2.1
政府最终消费支出	98.8	101.9	103.1	1.3	1.6	3.1	0.9	1.2	1.0
公共固定资本形成	23.6	24.9	21.4	12.4	10.3	5.8	2.4	-14.2	-15.0
货物和服务贸易出口	80.0	87.2	93.8	13.6	4.7	9.0	6.0	7.5	5.2
货物和服务贸易进口	95.9	100.8	103.6	18.7	6.7	5.1	2.5	2.8	3.9
货物和服务贸易收支	-14.4	-11.7	-8.2						
货物贸易出口	69.8	74.5	80.9		12.2		6.8		8.6
货物贸易进口	80.8	82.8	85.7		19.7		2.5		3.5
贸易收支	-11.0	-8.3	-4.8						

资料来源：内閣府『平成27年度の経済見通しと経済財政運営の基本態度』。2015年2月12日内阁会议审议决定。

另外，根据日本经济研究中心2015年2月17日公布的经济预测，日本经济在2015年度将增长1.5%；根据水穗综合研究所2015年2月17日公布的国内外经济展望，日本经济在2015年度将增长2.1%；根据国际货币基金组织（IMF）2015年1月20日公布的世界经济展望，日本经济在2015年度将增长0.6%。上述预测的日本经济增长率都或多或少地高于2014年（度）。

2015年度日本经济增长的前提主要有两个：一是实现民间最终消费支出、民间住宅投资和企业设备投资的增长，其名义增长率要分别达到2.8%、1.9%和5.3%，实际增长率要分别达到2.0%、1.5%和5.3%，从而实现以内需特别是民需为主导的经济增长；二是货物贸易出口在2014年度增长的基础上继续增长，增长率达到8.6%，超过进口增长率的3.5%，从而减少贸易赤字，使外需也起到拉动经济增长的作用。

实现上述目标的有利条件是：第一，以企业收益增加为基础，在丰田汽车、日立制作所等大企业先后表示接受春斗工资要求、连续两年提高工资标准的情况下，雇用者报酬可望在2014年度增加的基础上再有所增加，从而为家庭实际消费支出增加奠定基础；第二，根据日本内阁府2015年2月《月份经济报告》的分析以及各方面最新公布的景气动向调查，第16次景气循环仍处于景气扩张阶段，企业设备投资可望扭转2014年度增速下降的局面，实现小幅度的增长；第三，2015年世界经济形势总体上看好，全球经济增长率可望达到3.5%左右，超过2014年的3.1%，其中美国可望增长2.9%，高于2014年的2.2%，从而有利于扩大日本对美国的出口；第四，日元继续贬值和国际原油市场跌价的趋势有利于日本扩大出口，缩小贸易赤字，从而推动工矿业生产增加，带动经济增长。

不利条件是：第一，地方经济没有活力，中小企业经营惨淡，这两个问题已“冰冻三尺，非一日之寒”，将继续拖累日本经济增长；第二，经过二十多年的经济停滞和动辄出现的负增长、零增长，国民和企业对经济现状和发展前景的忧虑与不安一时挥之不去，会继续影响家庭消费的倾向和企业设备投资的欲望，不利于日本经济走出阴影，尽快复苏；第三，因债台高筑，日本政府为实现财政健全化的目标，在2015年度财政预算中不得不压缩政府消费支出特别是压缩公共投资，从而将使公共固定资本形成减少15%左右，公需将起到拉动GDP下降的作用；第四，如何消除日元贬值对进口企业和国民生活的负面影响，日本政府还没有采取切实有效的政策措施；第五，世界经济存在一些不稳定因素，除中国经济由高速增长转为中速增长以外，亚洲“四小龙”和东盟经济增幅不大，印度经济增速放缓，巴西和南非经济疲软，俄罗斯经济在油价下跌和美欧的经济制裁下陷入困境，有可能出现负增长，希腊等国再次爆发债务危机和低通货膨胀长期化的风险进一步拖累欧盟经济，所有这些都会影响日本的对外贸易和经济增长；第六，原油跌价的负面影响以及乌克兰、中东地区的政治动荡等如果出现一些意外的情况，就难免会扰乱国际政治经济形势，给日本经济带来不利的外部影响。

B.3

日本经济展望与“安倍经济学”的课题

〔日〕汤元健治*

摘　要：“安倍经济学”实施两年来，主要通过“第一支箭”和“第二支箭”对日本经济产生影响。由于存在三个误算，即提高消费税税率所带来的影响远远超过预期，工资上升跟不上物价的上涨，日元贬值但出口数量几乎没有增加，进入2014年后，日本经济状况急剧恶化。通过讨论“安倍经济学”的“第三支箭”即成长战略的重要性，提出成长战略的实施应当以五个领域为重点：降低企业所得税实效税率，在国家战略特区进行“堡垒”规制试点改革，持续提高工资和推动劳动力市场改革，推进区域经济合作协定的缔结与农业改革，推行“地方安倍经济学”。

关键词：安倍经济学　日本经济　成长战略　量宽政策　消费税增税

自2012年底安倍政权诞生以来已过去两年。两年前，安倍首相果断地提出了以日本经济摆脱长期通缩为最优先目标的“安倍经济学”。“安倍经济学”是以超宽松量化质化货币政策（“第一支箭”）、灵活的财政政策（“第二支箭”）和成长战略（“第三支箭”）即“三支箭”为支柱的经济政策体系。本文拟通过对日本经济动向的详细分析，对过去两年来“安倍经济学”的实施情况进行讨论，并对“安倍经济学”所面临的课题加以分析与展望。

---

* 汤元健治，株式会社日本综合研究所副理事长。1980年京都大学经济学部毕业后进入住友银行，历任日本综合研究所调查部主任研究员、理事。1998年曾任小渊内阁经济战略会议事务局主任调查官，2007年曾任内阁府大臣官房审议官（负责经济财政分析）。

一 “安倍经济学”的成果与“三个误算”

截至目前，“安倍经济学”主要是通过“第一支箭”和“第二支箭”的实施对日本经济产生了影响，即由于被称为超宽松货币政策的大规模量宽政策的实施取得了成效，抑制了大幅度的日元升值，促进了股市急剧回升，对日本经济产生了正向效果。2013 年日元兑美元的汇率从 1 美元兑 80 日元贬值至 100 日元，日经平均股指出现了前所未有的高达 57% 的急剧上升。日元贬值使出口相关的制造业企业扩大了效益，2013 财年在东京证券交易所一部上市企业的经常收益破纪录地增加了 36%。股市上扬成为原动力，以富裕阶层为中心，私人消费呈现活跃局面，亦即显现出了资产效应。另外，从“第二支箭”的财政支出来看，2013 财年实施了规模为 10 万亿日元的景气对策，2014 财年实施了 5.5 万亿日元的景气对策，对促进经济增长做出了贡献。

但是，进入 2014 年后，日本经济状况发生了逆转。出于财政健全化和保证社会保障财源的目的，同年 4 月将消费税税率从 5% 提高到 8% 以后，日本经济状况急剧恶化。由于提高消费税税率之前集中消费的反作用，而出现大幅度消费减少，继 2014 年 4 ~6 月实际 GDP 增长率同比急剧下降 6.7% 之后，7 ~9 月的实际 GDP 增长率同比又下降 1.9%，陷入了连续两个季度的负增长。[①] 制造业的生产活动也从 2014 年初的高峰开始滑坡，直到 8 月持续处于下降状态，可以判断经济明显进入技术衰退局面。但是，从 2014 年末到 2015 年初，消费税增税对企业生产计划的影响逐渐减弱，企业制订了大幅度增产计划，因此，2014 年秋季以后，经济形势转为缓慢复苏。

正如前面所提到的，“安倍经济学”出台第二年的 2014 年之所以出现经济衰退，“安倍经济学”的三个误算产生了很大影响。

第一个误算是提高消费税税率所造成的影响远远超过政府和大多数民间经济学家的预期。从汽车销售量、百货店零售额和超市销售额等主要消费指标看，4 月以后几乎所有的统计指标与上年同期相比都是负增长，消费者心理指数也一直呈现持续恶化趋势。政府和民间经济学家曾根据上次即 1997 年提高消费税税率时的经验，预测集中消费造成的反作用的影响可能在三个月左右结束，夏季以后私人消费就会恢复。但是，这次与 1997 年相比出现了以下特点：一是反作用影

① 内閣府「国民経済計算」、http://www.esri.cao.go.jp/jp/sna/menu.html。

响更大；二是恢复的程度十分微弱；三是实际消费水平比 1997 年时下降幅度更大。总之，2014 年提高消费税税率所造成的影响比 1997 年时要严峻得多（参见图 3－1）。

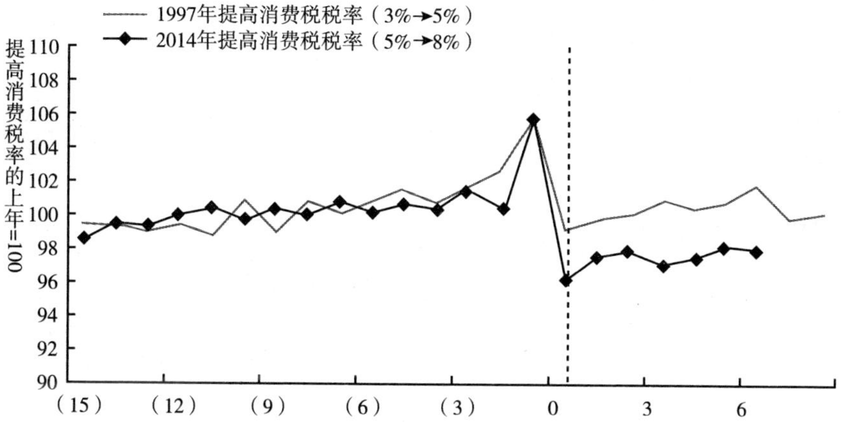

图 3－1　消费综合指数与 1997 年提高消费税税率时的比较

资料来源：内閣府、http：//www. cao. go. jp/。

第二个误算是工资上升跟不上物价的上涨。消费者价格上涨率出现了在长期持续通缩经济状况下前所未有的大幅度上涨。结果，物价上涨超过工资上涨，实际工资持续呈现大幅度下降趋势，这成为严重阻碍私人消费的主要原因。在 2014 年要求涨工资的“春斗”中，由于安倍政权对劳资谈判的破例介入，取得了涨薪 2. 28% 的效果，这是自 1999 年 15 年来首次涨薪达到 2% 以上。2014 年夏季奖金增长率达到 7. 19%，冬季的奖金也增加了 5. 26%，双双达到仅次于泡沫经济时期的高增长水平，名义工资上涨率也在春季以后明显进入正增长区间。但是，随着日元贬值，进口物价上涨导致消费者价格上涨。消费者价格在 4 月与上年同比上升了 1. 5% 左右，再加上提高消费税税率的影响（推高 2%），实际物价上升了 3. 5%。另外，虽说名义工资增长率转为正增长，但也仅仅止于 1% ~2% 的程度，而实际工资则呈现持续大幅度下降的趋势（参见图 3－2）。由于当初并不包含于设想中的消费税增税所带来的负面影响，使“安倍经济学”效应被大幅度抵消。

第三个误算是尽管日元贬值但出口数量几乎没有增加。其背后是以下三个结构性因素在起作用。其一，日本企业在海外当地生产、销售的比重在持续扩大。当日元升值时，美元标价的劳动力成本大幅度上升，日本企业迅速加快了由出口

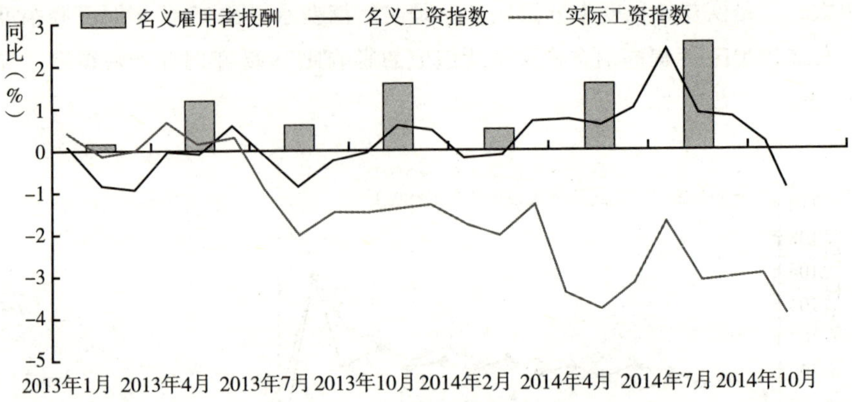

图3-2　雇用者报酬、名义工资、实际工资的变化

资料来源：内閣府「国民経済計算」、http：//www. esri. cao. go. jp/jp/sna/menu. html；厚生労働省「毎月勤労統計調査」、http：//www. mhlw. go. jp/toukei/list/30-1. html。

转向海外当地生产的步伐。汽车、机电、机械等主要制造业加速向中国以及东盟各国投资，强化了当地生产、当地销售的体制。其二，不仅仅是最终产品，零部件和材料也由出口转向在海外当地生产。日本企业在海外零部件采购率的上升，使过去的那种随着最终产品海外生产的增加而带动日本零部件和材料出口的现象逐渐消失。其三，日本企业经营战略的变化。过去一旦出现日元贬值的局面，日本企业出于扩大市场占有率的目的，一般是通过降低当地的销售价格来进行应对。但是，这次日元贬值并没有看到企业采取这种行动，因日元贬值出现的出口成本核算改善部分主要通过企业收益扩大的形式体现出来。可见，日本企业已经从重视市场占有率向重视企业收益转变。因此，即使日元贬值，国际（价格）竞争力也没有变化，因此并没有带动出口数量的增加。正是由于日元贬值没有带来出口数量的增加，因此日元贬值的正向效果仅停留在出口企业中的大企业中，而向内需关联企业和非制造业、中小企业等的波及效果十分有限。

二　“安倍经济学”对摆脱通缩有效吗？

——良性经济循环的实现与通胀预期的提高

如前所述，“安倍经济学”出台的第二年即2014年，以提高消费税税率为主要原因，景气复苏出现了急刹车。但是，提高消费税税率原本并不是包含在

“安倍经济学”政策体系中的政策，这实际是自民党在在野期间，时任总裁谷垣祯一与执政党民主党、公明党三党之间共同商定的政策，当时就确定了“社会保障与税制一体化改革”法案，从某种意义上讲，对安倍首相来说，消费税增税是妨碍推行“安倍经济学”的政策。因此，接受这次经济衰退的教训，安倍首相将预定在2015年10月实施的再次提高消费税税率（从8%提高至10%）延期至2017年4月也是必然的结果。如果抛开消费税的影响，“安倍经济学”对摆脱长期困扰日本经济的通缩痼疾的效果究竟有多大呢？以下从就业环境的改善、设备投资的恢复和通胀预期的形成三个角度进行讨论。

第一个要点，即就业环境的改善。劳动供需出现了久违的紧缩局面，日本经济正在陷入结构性劳动力不足的状况。根据“日银短观”（2014年12月）的调查结果①，企业的雇用人员判断指数（不足—过剩）显示以非制造业和中小企业为中心陷入大幅度人手不足的状态，其严重程度已超过“雷曼冲击”前的2007年的水平，仅次于泡沫经济时期（1991年）的水平（参见图3－3）。

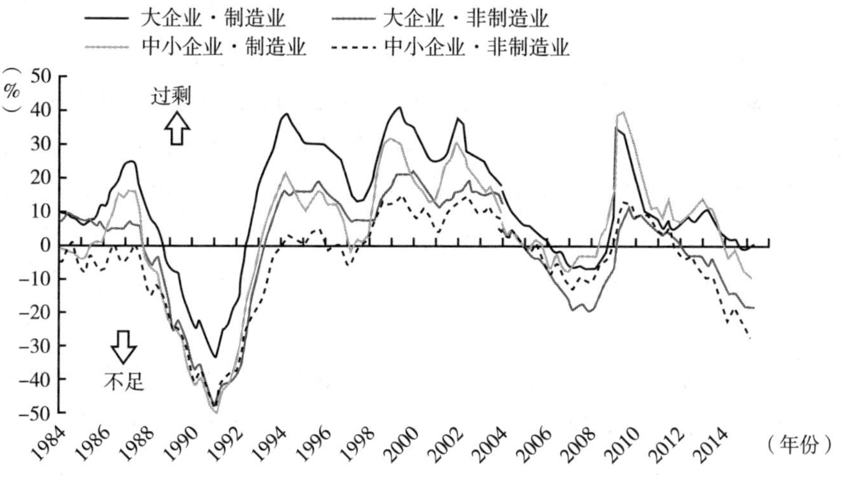

图3－3　“日银短观”雇用人员判断指数的变化

注：从2004年3月开始的调查，由于对象企业变化，数据并未连续。2015年第一季度为先行预测值。

资料来源：日本银行、http://www.boj.or.jp/index.html/。

① “日银短观”是日本央行进行的常规经济调查，其全称是“全国企业短期经济观测调查”。——译者注

2014 年 11 月的失业率为 3.5%，是自 1998 年 6 月时隔 16 年 5 个月以来的低水平，当月的有效求人倍率为 1.12 倍，是自 1992 年 5 月时隔 22 年半以来的高水平。① 究其原因，这不仅仅是“安倍经济学”促进了景气恢复和需求增加这一循环性原因带来的，长期持续的劳动力人口减少这一结构性原因所产生的作用更大。失业率 3.5% 的低水平是劳动力供需失衡的结果，达到了失业率不再下降而工资反弹上涨的临界点，即达到了所谓“结构性失业率”的水平。实际上，人手不足已经使以计时工、临时工、派遣社员等为中心的非正式就业问题显得更加突出，这些劳动者单位时间工资大幅度上升。但是，正式员工的有效求人倍率仅停留于 0.69 倍，这也是正式就业人员工资上涨缓慢，从而拖累总体工资上涨的原因所在。不过，从能否摆脱过去已经持续了 17 年之久的通缩的可能性这一视角来看，尽管缓慢，但工资毕竟已停止下降，并开始进入上涨局面，这一点还是值得肯定的。可以说，“安倍经济学”的“第一支箭”超宽松量化质化货币政策促进了日元贬值，开始形成“企业收益恢复→工资上升”的“经济良性循环”。

第二个要点，即设备投资的恢复。这也是预期“日元贬值→企业收益恢复→设备投资恢复”这一“良性经济循环”路径的另一个重要因素。但是，由于受到提高消费税税率的影响，再加上出口恢复势头微弱，设备投资的恢复速度也很缓慢。虽然以 GDP 为基础统计的实际设备投资连续两个季度出现负增长，但设备投资先行指标机械订货（除船舶、电力外的民间需求）显现出缓慢恢复的征兆。据“日银短观”（2014 年 12 月）的调查结果，从 2014 财年的设备投资计划来看，大企业制造业同比增长 11.9%，是 2006 年以来时隔 8 年的高增长。大企业非制造业尽管受到消费税增税的影响，但依然增长 7.6%，与三个月前相比有所提高。② 而计划确定滞后、往往容易陷入负增长的制造业中小企业的设备投资计划也转为正增长，因此现在可以做出判断：先行设备投资明显转向恢复趋势的可能性很高。

第三个要点，即通胀预期的形成。从各种家庭通胀预期问卷调查来看，中期（未来 5 年）的预期通胀率将会缓慢上升，可能在 1% 附近徘徊，但短期（未来 1 年）可能降至 0.5% 左右，也就是说通胀预期在倒退（参见图 3－4）。

① 『日本経済新聞』2014 年 12 月 26 日、http：//www.nikkei.com/article/DGXKASFS26H0N_W4A221C1EAF000/。

② 日本銀行「短観」、https：//www.boj.or.jp/statistics/tk/index.htm/。

这背后的原因，可以说是现实物价上涨率的增势减弱所致。扣除消费税增税因素后的核心消费者价格（除生鲜食品外）的上涨率，2014 年 4 月提高至 1.5%，但达到这一峰值后，同年 11 月又降为 0.7%。① 因此，通胀预期的高涨与其说是日本央行超量宽政策的效果，倒不如说是由于推行超量宽政策导致日元持续贬值，进而引起物价上涨率的上升。大幅度日元贬值效应已经完成一轮，当下急剧的石油价格暴跌使现实物价上涨减速，也压低了通胀预期。2014 年 10 月日本央行实施的追加量宽政策也是由于意识到通胀预期下降的风险才断然决定的。

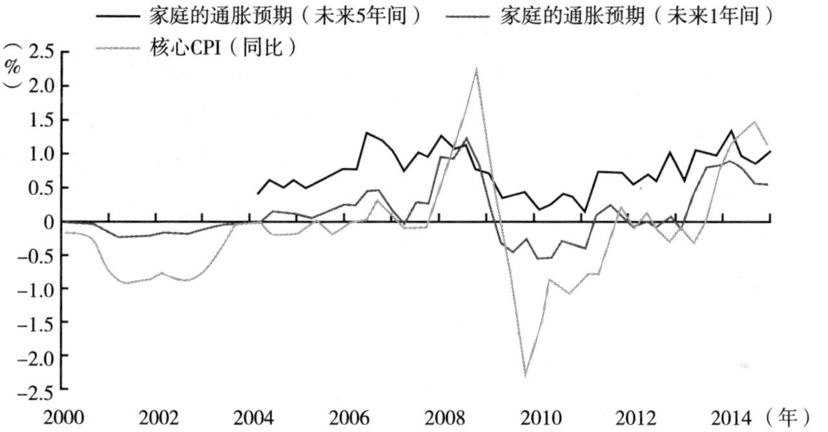

图 3－4　CPI 与家庭的通胀预期

注：家庭的通胀预期使用了『生活意識に関するアンケート調査』资料，并使用修正的卡尔松—帕金（Carlson-Parkin）方法进行测算。该调查是 2013 年 6 月开始进行的以扣除消费税税率上涨因素影响为基础的调查。核心 CPI 也是以扣除消费税税率上涨因素为基础的数字。

资料来源：日本综合研究所根据日本银行、总务省数据制作。日本総合研究所、http：//www.jri.co.jp/。

综上所述，可以说“安倍经济学”在雇用环境改善和劳动供需关系紧缩、设备投资出现恢复的征兆及通胀预期的形成这三个方面，都产生了一定的效果。但是，距离摆脱通缩的道路还很遥远，要在 2015 财年内实现日本央行提出的 2% 的物价目标，仍然不容易。

① 『日本経済新聞』2014 年 12 月 26 日、http：//www.nikkei.com/markets/features/12.aspx？g = DGXLASDF21H16_ 21012015EA1000。

三　超量宽货币政策的效果与副作用

——油价下跌将缓解副作用

日本央行2013年4月推行的“数量与质量宽松政策”（Quantitative and Qualitative Easing，QQE），如前所述已经对外汇、股票等资本市场产生了较大的效应，但预期效应与通过传统货币政策波及路径的效应仅停留于有限的程度。特别是在人们设想中的传统货币政策波及路径，如通过对国债、交易所交易基金（ETF）、房地产信托投资（REIT）等金融资产的大量购入（即扩大资产负债表）来“扩大基础货币量→扩大银行贷款→扩大货币存量→提高物价、刺激景气”的波及路径并没有明显地体现出来。这是因为即使大量增加基础货币量，银行贷款的增长也十分有限，因此不会与货币存量（即货币供给）的显著增加联动（参见图3－5）。金融学的教科书告诉我们，一旦增加货币供应，就会有相应的货币扩张系数（货币存量/基础货币）倍数的货币供应增加，但其前提是货币扩张系数不变且一定的条件下，上述情况才成立。

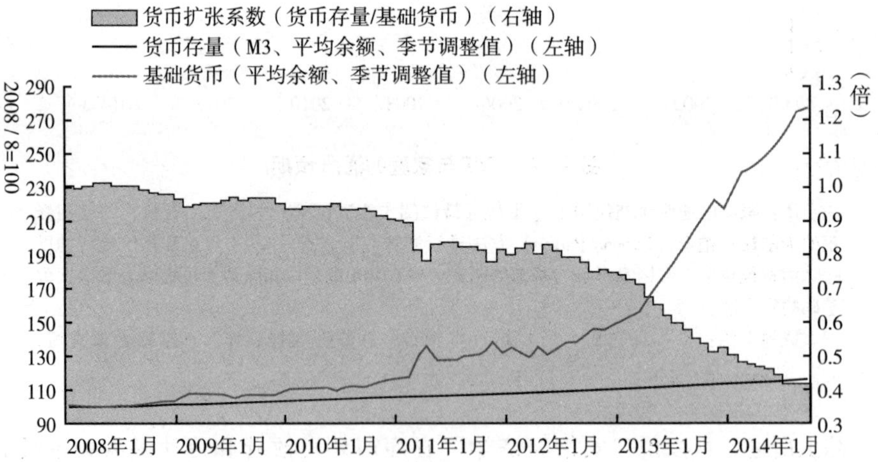

图3－5　基础货币、货币存量与货币扩张系数的变化

资料来源：日本銀行、http：//www. boj. or. jp/index. html/。

但是，现实当中，货币扩张系数在显著下降。由于大量购入国债，使金融机构的资产运作利润降低，因此会产生运作风险更高（即回报更大）的资产的动力，这被称为投资组合再平衡效应。但是眼下这种效应极为有限。这是因为现在并不是供给方面（贷方）供给不足，而是需求方面（借方）缺乏需求。日本的大企业经历了泡沫崩溃和“雷曼冲击”等各种危机，通过压缩债务和积累流动现金，好不容易才实现了财务体制的健全化。因此，无论利息多低，融资多么容易，只要能够确认投资的盈利机会少，企业就不会轻易考虑通过增加负债而提高外部杠杆效应。实际上，与大企业相比，更需要借款的中小企业当中，财务体制脆弱的企业居多，而银行并不想积极增加对它们的贷款。总之，仅仅依靠货币政策就想要摆脱通缩是十分困难的。对企业来说，只要国内的商业机会、获利机会有限，它们就会控制在国内的投资。日本在少子老龄化不断深化的状态下已陷入人口减少的局面，将来的市场规模会缩小。在这种情况下，要想真正摆脱通缩，就必须通过迅速实行“安倍经济学”的“第三支箭”即增长战略，进行以提高企业预期增长率、预期收益率为目的的结构改革，即大胆推行放松规制的改革。继续依靠“第一支箭”和“第二支箭”，“安倍经济学”是没有希望取得成功的。

不仅如此，超宽松量宽政策还伴随着极强的副作用。最大的副作用是贸易收支的恶化。在“安倍经济学”出台的第一年即2013年，贸易逆差为11.5万亿日元，较上年增加4.6万亿日元。① 分析其原因，恶化的部分几乎主要是由日元贬值造成的。日元贬值虽然能带来出口核算的改善（日元标价的出口收入额增加），但进口核算会出现恶化（日元标价的进口支付额增加），而一旦增加的进口支付额超过出口增加部分，贸易收支就会恶化。在美元标价的出口比例仅为50%左右，而美元标价的进口比例在74%的现状下，与出口相比，对进口方面的影响会更大、更突出。2014年日元贬值的速度已经放缓，但尽管如此，贸易逆差仍高达12.7万亿日元。② 从理论上讲，日元贬值在初始阶段会使贸易逆差扩大，但随着时间的推移，通过出口数量增加和进口数量减少这种数量方面的效应，贸易收支会向改善的方向发展（J曲线效应）。但是，如前所述，由于日本企业生产体制的变化，通过日元贬值使出口数量增加的效果几乎消失，只对价格方面产生了影响，这也成为贸易逆差扩大的主要原因。以笔者管见，1美元兑120日元左右的日元贬值，对日本经济整体来说，只能带来“净值”上的副作用。通过笔者的测算，得出的比较理想的汇率水平应当是相当于购买力平价的1美元兑98日元。可以预测，美国的货币当局可能在2015年中期实行加息政策，日元本来就处于美元升值压力不断提升的局面之中，而日本央行再进一步追加量

① 財務省「貿易統計」、http://www.customs.go.jp/toukei/info/index.htm。

② 財務省「貿易統計」、http://www.customs.go.jp/toukei/info/index.htm。

宽，很可能会加快“恶性日元贬值”的步伐。

在这期间，对日本来说最大的福音莫过于原油价格的大幅度下跌。WTI 原油期货价格，2014 年夏季每桶超过 100 美元，但此后急转直下，最近已经跌破每桶 50 美元，与高峰期相比暴跌了一半。一般来说，原油价格下跌意味着收入从产油国转移到石油消费国，对发达国家来说，正向效果更大些。当然，美国由于页岩油生产的增加，也出现了能源相关产业收益恶化的现象，因原油价格下跌的不利影响，在股市也产生了消极冲击，这也是事实。但是，对于原油、液化天然气（LNG）等能源需求的大半需要进口的日本来说，原油降价会给日本经济带来巨大的好处。据测算，如果今后一年中原油价格稳定在每桶 50 美元，2015 财年原油降价利益（进口货款的节约额）将达到 7.1 万亿日元。这一数额已大大超过前面提到的日元贬值所带来的损失，仅仅是原油下降就会给日本企业带来增收 20% 的效果。

四　日本经济走势与“安倍经济学”面临的课题

在以上分析的基础上，对 2015 年的日本经济做一下展望。由于消费税增税而产生的负面冲击过大，估计 2014 财年实际 GDP 增长率约为 0.7% 的负增长，但是，2015 财年可能出现好转。其理由如下：（1）由于消费税再增税延期，4 月以后物价上涨率会降到 1% 以下，实际工资转为正增长的可能性很大；（2）年度后半期，油价下降的利益将渗透到整个宏观经济，以企业业绩提高和私人消费恢复的形式使景气复苏基调逐渐明确；（3）在这期间，估计企业设备投资的恢复也将逐渐显现出来。鉴于以上三点理由，可以预测 2015 财年实际 GDP 增长率将确保 1.6% 或 1.5% 左右的正增长。2015 年，日本的经济增长率在发达国家中将仅次于美国，日本经济的增长将起到牵引世界经济的作用。

但是，如果从日本经济发展环境这一中长期的视野来看，还存在着诸多挑战，如少子老龄化的进展和人口减少、重新启动核电站的滞后等能源约束、全球化竞争激化等，不容乐观的严峻形势将持续下去。“安倍经济学”“第三支箭”的成长战略并不是着眼于短期循环性景气复苏的政策，而是定位于从中长期视野考虑如何提高目前已经下降到 0.5% 的潜在经济增长率，进行供给方面的结构改革。这一战略包含以下内容：（1）为应对劳动力人口减少而促进女性就业和积极利用外国劳动力；（2）以引导企业面向未来、积极进行设备投资为目的的企业所得税改革、放松规制；（3）为支撑和构筑企业全球化竞争环境而加快各种区域经济合作协定的缔结；（4）强化日本企业的创新能力，促进产业新陈代谢的政策措施；等等。本文认为，在上述战略中，亦即在“安倍经济学”的成长战略中，应当以以下最为重要的五个领域为重点：（1）降低企业所得税实效税率；（2）通过国家战略特区战略推动“堡垒”规制改革；（3）持续提高工资和推动劳动力市场改革；（4）推进跨太平洋伙伴关系协议（TPP）、日中韩自由贸易协定（FTA）、区域全面经济伙伴关系（RCEP）等区域经济合作协定的谈判和农业改革；（5）推行“地方安倍经济学”。“安倍经济学”面临的课题如下。

第一，企业所得税减税。安倍政权明确提出了要将现行的35.64%这一在发达国家中明显偏高的企业所得税率，“在数年内调低至20%多的水平”的目标。在2015财年的税制改革中，确定了2015财年降低2.51%，到2016财年为止的两年中降低3.29%以上的具体实施目标。如此看来，可以说，将企业所得税降至20%的目标已进入“射程圈内”，但是经济合作与发展组织（OECD）各国的平均值为25%，因此最低限度也需要降低到这一水平。当然，从财政健全化的观点来看，上述目标若完全依靠减税来实现是十分困难的，需要进行消费税增税和所得税、居民税等配套改革。但是，这样彻底的税制改革，在政府和执政党内部连讨论都没有开始，因此距离实现还需要相当长的时间。以笔者管见，首先应当在安倍政权推行的国家战略特区内实施低于中国香港、新加坡、中国、韩国的15%的低税率。期待政府尽快开始进行讨论。

第二，在国家战略特区进行“堡垒”规制试点改革。目前，政府已指定东京圈、关西圈、新潟市、养父市、福冈市、冲绳县六个地区为国家战略特区，包括具体项目计划在内的区域计划已得到国家的认可。得到认可的放松规制对象项目，主要是以医疗、农业和劳动市场等既得利益集团抵触强烈的、仍被“岩石”般坚硬的规制束缚的领域为中心的15个项目。但是，认为以上计划还很不充分的呼声很强烈，因此安倍政权决定进一步追加放松规制的措施，准备在国会中提出《国家战略特区法修正案》。这种规制改革的努力才刚刚开始，就已经出现了其他行业进军农业、电力和能源等部分领域的新动向。通过特区的规制改革，可望收到创造国内需求和就业机会、促进外国企业对日投资以及日本企业积极进行国内投资等效果，实施包括税制、补贴等在内的大胆的政策措施，国家战略特区的内容在数量和质量两方面都可能得到强化。

第三，持续提高工资和劳动力市场改革。这是向产业结构升级、高附加价值化、以内需为中心的经济结构转换所必不可少的课题。过去，日本生产率提高的成果并没有转化为工资，而是以产品价格下降的形式还原给消费者，其资金来源是通过降低工资来筹措的，从结果上看，私人消费也没有得到扩大，最终陷入了工资与物价同时下降的“通缩恶性循环”。为了从这种恶性循环中摆脱出来，安倍政府设立了政劳资三方会谈的平台，采取了政府直接介入劳资之间提高工资谈判的异常措施。结果，在劳资双方共同认可的情况下，2014 年实现了 2% 的工资上涨，2015 年工会方面也开始提出比上年更高的工资上涨要求。与 2014 年一样，安倍政府向企业方面施加涨工资的压力，而财界也表明了积极响应的姿态。但是，要想摆脱通缩，仅仅依靠提高工资是远远不够的。日本的劳动力市场存在着正式雇用和非正式雇用的双重结构，由于企业更多的是增加工资相对低廉的非正式雇用，因此导致总体工资的上涨率并未达到很高的水平。为了摆脱通缩，至少还有以下必须予以解决的难题摆在面前：其一是日本企业必须从成本削减型向提高附加价值生产率的经营模式转换；其二是日本政府应停止对衰退产业、衰退企业的救助政策，推行产业结构转型和提高劳动力市场流动性的改革；其三是制定即使没有政府的介入，也能将生产率提高成果的一部分转化为工资的新型涨薪规则。

第四，区域经济合作协定的缔结与农业改革。可以说，这对安倍政府来说也是最重要的课题。针对日美之间的 TPP 谈判，自民党在其政策宣言（政策纲领）中明确提出，要守卫牛肉、猪肉和乳制品等五个神圣领域，因此在 2014 年一年间也没有找到妥协点。不过，以笔者管见，日本农民平均务农年龄已达 66 岁，老龄化程度如此严重，不管是否参加 TPP，10 年后也存在农业消亡的危机。为了防止这一推想成为现实，应通过对农业领域进行大胆的规制改革来扩大企业的参与，必须推进农业向包括生产、加工和流通在内的六次产业化发展。这就需要产业界与金融界共同与农业界进行协作，进行市场经营，开拓国际市场，强化经营体制，活用 IT 技术，进行融资援助，以构筑农业、食品和服务一体化的新经营模式。安倍政府立志于废止“大米减产政策”①，进行农协改革、放松农业生产法人规制等彻底的改革。目前，不同领域的企业进军农业的数量已开始出现增加的趋势。通过强化农业体制，向 TPP 妥协达成协议的道路也将打开，再进一步以此为杠杆，在对日本来说比 TPP 重要性更高的日中韩 FTA 和 RCEP（东亚综合经济合作协定）谈判中，要与中国紧密合作，在制定规则和构筑共同平台方面做出贡献。

---

① “大米减产政策”也称“大米生产调整政策”，日本政府为了解决大米过剩和农业财政补贴负担过重的问题，长期以来一直鼓励农民减少水稻播种面积的政策。——译者注

第五，实行“地方安倍经济学”。这是出于对“安倍经济学”的利益只流向大企业并没有渗透到地方和中小企业的反省而提出的政策，实际上就是不得不对“安倍经济学”进行修正的政策。安倍政府在2014年10月举行的临时国会上通过了被称为“地方创生法”的新法律，并在内阁官房设置了“地方创生本部”，制定了地方创生长期设想和地方创生综合战略。目前在地方，还存在着“安倍经济学”的利益并没有得到充分波及和渗透、严重的老龄化和人口减少以及年轻人向首都圈流出等各种各样的结构性问题。这些问题的解决并非一朝一夕所能完成，需要采取预算、税制、制度改革等所有措施。其一是大企业的总部功能和研发功能向地方转移；其二是富裕高龄阶层向地方移居；其三是促进生育年龄的年轻人向地方回归就业；其四是创造源自地方的新风险事业；等等。要最大限度地利用地方的魅力和资源，促进地方自身制定以吸引区域外和国外的人才、企业及资金为目标的集中且具有包容性的战略。从民主主义原理考虑，这种“地方安倍经济学”若不能成功，推行既定的“安倍经济学”则孕育着极高的风险，可以说地方创生将是安倍政府2015年最重要的课题。

五　结语

本文对“安倍经济学”要想获得成功，以及日本经济要想摆脱通缩并在今后少子老龄化、人口减少的背景下保持可持续增长，实施“安倍经济学”的“第三支箭”即成长战略是何等重要等问题进行了论述。2014年12月，在令人感到突然的众议院解散和大选中，自民党获得大胜，使安倍政府确保有四年能够专心致志推行成长战略、进行结构改革宝贵的时间。为推行成长战略所必须履行的手续是，一定要使相关法律在国会得到通过。安倍政府在2013年临时国会已通过9部、2014年定期国会通过30部、2014年的临时国会通过2部与成长战略相关的法案，可见“第三支箭”已经接连不断地射出。今后四年，如果安倍政府能够持续下去，还期待有更多的法律通过。笔者对安倍首相最期待的是：尽早恢复日中关系正常化，日中两国携手合作，共同构筑亚洲光辉的未来。

（张季风 译　李清如 校）

B.4 关于“安倍经济学”的政策思考

——以消费税增税为焦点

陈子雷*

摘　要：自2012年底组阁以后，安倍晋三积极推行所谓的“安倍经济学”，期待在短时期内依靠货币和财政政策来使日本经济走出低谷，并为中长期实现经济增长、重建财政创造条件。然而，“安倍经济学”并非“对症”之举，即便可刺激经济短期复苏，但在长期内难以摆脱财政风险。同时，为了解决愈发严重的社保透支，日本还必须以消费税增税来填补财政“窟窿”，但此举又可能抵消短期经济刺激计划所带来的效果。日本经济的未来取决于经济结构改革的成败。

关键词：安倍经济学　通胀目标　消费税增税　结构改革

自20世纪90年代初“泡沫危机”以后，日本经济开始呈现衰退趋势。随着潜在经济增长率的不断下滑，“泡沫经济”时代积累起来的公共债务与GDP之比开始不断攀升，目前已跃居发达国家之首。同时，人口少子老龄化现象日趋严重，不断膨胀的社保支出不断抬高其国债依存度。在经历了“失去的20年”以后，日本经济正面临两大难题：一是需要在短期内刺激实体经济复苏，以摆脱经济长期低迷的困局；二是需要稳定经济、消除财政风险。但两者难以兼顾。

自2012年底组阁以后，安倍晋三积极推行所谓的“安倍经济学”，期待在短时期内依靠货币和财政政策来使日本经济走出低谷，为中长期实现经济增长、

* 陈子雷，经济学博士，上海对外经贸大学东亚经济研究中心、日本经济研究中心主任、教授，全国日本经济学会理事，主要研究领域：日本经济。

重建财政创造条件。然而，其相关政策并没有对日本经济的恢复发挥多大的积极作用，而且存在着诸多风险，“安倍经济学”不具可持续性。

一 “安倍经济学”政策存在诸多风险

“安倍经济学”主要由量化宽松的货币政策、机动灵活的财政政策和提高产业竞争力的增长战略三部分组成。从本质上讲“安倍经济学”仍是一针“强心剂”，其巨大的政策剂量即使能够使日本股市在短期内“东山再起”，但能否成为刺激实体经济复苏的动力仍值得商榷；而且，包括货币政策在内的各种政策措施都存在不同的风险，甚至与其长期政策目标相背离。

（一）量化宽松与维持低利率政策之间的二律背反

在2014年4月1日实施第一阶段消费税增税以后，日本的实际GDP增长率在第二、三季度出现了比较大的回落，特别是第三季度出现了7.1%的负增长。为了避免2014年度日本经济再次探底，日本央行只能在10月31日继续出台第二轮的量化宽松政策，加大货币政策的剂量。

当然，连续两轮量化宽松政策可能会在一定程度上推高日本社会对通胀的预期。问题是，一旦形成通胀预期，日本央行则马上面临利率上调的压力。以日本目前的债务规模，每年的债务还息已占国家预算规模的1/4，利率上升意味着日本国债还息成本的增加。因此，为了控制国债规模的增加、控制还息成本的上升，日本央行迫不得已继续维持低利率政策。在调息的压力下，日本央行的货币政策或将丧失其调控的功能。

因此，在第二轮量化宽松政策以后，日本央行可能不得不面临“低利率”和“控通胀”的取舍，之前货币政策的红利可能消失殆尽。在丧失货币和财政政策调控功能的情况下，难以排除2015年度日本经济再次出现衰退的可能性。

（二）消费税增税与经济发展目标之间的矛盾

按照野田内阁时期通过的消费税增税法案，为了给消费税增税营造良好的经济环境，日本政府必须以经济复苏为前提。而据日本政府的测算，消费税增税的前提是必须使实际GDP保持正增长。因此，安倍内阁自2013年底就陆续出台了一系列大型财政刺激计划，为2014年的消费税增税创造条件。问题是，如何在消费税增税后寻找经济增长点。如果继续依靠“强心剂”式的政策手段，那么在2017年4月的第二阶段消费税增税后，日本将陷入“增长→增税→再增长→再增税”的发展怪圈。“安倍经济学”的政策逻辑令人深思，即实现一国经济增长的目的，究竟是帮助政府实现税收最大化、偿还公共债务，还是扩大就业、提高国民生活水平?①

（三）经济复苏的“绊脚石”——社保透支和财政风险

首先，在少子老龄化的背景下，日本目前的社保开支已不堪重负。社保的财政预算缺口每年以1.2万亿日元左右的规模不断增加。如果要彻底解决社保财源问题，日本政府必须大幅上调消费税税率。即使税率上调至10%，所获得的税源最多只能填补目前的社保预算缺口。所以，只有在长期内保持稳定且可持续的经济增长，才能通过财政的增税增收来填补今后不断扩大的社保收支缺口。

其次，目前日本公共债务总额已超过1000万亿日元，如何消除财政危机、重建财政是日本面对的又一个重大经济问题。对此，安倍内阁若能通过财政的增收减支来实现财政重建，则可以事半功倍。但是在未来劳动人口不断减少的背景下，按照日本政府的测算，日本若要将其债务总规模削减至GDP 60%的水平，必须同时实现三个目标：将消费税税率大幅上调至33%～35%，实际GDP的年增长率维持在3%左右，劳动生产率的增长率保持在3%以上。要实现以上这些目标，必须制定刺激政策以外的增长战略计划。但是从现阶段来看，迫于自民党内的派系斗争和各利益集团的政治压力，已出台的增长战略本身并没有明确给出能够令人信服的具体实施细则和量化指标。相反，随着2014年4月消费税税率的提高，“安倍经济学”的短期效应正在迅速消失。同时，自2011年东日本大地震以来，日本已经连续四年出现贸易逆差。今后，一旦出现海外投资收益减少引发经常性账户持续出现逆差，日本或将难以偿还其公共债务，从而可能引发主权债务危机。

二 消费税增税令“安倍经济学”陷入窘境

鉴于日本公共债务的GDP占比已经攀升至230%，居发达国家之首，而其和社保相关的财政支出也已占国家预算的三成以上，在经济增长乏力的背景下，如要偿还巨额公共债务、填补社保“窟窿”，似乎除了通过增税和营造通货膨胀来

① 陈子雷：《安倍经济学政策红利难持久》，《解放日报》（理论版）2013年12月6日。

让国民分担债务以外别无选择。从本质来说，日本央行采用量化宽松货币政策的目的就是为了营造通货膨胀。① 而从财政的角度看，面对不断膨胀的公共债务规模和社保“窟窿”，实施消费税增税可谓不得已而为之，但是这一举措又抵消了“安倍经济学”的政策效果。

（一）消费税增税与财政重建相背离

在经济停滞和人口老龄化背景下，日本的国民收入水平将呈下降态势。为了解决财政透支、弥补社会保障支出所需财政资金的不足，未来的日本迫切需要增加税收，减少其财政收入对发行国债的依赖。但是，从目前日本的税收结构来看，提高个人和企业所得等直接税的税收占比难度较大，而通过提高间接税的税收占比，特别是提高消费税税率来获取税收则相对来说比较容易。因此，如果实现消费税增税，日本政府一则可以解决每年高达43%的税收缺口，二则可以缓解不断膨胀的社保支出缺口，可谓一箭双雕。

从税种的角度看，目前日本采用的消费税是一种对货物或劳务进行多环节征税的流转税，类似于我国和欧盟的增值税，其税收额约占全部税收25%左右（参见图4-1）。与企业所得税和个人所得税等直接税相比，作为间接税的消费税在日本的税收占比较低，仍有很大的增税空间。在西方发达国家，由于国民收入水平较高，一般来说间接税和直接税的税收占比分别为30%和70%。但是，消费税征税的方式却不尽相同。一般来说，美国和加拿大等国按照生产、批发和零售三个阶段采用单环节征税，征税权和税收分属联邦、州和地方政府。而日本和欧盟则主要采用多环节征税，由中央和地方政府实现税收共享。相对于发达国家而言，发展中国家由于国民收入水平较低，间接税和直接税的税收占比正好相反。

日本实施的消费税增税，虽然可以提高日本消费税的税收占比，但是从另一角度讲这也意味着其直接税税收占比的下降。而直接税税收占比的下降则意味着国民收入水平的下降。对此，美国《华尔街时报》讽刺道：在完成消费税增税以后，日本或将成为G国集团中唯一一个消费税税收占比超过个人和企业所得税的国家。这从一个侧面可以看出，由于长期经济增长乏力，日本的国力正在呈现出衰退的态势。

根据日本的消费税增税法案，日本将分两个阶段来提高消费税税率。第一阶

---

① 陈子雷：《“安倍经济学”本质》，《解放日报》（专家论坛）2013年3月29日。

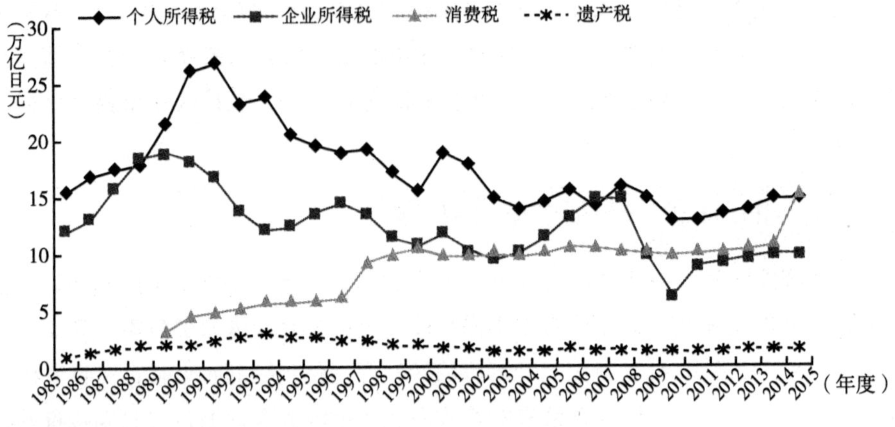

图4-1 日本主要税种的税收占比

资料来源：根据日本财务省统计数据整理。

段从2014年4月1日起将消费税税率从5%上调至8%。同时，根据增税后的经济形势，再决定从2015年10月1日上调消费税税率至10%。从第一阶段的增税来看，通过税率上调充其量只能增加约8万亿日元的税收，可谓杯水车薪，很难从根本上解决日本财政的结构性难题。但是，如果要避免日本今后出现财政“悬崖”，则必须大幅上调消费税税率。以目前的经济状况来看，很难想象日本国民能够承受如此大幅度的税率上调。因此，日本政府与其致力于消费税增税，还不如早日推动财政重建，否则消费税增税只不过是饮鸩止渴，而从长期来看其财政风险并没有得到根除。① 以金融危机后欧盟的经验教训来看，其成员国之一的希腊就采用类似于日本消费税的增值税，23%的税率也远远高于日本的消费税税率，但希腊并没有能够避免财政危机的出现。因此，眼下日本的消费税增税方案既不利于解决其经济的结构性问题、消除财政风险，也无助于解决不断恶化的社保透支问题，只能是维持现状的权宜之计。

（二）消费税增税拉大了贫富差距

日本的消费税增税会对消费者和企业带来很大的冲击。从消费者层面看，消费税增税对不同收入阶层和不同消费群体会产生不同程度的影响。如果说日本的所得税征收有利于调节收入差距，在一定程度上体现了社会公平正义的话，那么

① 陈子雷：《消费税今起上调 安倍“饮鸩止渴”?》，《解放日报》（专家论坛）2014年4月1日。

消费税因其税源充足、便于征收则体现了税收的效率性。问题是，消费税本身采用比例税率，它对不同收入阶层来说具有累退性，这意味着在初次分配不同的情况下，人们通过消费将增加相互之间的贫富差距。可以说，和各国的流转税一样，日本的消费税对收入分配的调节功能也存在很大的缺陷。特别在少子老龄化或青年人失业率较高的背景下，消费税税率的上调只能拉大日本社会贫富差距，增加贫困阶层的生活成本。

消费税增税除了对不同收入阶层和不同消费群体产生不同程度的影响外，还对不同生产规模和业态的企业带来不同程度的影响。从企业规模角度来看，大企业的生产经营活动因汽车、家电等耐用消费品的消费税税率上调而受到一定程度的冲击，人们对产品滞销的预期也会使企业存货投资不断增加，并对资本市场的投资信心产生一定程度的影响，进而拖累上市公司的股价。但是，由于日本的大企业在产业链中具有一定的垄断地位，在产品定价上也拥有较大的话语权，因此，随着税负的增加，大企业可以通过税负转嫁形式将一部分税负转嫁给产业链的上游企业，而其余部分税负则可以转嫁给批发、零售环节的中小企业或消费者。总的来说，大企业税负转嫁能力较强，受消费税增税影响相对有限。相比之下，中小企业在产业链中相对处于弱势，企业生产成本较高，缺乏规模经济效应，因此将其税负转嫁给大企业或消费者的难度较大。所以，一般而言，处于弱势群体的中小企业受到冲击的程度更大。从过去日本消费税增税的历史经验教训来看，往往是中小企业成为消费税增税的主要受害者。因此，除消费者外，日本中小企业的各类协会团体也是抱团反对消费税增税呼声最高的利益团体。

（三）消费税增税会引发日本政坛波动

按照日本政府的计划，在 2014 年 4 月实施第一阶段消费税增税后，在经济形势保持良好势头的条件下，在 2014 年底前做出继续第二阶段消费税增税的判断，并于 2015 年 10 月开始实施。因此，2014 年经济形势的好坏是安倍内阁决定消费税增税与否的关键。其中，增税后的第三季度经济数据的好坏，不但是影响安倍内阁增税决策的重要依据，也是决定 2014 年日本经济总体走势的关键。按照原来的计划，除第二季度因受消费影响经济出现负增长以外，如果在其余三个季度 GDP 能够实现正增长的话，就可以为 2015 年底实施的第二阶段消费税增税创造有利条件。但是，因第一阶段消费税增税的负面影响大大超出市场预期，使第二阶段消费税增税计划成为泡影。非但如此，按照以往的经验，消费税增税带来的负面影响还将延伸至日本政坛。

日本的消费税法成立于1988年2月，并于1989年4月开始正式征收消费税。从消费税增税的历史来看，消费税法成立之初，时任日本首相的竹下登即迫于多方压力而引咎辞职。1996年6月，桥本内阁决定上调消费税税率2%后，也因增税引发经济衰退导致自民党在参议院选举中落败而辞职。无独有偶，执政的民主党菅直人内阁在2011年也同样因为决定消费税增税而引发党内分裂下台，其后任野田内阁在次年也因通过消费税增税法案而给民主党在众议院大选落败埋下祸根，野田佳彦随即引咎辞职。从日本消费税法成立到几次增税的历史风波可以看出，日本政局具有浓厚的消费税"情结"。[①] 通过消费税增税，人们总是看到日本经济的不断衰退和此起彼伏的"倒阁"运动。这次也不例外。由于第一阶段增税给"安倍经济学"带来的冲击超出预期，同时各界对是否应该实施第二阶段增税众说纷纭，使之成为安倍内阁不得不解散众议院重新大选的主要原因之一。[②] 2014年12月21日，安倍宣布正式解散众议院举行大选，"消费税增税"再次成为日本政坛的一道"魔咒"。可以说，第一阶段增税带来的负面效应已经完全抵消了"安倍经济学"的政策效果，如果继续实施增税方案，"安倍经济学"则面临"寿终正寝"的结局。

三 "安倍经济学"是否已面临拐点?

实践证明"安倍经济学"所设计的一系列政策措施均未达到预期效果，无力推动日本经济走向稳定与可持续发展，甚至可能导致更为严重的危机。"安倍经济学"已临近拐点。

（一）经济增速大幅下滑

根据2013年12月21日日本内阁会议公布的经济增长预期值来看，日本政府将2014年的实际GDP增长率定为1.4%，与2013年相比下调了1.2个百分点。其中，考虑到增税的影响，个人消费增长率从上年的2.5%下调至0.4%，而住宅投资的增幅也同比下调了3.2%。事实上，在企业设备投资和出口难以取

① 陈子雷：《安倍将遇"增税陷阱"?》，《解放日报》（专家论坛）2013年8月20日。

② 除此以外，还有两个原因促使安倍解散众议院重新大选。一是为了规避因经济增速大幅下滑使自民党在2015年度地方选举中失利的风险，趁在野党尚未形成势力之前抢先举行全国大选。二是希望通过重新大选来排除党内外异见，为促成TPP谈判、推动结构改革扫清结构性障碍。

得突破的情况下，2014 年日本实际 GDP 增幅比 2013 年有一定幅度的下降。其中，第一季度受消费税增税前的“突击消费”影响，日本实现了 5.9%（折算成年率）的经济增幅。随着第二季度消费税增税的实施，个人消费开始减少。与此同时，在企业设备投资未显好转、贸易逆差不断增加的形势下，年度实际 GDP 增幅再次出现大幅下降已成定局。日本内阁府公布的数据显示，2014 年第二季度日本实际 GDP 增长率（折算成年率）为 -7.1%，创下 2011 年第一季度，即东日本大地震以来的最大跌幅。其中，在 4 月 1 日消费税增税后，日本个人消费环比减少 5%，远超市场人士的预测。第三季度虽然有所好转，但仍为 1.9% 的负增长，使全年出现负增长的概率达到九成。为了最大限度控制 2014 年经济增速的大幅下滑，日本政府曾于 2013 年底推出并实施了超过 5.5 万亿日元的预算增支和减税计划。按测算，这一经济刺激计划对 2014 年实际 GDP 增幅的贡献率约为 0.7%，而实际上难以取得预期效果。

（二）通货膨胀不足，日元贬值有余

根据日本内阁府的统计数据分析，2013 年电费和汽油商品零售价格的上涨是导致消费者价格指数上升的主要原因。而日元贬值致使能源进口价格上升及能源政策转变致使能源进口量的上升，又是电费和汽油等商品零售价格上升的主要原因。简言之，2013 年日本微小的物价上升主要由输入型通胀所引起。但是，把日元贬值和通货膨胀的幅度相比较，可以说“安倍经济学”的一大特点就是通胀不足、贬值有余。为了实现 2% 的通胀目标，日本央行将 2014 年消费者价格指数的涨幅定为 1.3%。但是，按照 2013 年的政策思维，2014 年日本如要实现 1.3% 或者 1.3% 以上的物价上升率，则需要通过日元更加大幅度的贬值才能达到营造输入型通胀的政策目的。为此，2014 年 10 月 31 日，日本央行又实施了第二轮的量化宽松，将基础货币规模从 62 万亿日元上调至 85 万亿日元。但是，以目前的经济形势来看，如果要进一步推高物价的话，仅依靠输入型通胀还不够，还需要依靠需求拉动通胀，即通过增加企业员工工资收入来提高人们的通胀预期才能实现。但是，在实施消费税增税后，日本的个人消费已明显呈现萎缩态势。因此，今后企业如不给员工大幅度提薪的话，要靠增加消费需求来拉动通胀的难度比较大。

另外，日元贬值的负面效应已开始不断显现。日本财务省 2014 年 10 月 8 日发布的统计数据显示，继 2013 年下半年以来，2014 年上半年日本再次出现经常性账户逆差，这是近 30 年以来从未有过的现象。受此影响，此后的一个半月内

日元开始持续贬值，美元兑日元汇率从之前保持了约半年之久的1:103左右迅速下跌至1:109。日元在短期内的大幅贬值，给市场带来了很大的冲击。从企业的角度来看，输入型通胀将造成企业生产成本不断上升，价格竞争力不断下降。其中，日元兑美元汇率每跌1%的话，日本的中小企业将减少约1.5万亿日元的收益。受日元贬值和日本经济增幅下滑影响，2013～2014年的中小企业倒闭数量开始逐步回升。同时，从当初的如何贬值日元到如何防止日元贬值，日元的“滑铁卢”使两轮量化宽松货币政策开始陷入进退维谷的困境。①

（三）贸易收支逆差呈现长期化趋势

二战后，日本依靠贸易立国，对外贸易一直在国民经济中占有重要地位。在经济高速增长期，日本的贸易收支连续多年保持顺差。其中，日本对美国的贸易顺差一直占很大比重，两国为此引发了多次贸易摩擦。自1985年“广场协议”以后，迫于美国的政治压力，日元开始大幅升值，日本开始逐步对美开放其国内市场，以增加进口来平衡双边贸易收支。我们看到，尽管日本的贸易政策发生了变化，但“广场协议”后日本的对美贸易顺差并没有得到解决。为了解决日美双边日趋激烈的贸易摩擦，同时解决日元升值导致国内企业生产成本上升的问题，日本开始开拓发展中国家的出口市场。

自东日本大地震以来，曾经连续多年保持贸易顺差的日本开始持续出现贸易逆差。首先，地震、海啸和核电事故的三重打击重创了日本国内部分产业。特别是福岛核电事故在日本国内引发的“零核电”运动，使日本传统的能源政策发生了根本变化。迫于国内民众的压力，今后日本不得已将更多地依赖石油、天然气等化石能源的进口。受全球经济形势影响，在出口不断衰退的背景下，能源的大量进口使日本的贸易结构发生了很大变化，进出口失衡造成了结构性贸易逆差。其次，近年来日本政府围绕历史和领土等问题的错误立场严重损害了中日两国的双边关系。两国从小泉内阁时代的“政冷经热”逐步转为安倍内阁的“政冷经凉”，对日本的对华贸易出口带来了很大的影响，增加了日本的贸易逆差。②

（四）经常账户逆差可能增加主权债务危机的风险

受日本贸易逆差不断增加的拖累，日本自震灾以来的经常账户顺差已连续三

---

① 陈子雷：《日元大幅贬值拷问“安倍经济学”》，《文汇报》（专家视点）2014年10月11日。

② 陈子雷：《连续十五个月逆差敲打“安倍经济学”》，《文汇报》（国际版）2013年10月22日。

年呈减少态势。2013年日本经常账户的顺差为3.3万亿日元，比2012年减少了31.5%，创下1985年以来可比的新低。值得注意的是，3.3万亿日元的经常账户顺差主要产生于2013年上半年，这说明日元贬值是其顺差大幅减少的主要因素。在日元持续贬值的背景下，2014年上半年，日本的经常账户以5075亿日元（约合49.86亿美元）的逆差创下有记录以来的最大半年期逆差，这也是该指标自1985年有可比数据以来首次在半年内陷入逆差。其中，仅6月一个月，日本的经常账户就出现了3991亿日元（约合39亿美元）的逆差，这也是自2014年初以来第二次出现逆差。通过这一数据还可以看到，在全球经济不断复苏的趋势下，日本企业在海外盈利的能力却在不断减弱。

一般来说，一国经常账户出现顺差意味着该国可以依靠海外资金来不断补充国内各部门的资金需求，也为政府以较低成本发行国债提供了资金保障。从日本的角度看，由于日本国债中的93%由国内机构投资者持有，因此即便贸易收支出现逆差，只要能够保持经常账户的顺差，日本企业在海外的投资收益将不断回流至国内资本市场，这部分资金可以增加市场的流动性，并为日本国债的发行提供充足的资金流。因此，从本质上说，日本公共债务规模的大小充其量只是公共部门对国内企业和居民负债多少的问题。至于日本政府无论通过开源偿还债务也好，还是通过节流偿还债务也好，或利用通货膨胀税来转嫁债务负担也好，当属其“家庭内部矛盾”。问题是，一旦日本经常账户持续出现逆差，日本政府将不得不依靠海外融资来缓解其财政资金不足的矛盾。目前，日本公共债务的GDP占比已达230%以上，总额约为1117多万亿日元。因此，以目前的公共债务状况，日本一旦陷入经常账户持续逆差的怪圈，迫于资金需求向海外全部开放其国债市场的话，那么极有可能面临利率上升（即国债价格下降）的困境。毫无疑问，利率上升将推高日本国内企业融资成本，增加市场大量抛售国债的风险，并可能由此引发主权债务危机。

四　经济结构改革决定日本经济的未来

“安倍经济学”实施两年有余，日本经济仍然非常脆弱，经济复苏前景依然不容乐观。目前，依靠公共投资产生的乘数效应、股价上升带来的资产效应，以及消费税税率上调产生的突击消费冲动，使上一轮经济勉强摆脱了负增长的困境。其中，公共投资传递的财政政策效果可以说是比较明显，而量化宽松带来的股市回暖和日元贬值效应却难以持续。今后，居高不下的公共债务将进一步制约其财政政策的调控功能。在此背景下，如果新的安倍内阁在 2017 年继续推动实施第二阶段增税计划的话，将对日本的个人消费产生更加直接的冲击，实现通胀目标的难度也会不断增加。但是，如果放弃增税的话，将使未来的日本面临财政“悬崖”，财政运作难以为继。笔者认为，日本经济面临的最大难题仍然是结构性问题，即如何扭转多年来形成的“三化”格局，即“政府债务化”、“产业空心化”和“人口老龄化”的格局。可以说，今后日本政府如果仍然寄希望于一味依靠货币政策和财政政策等短期性政策手段来刺激实体经济的话，难免本末倒置，徒劳无益。相反，如果要化解财政危机、根治社保透支问题，日本就必须彻底推动经济结构的改革，出台一系列维持可持续增长的增长战略，以提振市场信心。而这部分的改革本来就是“安倍经济学”的短板。

笔者认为目前日本经济存在的人口、制度等深层次的结构性问题，也具有结构性需求不足的共性。可以说，不断膨胀的公共债务和不断减少的人口是日本经济陷入长期停滞的两个最大理由。一般来说，随着劳动人口的不断减少，一个国家的经济活动将出现不断萎缩的态势，与此同时，在过去经济增长期中积累起来的负债将会逐渐转化为财政负担，而人口老龄化所带来的社保负担也终将成为财政负担。因此，日本的人口减少和公共债务膨胀两者之间有着必然联系。“安倍经济学”希望依靠宽松的货币政策、灵活的财政政策来重振日本经济，充其量只能获得短期的经济效应。从“安倍经济学”的短期行为来看，其量化宽松和增加公共投资犹如加量吸食毒品，虽然可以暂时“亢奋”一下日本经济，但无助于根治其本质性问题。以笔者之见，政策“药性”过后，一切状况只会比以往更糟，日本或将陷入公共债务危机不能自拔。[①] 但是，目前从日本的政治体制来看，受党派内部和各既得利益集团的影响，结构改革缺乏足够的动力，要从根本上推动日本的结构改革可谓难上加难。可以说，自“安倍经济学”诞生以来结构改革就一直是其短板。从这一点来看，安倍解散众议院重新大选，也着实有利于排除异己，为推动结构改革扫清障碍。

① 陈子雷：《对安倍经济学的一次“审判”》，《文汇报》（专家视点）2014 年 11 月 22 日。

B.5

正视日本财政重建：背道而驰的现实与岌岌可危的未来

〔日〕亀井善太郎*

摘　要：2014年11月，日本首相安倍晋三宣布推迟再次提高消费税税率的时间，解散众议院，提前举行大选。此时做出解散众院、进行大选这一政治判断，其图谋长期执政的政治意图非常明显。但在没有足够信息的情况下，宣布推迟已由国会决定的再次提高消费税税率的时间，不仅决策轻率，而且对由国民代表组成的立法机关已经决定的事项缺乏应有的尊重。这种政治上的“大众迎合主义”倾向，拖延了问题的解决，不利于日本的财政重建。通过分析大选后日本政治的动向，指出为推进日本财政健全化，必须真心实意地按步骤采取多重手段，即在健全法制的同时进行政府改革、利用独立的预测机关、构建数年度的财政预算，并为此做出不懈的努力。

关键词：财政重建　日本大选　再次提高消费税税率　大众迎合主义　财政健全化

2014年11月，安倍首相宣布推迟再次提高消费税税率的时间，解散众议院，举行大选。本文拟通过分析日本大选之后日本政治的动向，探讨日本财政健全化的前景并明确相关课题。

---

* 亀井善太郎，东京财团研究员，原众议院议员，庆应义塾大学经济学部毕业，曾供职日本兴业银行（现瑞穗银行）、波士顿咨询集团（Boston Consulting Group），主要研究领域：日本宏观经济、日本财政。

一　解散众院、举行大选的用意

2014年11月，正当需要做出是否再次提高消费税税率的决定之时，日本首相安倍晋三探讨解散众院、举行大选的新闻见诸报端。① 安倍此时做出解散众院、进行大选这一政治判断是具有政治意图的。安倍内阁并没有将目光局限在预定于2015年秋举行的自民党总裁选举，而是图谋更加长期的执政。在《跨太平洋伙伴关系协定》（Trans-Pacific Partnership Agreement，TPP）与集体自卫权的相关法律修订等一系列政治课题正式摆上台面之前，经过一次选举的洗礼，提高政治上的向心力，以此为宗旨，再加上其实政治本身即权力斗争，因此在这一时点做出解散众院、举行大选的政治判断，对于图谋长期执政的安倍内阁来说，其实是很容易理解的策略。

下面笔者再从法律层面探究一下解散众议院问题。在《日本宪法》中对解散众议院做出规定的是第7条和第69条。

《日本宪法》第7条规定，天皇根据内阁的建议和批准，为国民行使下列有关国事的行为：（1）公布宪法修订、法律、政令及条约；（2）召集国会；（3）解散众议院；（4）公告举行国会议员的大选（以下略）。《日本宪法》第69条规定：在众议院通过不信任决议案或信任决议案被否决之时，如十日内不解散众议院，则内阁必须全体辞职。

由此看来，此次解散众议院依据的是《日本宪法》第7条，即根据内阁（实际是总理大臣）的建议和批准，作为天皇的国事行为，解散众议院。② 无须多言，天皇是日本的象征，也是日本国民整体的象征，因此，做出这样的国事行为，内阁（即总理大臣）具有重大的责任，即这一国事行为必须对国家和国民的安全和生活以及对国家和国民的未来是非常重要的，这一点不可或缺。当然，这一权利的滥用应该被严格限制，这从宪法的规定来看就能清楚地理解。

二　推迟再次提高消费税税率：决策轻率

这时解散众院、举行大选，不仅制造了政治上的空白，并且对外交、安全保

① 虽然也出现了一些先行零散报道，但该消息于11月10日在各大报纸中迅速扩大。

② 即使存在通过不信任决议案的情况，最终也是根据《日本宪法》第7条解散的众议院。总之，各种报道中屡次出现“总理的专权事项”的说法，这对《日本宪法》的理解可以说是极为肤浅的。

障，甚至对日本内政的各个领域均有影响。现在，TPP 谈判和朝鲜绑架日本人问题的谈判还在继续进行中。12 月上旬，关于气候变化的国际会议召开，据有关人士称，美国和中国的协定正在进行当中，而唯独将日本搁置一旁的可能性很大。另外，这恰好也是确定下一年度预算的时点，如果由于这一空白延误了下一年度预算的确定和执行，对经济和民生的影响将是不可估量的。而最为重要的，是其对直接关系到国民生活和下一代负担的再次提高消费税税率（由 8% 提高至 10%）决策的影响。

提高消费税税率已经在国会通过并由法律决定。税收应由法律决定的依据，即为《日本宪法》第 84 条规定的“租税法律主义”。① 也就是说，税收是代表国家权力的政府对国民的所得和财产进行课税及征收的，必须由作为权利人的国民选举的议员而构成的国会以法律的形式决定。这是所有民主主义国家适用的原则。

2012 年 8 月 10 日，日本国会通过了以修订部分消费税法等为内容的《社会保障与税制一体化改革相关法案》，并于 8 月 22 日公布。该法案附则第 18 条（提高消费税税率时的措施）有如下规定：（1）提高消费税税率，以使经济状况好转为条件，为摆脱物价持续下跌的状况，激发经济的活力，尽快实现 2011 年度至 2020 年度平均名义经济增长率达到 3% 且平均实际经济增长率达到 2% 的目标，实现经济增长的理想状态，采取一系列综合措施及其他必要的措施。（2）该法案公布后，关于实施提高消费税税率的经济状况的判断，还要同时考虑对经济财政状况的急剧变化灵活应对。根据这一观点，在本法律公布之后，关于提高消费税税率的各项修正规定实施之前，考察经济状况的好转情况，确认名义及实际经济增长率、物价变化等各项经济指标，基于（1）中的应对方案，在对经济状况等进行综合考虑的基础上，采取包括停止实施在内的必要措施。

上述附则出自国会通过的关于分两次提高消费税税率（5% →8% →10%）的相关法案。而这一附则正是再次提高消费税税率的停止条件。具体来说，停止条件即为（1）所示，即“尽快使 2011 年度至 2020 年度平均名义经济增长率达到 3% 且平均实际经济增长率达到 2% 的目标，实现经济增长的理想状态”。

关于是否应该再次提高消费税税率的学界讨论会于 2014 年 11 月 4 ~ 18 日在

① 《日本宪法》第 84 条规定了租税法律主义。另外，预算，即征收的税金如何使用，也由国会决定，这是根据《日本宪法》第 83 条规定的财政民主主义。

内阁府召开。在11月4日举行的综合会议上，8名出席者中有5名表示赞成按照预定的安排提高消费税税率（包括扩充低收入者对策等的附加条件），另外3名出席者则主张延期提高消费税税率。该议题在解散众议院、举行大选的决定做出之前一直在讨论，最终的结果也是赞成按原计划提高消费税税率的出席者占多数，也就是说，并没有足够的信息以做出“推迟”的判断。另外，一般情况下，应等到2014年7~9月GDP增长率公布之后再做决断。然而未等这一结果公布，延期提高消费税税率的报道就突然出现①，这实在令人费解。虽然附则第18条中关于提高消费税税率的停止条件所使用的法律语言较为含蓄和谨慎，但是这样肆意解释和延伸也是没有道理的。最为重要的是，这对由国民代表组成的立法机关已经决定的事项没有表现出丝毫的尊重。

三　大众迎合主义：迎合社会舆论，拖延问题解决

做出推迟提高消费税税率的决定显然是以社会舆论为背景的。2014年11月7~10日日本放送协会（NHK）进行的舆论调查显示，对于“是否应在明年（2015年）10月将消费税税率提高至10%，安倍首相需要在今年内做出判断，你认为如何判断合理”，20%的被调查者认为应“按照预定的安排，明年10月将消费税税率提高至10%”，41%的被调查者认为应“推迟再次提高消费税税率的时间”，33%的被调查者认为“不应再次提高消费税税率”。因此，对2014年做出按预定安排提高消费税税率的决定，持反对意见的被调查者占七成以上。的确，从国民生活的现实状况来看，2014年4月消费税税率的提高让民众感受到了商品价格的上升。但这一舆论调查并没有请被调查者考虑“按预定安排提高消费税税率，还是将负担推延到将来”这样的权衡，而是简单地询问“是否应在明年10月将消费税税率提高至10%”，仅是这样询问的话，恐怕谁都会回答“最好不要提高消费税税率”。

社会舆论从何而来，依据何在，虽然时常有人提出这样的疑问，但是，这便是当今日本“社会舆论”的现状。可以说，提供能够将现在的痛苦与将来的负担（其实也是痛苦）进行比较的信息，形成社会意识，并在此基础上清晰地表

① 参见「消費税10%延期へ 首相、来週に決断『17年4月』が有力 軽減税率導入も検討 来月に衆院選」、『日本経済新聞』2014年11月14日、http://www.nikkei.com/article/DGKKZO79681350U4A111C1MM8000/。

达社会舆论，像这样重要的任务和责任已经被大众媒体遗弃了。政界就是一边参考这样的社会舆论，一边做出判断。不仅是执政党，“三党协议”的当事者之一民主党于 2014 年 11 月 14 日召开紧急会议，讨论关于消费税增税的方针，就“经济景气尚未恢复，不具备增税的环境，应冻结消费税税率的再次提高”的观点达成一致，在解散众议院、举行大选之前，转变了民主党的方针。这就导致了主要政党口径一致，国民也就失去了可供选择的选项。①

恐怕再没有比这更适合称为“大众迎合主义”的了。正如凯撒大帝曾经说过的那样，“人们只看到那些自己愿意看到的事情”，而不愿正视将来可能发生的风险。然而话虽如此，像这样制造社会舆论，而政界又将这种社会舆论囫囵吞枣，断章取义，根本不是对下一代负责任的政治理念。本来，民主政治的含义应该是，考虑到包括下一代在内的所有关系方的利害关系，国民自身作为主权者积极地参与到政治中并参与决策制定。

四　今夕之痛，抑或明日之殇

经常有人失望地问起，日本是不是不存在健全的民主制度。其实，民主制度遍布在日本的每一个角落。例如，公寓的业主会中就存在民主制度。在进行停车场改建等大规模修缮时，业主会组织进行建设性的对话，并就按经济能力和收益状况进行负担分配的问题达成一致。此时，居民就自己将来的负担是多少的问题，听取外部专家的意见和从业人员的估价，并合理地估算在推迟修缮计划的情况下成本和风险的具体数字，以做出相应的判断，推进负担承担的进程。不仅公寓有这样的业主会，日本各地的社区中类似的事情有很多。

同样都是日本人，怎么会在很小的社区能够做出判断并承担相应的负担，而作为国家整体就做不到这一点了呢？正如托克维尔指出的那样②，社会单位的大小可能是其中的一个问题。像国家那么大的社会单位，个人可能感觉不到自己身在其中。另一个问题就是，据称是找不到可以作为判断依据的信息。业主会进行讨论的前提，是建立在管理公司和第三者提供估价的基础上。

然而，可以认识到日本将来痛楚的信息并不是没有，例如，内阁府关于经济财

---

① 参见「民主：消費増税凍結方針に転換『3 党合意の前提が崩れた』」、『毎日新聞』2014 年 11 月 14 日、http：//senkyo. mainichi. jp/news/20141115k0000m010116000c. html。

② 参见トクヴィル『アメリカのデモクラシー』全 4 巻、松本礼二訳、岩波文庫。

政的中长期测算（至2023年）。其中测算了两种情形，以预测日本的经济及财政状况。其一是所谓“安倍经济学”顺利地发挥作用，今后10年（2013～2022年度）平均实际经济增长率达到2%，名义经济增长率达到3%的“经济再生情形”；其二是在相同的时期内，实际经济增长率1%，名义经济增长率2%的“基准情形”。根据内阁府的这一测算结果，今后日本的财政状况如图5－1所示。

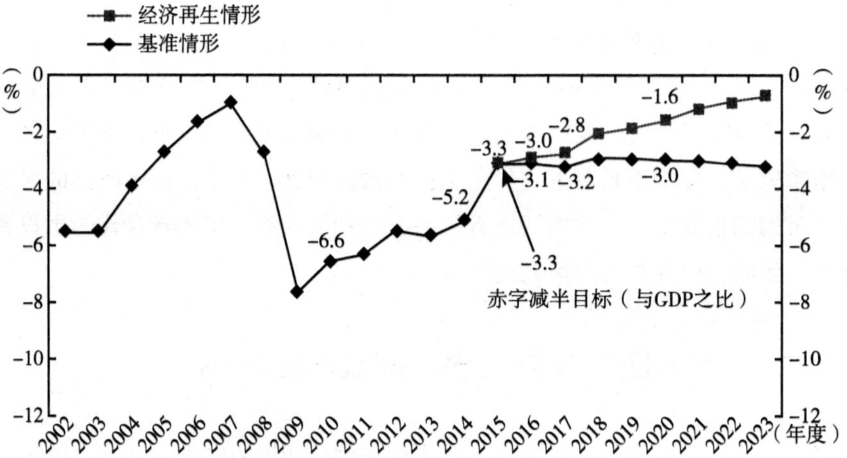

（1）国家、地方的基础财政收支（与GDP之比）

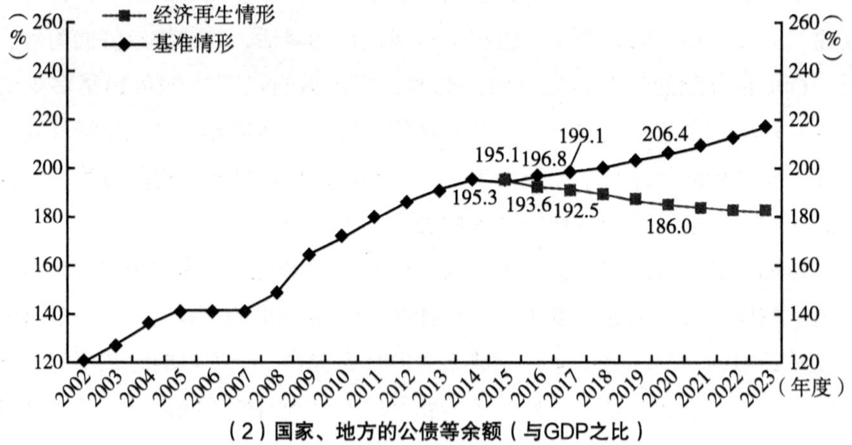

（2）国家、地方的公债等余额（与GDP之比）

图5－1　从内阁府的测算来看“日本今后的财政状况”

注：以复原、复兴对策经费及财源金额的减除为基准测算。

资料来源：内閣府「中長期の経済財政に関する試算（平成27年2月12日 経済財政諮問会議提出）」、http：//www5. cao. go. jp/keizai - shimon/kaigi/minutes/2015/0212/shiryo_01. pdf。

图 5 - 1 中，上半部分为流量基准，下半部分为存量基准。虽然政府对外做出承诺，预计 2015 年度基础财政收支（Primary Balance）① 与 2010 年度相比实现赤字（与 GDP 之比）减半，但是，像现在这样继续下去的话，2020 年度的财政目标基础财政平衡是不可能实现的。从具体数字来看，“再生情形”下存在 9.4 万亿日元的缺口，“基准情形”下存在 16 万亿日元的缺口。

观察图 5 - 1 下半部分的存量基准图可以发现，“经济再生”情形下，债务余额（与 GDP 之比）显现出逐渐收敛的迹象，但这是由于目前低利率导致利息支付费用减少，经济增长超过债务余额的增长速度，这未必是乐观的现象。在“基准情形”下，债务余额呈现出扩大趋势（无法观测到收敛迹象）就是最好的证据。

而 2023 年以后的数据，可以从财务省召开的财政制度等审议会上起草研究委员提出的“关于日本财政的长期测算”资料中看到。② 这一测算以内阁府的“经济再生情形”和“基准情形”为基准进行，并将基础财政收支成功地实现盈余和未能成功地实现盈余的情形分别加入到测算中，使用了相对准确度较高的人口数据，对直到 2060 年的日本财政进行了预测。

即使成功地实现经济再生与基础财政盈余，也就是说，即使在内阁府测算中约 10 万亿日元的财政缺口得以弥补，此后由于人口老龄化的推进，社会保障费用的增加（因为即使人均费用不变，老龄人口也会增加），至少需要基础财政收支与 GDP 之比进一步改善 8.20%。而未能实现基础财政盈余的情况下，至少需要改善 11.94%，才能实现 2060 年债务余额与 GDP 之比达到 100% 的目标。现在日本的 GDP 约 500 万亿日元，这样计算的话，将基础财政收支与 GDP 之比改善 8% ~11% 是一个极其巨大的数字。③

这些数字，凡是熟悉经济和财政的人都是了解的，而且在 2014 年 4 月末财

---

① 基础财政收支是指除国债等借款的本金和利息支付费用之外的年度财政收入和支出之差。基础财政收支实现盈余化，是财政重建的重要一步，但是，由于其中并没有包括利息费用等，仅实现基础财政收支的盈余化，并不能即刻完成财政健全化。

② 参见財務省・財政制度等審議会「財政健全化に向けた基本的考え方（平成 26 年 5 月 30 日）」、http://www.mof.go.jp/about_mof/councils/fiscal_system_council/sub-of_fiscal_system/report/zaiseia260530/index.htm。「（参考 2）我が国の財政に関する長期推計」、http://www.mof.go.jp/about_mof/councils/fiscal_system_council/sub-of_fiscal_system/report/zaiseia260530/03.pdf。上田淳二・米田泰隆・太田勲「日本の財政運営において必要とされる収支調整幅の大きさ－動学的な財政不均衡に関する量的分析－」、『フィナンシャル・レビュー』平成 26 年第 1 号特集、財務総合政策研究所、http://www.mof.go.jp/pri/publication/financial_review/fr_list6/fr117.htm。

③ 财政制度等审议会中起草研究委员的测算是以 2014 年 1 月的内阁府测算为基础进行的。

务省财政制度等审议会的测算公布之时，各个媒体都进行了报道，但是没有被国民完全接受。其中的一个原因是，这一测算是政府特别是财政部门自己进行的。“这是对政府有利的数字，目的是为了提高消费税税率，是财务省打的小算盘”，民众会这样理解也是实情。在日本，通过歪曲各种各样的预测以实现自己意图的情况并不少见，因此民众习惯于对政府的预测冷眼相看。

五 日本财政健全化的走向

接下来再看一下日本大选后安倍内阁的动向。安倍首相向国民承诺“坚持财政健全化方针，在 2015 年夏季之前明确财政健全化路线”，获得了大选的胜利。大选后，为遵守这一承诺，目前实施的具体措施主要有以下三项。

（一）2016年度财政预算案

“雷曼冲击”之后，日本依靠财政支撑经济的倾向变得更加明显，且这一倾向一直在持续。当然，这其中人口老龄化导致社会保障费用增加的影响很大，但是从年度财政支出规模的变化来看，很难辨识出这期间政权更迭的影响（参见图 5－2）。

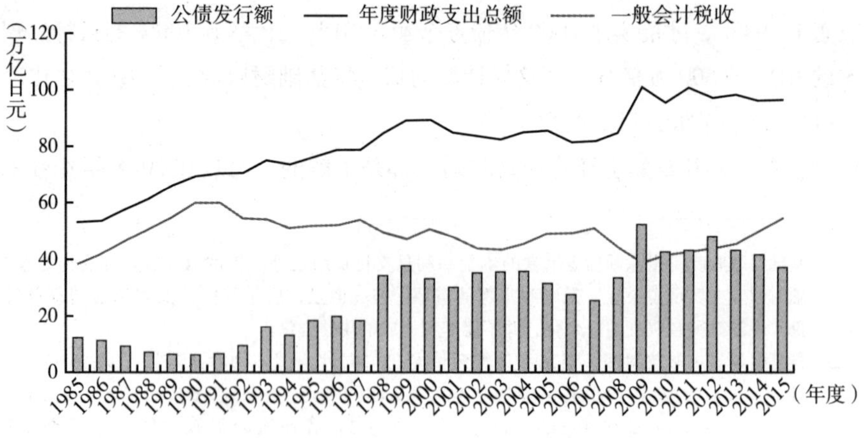

图 5－2 日本财政年度收入、支出、公债发行额的变化

注：2012 年度及之前为决算数据，2013 年度为加上补充预算后的预算数据，2014 年度和 2015 年度为初始预算数据。

资料来源：东京财团根据财務省「一般会計税収、歳出総額及び公債発行額の推移」等资料做成。

现在“安倍经济学”这样大胆的金融缓和经济政策，本来是自由主义政党或社会民主主义政党，即美国民主党、英国工党倡导的政策。然而在日本，这样的政策却被标榜保守主义的自民党政权所实施。当然，自由主义政党或社会民主主义政党除此之外还强调再分配政策的强化，但是从日本的财政政策来看，保守派与自由派的政策方针是一致的，国民也就失去了可供选择的选项。这与在此次日本大选中大多数选民都没有可选择的余地是一样的道理。也就是说，从这一预算本身来看，很难感受到政府坚持财政健全化的意志。

（二）经济财政咨询会议

2014 年 12 月 22 日和 12 月 27 日，以及 2015 年 2 月 12 日，日本政府召开经济财政咨询会议，就推进财政健全化等相关问题进行意见交流。关于财政健全化的目标，民间议员之间以及阁僚之间的发言基调均存在微妙的差别。

民间议员提出，不仅是基础财政收支的盈余，债务余额与 GDP 的关系今后也需要特别关注。因为基础财政收支中仅包含政策经费，而没有包含国债偿还和利息支付费用。如果利率上升，利息支付费用将会膨胀，因此，从保守的角度出发，同时也从更长期的视角考虑，不仅将基础财政收支，也应将利息支付费用包含在内，从流量的角度确定年度财政支出的合理方案，从而更进一步从存量的角度进行分析，这也是非常必要的。

然而，在现行利率极低的情况下，预计今后的经济增长情况多少有些不符合常理。由于经济增长先行于利率上升，因此与上文所述的原则有所不同。也就是说，即使基础财政收支没有实现盈余，债务余额与 GDP 之比也可能会降低。表面上看是因为债务余额得到控制，财政健全化进入正常运转轨道，但是从长期来看，随着经济增长，利率出现上升，利息费用增加，如果要实现基础财政盈余，且无法维持利息支付费用的话，财政必然会再次膨胀。正因为如此，首先应实现基础财政收支的盈余，在此基础上再考虑收敛债务余额，这样的分析顺序是十分重要的。可以看出，对此，不同的分析者存在立场上的微妙差别。

在 2015 年 2 月的会议中，财务大臣麻生太郎和日本银行总裁黑田东彦均提出，虽然安倍首相做出了“坚持 2020 年度财政健全化目标”的发言，但包含民间议员提出的问题在内，即使是政权内部对财政健全化的热度也不尽相同，因此今后仍需密切关注各方意见。

（三）自民党政策调查会

2015 年 2 月 5 日，自民党财政再建特命委员会举行了初次会议（委员长为稻田朋美政调会长）。该会议着眼于政府即将在2015年6月出台的财政再建计划，对委员会的意见进行汇总。

这一政治动向，与2015年1月21日自民党行政改革本部长河野太郎向政调会长稻田朋美提交的，以自民党行政改革推进本部中长期财政远景委员会的讨论为基础而制成的报告有关。作为特命委员会设立的基石和框架，该报告的要点主要有：（1）适当地重新进行中长期财政预测；（2）为制订和讨论新的中长期计划，设立党的专门机构；（3）进一步明晰财政健全化目标的框架；（4）进行包括社会保障在内的不设禁区的年度财政支出改革。

第一点意在尽快实施经济预测，以反映现行经济状况和经济政策。第三点与经济财政咨询会议的职能相同，从长期视角出发，追加存量指标，表明对财政持保守态度。第四点表示应彻底解决包括所谓社会保障费用的自然增长在内的财政问题。第二点所表述的设立党的专门机构，即“财政再建特命委员会”，由政调会长出任委员长，今后有可能会成为全党参与的机构。在小泉内阁时，由政调会长中川秀直牵头，自民党主导的跨年度财政支出削减就是与此类似的事例。

将日本大选后安倍内阁的以上动向重新整理如下：（1）从2015年度预算的具体数字来看，几乎无法确定政府是否在为财政健全化进行努力；（2）关于财政健全化的目标，不仅应包括国际通用的基础财政收支的盈余化，还应该采取债务余额与GDP之比等其他指标，这一点已经逐渐明确，但是对于其具体实施，政权内部存在不同的态度；（3）政府、执政党以及各个组织机构均试图做出推进财政健全化的举动，2015年夏季似乎能够出台某些具体措施。

这一系列的行动，与世界各国财政健全化的经验原则相比较的话，存在数点不妥之处。下面先来说明一下世界各国财政健全化的主要经验原则：

（1）由国民代表制定有关推进财政健全化的法律，政府认真执行，并形成相应的组织结构，即随着法制健全而进行的政府改革；（2）在综合考虑财政情况的基础上，对于经济的数值预测和运算逻辑，避免政府一手包办，而由中立的机关承担，即独立预测机构的利用；（3）制定数年度而不是单一年度的财政框架，在此基础上制定预算，即数年度的财政对策。

首先来分析一下上述原则的第一条，即随着法制健全而进行的政府改革。日本曾经出现过同样的做法，1997年，桥本内阁时曾制定财政构造改革法，设定了财政赤字与GDP之比、零特例公债等财政健全化目标，在年度财政支出的主要领域导入定额管理制；明确了由国家权力的代表机关即国会制定法律，而不是由政府机构即内阁会议来决定，在此基础上政府推进财政健全化，这样的组织框架与世界各国的做法是一致的。也就是说，并不能仅依靠政府的自主性，而应发挥国会的监督管理职能，参照《日本宪法》，或参照各国的经验，都应追求这样的目标。

但是，由于亚洲金融危机，日本国内主要金融机构破产，经济景气恶化，该法案在 1998 年被冻结。之后，2010 年民主党政权时期，作为在野党的自民党曾试图提出财政健全化责任法案，但是并没有公布于世。随着法制健全而进行政府改革这一财政健全化的基本框架终究没有成为现实。

接下来分析一下上述原则的第二条，即独立预测机构的利用。当然，内阁府的经济财政预测方法也需要改进，但这终究不是由独立预测机构完成的，并没有遵守一元化、整合化、透明化、第三者化这四个原则。此外，围绕现行指标进行的争论和政府的部分举动，均回避了财政健全化的本质。关于财政健全化的路线，显现出了搁置对内、对外承诺的基础财政收支而自行将难度调低的倾向，这一变化需要密切关注。另外，关于今后可能会出台的内阁府经济财政测算，其时间轴截至中期为止，这个问题也一定要注意（因为利率上升的影响在长期才会更加明确）。税收弹性值、税收预测等是否朝着乐观的方向推进也是值得关注的。

最后是原则的第三条，即数年度的财政对策。基于《日本宪法》规定的单年度预算主义，政府和国会不得不以单一年度为基准编制预算。解决这一问题需要花费一番心思（再加上随着法制健全而进行的政府改革也尚未完成），自民党全党上下曾多次为此研究对策。结果，就像当年小泉内阁曾试图削减医疗费时那样，不得不在执政党的主导下，在执行方面下功夫来应对，这是现实的解决办法，这一次执政党的举动就是参考这一先例而进行的。但是，在健全法制和独立预测都尚未实现的情况下就竭尽全力地在执行方面大做文章，这能算得上是真心实意的吗？（在这样的认识下，是否真的在做，才是问题的本质之一。）

想必细心的读者应该注意到了，原则一“随着法制健全而进行的政府改革”，原则二“独立预测机构的运用”，原则三“数年度的财政对策”，这三者并不能同一而论。首先是原则一，接下来是原则二，最后才是原则三，为了实现财政健全化这一艰难目标，必须小心谨慎地按步骤实施这一系列政策，以期实现各方意见一致。

从这一视角来看，首先，关于原则一，1998 年财政构造改革法被冻结以来，未曾见新的举动。健全法制的同时进行政府改革是实现财政健全化的大前提和必要条件，这一点并没有得到充分认识。其次，关于原则二，仅止于部分超党派议员的共同提议，并没有进行真正的讨论。从经济财政咨询会议的讨论也可以看出，调换目标、搁置和推延财政健全化，这样的预兆及各方观点的博弈均已显现，这是必须要引起特别注意的地方。最后，关于原则三，政府及执政党的举动确实是符合这一点的，但是，在原则一与原则二都完全没有实现的情况下，其能否持续全凭个人意愿，仅凭此点怎么也不能认为政府及执政党正朝着真正的财政健全化道路而努力。

是否会发生财政危机，财政危机会以何种形式出现，这样的问题不断有人提出，但是答案不得而知。在现在日本银行实际操控财政金融的情况下，可能不会以无法偿还国债这种简单的形式显现出来。但是，重要的是，这种规模的中央银行的财政金融如果持续下去的话，对金融的影响自不必说，对实体经济的影响会以什么样的形式体现出来则很难预料，可能会是谁也没有体验过的灾难。

从现在开始努力还为时不晚。为了使财政早日得到控制，必须采取多重手段，在健全法制的同时进行政府改革、利用独立的预测机构、构建数年度的财政预算，遵照顺序，真心实意地认真按步骤进行，并为此做出不懈的努力。基于此，期待政界能够显示出为财政健全化而努力的坚强决心。

（李清如　译　张季风　编校）

B.6

2014年中日经贸关系回顾与2015年展望

吕克俭*

摘 要： 本文首先回顾了2014年中日经贸关系的发展，指出2014年中日关系仍十分复杂困难，经贸合作继续受到影响。双方经济界和地方间互访虽有所恢复，但双边贸易额增长放缓，投资和技能实习生合作明显减少。多层次、全方位、宽领域、互利互惠的中日经贸合作依然面临巨大挑战。其次，展望了2015年中日经贸合作前景，认为双方应着眼长远和大局，以更大的信心、决心和耐心克服困难，排除干扰，消除障碍，推动两国战略互惠关系和经贸合作尽早回到正确的发展轨道。

关键词： 中日经贸 逆流前行 互惠发展

* 吕克俭，中国驻日本大使馆前经济商务公使，全国日本经济学会副会长，主要研究领域：国际贸易、中日贸易。

2014年中日关系仍然处于邦交正常化以来最为复杂困难的时期，中日经贸合作继续受到严峻挑战，虽经双方特别是经济界的不懈努力，相互交流与务实合作维持了一定发展，但受中日关系恶化影响，两国国民感情低下，务实合作基础和氛围遭到重创，各领域交流合作受挫，多层次、全方位、宽领域、互利互惠的中日经贸合作严重受损。

一 2014年中日经贸关系回顾

（一）中日贸易额转降微增

进入2014年以来，世界经济复苏缓慢，国际市场需求减少，加之中日关系持续紧张，双边贸易发展面临的外部环境困难增加，下行压力逐步加大。据中国海关统计，2014年中日进出口贸易额3124.4亿美元，与上年基本持平，同比微降0.03%。其中中国对日出口1494.4亿美元，同比下降0.5%，占中国出口总额的6.5%；中国自日进口1630.1亿美元，同比增长0.4%，占中国进口总额的8.3%。[①] 中方逆差135.6亿美元。日本仍居欧盟、美国、东盟、中国香港之后，为中国第五大贸易伙伴。2014年1～10月，中国企业在日本承包工程新签合同额28.3亿美元，完成营业额30.0亿美元。此外，日本还是中国国际服务的第四大发包市场。

据日本财务省统计，2014年日中贸易总额32.55万亿日元，占日本对外贸易的20%，其中从中国进口19.17万亿日元，同比增长8.6%；对华出口13.38万亿日元，同比增长6.0%。[②] 但因2014年日元继续大幅贬值，折算成美元后的日中贸易总额为2579.7亿美元，同比增长0.8%。其中日本对中国出口1061.3亿美元，同比减少0.2%，占日本出口总额的18.3%；从中国进口1518.4亿美元，同比增长1.6%，占日本进口总额的22.0%，数据明显偏低。[③] 尽管如此，中国仍是日本第一大贸易伙伴。

（二）日本对中国投资继续下滑

在2014年中国利用外资整体规模增长的背景下，日本企业对中国投资出现

---

① 中华人民共和国海关总署：《海关统计》，http：//www.customs.gov.cn/publish/portal0/tab49666/。

② 財務省『貿易統計』、http：//www.customs.go.jp/toukei/info/index.htm。

③ 財務省『貿易統計』、http：//www.customs.go.jp/toukei/info/index.htm。

明显下降。据中国商务部统计，2013 年，日本企业对华投资项目数 943 个，同比下降 40.3%；实际投资金额 70.6 亿美元，同比下降 4.0%（2012 年增长率为 16.1%）；日本对中国投资占中国利用外资总额的 6.0%。2014 年，日本企业对中国投资项目数 653 个，同比下降 30.8%；实际投资金额 43.3 亿美元，同比下降 38.8%；日本对中国投资占中国吸引外资总额的 3.9%。① 截至 2014 年底，日本对中国投资项目数 49197 个，实际投资金额 986.3 亿美元，占中国吸引外资总额的 6.6%，在中国利用外资国别中排名第一。

日方统计，2014 年 1～9 月，日本企业对中国直接投资流量净值 45.05 亿美元，占同期日本对外投资总额的 5.6%，继续呈下降趋势。②

企业手握充裕现金流和全球产业链延伸是日本企业开拓海外业务，特别是对中国直接投资保持一定合作规模的重要原因。虽然中日关系困难和部分日本企业开始加速“中国＋1”战略，但并非放弃中国市场。中国经济社会保持稳定发展态势并未改变，国内市场潜力巨大、产业配套能力完善、集聚效应明显、人力资源丰富且性价比相对较高，对日本等外资企业依然有较大吸引力。但受钓鱼岛等问题持续发酵、日元持续贬值等因素的影响，2012 年 10 月以来，日本对中国投资单月环比出现明显下滑，2013 年 1 月日本对中国投资实际到位金额 6.4 亿美元，同比骤减 20%，之后虽有所恢复，但全年同比下降了 4.0%。2014 年上半年日本企业对中国投资同比减少 48.8%，尽管有各种原因，但也反映了两国关系严峻对合作带来的影响。近两年日本企业对中国投资持续下降，后劲明显缺乏，前景堪忧，势必会影响今后的合作。可喜的是许多日本企业重视并加大在中国的产品研发、健康养老、环保、物流和人才交流等合作的投入，如丰田汽车、日本财险、瑞穗银行、三菱东京日联银行、商工中金、东芝、佳能、欧姆龙、富士通、日本邮船、泰尔茂、YKK 等。

（三）中日技能实习生合作人数减少，双向人员往来有增有减

日本是中国最大的劳务外派市场。据商务部统计，截至 2014 年底，中国在日技能实习生总数约 15.9 万人，同比下降 2.4%，约占中国在外劳务人员总数的 26.7%，主要分布在日本的中小企业，涉及制造业、农林牧渔业和建筑业等。

---

① 中华人民共和国商务部：《全国利用外资情况统计》，http://www.mofcom.gov.cn/article/tongjiziliao/v/。

② 日本貿易振興機構『直接投資統計』、http://www.jetro.go.jp/world/japan/stats/fdi/。

2014 年，中国向日新派出技能实习生 4.8 万人，同比下降 9.4%。

2014 年中日技能实习生合作总体进一步下滑。据日方统计，2014 年 1~7 月日本接受中国技能实习生 19173 人，同比减少 4.4%，而同期越南 7155 人，增长 79.1%，菲律宾 1832 人，增长 59.9%，印度尼西亚 1366 人，增长 43.2%。中国在日技能实习生占实习生总人数的比重也继续下降。2012 年 9 月以来，供需两方面均出现变化，日本企业对中国新订单增长乏力，中国劳动力供给出现结构性不足，加之合作双方对中日关系的担忧，两国的技能实习生合作面临更多挑战。

双方往来人数有所增加，但此升彼降。2014 年，中国访日人数突破 241 万人次，同比增长 80.8%。赴日中国游客从 2013 年 9 月起开始恢复并出现正增长，之后连创新高。受中日关系恶化等心理影响和日元贬值，日本访中国游客尚未恢复，1~7 月日本访中国游客 152.1 万人，同比减少 7.1%。

（四）中国对日投资转降为升

据商务部统计，2014 年，中国境内投资者对日本非金融类直接投资流量 2.3 亿美元，同比增长 79.8%。截至 2014 年底，中国累计投资存量为 15.7 亿美元。中国企业对日投资项目以并购为主，集中在电子制造、信息软件、太阳能发电、进出口贸易和金融服务等领域。同时，有实力的中国企业看重日本市场和研发环境。例如，海尔集团在日本成立了亚洲总部和研发中心，华为技术日本公司设立了科研所，中国银行、中国工商银行、中国建设银行、中国交通银行和中国农业银行均在日本开设分行及分支机构。随着中国企业“走出去”步伐加快，日本的先进技术和管理经验可以与中国的市场资源优势更加紧密地结合，并产生实实在在的发展利益。尽管如此，中国企业对日投资能否保持增长依然受到中日关系、两国经济金融形势等宏观环境的影响和制约。

（五）中日韩合作步伐加快

2012 年 5 月，在北京举行的第五次中日韩领导人会议上，三国签署了投资协定，这是三国经济合作的一份重要文件，为扩大相互投资，创造稳定、公平和透明的环境提供了法律保障。三国领导人还达成共识，同意 2012 年内启动三国自由贸易协定谈判。11 月，三国经贸部长在东亚峰会期间宣布启动中日韩自贸区谈判，2013 年和 2014 年三方又举行了多轮谈判。中日韩人口占东亚的 71%，占世界的 22%，经济总量占东亚的 86%，占世界的 20%，尽快建成中日韩自贸区，反映了三国经贸合作的实际需求，有助于进一步激发贸易投资活力，促进产品、服务、劳动力和资本等各类市场要素在更大范围内充分流动，实现三国经济更高层次的联动，推动东亚地区经济融合与发展。

（六）金融等服务贸易领域合作稳步推进

2011 年底，中日两国领导人在北京就加强两国金融合作达成五点共识。2012 年 3 月，中国批准日本购买 650 亿元人民币的中国国债。6 月 1 日起，人民币和日元在东京与上海两国市场实现直接交易。这些成果使金融合作成为近年中日经贸合作的亮点。但受中日关系等影响，近两年总体进展不尽如人意，需继续努力。金融合作有利于两国实体经济的发展，特别是有利于贸易投资等经贸领域合作的拓展和提升。中国（上海）自由贸易试验区的设立以及将在天津、广东和福建等地进一步实施，为中日在更高层次的贸易、投资特别是金融合作带来了新的发展机遇。

2014 年，四川省派出代表团访日并出席四川省与广岛县缔结友好关系 30 周年纪念活动，同广岛县和日本经济界进行广泛交流，取得了良好效果。中国国际贸易促进委员会组团专程赴日出席日本国际贸易促进协会成立 60 周年活动，中国医保商会、食品土畜商会以及吉林、辽宁、山东、浙江、江苏等省也组团赴日参展和进行商务交流。日中经济协会、日本国际贸易促进协会和日本经济团体联合会、经济同友会、贸易振兴机构及能率协会等经济团体继续分别组团访华并出席在中国举办的博览会、展洽会等重要展会。通过双方的务实交流，拓展了中日两国在服务贸易等领域的合作。

回首以往，中日经贸合作的不断发展，为本地区和世界经济的发展做出了贡献，也为两国人民带来了实实在在的利益。但目前中日关系的僵局给双方务实合作造成了严重影响，这不符合地区共谋发展的潮流，也不符合两国人民和企业实体的利益。

二　2015年前景展望

新形势下，中日互利合作正面临新的重要发展机遇。2015 年是中国贯彻落实党的十八届四中全会和中央经济工作会议，加快调整开放型经济结构，继续实施“十二五”规划的一年。继续全面深化改革、扩大开放，将在“新常态”下实现长期稳定的增长。在今后很长一段时间内我们有信心维持在 7.5% 左右的中高速增长水平。中国发展将为世界稳定与发展带来重要机遇。同时，日本也在努力振兴经济。中日是近邻，经济合作是两国关系的重要支柱之一。前不久，中日双方就妥善处理和改善两国关系达成四点原则共识，就克服历史和钓鱼岛等影响两国关系的政治障碍问题明确了原则和方向。习近平主席应约会见出席 APEC 会议的安倍晋三首相。两国关系迎来转机，迈出了改善的第一步。双方应继续攻坚克难，消除障碍，努力推动两国关系尽快恢复并健康发展，为互利合作和友好交流创造良好环境和条件。2015 年，我们愿与日本各界一道，继续推动以下合作领域持续向前发展。

（一）推进节能环保合作

节能环保产业合作是中日两国实现可持续发展的重要内容，有着巨大的市场和商机。中国正面临调结构、促改革的经济发展转型升级阶段，节能环保产业作为中国实现产业升级和发展方式转变的重要抓手，是受国家鼓励的战略性新型产业。为此，中国政府已发表了到 2017 年环保和大气治理的综合举措。据测算，2015 年中国节能环保产业市场规模可能达到 4 万多亿元人民币，这一数字告诉我们中日互利合作的潜力和空间巨大。日本在节能环保、绿色循环经济和高科技等领域不仅有着世界先进的技术，也有着成熟的生产和技术输出经验。对中日两国企业而言，发挥各自优势，实现绿色技术与市场资源有机结合，是拓展该领域合作的根本方向。近几年，日中经济协会、日本国际贸易促进协会、日中投资促进机构和东海贸易中心等均派遣大型经济团访华。中国辽宁、天津、山东、四川、江苏、湖北等省市也派经贸代表团访日，同日方就环保、节能、绿色、低碳等产业的务实合作进行了交流。双方应利用中日节能环保综合论坛这一重要平台，继续挖掘互补需求，不断把“现实需求”转化为“实际成果”，巩固节能环保在中日经贸合作中的排头兵作用。

（二）拓展服务贸易领域的交流与合作

中国（北京）国际服务贸易交易会已举办三届，日本经济团体和企业的参展和交流，使更多中国人了解到日本独特的服务文化，也在设计、物流、旅游、金融、健康医疗、信息技术、外包等诸多服务领域展现出两国合作的广阔空间。例如，中日两国共同面临人口老龄化的挑战。中国 65 岁以上人口已达 1.3 亿，占总人口的 9.4%，是世界上唯一的老龄人口过亿的国家，市场需求和合作潜力巨大。而日本在老年护理服务和医疗保健技术与设备等领域处于世界领先水平，龙头企业已纷纷拓展在华业务，设立咨询和人才培训及老年护理合作项目等。又如，金融合作方面，培育债券市场、相互增持国债等举措有助于提高金融市场的稳定与储备资产的安全，对持有巨额外汇储备的中日两国而言有积极意义，希望能加快实施，尽早受益。总之，抓住机遇，加大在云计算、物联网、数字设计、流程控制、市场营销等服务贸易领域的合作，将会进一步充实中日经贸合作的内涵，提升互利合作水平。

（三）加强新兴产业和地方间的合作

中国经济正处在从投资、出口主导向消费、内需主导的转换期，未来市场中，医疗、教育、养老、金融、技术、旅游及防灾等领域的需求潜力巨大，双方应抓住机遇，进一步加强在这些领域的互惠合作，实现企业长期经营目标和两国经济社会发展，造福两国人民。许多日本企业抓住了中国发展的机会和市场机遇，加大在华研发投入，加强两国企业的合作，提升产业创新能力。同时，中方鼓励外国投资者投资中国西部地区和东北老工业基地，投资高端制造业和战略性产业等。此外，目前两国友好省县和城市达250余对，一些城市正在探讨建立经济合作伙伴关系，2015年仍需继续推动地方间区域性经济合作，这不仅有利于地方经济发展，也将为中日经贸关系的不断发展做出贡献。

（四）推动现代农业和物流合作

中日农业和物流合作潜力巨大，朝日啤酒、住友化学、伊藤忠、三井、三菱和住友商事等日本企业参与了在华农业和物流合作。中日韩自贸区建设进程加速将为双方增强农业发展竞争力带来契机，同时有望促进中日粮食和农产品贸易。中日两国均面临扩大内需和改善民生的重要课题，发展有机农业和绿色农业、加强农产品流通体系建设是实现这一目标的重要举措。双方可继续加强沟通互鉴，促进区域内流通物流体系的合理有序建立，加强食品安全等领域的信息沟通与合作，深挖潜力，推动两国农业和物流合作再上新台阶。

（五）加快东亚区域合作进程

中日经贸关系已经超越双边范畴，在地区乃至全球有着广泛影响。2012年11月中日韩自贸区谈判启动的同时，覆盖东盟10国与中国、日本、韩国、印度、澳大利亚、新西兰等16个国家的《区域全面经济伙伴关系协定》（RCEP）谈判也正式启动。正所谓“条条大路通罗马”，各东亚自贸安排积极互动，彼此促进，将有助于东亚区域合作的全面推进和东亚经济一体化的最终实现。推动中日韩三国自贸区尽快建立，有助于实现资金、资源、技术和人才等生产要素在三国间充分流动，推动中日贸易投资合作实现新的发展。中日应该抓住机遇，在已有合作的基础上扎实推进有关谈判，有效应对竞争和挑战，进一步提升合作水平，携手攻克难关，早日使有关自贸安排惠及彼此经济社会发展。此外，中国、日本、韩国、俄罗斯、朝鲜、蒙古等东北亚各国也正在以不同方式加强与邻国的合作，图们江地区乃至整个环日本海地区正孕育着新一轮的开发合作高潮。这是中日睦邻友好合作，乃至所有合作伙伴国的机遇，也是东亚地区实现和平与繁荣的机遇。

2015 年，中日经贸关系如何发展将备受关注。中日经贸合作发展到今天的规模和水平，是双方共同努力的结果，也是互惠、互利、合作的结果，来之不易，需要双方共同精心维护，努力推动两国经贸合作通过新的增长点实现转型升级和不断发展。事实证明，中日“合则两利，斗则两伤”。当前僵局如不尽早改善，将对两国关系和经贸交流合作造成更大的损害，这不符合双方利益，不利于地区和世界的和平与稳定，是中方不愿看到的，也是日本各界有识之士不愿看到的。日本各友好组织，日本国际贸易促进协会、日中经济协会等主要经济团体和企业通过各种方式，多次表达对两国关系的忧虑，希望尽早妥善解决有关问题，推动日中关系尽快“脱困”。尽管我们处于中日关系的逆境当中，但不应对未来丧失信心。双方应着眼大局和长远，以更高的智慧、更大的决心、更强的责任感继续努力排除干扰，推动中日战略互惠关系和经贸合作尽快恢复发展。未来，中日两国只有继续加强合作，促进经济持续稳定发展，不断改善民生，才是两国人民的福祉所在。我们期待与各界有识之士一道，抓住新机遇，结合经济发展新动向，加大对新型工业化、信息化、城镇化和农业现代化相关产业的投入，继续参与中国中西部开发进程，寻求和创造更大的合作发展空间，实现两国和平友好，互惠共赢。

B.7

日中贸易投资关系的现状与展望

〔日〕真家阳一*

摘　要：日本贸易振兴机构基于日本财务省统计和中国海关统计考察了2014年的日中贸易，双边贸易总额与2013年基本持平，较上年微增0.2%，为3436.8209亿美元。2015年，日中贸易中诸多领域的动向值得关注。2014年，日本对华直接投资大幅减少38.8%，降至43.3亿美元，究其原因，是多方面因素共同作用的结果。2014年，约五成的日本在华企业表示将继续扩大在华业务，具体来看，内销型企业和行业扩大在华业务规模的热情比较高，而出口型企业和行业受中国的人工费用等成本上涨和汇率变动（人民币升值、日元贬值）的影响，扩大在华业务规模的热情明显降低。

关键词：日中贸易　日本对华直接投资　日企对华业务的走势　业务环境的变化

一　2014年的日中贸易动向

日本贸易振兴机构（JETRO）基于日本财务省统计和中国海关统计，从双方进口的角度考察了2014年的日中贸易，双边贸易总额与2013年基本持平，较上年微增0.2%，为3436.8209亿美元（参见表7－1）。

其中，出口（中国的自日进口，下同）增长0.3%，为1626.8564亿美元，进口增长0.1%，为1809.9646亿美元，日本对华贸易收支连续三年出现赤字。

---

* 真家阳一，日本贸易振兴机构（JETRO）北京代表处副所长。本文中所论述的观点为笔者个人见解，不代表其所属机构。

表 7 - 1 日中贸易的变化

单位：1000 美元，%

	出口额（日→中）	增长率	进口额（中→日）	增长率	贸易总额	增长率	贸易收支
2005 年	100467562	6.7	108593916	15.0	209061478	10.8	-8126354
2006 年	115810926	15.3	118437018	9.1	234247944	12.1	-2626092
2007 年	133903261	15.6	127843587	7.9	261746848	11.7	6059674
2008 年	150634070	12.5	143657236	12.4	294291306	12.4	6976834
2009 年	130748704	-13.2	122514501	-14.7	253263205	-13.9	8234203
2010 年	176304026	34.8	153424723	25.2	329728749	30.2	22879303
2011 年	194409771	10.3	184128640	20.0	378538411	14.8	10281131
2012 年	177726830	-8.6	188450182	2.4	366177012	-3.3	-10723352
2013 年	162219410	-8.7	180840622	-4.0	343060032	-6.3	-18621212
2014 年	162685635	0.3	180996457	0.1	343682092	0.2	-18310822
1 月	12688597	5.1	18400696	15.2	31089293	10.9	-5712099
2 月	11118225	9.3	11640631	-3.4	22758856	2.4	-522406
3 月	13564459	-0.8	16711628	17.8	30276087	8.7	-3147169
4 月	14310223	-1.3	15209415	3.0	29519638	0.9	-899192
5 月	12851384	-1.3	13958199	-3.4	26809583	-2.4	-1106815
6 月	13462287	6.5	14404641	5.4	27866928	6.0	-942354
7 月	14651867	-0.1	14312399	-4.4	28964266	-2.3	339468
8 月	13288760	-5.7	13129172	-9.9	26417932	-7.8	159588
9 月	15452738	3.6	17005559	0.1	32458297	1.8	-1552821
10 月	13444161	0.5	16840343	-0.6	30284504	-0.2	-3396182
11 月	12959816	-8.1	15044310	-10.5	28004126	-9.4	-2084494
12 月	14893118	-0.5	14339464	-7.4	29232582	-4.0	553654

资料来源：日本贸易振兴机构（ジェトロ）根据 Global Trade Atlas 相关数据做成。

但是，由于出口的增长态势虽然微弱但高于进口，所以贸易赤字额较上年减少 1.7%，为 183.1082 亿美元。①

① 在本文的分析中，日本对华出口是从中国方面的进口统计来考察的，即基于“双方进口”的角度。这是因为，由于进行贸易统计时一般遵循“出口目的地、进口原产地”的原则，经由中国香港的日本对华出口（以中国香港为出口目的地的货物）在日本方面的统计中无法记入“对华出口”。而中国方面的进口统计，是将所有以日本为原产地的货物都纳入统计范畴，所以两国间的贸易以双方的进口统计数据更加接近实际状况。另外，中国方面的进口统计以美元计价，日本方面的进口统计则使用将 Global Trade Atlas 换算为美元的数值。

（一）出口的特征

2014 年，日本对华出口总额较2013 年微增0.3%，为1626.8564 亿美元，基本持平。在对华出口中占据前五位的产品分别是：（1）电气机械（417.3375 亿美元，同比增长 0.2%，所占比重为 25.7%，贡献度为 0.0）；（2）一般机械（303.4297 亿美元，同比增长3.3%，所占比重为18.7%，贡献度为0.6）；（3）化学制品（251.4556 亿美元，同比减少 4.6%，所占比重为 15.5%，贡献度为 -0.7）；（4）原料类制品（221.9496 亿美元，同比减少 0.2%，所占比重为13.6%，贡献度为 -0.0）；（5）运输机械（165.2694 亿美元，同比增长 8.2%，所占比重为10.2%，贡献度为0.8）（参见表7-2）。

表 7-2　2014 年日本不同种类产品的对华出口

单位：1000 美元，%

产　品	金　额	增长率	所占比重	贡献度
食品	422302	27.7	0.3	0.1
原材料	4707472	-13.6	2.9	-0.5
矿物燃料	1458913	-19.4	0.9	-0.2
化学制品	25145560	-4.6	15.5	-0.7
有机化合物	8380905	-16.1	5.2	-1.0
医药品	857862	19.5	0.5	0.1
合成树脂	9043061	-0.9	5.6	-0.1
原料类制品	22194958	-0.2	13.6	-0.0
钢铁	6940905	-0.3	4.3	-0.0
有色金属	4916452	-3.6	3.0	-0.1
金属制品	3185249	2.3	2.0	0.0
织物用纱线及纺织产品	2592736	-6.7	1.6	-0.1
非金属矿物制品	2768144	14.3	1.7	0.2
橡胶制品	1139288	-2.1	0.7	-0.0
纸类及纸制品	566091	-8.9	0.4	-0.0
一般机械	30342968	3.3	18.7	0.6
发动机	3171556	-8.7	2.0	-0.2
计算机类(含配套设备)	1050338	14.6	0.7	0.2
计算机类零部件	3228983	-3.4	2.0	-0.1
金属加工机械	3939270	26.4	2.4	0.5
泵及离心分离机	2225371	-5.8	1.4	-0.1
建筑用和矿山用机械	555548	-27.9	0.3	-0.1

续表

产　品	金　额	增长率	所占比重	贡献度
装卸机械	1021068	-0.8	0.6	0.0
加热用及冷却用机械	691803	16.0	0.4	0.1
纺织机械	1173433	-12.8	0.7	-0.1
轴承	1007164	8.9	0.6	0.1
电气机械	41733754	0.2	25.7	0.0
半导体等电子零部件	17081647	-4.3	10.5	-0.5
IC	12194942	-5.7	7.5	-0.5
光伏电池	359136	14.3	0.2	0.0
影像机械	1062110	-23.8	0.7	-0.2
影像录放机械	1014352	-24.2	0.6	-0.2
电视接收器	47758	-14.6	0.0	-0.0
音响机械	83391	54.0	0.1	0.0
音响及影像机械零部件	1269586	20.8	0.8	0.1
重电机械	3318674	-1.6	2.0	-0.0
通信设备	2792529	37.0	1.7	0.5
电动测量仪器	690260	8.0	0.4	0.0
电路等机械	7092916	1.8	4.4	0.1
电池	1150527	-10.5	0.7	-0.1
运输机械	16526943	8.2	10.2	0.8
汽车	8634750	20.4	5.3	0.9
乘用车	8590118	22.2	5.3	1.0
公交车及卡车	37862	-71.8	0.0	-0.1
汽车零部件	7212504	-0.7	4.4	-0.0
二轮摩托车	6779	96.2	0.0	0.0
船舶	110871	158.6	0.1	0.0
其他	16534201	0.5	10.2	0.1
科学光学仪器	11738864	-1.3	7.2	-0.1
摄影用及摄像用材料	1017333	-1.1	0.6	-0.0
存储介质(含存储后的)	302542	-0.5	0.2	0.0
总　额	162685635	0.3	100.0	0.3

资料来源：日本贸易振兴机构（ジェトロ）根据 Global Trade Atlas 相关数据做成。

从不同种类产品的特征来看，第一，乘用车出口数量的增长率由 2013 年的 6.4% 增至 22.2%。日本对华出口乘用车的数量和金额甚至超过了涉日游行前 2011 年的水平，创历史新高，日本成为对华出口汽车数量最多的国家。

第二，通信设备（包括零部件）的出口，在中国的智能手机零部件需求增加的背景下，增长了37.0%。其中作为最大出口产品种类的半导体等电子零部件，以低价格档的IC为中心，出口的数量有所增长，但就金额而言减少了4.3%。

第三，受高端机型需求高涨的影响，金属加工机械的出口增加26.4%，引领一般机械类产品对华出口的增长。另外，食品领域，冷冻鱼贝类产品出现两位数的增长，整体增长27.7%。

第四，化学制品受市场低迷的影响，有机化合物的出口减少16.1%。

（二）进口的特征

2014年，日本自华进口总额较2013年增长0.1%，为1809.9646亿美元，基本维持原状。在自华进口中占据前五位的产品分别是：（1）电气机械（527.1848亿美元，同比增长4.1%，所占比重为29.1%，贡献度为1.2）；（2）一般机械（309.3164亿美元，同比增长1.7%，所占比重为17.1%，贡献度为0.3）；（3）服装及同类附属产品（217.4659亿美元，同比减少12.4%，所占比重为12.0%，贡献度为－1.7）；（4）原料类制品（211.3968亿美元，同比增长4.7%，所占比重为11.7%，贡献度为0.5）；（5）化学制品（98.2251亿美元，同比增长5.3%，所占比重为5.4%，贡献度为0.3）（参见表7－3）。

表7－3　2014年日本不同种类产品的自华进口

单位：1000美元，%

产　品	金　额	增长率	所占比重	贡献度
食品	8821591	－2.0	4.9	－0.1
鱼贝类	2542809	－4.5	1.4	－0.1
虾	124769	－16.1	0.1	－0.0
肉类	1226150	－5.3	0.7	－0.0
谷物类	329012	－9.5	0.2	－0.0
蔬菜	2457743	－3.1	1.4	－0.0
水果	731075	－9.1	0.4	－0.0
原材料	2123631	－0.8	1.2	－0.0
木材	254280	－11.5	0.1	－0.0
有色金属矿物	15040	－51.3	0.0	－0.0
铁矿石	59	11.3	0.0	0.0
大豆	39286	－15.2	0.0	0.0

续表

产　品	金　额	增长率	所占比重	贡献度
矿物燃料	1101281	5.2	0.6	0.0
原油及粗油	—	全减	—	—
石油制品	238429	-16.8	0.1	-0.0
汽油	28921	-74.7	0.0	-0.1
液化天然气	—	—	—	—
液化石油气	501	-84.8	0.0	0.0
煤	248081	-27.5	0.1	-0.1
化学制品	9822511	5.3	5.4	0.3
有机化合物	2946336	2.6	1.6	0.0
医药品	718587	14.5	0.4	0.1
原料类制品	21139676	4.7	11.7	0.5
钢铁	2161884	35.4	1.2	0.3
有色金属	1976326	10.5	1.1	0.1
金属制品	5705834	7.9	3.2	0.2
织物用纱线及纺织产品	4970696	-1.5	2.8	-0.0
非金属矿物制品	2667257	-4.3	1.5	-0.1
木制品等(除家具)	1463367	-2.7	0.8	-0.0
一般机械	30931640	1.7	17.1	0.3
发动机	929501	8.9	0.5	0.0
计算机类(含配套设备)	15575383	0.1	8.6	0.0
计算机类零部件	3269639	-6.1	1.8	-0.1
电气机械	52718481	4.1	29.1	1.2
半导体等电子零部件	7128365	37.9	3.9	1.1
IC	1296690	9.4	0.7	0.1
光伏电池	4907911	59.8	2.7	1.0
音响影像机械(含零部件)	6524976	-7.5	3.6	-0.3
影像录放机械	1468220	-10.5	0.8	-0.1
重电机械	3257374	6.3	1.8	0.1
通信设备	20575318	0.5	11.4	0.1
电子仪表仪器	1170240	9.5	0.7	0.1
运输机械	4390917	6.9	2.4	0.2
汽车	45004	31.0	0.0	0.0
汽车零部件	2869207	8.8	1.6	0.1
飞机类	10240	92.8	0.0	0.0
其他	49946730	-7.5	27.6	-2.2
科学光学仪器	3041256	-6.9	1.7	-0.1
服装及同类附属产品	21746588	-12.4	12.0	-1.7
家具	4138571	-0.1	2.3	0.0
包装类	2729641	-7.8	1.5	0.1
总　额	180996457	0.1	100.0	0.1

资料来源：日本贸易振兴机构（ジェトロ）根据 Global Trade Atlas 相关数据做成。

从不同种类产品的特征来看，第一，以智能手机为中心的通信设备的进口，因秋季的新机型发售而与2013年持平。半导体等电子零部件方面，因为太阳能发电系统的需求增加，光伏电池的进口增加59.8%；此外，平板电脑等电子机械用产品的需求增加，促使IC的进口也增长了9.4%。

第二，钢铁的进口，因灾后重建需要和中国废除出口增值税返还制度前的提前出口导致线材和合金钢的进口增加，增长了35.4%。

第三，一般机械方面，虽然上半年因为笔记本电脑和平板型终端等的进口有所增加，但下半年又转升为降，整体而言其进口仅维持了1.7%的增长。

第四，占整个日本自华进口12.0%的服装及同类附属产品的进口减少了12.4%，减幅较2013年进一步扩大。即便是外套、夹克、衬衫等附加值较高的产品中，也有一部分生产正在从中国向越南、印度尼西亚等其他亚洲国家和地区转移。

（三）中国在日本对外贸易中所占的比重

根据日本财务省的贸易统计，2014年，中国在日本对外贸易总额中所占的比重为20.5%，较2013年扩大了0.5个百分点（参见表7－4）。其中，出口增加了0.2个百分点，为18.3%，进口增加了0.6个百分点，为22.3%，相较于2013年都有所扩大。在日本的全球贸易中，中国继续维持贸易总额和进口总额第一的地位，就出口而言则于2013年被美国超越而排名第二。

表7－4　2014年日本贸易伙伴排名前五的国家和地区

单位：百万美元，%

国家或地区	金　额	增长率	所占比重	贡献度
出　口				
总额	690906	-3.4	100.0	-3.4
美国	128782	-2.7	18.6	-0.5
中国	126483	-2.0	18.3	-0.4
韩国	51594	-8.7	7.5	-0.7
中国台湾	40034	-3.8	5.8	-0.2
中国香港	38119	2.0	5.5	0.1
欧盟	71750	0.0	10.4	0.0
东盟	104741	-5.6	15.2	-0.9

续表

国家或地区	金　额	增长率	所占比重	贡献度
		进　口		
总额	812760	-2.4	100.0	-2.4
中国	180996	0.1	22.3	0.0
美国	71364	2.2	8.8	0.2
澳大利亚	48144	-5.6	5.9	-0.3
沙特阿拉伯	47584	-4.6	5.9	-0.3
阿联酋	41778	-1.8	5.1	-0.1
欧盟	77247	-1.5	9.5	-0.1
东盟	115891	-1.6	14.3	-0.2
		合　计		
总额	1503666	-2.8	100.0	-2.8
中国	307479	-0.8	20.5	-0.2
美国	200146	-1.0	13.3	-0.1
韩国	84988	-8.0	5.7	-0.5
中国台湾	64315	-1.6	4.3	-0.1
澳大利亚	62371	-8.2	4.2	-0.4
欧盟	148997	-0.8	9.9	-0.1
东盟	220632	-3.6	14.7	-0.5

资料来源：日本贸易振兴机构（ジェトロ）根据 Global Trade Atlas 相关数据做成。

二　2015年日中贸易的关注点

（一）出口的关注点

第一，中国今后将继续推进产业升级政策，可以认为，为实现自动化和节省人工的设备投资需求将高涨。

另外，容易受中国智能手机等的生产动向影响的金属加工机械（自动数字控制机床）的出口是否能维持增长态势值得关注。2014 年，在日本对华金属加工机械出口（从中国进口统计的角度）中占六成比重的自动数字控制机床的出口较2013 年增长了 78.4%，达到 22.9200 亿美元，成为贸易总额增长的牵引动力。但是，2014 年的这种急剧增加，很大程度上是 2013 年急剧减少的反弹，2013 年受智能手机及其附属材料需求降低的影响，自动数字控制机床的对华出口曾大幅减少。

虽然今后中国仍将继续发行新款智能手机产品，但也有人认为智能手机及其附属材料已经出现过剩倾向。因此，不仅仅是智能手机人气产品生产厂家的新机型生产动向，中国的供需动向也有必要加以注意。

第二，电气机械是日本对华出口的最大产品种类，所占比重达1/4，但是就其主要产品之一的IC而言，由于中国市场对中低价格档产品的需求扩大，因此来自中国台湾的出口急剧增加，日本的对华出口却增长乏力。这种结构今后是否会发生变化，对日本对华出口的整体态势影响巨大，值得关注。

第三，围绕日本对华出口乘用车能否继续维持高增长，有必要注意与美国和德国的竞争，以及中国政府反腐的动向。

2014年，日本对华出口乘用车（从中国进口统计的角度）较2013年增长22.2%，达到85.9012亿美元，对贸易总额的贡献度达到1.0，在不同种类产品对贸易总额的贡献度排名中居第一位。中国进口乘用车（数量）的前三名分别是日本、德国和美国。2008年，中国从日本进口乘用车158674辆，大约是从德国进口数量的两倍。但是，2011年日本被德国反超，中国从德国进口乘用车在2012年达到历史最高的327441辆（从日本进口224443辆），德国成为中国乘用车的最大进口国。之后，日本乘用车的对华出口增长乏力，但是因德国出口剧减而于2013年重新夺回桂冠，2014年也维持在首位，只是与德国的差距非常微小，而且美国的追赶势头也非常迅猛。可以预计，在中国的乘用车进口方面2015年将成为日本、德国和美国激烈交锋的一年。

第四，建筑用和矿山用机械随着中国本地生产的发展，以及伴随资源价格低迷出现的矿山用机械的需求回落，其出口能否维持现状需要关注。

在中国的建筑用和矿山用机械的进口额中，日本在2008年所占的份额达到八成，2014年却跌至五成。2008年11月，中国出台4万亿元的经济刺激政策，之后增加公共投资，因此2010年该类产品的进口额急剧增加。但是，在这之后，抑制公共业务和房地产业的过剩投资的动作扩大，加上伴随资源价格低迷出现的矿山用机械的需求回落，建筑用和矿山用机械的进口额大幅减少。其中，作为新经济增长支柱的城镇化动向能否带来该类产品的进口增加需要关注。

（二）进口的关注点

第一，作为日本自华进口牵引动力之一的通信设备，其进口增长态势在2014年开始钝化。其中，以智能手机为代表的手机产品占了七成以上。近年来该类产品的自华进口额呈增长之势，但是2014年较上年仅增长了0.5%，今后的发展动向值得关注。2014年在智能手机领域也有热门机种发售新款产品，能够维持既有水平的一个关键大概就是热门机种新产品的投入。

第二，2014年日本自华进口光伏电池（太阳能发电电池）的金额增长了六成左右。究其背景，可以认为包括2012年导入可再生能源的固定价格收购制度带来对太阳能发电系统的需求增加，以及2014年的住宅需求增加。2015年是令可再生能源供给者担忧的指定收购价格实施的最后一年，这将对光伏电池的自华进口造成何种影响值得关注。

第三，2014年在服装以及电子线束等劳动密集型产品的对日出口中，中国所占的比重降低。其中，自华进口的服装及同类附属产品所占比重降至70%，自华进口电子线束所占比重甚至被越南超越。因中国劳动成本上涨而出现的生产据点转移的影响已初现端倪，今后的动向需要关注。

第四，钢铁方面，中国的过剩产能和过剩生产需要关注。2014年，日本自华进口钢铁的金额较2013年增长了35.4%，为21.6188亿美元。其对贸易总额的贡献度为0.3，按照不同种类产品排名第二。占整个进口总额约两成的钢铁用添加剂硅铁合金等高级产品自华进口均有所增加。

2014年12月31日，中国宣布，为了实现解决环境问题和抑制设备过剩，决定自2015年1月1日起对一部分钢铁相关产品（合金钢方管制品等）也废除出口增值税返还制度。受此影响，截至2014年底，该政策所涉及相关产品的出口有所增加。在考察2015年的日本自华进口钢铁时，不仅是日本的需求动向需要关注，也有必要关注中国的生产过剩问题。

三　日本对华直接投资的动向

根据2015年1月22日中国商务部公布的资料①，2014年的外国对华直接投资（不包括银行、证券和保险等领域），签订合同23778件，增长率由2013年的-8.6%转为4.4%；实际使用资金额同比增长1.7%，达1195.6亿美元，连续两年呈增长态势，但是增长率比2013年的5.3%下降了3.6个百分点（参见表7-5）。

① 本文中所采用的中国吸收的外国直接投资数据，基于中国商务部网站“中国投资指南”中的新统计基准。2009年8月以前的原有统计中，来自各国家或地区的投资金额不包括经由“避税天堂”的资金，此后的新统计数据则包括这部分内容。也是在2009年以后，中国商务部在《国际贸易》杂志每年的第二期上公布按原有统计方式统计的全年数据。

而且，根据联合国贸易和发展会议（UNCTAD）2015 年 1 月 29 日发表的报告，2014 年，中国超过美国，成为全球吸收外部直接投资最多的经济体。

表 7－5　不同国家和地区的对华直接投资

单位：百万美元，%

排名	2012 年				2013 年				2014 年			
	国家或地区	实际使用资金额	所占比重	同比增长率	国家或地区	实际使用资金额	所占比重	同比增长率	国家或地区	实际使用资金额	所占比重	同比增长率
1	中国香港	71289	63.8	-7.4	中国香港	78302	66.6	9.8	中国香港	85740	71.7	9.5
2	日　　本	7380	6.6	16.3	新 加 坡	7327	6.2	12.1	新 加 坡	5930	5.0	-19.1
3	新 加 坡	6539	5.9	3.3	日　　本	7064	6.0	-4.3	中国台湾	5180	4.3	-1.3
4	中国台湾	6187	5.5	-8.0	中国台湾	5246	4.5	-15.2	日　　本	4330	3.6	-38.8
5	美　　国	3130	2.8	4.5	美　　国	3353	2.9	7.1	韩　　国	3970	3.3	29.8
6	韩　　国	3066	2.7	20.2	韩　　国	3059	2.6	-0.2	美　　国	2670	2.2	-20.4
7	德　　国	1471	1.3	29.5	德　　国	2095	1.8	42.4	德　　国	2070	1.7	-1.2
8	荷　　兰	1144	1.0	49.2	荷　　兰	1281	1.1	12.0	英　　国	1350	1.1	28.0
9	英　　国	1031	0.9	-36.0	英　　国	1039	0.9	0.8	法　　国	710	0.6	-6.8
10	瑞　　士	878	0.8	—	法　　国	762	0.6	—	荷　　兰	640	0.5	-50.1
	其　　他	9601	8.6	-1.4	其　　他	8058	6.9	-16.1	其　　他	6970	5.8	-13.5
	全球合计	111716	100.0	-3.7	全球合计	117586	100.0	5.3	全球合计	119560	100.0	1.7

注：由于 2014 年的数据是以 1000 万美元以上的单位公布的，所以存在所占比重和增长率与实际数值有差异的可能性。

资料来源：根据中国商务部网站“中国投资指南”资料做成。

（一）不同国家或地区的动向

从不同的国家或地区来看，2014 年排名第一的是中国香港，对华直接投资较上年增加了 9.5%，为 857.4 亿美元，所占比重超过七成，达到 71.7%。究其原因，主要是因为日美欧对华投资均呈减少态势，而香港地区实际使用资金额持续增加。

第二位是新加坡，达到 59.3 亿美元，较上年减少 19.1%；第三位是中国台湾，同比减少 1.3%，为 51.8 亿美元；日本对华直接投资较上年大幅减少 38.8%，为 43.3 亿美元，其排名也从 2013 年的第三位降至第四位。第五位是韩国，同比大幅增长 29.8%，为 39.7 亿美元，但其中发挥大作用的是三星电子在陕西省西安市建设半导体存储器生产工厂的大型投资项目，总投资额为 75

亿美元。①

2014年的日本对华直接投资，按照日本财务省的国际收支统计为7150亿日元。由于调整了国际收支统计的基准，2013年以前和2014年以后的数据不具有连续性，所以无法计算出增长率，但可以看出较2013年（8855亿日元）呈减少之势（参见表7-6）。

表7-6 日本对不同国家或地区的直接投资变化

单位：亿日元，%

排名	2012年				2013年				2014年			
	国家或地区	金额	所占比重	同比增长率	国家或地区	金额	所占比重	同比增长率	国家或地区	金额	所占比重	同比增长率
1	美国	25609	26.2	122.1	美国	42933	32.5	67.6	美国	44365	35.2	—
2	中国	10759	11.0	7.1	英国	13084	9.9	38.0	英国	8329	6.6	—
3	英国	9481	9.7	-15.5	泰国	10111	7.7	2079.1	新加坡	7984	6.3	—
4	澳大利亚	8689	8.9	33.9	中国	8855	6.7	-17.7	中国	7150	5.7	—
5	荷兰	6822	7.0	60.3	荷兰	8453	6.4	23.9	泰国	5480	4.4	—
6	巴西	3284	3.4	-49.7	澳大利亚	5640	4.3	-35.1	澳大利亚	4457	3.5	—
7	韩国	3197	3.3	64.5	巴西	3933	3.0	19.8	印度尼西亚	4840	3.8	—
8	印度尼西亚	3039	3.1	5.7	印度尼西亚	3830	2.9	26.0	巴西	3553	2.8	—
9	加拿大	3019	3.1	765.0	新加坡	3562	2.7	177.6	韩国	3328	2.6	—
10	印度	2228	2.3	22.8	韩国	3209	2.4	0.4	荷兰	3297	2.6	—
	东盟	8586	8.8	-44.6	东盟	23324	17.7	171.7	东盟	21726	17.3	—
	欧盟	23134	23.7	-19.0	欧盟	30403	31.4	31.4	欧盟	24957	19.8	—
	全球合计	97782	100.0	7.1	全球合计	131944	34.9	34.9	全球合计	125929	100.0	—

注：1. 2014年的数据为速报值。

2. 由于调整了国际收支统计的基准，2013年以前和2014年以后的数据不具有连续性。

资料来源：根据日本财務省「国際収支統計」做成。

（二）对华直接投资减少的原因

从不同国家或地区来看，2014年的对华直接投资，除了占七成比重的中国香港增加了9.5%以外，其他主要国家或地区（除韩国和英国外）的对华直接投资都呈减少态势，其主要原因可以认为是受中国的业务环境变化的影响。比如，无论是中国美国商会还是中国欧盟商会所进行的问卷调查，劳动成本的上涨和中

① 总投资额源于该公司2014年11月20日的听证会。

国经济的减速都分别占据业务风险和问题所在的第一位和第二位。①

日本对华直接投资之所以减少，除了上述投资环境的变化以外，还存在对2011～2012年投资大幅度增加的反弹的因素。根据中国商务部的统计，日本对华直接投资在2011年同比急剧增长49.6%，达到63.48亿美元，2012年增长16.3%，为73.8亿美元，创历史最高纪录。究其背景，包括：伴随日元升值出现本地生产对出口的替代，以及因为东日本大地震的发生导致供应链断裂而出现的以分散风险为目的的生产据点积极向中国转移等。

但是，2013年以后日元汇率转向贬值，与其在中国投资进行本地生产，还是出口方式更为有利。另外，以人民币计价的话，投资成本较日元升值时更高，这也对日本对华直接投资造成了负面影响。而且，毋庸置疑，日中关系的恶化也对此产生了消极影响。总之，可以认为，日本对华直接投资的减少是上述复合因素作用的结果。

四　日本对华投资的未来走势

JETRO以把握在亚洲和大洋洲地区的日资企业活动的实态，并广泛提供其调查结果为目的，以在该地区开展业务的日资企业为对象，实施“亚洲、大洋洲日资企业实态调查”，每年进行一次。2014年度的调查于2014年10～11月进行，收回了共计4767家企业的有效问卷，其中中国有976家企业。② 在此，以本次调查的结果为基础，对日本企业对华开展业务的未来方向进行验证。

（一）开展对华业务的走势

在“亚洲、大洋洲日资企业实态调查”中，当被问及“今后开展业务的方向”时，在中国的日资企业中，回答“扩大”的企业，在2010～2011年度的调查中超过了60%，2012年度因为涉日游行的影响下降至52.3%，2013年度没有出现明显的回升，为54.2%，2014年度更是跌破50%至46.5%（参见图7－1）。在中国的日资企业回答“扩大”的占比不到50%，这在1998年开启此项调查以来尚属首次。

① 详细资料参见中国美国商会的“China Business Climate Survey Report 2013”和中国欧盟商会的“Business Confidence Survey 2013”。

② “亚洲、大洋洲日资企业实态调查”的结果参见JETRO网站：http：//www. jetro. go. jp/news/releases/20141211348－news/report_ rev. pdf。

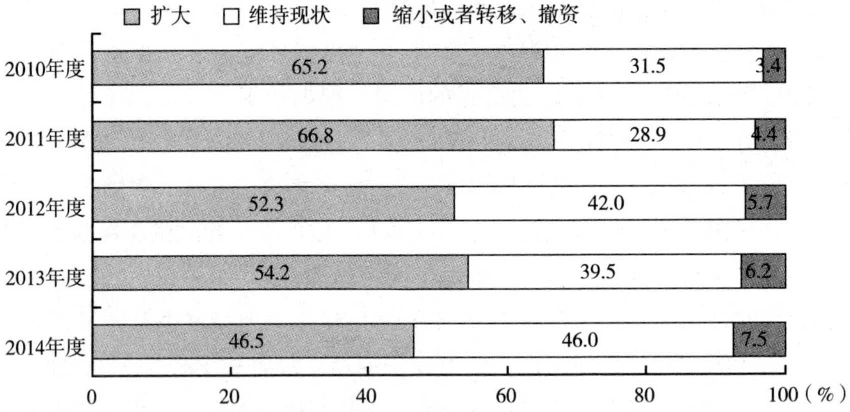

图 7－1　今后开展业务的走向

资料来源：JETRO「在アジア・オセアニア日系企業実態調査」、2014 年度調査。

另外，回答“维持现状”的企业占比 2014 年较 2013 年增加了 6.5 个百分点，为 46.0%，几乎与回答“扩大”的企业的占比持平。回答“缩小或者转移、撤资”的企业占比为 7.5%，较上年增加了 1.3 个百分点。虽然比率较低，但是回答“缩小或者转移、撤资”的企业存在逐年递增的迹象。具体来看，内销型企业和行业在中国扩大业务规模的意愿比较高，而出口型企业和行业受中国的人工费用等成本上涨和汇率变动（人民币升值、日元贬值）的影响而出现扩大业务规模意愿降低的倾向。

虽然占比有所下降，但是超过 40% 的在华日资企业选择“扩大”在中国的业务规模，当问及其理由时，回答“销售额增加”（81.8%）的企业最多，其次是“增长率、增长潜力高”（46.0%）的企业，可见对市场的期待成为日资企业扩大在华业务的理由（参见图 7－2）。

针对回答“缩小或者转移、撤资”在华业务的日资企业，在问及理由时，回答人工费用和筹措物资成本等“成本上涨”（65.3%）和“销售额减少”（61.1%）的企业增多（参见图 7－3）。

（二）加速调整对在华业务的处理安排

从业务的观点来看待中国的话，可以分为“作为市场的中国”和“作为生产据点的中国”。

如果是“作为市场的中国”，虽然中国经济存在减速倾向，但就当前形势而

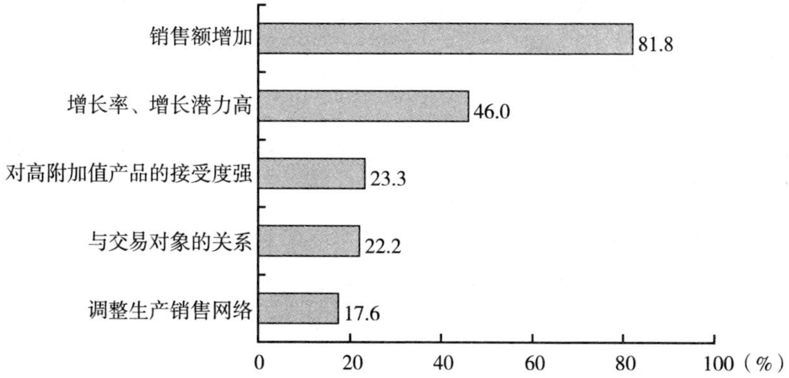

图 7－2 扩大业务的理由

资料来源：JETRO「在アジア・オセアニア日系企業実態調査」、2014 年度調査。

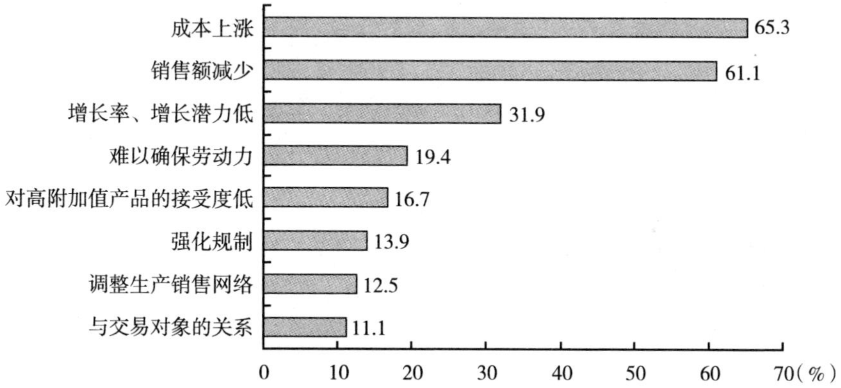

图 7－3 缩小业务规模或转移、撤资的理由

资料来源：JETRO「在アジア・オセアニア日系企業実態調査」、2014 年度調査。

言，在“新常态”的政策之下实现稳定增长是可预见的。另外，中国共产党提出在 2020 年实现人均国民收入较 2010 年翻一番的目标，可以预计今后中国市场将进一步扩大。在这一过程中，为了加强对中国市场的开拓，物流和汽车等内需型日本企业将扩大在中国的业务规模。

从“作为生产据点的中国”来看，可以预计，劳动力成本上涨等投资环境的变化今后还将继续发生。在这一过程中，劳动密集型领域的日资企业，将继续向工资水平较低的国家转移生产据点。另外，重视在中国建立生产网络的日资企业，不少将因为正在确立包括供应商在内的生产网络以及距离日本较近等物流方面的便利性等，而认为难以将生产体系转移至中国以外的国家或地区。

从数年前开始，中国业务的着力点就从“世界的工厂”变为“世界的市场”，日本从现在开始重新强化对中国市场的开拓的举措令人瞩目。虽然对中国风险的认识依然存在，但是日资企业将中国作为全球屈指可数的巨大市场之一的态度没有改变，尤其是大型企业，它们大多认为在考虑海外业务拓展时将中国排除在外是不现实的。可以预计，今后，随着中国的业务环境发生变化，以行业和战略的差异为立足点的各日资企业都将加速调整对在华业务的应对。

（叶琳 译　张季风 编校）

B.8

2014：中日经济关系新变化及其展望

姜跃春*

摘　要：2014年，中日经贸关系基本维持上年走势，双边贸易持续萎缩，日本对华投资大幅下降，中日实力对比差距继续扩大。当前影响两国经济交流的主要问题是日本对日趋强大的中国未来过于担忧。尽管"四项原则共识"签署之后使陷入僵局的中日关系出现了一定程度的缓解，人员往来有所回升，但两国经济关系整体恢复健康发展的轨道尚需时日。

关键词：中日经济关系　四项原则共识　经贸互补

一　中日经贸关系新变化

2014年，中日经贸关系仍呈贸易萎缩、对华投资下降和实力对比差距扩大的走势。

（一）中日贸易继续下降，但下降幅度明显缩小

中日贸易额过去持续增长但近期持续萎缩。近年来，中日贸易持续上升，连创新高，2011年中日贸易额达到3429亿美元，① 这一态势到2012年发生变化，下滑至3294亿美元，同比下降3.9%。2013年，中日贸易额为3126亿美元，同比下降5.1%。中日贸易连续两年出现下滑。

* 姜跃春，中国国际问题研究院世界经济研究所所长、研究员，全国日本经济学会常务理事，主要研究领域：日本问题、世界经济。

① 中国商务部，2012年1月17日，http://jp.mofcom.gov.cn/aarticle/zxhz/tjsj/201201/20120107931296.html。

据中国海关初步统计，2014 年中日贸易额为 1.92 万亿元，同比下降 1%。与 2013 年相比，两国贸易额降幅缩小了 4.1 个百分点。其中，中国对日出口 9186.5 亿元，下降 1.4%；进口 10026.9 亿元，下降 0.5%；贸易逆差 840.4 亿元，扩大了 10.5%。① 如果考虑到汇率波动等因素，基本可以认为，中日贸易在连续两年下滑之后，2014 年下降态势明显缩小，甚至可能是中日贸易企稳回升的转折年。目前，中日贸易总值占中国外贸进出口总值的比重为 7.3%，是中国大陆第五大贸易伙伴。

中日贸易下降，固然有中国内需下滑和日元贬值等经济因素的影响，但不能否认的是，在中日两国政治关系尚未出现根本性好转的背景下，两国的经贸关系无法得以完全恢复。

（二）对华投资大幅下降，但成本因素不可否定

日本一直是对华投资的重要国家，但这一状况自 2012 年起有所变化，日本对华投资进入下降通道，2014 年日本对华投资继续呈下降趋势。

中国商务部发表的统计显示，2014 年日本实际对华直接投资额为 43.3 亿美元，比上年减少 38.8%。② 这是继 2013 年同比减少约 4% 后再次出现的深幅下滑，也是继 1989 年日本对华投资额减少约 35% 之后罕见的下滑率。

究其原因，主要是一方面因为钓鱼岛“国有化”后，中国发生涉日游行，部分日本企业、工厂遭到破坏，并出现了抵制日货的运动。选择暂缓进军中国或暂缓扩大在华业务的日本企业有所增加。另一方面，由于中国一些城市和地区的人力成本上升，店铺及办公室租金不断增长，导致许多日本企业将生产据点等转移至东南亚等地。③ 此外，日本经济也处于复苏期，再加上日元不断贬值，这些都会影响日本对华投资。

（三）实力对比差距加大，但美元因素不可否定

2014 年，中日两国经济规模的差距继续加大。2015 年 1 月 21 日中国国家统

① 中国海关：《统计快讯》，2015 年 1 月 13 日，http：//www.customs.gov.cn/publish/portal0/tab49666/module175903/page2.htm。

② 中国商务部 2015 年 1 月 15 日公布的数据，http：//www.mofcom.gov.cn/mofcom//yewufenlei.shtml#z02。

③ 《日媒：日本 2014 年对华投资减少 38.8%　下滑幅度罕见》，网易，2015 年 1 月 16 日，http：//news.163.com/15/0116/10/AG2U3PE500014AEE.html。

计局发布的初步核算结果显示，2014 年中国国内生产总值（GDP）按可比价格计算比上年增长 7.4%，为 636463 亿元，首次突破 60 万亿元；如果以美元计算，亦首次突破 10 万亿美元大关，中国成为继美国之后又一个经济规模达到 10 万亿美元的国家，GDP 总量稳居世界第二。① 国际货币基金组织（IMF）2015 年 1 月发布的《世界经济展望》中显示，2014 年美国经济增长约 2.4%，GDP 总额约为 17.4 万亿美元，位居第一；中国增长 7.4%；日本仅增长了 0.1%，约为 4.8 万亿美元。②

由于中国保持了 7% 以上的高增长，而日本又重返“零增长”时代，2014 年中国经济体量是日本的两倍以上，两国的经济规模差距进一步加大。当然，其主要原因还包括，最近一个时期以来，美元指数持续上升，日元相对于美元大幅贬值，日元与人民币兑换跌幅约为 25%，汇率变化直接影响到中日两国的经济规模。

二 影响中日经贸关系的主要问题

（一）陷入僵局的政治关系严重影响经济合作

自 2012 年日本政府对钓鱼岛实行“国有化”政策以来，中日关系陷入建交以来少有的困难期。安倍政府对华采取全面对抗甚至敌视的政策，不仅导致两国关系跌入建交以来的最低点，也使两国经济关系出现了严重倒退。中国企业和国民对日本政府对钓鱼岛“国有化”的政策及安倍通过“地球仪外交”夸大中国威胁不满，在一定程度上影响了中日两国在双边大项目及多边领域深度合作的进展。

（二）“中国威胁论”的不良心态影响经贸关系

近年来，由于中日两国的经济增长处于此长彼消的不同阶段，加上两国处于僵局的政治关系，导致日本国内“中国威胁论”的声音不断扩大，有论者认为，中国经济发展对日本的未来构成“威胁”，尤其对日本制造业的未来将构成严重

① 国家统计局，2015 年 1 月 21 日，http://www.stats.gov.cn/tjsj/zxfb/201501/t20150121_671820.html。

② 根据国际货币基金组织 2015 年 1 月 20 日发表的《世界经济展望》计算，http://www.imf.org/external/chinese/pubs/ft/weo/2015/update/01/pdf/0115c.pdf。

“威胁”。在此背景下，日本政府在东亚区域合作政策中，对中国积极推进的中日韩自由贸易区等东亚区域合作构想反应冷淡，而执意加入到美国主导的“跨太平洋伙伴关系协议”谈判当中，造成中日两国在地区合作问题上的分歧逐步增大。日本地区政策这一变化的结果必将影响中日双方相互降低或取消贸易壁垒的进展，从而直接对两国的贸易乃至其他形式的经济合作产生负面影响。

（三）日元持续贬值影响日本对华投资

2012 年至今，人民币兑日元汇率出现过两波明显的上涨。第一波是从 2012 年第三季度初的 1 元人民币兑换 12 日元涨至 1 元人民币兑 16.8 日元左右，涨幅达到 30%。第二波为 2014 年 7 月的 1 元人民币兑 16.4 日元涨至 2014 年底的 1 元人民币兑 19.5 日元，涨幅超 20%。两次人民币兑日元汇率的变化相叠加，使得日元对人民币贬值幅度超过 50%。随着日元贬值时间及幅度的拉长，其负面冲击效应在相关产业的表现也越发明显。2014 年以来，包括日本松下在内的多家日资企业表示，有意将国外的洗衣机、电视等生产线迁回日本国内，就是由日元贬值带来的成本增加导致的。随着日本央行扩大量化宽松规模，日元兑人民币汇率如瀑布一般迅速下跌。可以预见，短期内日元贬值趋势难有改观。

（四）中国劳动力成本上升的影响

不可否认，日本企业来华投资的一个重要推动力是中国劳动力成本优势。但近年来，在日元加速贬值的同时，中国国内劳动力成本也在加速上升，使日本在华企业的利润有所下降。因此，包括日本松下在内的不少在华日本企业开始考虑是否将部分产品的生产线迁回日本本土。除松下之外，大金公司也已将中国代工生产的家用空调部分转迁回本国的工厂生产。夏普则计划增加日本国内工厂的冰箱生产线。

三　健康的经贸关系对中日双方有利

众所周知，中日两国的经贸关系在中日关系的发展进程中具有重要意义。在过去，即使是在两国政治关系陷入低谷之际，由于经济上相互依赖关系的客观存在，使得经济往来并不会因政治关系恶化而受到很大影响。这是因为经过建交之后几十年的不断发展，中日两国已经是经济上相互依赖、互有需要和利益共享的重要合作伙伴。

（一）中国需求对日本经济的拉动作用至关重要

不可否认，21 世纪以来，中国经济崛起对亚太地区的产业分工、产业重组乃至国际经济格局都产生了重要影响，对非常依赖外部经济的日本经济的拉动作用也显而易见。仅以中国游客对日本经济的拉动作用为例。2014 年下半年，由于中日关系在“四项原则共识”签署之后出现了缓和迹象，加上日本政府放松了中国公民赴日签证条件，中国赴日游客量大幅上升。据日本政府观光局（JNTO）统计，2014 年访日外国游客约为 1340 万人，比上年增加 30%，其中，中国游客达到了 241 万人，是历年来中国人赴日人数最多的一年，比上年增长了近 80%。而赴日期间的消费额约合人民币 1063.6 亿元（超过 2 万亿日元），比 2013 年增长约 40%；赴日中国人的人均消费额为 1.2 万元（超过 20 万日元），在外国游客中排名第一。[①] 随着两国关系的逐步稳定，今后赴日旅游人数将进一步上升。

出口历来是日本经济增长的主要推动力，20 世纪 90 年代以来，中国在日本对外贸易中的作用日趋加大。中国连续多年是日本最大贸易伙伴和最大出口对象国，崛起的中国对增长高峰已过的日本经济的拉动作用不可小视。从未来发展趋势看，由于日本国内面临的人口老龄化、少子化等问题难有根本性改观，日本经济结构决定了其对海外依赖难以减少。日本权威机构野村资本市场研究所的专家认为，到 2026 年，中国可能超过美国，成为世界第一大经济体，日本对华贸易可能会达到 35%。日本野村证券也曾发表研究报告表明，中国国内生产总值增幅每下降 1 个百分点就将导致日本经济增速放缓 0.5 个百分点，进而日本某些大型非金融企业的经常性利润可能出现 4% 左右的降幅。[②] 未来中国市场对日本仍然重要。

（二）日本对华投资有助于日本经济的恢复和发展

近年来，一个不争的事实是中国市场业已成为世界各大跨国公司利润的主要来源地。由于“安倍经济学”在实行初期取得了一定效果，日本经济出现了一定程度的复苏。但 2014 年以来，受消费税税率提高的影响，加上日本自身市场的局限性，导致日本经济再次陷入衰退之中。日本经济毕竟还是出口主导型经济，单靠国内的市场需求很难支撑经济的持续增长，在未来经济增长中，如何增

① 《2015 年访日外国游客或超 1500 万人》，新浪，2015 年 1 月 21 日，http：//finance. sina. com. cn/world/20150121/110421351947. shtml。

② 《中日经贸合作有利双方经济发展》，网易，2014 年 9 月 26 日，http：//news. 163. com/14/0926/08/A72ATOUL00014JB6. html。

加出口和进行适度的海外投资仍是日本经济维持增长的重要环节。

众所周知，目前日本在华企业的投资活动正在发生结构性变化，那就是将投资重点逐渐从装配制造业向消费品生产行业与服务行业转变。随着中国经济结构的调整和消费能力的不断增强，一定有更多资金用于消费市场。因此，可以预见，不断强劲的中国经济必将为日本企业提供一个广阔的消费市场，从而有助于日本自身经济的持续发展。不可否认，近年来，由于中国经济正在进行结构性调整，部分地区的劳动力价格有所上升，对投资环境产生了一定的负面影响。但需要指出的是，中国幅员辽阔，经济发展方面存在严重的不平衡状况，各地区之间的经济发展水平差距大，尤其是中国的西部地区与东南沿海经济发展差距悬殊。为此，目前中国正在通过实施西部大开发战略来解决这一不平衡问题。相信随着中西部地区的发展，会给包括日资在内的外国企业带来更多的商业机会。

（三）中日经济合作也有利于中国经济

中国作为世界经济中最大的新兴市场国家，在改革开放之后经济之所以持续高速增长，外资的拉动作用不可否定。外资的作用不仅仅在于资金本身，对中国经济而言，它的另外一个重要意义在于有助于加快中国经济体制改革的步伐，从而使中国经济更加高效、持续、健康发展。中国需要吸引投资和技术转移，以继续提高国家生产力，避免陷入中等收入陷阱。

日本是中国重要的经济合作伙伴，中国对外开放之后，日本一直支持中国的改革开放政策，并作为外来投资的重要国家始终支持中国的经济发展，也取得了重要成效。与日本保持稳定的经济关系，不仅可以给中国民众创造更多的就业机会，有利于中国提高劳动生产率和中国企业的管理能力，吸收现代企业的成功经验，更重要的是可以确保中国获得日本的先进技术，借此改善中国的生产体系，最终促进中国实现国内经济持续稳定增长的目标。此外，日本的投资有助于中国经济的稳定与保障资金的充足，从而解决一些迫在眉睫的问题，如空气污染以及其他环境恶化问题。

四　展望未来的中日经贸关系

（一）经济发展的不同阶段是中日两国加强经济关系的客观基础

一般认为，一个国家或一个地区的经济发展都有一个从蓬勃发展到逐渐衰退的生命周期。就中日两国而论，目前显然处于生命周期的不同阶段。日本经济在20世纪60年代进入高速增长的“青年期”，80年代则可以认为是“壮年期”，而进入90年代之后持续低迷，算是进入了“老年期”。而中国在改革开放之后进入经济持续高增长阶段，多项指标测算结果显示，目前的中国经济大致相当于日本在20世纪70年代的发展水平，换言之，中国经济仍然处于增长活力强劲的“青年”阶段。中国的城镇化与西方发达国家相比还有很大的发展空间。

而且，按照城市化进程的一般规律，城市化率在30%以下属于城市化进程的初始阶段，此后还有30%～70%的加速阶段和70%以上的平稳阶段。日本、美国等西方主要发达国家的城市化水平均已超过70%，而中国的城市化水平还很低，至少还需要大概20年才能达到70%的城市化率的水平。可以认为，未来20年，中国仅就城镇化进程而言就将为社会经济的发展提供不小的动力。

（二）经贸结构的互相补充是中日两国扩大经贸合作的重要条件

一方面，中国在自然资源、人力资源等方面的优势要大大超过日本，也是外国直接投资的净流入国，而且资本注入呈进一步上升势头。日本在这些方面弱于中国，其原因在于日本长期实行限制国外资本流入政策，并采取多种政策和策略鼓励企业走出国门，投资海外，结果使日本成为外国直接投资的净流出国。然而，中国在技术资源方面跟日本相比还有不小的差距，这种差异性是中日两国进行经贸合作的重要条件。

另一方面，中日两国在不同的产业领域也存在明显的互补性。从汽车领域看，众所周知，在中国，私家车市场尚属起步阶段，家用轿车需求逐年攀升，从绝对数上看业已成为世界汽车消费大国之一。而日本国内与主要发达国家的汽车需求主要来自汽车更新和升级换代，这一量的需求是无法满足日本汽车企业生产能力的发挥的。当下，日本汽车企业正面临产能过剩和市场日趋饱和等问题的困扰。因此，日本汽车企业在中国仍有很大的发展空间。从纺织品领域看，一是，中国在劳动力成本和加工成本方面与日本相比仍有优势；二是，随着中国民众消费水平的不断提升，他们对高档纺织品的需求也与日俱增，消费潜力越来越大。日本在这一领域的技术优势仍然明显，尤其是在新纤维材料的研发和应用方面，日本的创新能力在当今世界仍然独领风骚。在此过程中，如果中日两国能充分发挥各自优势，实现互补，必将取得互利互惠的共赢结果。

（三）“四项原则共识”的签署带动中日经贸关系出现改善迹象

1. 金融合作有望重启

自2014年中日外长达成“四项原则共识”以来，中日经贸关系出现了回暖迹象。2014年11月，在澳大利亚布里斯班G20峰会期间，中日两国财长举行了会谈，双方一致同意重启“中日财长对话”。这将是中日财长2012年4月第四次对话之后首次举行会谈。中日两国曾在2011年12月达成中日金融合作“一揽子”协议，内容包括日本购买中国国债、促进人民币在东京市场的交易以提高东京作为金融中心的地位等。但因日本对钓鱼岛实行“国有化”政策使中日关系急剧恶化，导致双方达成的协议未能得以落实。这次会谈中，中日财长一致同意重新恢复落实协议工作小组，可见中日金融合作有望在不远的将来重新启动。

2. 不少日企坚守中国

受到日本消费税税率提高、物价上涨、居民收入下降等多重因素的影响，日本经济自2014年第二季度再次陷入萧条。尽管中日关系陷入僵局之后两国的经济关系受到严重影响，部分日本在华企业对华投资开始转向东南亚，但以汽车为代表的日本大型企业仍然坚持不撤离中国，甚至有些企业追加了对华投资的力度。日本开发银行的一项调查显示，仍有70%以上的日本大型制造企业并未打算减缓在华投资的脚步。尤其是以三菱重工为代表的日本企业，非常重视中国在“一带一路”建设方面的最新动向，密切关注这一发展战略给外国企业带来的商业机会。

3. 智慧城市合作可能

为进一步贯彻落实《国家新型城镇化规划（2014～2020）》和中国国家发展和改革委员会等八部委颁布的《关于促进智慧城市健康发展的指导意见》精神，探讨如何实现低碳、节能的绿色城市发展目标，城市和小城镇改革发展中心联合日中经济协会等机构，于2015年1月29～30日，以“智慧城市发展中的中日合作”为主题，在日本千叶举办了“中日智慧城市交流会”。会议期间，中国国家发展和改革委员会城市和小城镇改革发展中心与日中经济协会签订了一个非官方的框架性协议，就今后中日两国相关企业进一步开展智慧城市建设合作达成共同意向。

中国智慧城市发展的最大瓶颈不是资金和技术，而是全盘的战略规划。而日本在这方面的经验超过欧美，对中国颇具参考价值，而且日本确实有一批在智慧城市建设方面有着先进的技术、设计理念和管理方式的企业。当然，从另外一个角度讲，中国的城镇化进程对于日本相关行业来说也是一个巨大的机会，日本不论是政府还是企业都对与中国开展智慧城市建设方面的合作有浓厚的兴趣。[1]

① 《中日官员和企业家谈中日智慧城市建设合作》，人民网，2015年1月31日。

B.9

能源约束与策略规避：战后日本能源政策的转型逻辑

尹晓亮*

摘　要：战后日本能源政策的转型是在“变化—应对”的逻辑框架下进行的。日本所面临的能源约束问题在阶段性上表现为经济恢复时期的能源供给危机问题、高速经济增长中的石油需求激增问题、石油危机问题、3E协调关系问题、国际石油价格波动问题、核安全问题。对此，日本在每一历史阶段分别制定了政策取向不同的能源政策，即以煤炭为主的增产政策、以石油为主的综合能源政策、以解决危机为主的能源管理政策、以3E协调为主的多目标能源政策、以应对国际能源形势动荡的“新国家能源安全战略”以及继续推行“拥核”政策。

关键词：能源约束　能源政策转型　石油　核政策　安全

* 尹晓亮，博士，南开大学日本研究院副教授，全国日本经济学会理事，中华日本史学会常务理事，主要研究领域：日本能源环境治理与东亚国际关系等。

能源是经济、科技、社会等领域由落后向进步、从低级向高级发展的动力。在工业文明社会，能源以直接或间接的方式推动或制约经济发展，可谓如果没有能源，一切现代物质文明也将随之消失。因此，能源安全问题不仅涉及经济发展，还关系到国家战略。二战以后，日本通过政策转型很好地规避和弱化了不同时期的能源约束问题。

一 能源供应不足的经济恢复期——以煤炭为主的增产政策

日本为支撑对外侵略战争，将其国内主要物资的生产长期集中于军需状态，能源资源分配严重失调，国民经济畸形发展，加之美国空袭日本本土造成的损失，二战结束初期的日本经济萧条。日本经济复兴面临的主要“瓶颈”约束是煤炭、石油等能源的供应不足。

（一）煤炭、石油等能源的供应不足

二战结束初期，作为日本能源结构主体的煤炭的产量骤然下降，其供求关系更是极度不平衡。二战期间，日本的煤炭供应在最高峰时为1940年的6700万吨，到战后的1945年8月则跌至167万吨，11月更是锐减为55万吨，比最高时的产量差了约120倍。如果比较实际产量与需求计划的比例可看出，1945年的8月、9月、10月、11月这一比例分别为46.2%、23.6%、39.6%、34.6%。[①]

此外，战后初期日本的石油供应也面临短缺。战时日本的炼油能力高达约1700桶/日，而战后炼油厂的实际产油量只相当于空袭前生产能力的4%。[②] 战争结束时，原油库存不过9.9万千升，与开战时的371.2万千升相比，不到其3%。[③] 战争给日本的石油产业带来了严重的损失，受到破坏的石油冶炼设施的生产能力跌落到战前生产能力的51%。[④] 在太平洋沿岸的17所炼油厂中，有15所遭到轰炸燃爆，未遭破坏残留下来的只有2所。[⑤] 受到空袭破坏的炼油厂的永

---

① 根津知好『石炭国家統制史』、日本経済研究所、1958年、617頁。

② アメリカ合衆国戦略爆撃調査団『日本における戦争と石油—アメリカ合衆国戦略爆撃調査団・石油・化学部報告—』、奥田英雄・橋本啓子訳、石油評論社、1986年9月、83頁。

③ 石油連盟『戦後石油産業史』、石油連盟、1985年12月、4頁。

④ 田中紀夫『エネルギー環境史Ⅲ』、ERC出版、2002年3月、162頁。

⑤ 石油連盟『戦後石油産業史』、石油連盟、1985年12月、10頁。

久损坏率为75%，损坏金额是投资额的32%；受到空袭破坏的人造石油工厂的永久损坏率为90%，损失额是投资额的42%。①

（二）增产政策的实施

日本通过煤炭增产政策的制定和实施，煤炭产业、钢铁生产分别从1947年度后半期、1946年第四季度开始明显恢复。② 就煤炭产量而言，1946年煤炭产量不足2300万吨，1947年煤炭产量增加到了2900多万吨，到1948年则大大超过了“年产3000万吨”的目标，到1951年已超过4600万吨，约是1945年的两倍。在石油产业方面，战争结束后不久，日本对石油产品的消费量大幅度下降，1945年的消费量不及战前的最高水平，仅为1937年和1938年消费量的1/10。此后，石油产品的消费量逐年上升，直到1952年，年消费量已经基本超过1937～1938年的水平。

综上所述，从日本经济的复兴速度和效果而言，日本对煤炭、石油等能源实施统制管理，不但突破了能源供应不足带来的瓶颈约束，而且使其成为促进战后经济高速增长的重要因素。但是，通过国家统制政策解决问题毕竟是一种适用于特殊时期的过渡性、限时性措施，当其适用的特殊环境结束之后，单一的国家统制管理模式也就应该寿终正寝。

二　亟须能源的高速增长时期——确立“油主煤从”型的综合能源政策

随着日本经济的持续、高速增长，原有的“煤主油从”型能源结构及其政策体系很难得以维持和存续。日本在国内经济高速增长和世界能源革命“内生”与“外压”的影响下，不得不探索和追寻适应经济新形势的能源政策。

（一）高速增长与能源结构的矛盾

在二战前后日本能源政策的总体基调是“煤主油从”型政策，国家对煤炭产业采取的是行政管理政策，并在必要时或干预或保护国家煤炭产业，而对价格

---

① アメリカ合衆国戦略爆撃調査団『日本における戦争と石油―アメリカ合衆国戦略爆撃調査団・石油・化学部報告―』、奥田英雄・橋本啓子訳、石油評論社、1986年9月、84頁。

② 岡崎哲二「『傾斜生産』と日本経済の復興」、原朗編『日本の経済復興』、東京大学出版会、2002年、93頁。

低廉且丰富的石油产业则采取行政限制手段，尽量减少原油进口。因此，在日本经济高速增长的初期，这种政府管制最终导致的结果是一方面国产煤炭价格居高不下，另一方面产业对石油的需求却急剧攀升。显然，“煤主油从”型的能源结构已经不能适应日本经济的高速增长了。

（二）“综合能源政策”的确立

日本转变能源消费和供应结构，推行以石油为主的综合能源政策（以下简称“综合能源政策”）的过程并非一蹴而就，而是通过1960年制定《国民收入倍增计划》、1961年向欧洲派遣能源政策调查团、1960年开始实施“贸易外汇自由化”等方式逐步推进的。

在上述基础之上，日本明确提出了应把“低廉、稳定和自主”作为综合能源政策的原则①，即在开放经济体制下，为加强日本产业的国际竞争力，必须要在确保廉价能源供应的同时，尊重消费者对能源的自由选择权；从经济安全的角度出发，考虑到日本能源进口依存度会日益提高，因此必须要确保能源供应的稳定性；因为石油是进口的主要能源，为确保其廉价、稳定的供应，在保证石油精炼业对国际石油资本自主性的同时，必须加大进口能源供应地的分散化和海外原油的自主开发率。②

（三）发展石油产业的政策安排

在石油产业方面，日本制定石油政策的目标是促进能源消费主体从煤炭转向石油，确立以石油为主体的能源消费结构，并在相对开放的经济体制下培育和发展新型石油产业。对此，日本从制度层面制定了以下措施。

其一，制定实施《石油业法》。日本的《石油业法》是1962年5月11日颁布的。该法的颁布标志着日本把“综合能源政策”确定为基本发展方向。从内容而言，日本政府想通过《石油业法》达到如下目的：在完全自由化的状态下，石油市场很可能发生混乱，国际石油资本将趁机占领日本的石油市场，从而损害石油供应的自主性，对石油的稳定供应带来重大的障碍，为规避上述不利后果，就需要通过《石油业法》对能源市场的无序性进行限制（行政指导和管理）。

其二，组建共同石油公司。日本石油政策的最大目标就是通过增加石油供应

---

① 松井賢一『エネルギー戦後50年の検証』、電力新報社、1995年、20頁。

② 日本エネルギー経済研究所『戦後エネルギー産業史』、東洋経済新報社、1986年、104頁。

量确保经济高速增长，具体方法是扶植本国的石油资本，合并、重组中小规模企业，组建联合石油销售公司。[①] 1963 年 12 月，产业结构审议会明确强调“没有采油部门，想仅仅通过精炼、销售部门来确立我国的石油精炼产业基础，就需要实施‘推进集约化、加大财政资金的投入、创办民族企业’的石油政策”。[②] 政府出于对能源安全保障、改善石油流通秩序和原油进口自由化等方面的考虑，积极引导和斡旋了亚洲石油、东亚石油、日本矿业这三家公司合作重组的问题。1965 年 8 月，三家公司的销售部门合成一体，成立了共同石油公司。从出资率看，日本矿业 34%，亚洲石油 23%，东亚石油 23%，金融机构 20%。[③]

其三，扶持自主开发原油。首先，成立石油资源开发股份公司。1955 年 12 月设立了石油资源开发股份公司，该公司成立初期的资金为 10.2 亿日元，其中除主要由帝国石油的 13 家石油精炼企业共同出资的民间资本 4.44 亿日元外，政府提供资金 5.76 亿日元。其次，积极加强与海外石油公司的合作。经过政府、产业界的不懈努力，1957 年 3 月，日本和沙特就沙特和科威特间中立地带沿岸的石油开采权事宜达成协议。次年 2 月，拥有 35 亿日元资金并具有日本法人资格的阿拉伯石油股份公司成立，从此，日本拉开了在海外大规模开采石油的序幕。再次，成立石油开发公团。设立专门的“石油开发公团”既是对原有石油开发公司能力不足的补充，也是为了谋求石油开发的“自主”和“稳定”，并在此基础上，为经济高速发展提供“丰富”和“廉价”的石油。

综上所述，日本通过制定和实施“综合能源政策”，不但逐步形成了能源供应和消费多元化的局面，而且较好地突破了能源短缺对经济增长的约束，成功地满足了日本经济高速发展所需的能源，为日本在不到 30 年的时间中跃居世界经济大国行列提供了稳定、丰富的“动力源”。

三　两次石油危机期——以应对“危机”为主的能源政策

20 世纪 70 年代，先后爆发的两次石油危机，使资源匮乏的日本认识到，地球上的化石能源不可能无止境地让人类过度使用，“稳定、廉价、安全”的

① 当时，日本的石油企业有出光兴产、丸善石油、大协石油、亚细亚石油、东亚石油和日本矿业等，这些企业从资本和技术上都稍逊于外国石油资本企业。

② 産業学会『戦後日本産業史』、東洋経済新報社、1995 年 11 月、1023 頁。

③ 石油連盟『戦後石油産業史』、石油連盟、1985 年 12 月、189 頁。

能源供应时代亦将渐行渐远。对此，日本为应对石油危机的再次发生，确保能源的稳定、安全，分别从加强与产油国合作、参与国际能源合作、确保石油稳定供应、推进节能以及促进非石油能源的利用等方面进行了一系列的政策设计。①

其一，强化与产油国的合作关系。日本加强与产油国（中东产油国）的合作，与之构筑“良好”关系，旨在规避因产油国削减、中断石油供给而带来的石油危机。② 石油危机的爆发，让日本清醒地认识到不仅要加强与中东产油国的合作关系，还应推进与东南亚、东亚、拉美等地区的国家合作关系（主要是印度尼西亚、中国和墨西哥等国）。

其二，积极进行国际能源合作。国际能源合作是能源进口国之间协同规避能源风险的一种方式。1973 年 12 月 12 日，美国积极倡导组建石油消费国同盟，以便采取共同行动，联合抵制产油国。日本于 1974 年 1 月 11 日在政府内阁会议上同意了美国的倡议，并决定由大平正芳外相出席会议。③ 日本之所以同意参与国际能源合作，是出于对“日美同盟”特殊关系的考虑，日本不愿因“亲阿拉伯政策”过分引起美国的不满。同时，石油危机已由初期石油供应量限制转变为石油价格上涨，这需要石油消费大国之间协商对策。基于上述原因，日本在“国际能源机构”组建、设置和完善等方面一直持积极态度。④

其三，制定并实施节能政策。日本节能政策的目的是通过降低能源的消费量，应对今后可能会出现的能源供应不稳定以及高价格的常态化，从而规避能源短缺对经济增长的瓶颈约束。日本在节能政策制定和实施过程中，非常注重节能政策的系统性、官民一体性。所谓系统性是指，日本在两次石油危机期间把节能政策构筑成一个有序的体系，该体系从内容上可分为三个方面，即提高能源的使用效率、促进节能技术的开发和加强节能宣传。所谓官民一体性是指，日本在节能实施中始终贯彻“节能为我，我为节能”的理念。日本在节能管理方面建立的从中央到地方一套完备的能源管理机构和咨询机构，经常与民间组织（节能

---

① 应对石油危机而进行的政策设计本文主要是从行政层面展开论述的。

② 第一次石油危机期间，能源匮乏的日本在国内政治、经济界的压力下，选择了尽量不过于得罪美国又“亲阿拉伯”的政策。相关内容参见宝利尚一『日本の中東外交』、教育社、1980 年、26 頁。

③ 当日在该会上，日本二阶堂进内阁官房长官发表了“期待这次会议成为建立产油国与消费国之间协调关系的第一步”的讲话。显然，该谈话是为了向世界展示日本“既重视与发达国家间的能源合作，也重视与产油国间的合作”的姿态。

④ 此外，日本还加强了与美国、德国、法国等国家的双边能源技术合作。

中心）进行经验交流，这种官民互动模式为节能技术的推广应用以及节能政策的实施起到了非常重要的作用。

其四，制定石油替代政策。石油危机后，日本的能源政策取向开始变化，开始重视“石油替代与开发新能源”。实施石油替代政策的核心是新能源技术的开发和引进。日本通商省工业技术院早在第一次石油危机期间的1973年12月，就提出了以研究新能源技术为核心的“阳光计划”。[①] 该计划是日本第一个既有实用性又有超长期性、综合性的超大型技术开发计划，最终目标是开发出能够提供新的清洁能源的技术，以满足几十年后日本的能源需求。

其五，制定石油储备政策。以第一次石油危机为契机，日本把石油储备提升到了重要战略地位。最初，日本的石油储备量确定的是“90天目标”，计划5年内完成该目标，采取以石油企业为主体的民间储备形式（政府协助实施）。日本之所以要采取民间储备形式，主要是考虑到石油储备从原油的进口、流通、出售到存储是一项复杂系统，具有技术能力和优势的石油企业进行储备比政府间接进行储备更有效，[②] 而且，将石油供应业务交由石油企业运行，还有利于完善石油供应体系。

四　能源形势稳定期——以3E协调为中心的能源政策

20世纪80年代中期以来，由于地球温暖化等新问题的出现，客观上要求能源消费大国重新调整和制定能源政策，以实现“能源安全（Energy Security）、经济发展（Economic Growth）和环境保护（Environment Protection）”（简称3E）协调发展。

（一）日本面临的3E问题

从地理位置而言，日本是岛国，不易像欧洲和北美那样建设跨越国境的电网、能源运输管道网络。[③] 从能源自给率而言，日本几乎百分之百的天然气和石油都需要进口。1973年、1979年、2000年日本能源自给率（包括核电）分别为

---

① 通商産業省『80年代エネルギーの需給展望—石油代交替エネルギーの供給目標と導入指針—』、通商産業調査会、1980年12月、118頁。

② 通商産業政策史编纂委員会『日本通商産業政策史』、13卷、66頁。

③ 経済産業省『エネルギー白書2004』、ぎょうせい、2004年6月15日、25頁。

11%、13%、18%。[①] 可见，日本比其他国家更注重能源安全和稳定，更注重能源风险和危机，更注重通过能源政策设计解决不同时期的能源问题。

日本在经济复兴之后经历了约20年的经济高速增长，然而这种一味追求经济利益和速度，忽视环境承受能力的经济增长，导致了大规模公害的爆发。日本认识到环境问题与能源问题是一个事物的两个方面，需要同时加以解决。

两次石油危机后，尽管日本进行了产业结构调整，但是总体上日本的能源成本与其他发达国家相比仍旧较高，这不仅影响了国民生活，也影响了日本产品的国际竞争力。因此，日本认为在确保能源安全的基础上，能源效率亟须提升。

（二）3E协调发展的政策理念

日本从能源、经济和环境等实际情况出发，以可持续发展为指导思想，以3E协调发展为最终目标，开始对能源政策不断进行调整和创新。1992年11月，日本产业结构审议会、综合能源调查会、产业技术审议会及各能源环境特别部会共同召开会议，讨论并确定了“三位一体”的3E能源政策。[②] 具体而言，就是把“能源安全、经济发展和环境保护”有机地整合在一起协调发展。之后，随着国内外能源形势的进一步变化，日本在2002年6月14日颁布了《能源基本法》，该法把3E协调发展确定为日本能源政策的基本纲领和指导方针。[③] 至此，3E能源政策完成了从行政指导向法律约束的转变。

（三）3E协调发展的主要政策

进入20世纪80年代中后期，以化石能源为主体结构的日本，在环境领域，不仅要面临国内大气污染问题，还要面临全球性的温暖化问题。对此，日本为弱化和规避能源问题带来的负面影响，制定了新能源政策。

两次石油危机后，日本为降低石油依存度，增加石油替代能源的使用量，于1980年5月30日制定了《促进石油替代能源的开发以及导入的法律》（以下简称《能源替代法》），同年11月28日内阁会议上确定了到1990年时的“石油替

---

① 資源エネルギー庁長官官房総合政策課『総合エネルギー統計』（2003年度）、通商産業研究社、2003年。根据其中的相关数据制作而成。

② 通商産業省資源エネルギー庁『エネルギー政策の歩みと展望』、通商産業調査会、1993年、210～211頁。

③ 経済産業省『エネルギー白書2004』、ぎょうせい、2004年6月、256頁。

代能源供应目标”。[1] 1997 年 4 月 8 日，日本又颁布了《新能源法》。该法是在海外能源地缘政治不断上升、国内能源消费量不断扩大[2]以及地球温暖化问题凸显的背景下制定的。该法把“开发、生产和消费替代石油的，但因经济方面的制约未得到充分普及且对替代石油有特别必要的能源”定义为新能源。[3]

此外，日本还加快了能源市场化改革和价格机制改革。例如，在石油价格方面，日本首先在“确保石油安全”的基础上有序推进市场化改革；在电力价格方面，推行的是发电和售电的价格由市场定价，输电和配电的价格由政府监管。日本在石油、电力方面推行的市场化改革，不同程度地促进了能源效率的提高。

五　能源价格飙升期——新国家能源安全战略的确立

“9·11”事件之后，国际原油价格持续飙升，国际政治生态错综复杂。这不但加重了日本对能否确保石油稳定供给的担忧，同时也让日本认识到，只有加大石油勘探和开发才能扩大海外权益和原油保有量。对此，2006 年日本颁布实施了《新国家能源战略》（以下简称《新战略》）。

（一）《新战略》的基本目标与政策设计

在《新战略》中，日本在对能源风险因素进行分析的基础上，提出以“实现日本国民可信赖的能源安全保障”，“通过解决能源环境问题，构筑可持续发展的基础”作为新能源战略的基本目标。

为实现《新战略》的基本目标，日本制定了一系列具有可操作性的具体措施。[4]

其一，为实现世界上最优的能源供求结构，日本确立了三大能源规划：一是

① 供应目标主要包括：1. 开发、利用石油替代能源的种类；2. 各种替代能源的供应数量和目标；3. 其他石油替代能源（太阳能、液化煤炭）的说明。参见通商産業政策史编纂委员会『日本通商産業政策史』、13 卷、通商産業調査会、1992 年、179 頁。

② 两次石油危机后，日本的能源需求量特别是产业部门的需求大量减少。但是，进入 20 世纪 80 年代中期，受国际原油价格以及生活方式等因素影响，日本的运输部门和民生部门的能源消费量增长迅速。

③ 『新エネルギー利用等の促進に関する特別措置法』、1997 年 4 月 18 日、法律第三十七号、第二条、http：//law. e－gov. go. jp/htmldata/H09/H09HO037. html。

④ 経済産業省『新・国家エネルギー戦略』、2006 年 5 月、27～63 頁。

节能领先计划；[①] 二是未来运输能源计划；三是新能源创新计划。

其二，在能源和环境领域，加强与亚洲国家的合作关系。日本采取的合作方式主要有以下三个方面。[②] 一是通过节能降低能源消费量。具体措施主要有：（1）鼓励把节能技术向海外转移，协助建立和实施亚洲国家的能源节约系统；（2）加强与国际能源机构和国际组织的合作关系；（3）借用多边框架机制谋求能源安全。二是强化在亚洲新能源的合作。例如：支持亚洲国家建立新能源的开发、利用体制；通过接受外来人员培训和派遣专家，支持该体制建设。三是在亚洲推广煤炭的洁净利用、生产和安全技术。例如：通过接受海外人员研修，推广煤炭节能技术。

其三，制定应急机制。在世界能源形势动荡的情况下，日本政府认为有必要重新考虑制定更符合现实情况的能源战略。为此，《新战略》的战略目标是增强国家原油、天然气的储备，提高日本整体的储备水平，增加国家石油制品储备，实现机动灵活的石油储备制度。[③]

（二）对《新战略》的评析

日本颁布《新战略》是一条充满矛盾的路线。该战略中提出了到2030年海外原油自主开发率达40%的目标。但是，由于美国当时正在对伊朗实施制裁，而日本一直追随美国，因此日本很难再继续加大对伊朗能源项目的投资。另外，日本在《新战略》中虽然在字面上要加强与中国、印度等消费大国的交流，但在能源技术特别是节能技术等方面的交流进展速度缓慢，交流空间有待进一步提高。显然，在日本政治外交的总体路线不变的情况下，实行新能源战略的前途仍然需要验证。

六　后“福岛核事故”时代——继续“拥核”的能源政策

地震、海啸和福岛“核事故”的叠加，不仅对日本“核电立国”的战略思想、目标规划及其相关政策的安排带来了冲击，而且使日本陷入了二战以后出现

① 経済産業省『新・国家エネルギー戦略』、2006年6月、24頁。

② 経済産業省『新・国家エネルギー戦略』、2006年、54～58頁。

③ 刘小丽：《日本新国家能源战略及对我国的启示》，《中国能源》2006年第11期，第21页。

的第一次最严重的国家危机状态。

由于“福岛核事故”的爆发，日本国内围绕“拥核”和“弃核”这两个问题展开了全民大讨论。从核政策的立场来看，主要分为两派。一是以核电产业界、部分官僚和学者等为主的“拥核派”；二是以小出裕章、山冈淳一郎、饭田哲也等为代表的“弃核派”。双方的论争焦点主要是围绕核电的安全性、清洁性和成本等问题展开的。目前，80%左右的日本国民反对政府继续利用核电。在其影响下，日本政府相继关停了运转中的核反应堆。到2012年5月，日本最终相继关停了全国55座核反应堆①，至此日本也暂时进入“零核时代”②。从民意基础上看，日本民众“弃核”的诉求与“原子力村”继续“拥核”的“意愿”已渐行渐远。但是，尽管日本的主流“民意”③是“弃核”，但2013年5月自民党内成立了“电力安定供应推进议员联盟”，而且安倍首相在当月的参议院预算委员会上也表示支持尽快重启核反应堆的工作。④ 2014年9月，日本原子能规制委员会通过审查，认为九州电力公司的川内核电站1号、2号机组达到了重启核电标准⑤，这意味着日本即将告别“零核时代”。

可见，日本的能源供应结构将不可能进行大幅度结构性调整，核电仍将成为日本能源安全保障体系中的重要一环。但是，近期日本政府不可能计划再增设新的反应堆，在能源安全取向方面，日本将从以前过于重视的能源“供应安全”原则向能源“需求安全”转型，从原来的“大规模集中型能源供应体系”向“小规模分散型能源供应体系”转变。

七 结语

日本能源政策的演进是在“变化—应对”的逻辑框架下进行的。具体而言，

---

① 2011年3月11日前的数据。

② 2011年3月11日至2012年5月5日，受“福岛核事故”的影响，日本的55座核反应堆停止了运营，由此进入“零核时代”。2012年7月5日，关西电力公司大饭核电站3号机组开始恢复输电，两个月的“零核时代”也由此终结。然而，2013年9月15日，随着大饭核电站关闭先前启动的发电机组，日本再次进入“零核时代”。

③ “福岛核事故”爆发后，日本《每日新闻》《朝日新闻》以及日本放送协会（NHK）、富士电视台等主要媒体，围绕“弃核”还是“拥核”问题都进行过舆论调查。虽然调查样本、调查时间、调查人数等并不完全一样，但是从民意结果上看，主张“弃核”的比例近八成。

④ 「自民、再稼働へ機運作り　推進派議連、90人に」、『日本経済新聞』2013年6月2日、http：//www. nikkei. com/article/DGXDASFS0100G_ R00C13A6PE8000/。

⑤ 『日本経済新聞』2015年1月1日、第13版。

二战以后日本所解决的能源问题实质上是能源安全与经济发展、能源消费与环境保护的相互关系的问题。该问题在阶段性上分别表现为战后初期的能源供给危机问题、高速经济增长中的石油需求激增问题、石油危机问题、“能源安全、经济发展和环境保护”三者协调关系问题、国际石油价格波动问题、核安全问题。对此，日本在每一阶段分别制定了重点不同的能源政策，即以煤炭为中心的增产政策、以石油为中心的综合能源政策、以应对危机为中心的能源管理政策、以3E协调为中心的多目标能源政策、以应对国际能源形势动荡为目的的“新国家能源安全战略”、继续实施“拥核”政策。每个阶段的政策环境、政策内容、政策目标、政策手段虽不尽相同，但是这并不意味着不同阶段所采取的政策是对上一个阶段政策的全部否定或完全替代，除特殊情况外，下一个阶段总是对上一个阶段的能源政策进行调整、继承和增修，因此战后日本能源的一系列政策既是一个修旧立新的新陈代谢的“过程”，同时也是战后初期至今的诸多能源政策叠加的集合体。正是这种递进式集合，才使日本在“变化—应对”的逻辑框架下成功地构建了战后能源政策体系，并有效缓解了能源和环境的“双重约束”。

B.10

日本能源战略制定机制与监管机制分析

张浩川　麻　瑞*

摘　要：日本是一个能源匮乏的国家，能源战略是日本国家战略的重要组成部分。为增强能源战略的科学性、权威性、有效性，日本逐步建立起一套从制定、执行到监督、评价的能源战略政策机制，为能源高效、可持续利用提供了制度保障。日本能源政策制定的核心机构包括综合能源对策推进阁僚会议、综合资源能源调查会、资源能源厅；日本从政府预算、项目调研以及节能等方面采取措施，确保能源战略实施落到实处；为确保能源战略的实施效果，日本政府十分重视政策实施的监督考核，考核标准明确。日本在能源战略决策、实施、监督方面的成功经验值得我国借鉴。

关键词：日本　国家战略　能源战略　能源决策

作为能源资源匮乏的国家，日本为实现二战后经济复苏和快速增长，必须首先解决攸关经济发展的能源资源瓶颈问题。作为国家战略的重要组成部分，日本政府十分重视能源战略，较早建立起了一整套完备高效、可持续发展的能源战略，并根据国际形势、世界能源供给变化、国内能源需求等内外因素及时做出调整和补充完善。

日本能源战略的制定机制、实施机制和监督机制颇具特色，实现战略目标和

---

* 张浩川，经济学博士，复旦大学日本研究中心副教授，全国日本经济学会副秘书长，主要研究领域：日本经济、日本中小企业经营管理等；麻瑞，法学硕士，上海日本研究交流中心企划研究部部长，主要研究领域：中日关系、日本经济等。

达成政策效果的重要保障。本文将重点从决策机构、制定程序、政策实施、监督考核等方面研究日本的能源战略。

一　日本能源战略的决策机构

日本能源战略的决策，既有作为“核心”机构的政府机构的主导，也有作为“外围”机构的能源相关机构的参与，确保政策制定过程科学、审慎。综合能源对策推进阁僚会议、综合资源能源调查会以及资源能源厅在日本能源政策的制定和执行过程中发挥核心作用；日本新能源·产业技术综合开发机构、日本新能源产业开发机构在日本能源政策的制定和执行过程中发挥辅助作用。

（一）综合能源对策推进阁僚会议

综合能源对策推进阁僚会议的成员主要包括来自经济产业省、财务省、农林水产省、厚生劳动省、内阁府等政府部门的大臣（部长），其主要职责是协调各部门之间的能源相关政策。

经济产业省在阁僚会议中发挥主导作用。经济产业省的职责之一就是负责国家能源总体战略的制定和实施，建立能源咨询委员会、国际石油调控机构、能源管理体系以指导和管理能源战略的实施。经济产业省的“能源管理体系”遍及日本全国，主要职能是指导国内能源消费，实施面向企业和居民的节能与改进能源利用效率的技术培训。能源政策的制定主要由经济产业省下属的自然资源和能源署负责，政策领域涉及合理开发自然资源、确保能源供应安全、提高能效、电力和其他能源工业的监管政策等方面。

（二）综合资源能源调查会

综合资源能源调查会是由资深能源专家、环保专家和经济专家等专业人士组成的，负责对日本长期能源需求进行预测，并向政府提供能源政策咨询和预测报告的工作。

（三）资源能源厅

资源能源厅在机构编制上隶属于经济产业省，但又具有相对独立性，可以视为经济产业省的“外部局”。资源能源厅主管石油、电力、天然气等能源的安全供给政策，节能及新能源政策。

（四）新能源·产业技术综合开发机构

新能源·产业技术综合开发机构（NEDO）的前身是成立于1980年的新能源综合开发机构，2003年变更为现名并成为独立行政法人。新能源·产业技术综合开发机构设立之初的主要目的是推进石油代替能源（新能源）技术的开发和应用，根据产业技术政策，灵活使用民间力量，有效实施技术开发风险较高的技术开发项目，促进技术实用化。与政府部门相比，新能源·产业技术综合开发机构的优势在于具有较高的项目管理能力，能够构筑组织官产学各方力量的最佳实施机制。新能源·产业技术综合开发机构一方面是协助政府机构（经济产业省、资源能源厅）制定能源政策的重要参与者，另一方面又是带动民间力量（产业界、大学、研究机构）解决能源领域相关问题的重要组织者。

二　日本能源战略的制定

以上日本能源战略的决策机构，根据自身的职责范围和专业领域分工协调，在能源战略的制定过程中发挥着重要作用。日本能源战略的制定具有程序规范、分工细密的特点。

（一）日本能源战略的制定程序

综合资源能源调查会根据经济产业大臣的指导方针制定日本的能源战略，该方针的核心是制定能够确保能源稳定供给的长期政策。日本制定能源战略的主体程序如下：（1）综合资源能源调查会、其下属审议会及其恳谈会经过调研提出能源战略方案；（2）提交审议会评议；（3）经济产业大臣审批；（4）得到批准的议题列入当年的能源战略草案；（5）提交内阁会议讨论，草案通过后作为能源战略公布，并向国民和企业界推广；（6）以法律形式确立能源战略，每三年对能源战略相关法律法规进行修订。

（二）制定能源战略的核心部门

由上述制定程序可以看出，综合资源能源调查会是制定各项战略提案的主体，是制定日本能源战略的核心部门。综合资源能源调查会根据国内外能源形式的最新动态，审议日本能源战略的制定方针，并通过能源基本计划贯彻实施。

从组织结构来看，综合资源能源调查会设有六个分科审议会，分别是矿业分科审议会、石油分科审议会、石油需求调整分科审议会、电力事业分科审议会、电源开发分科审议会以及高压燃气和火药安全分科审议会。分科审议会分工负责各专门领域的能源政策提案审议。六个分科审议会之下又设16个部门审议会，其中10个部门审议会并不隶属于任何分科审议会，而是直接受命于综合资源能源调查会（参见图10－1）。

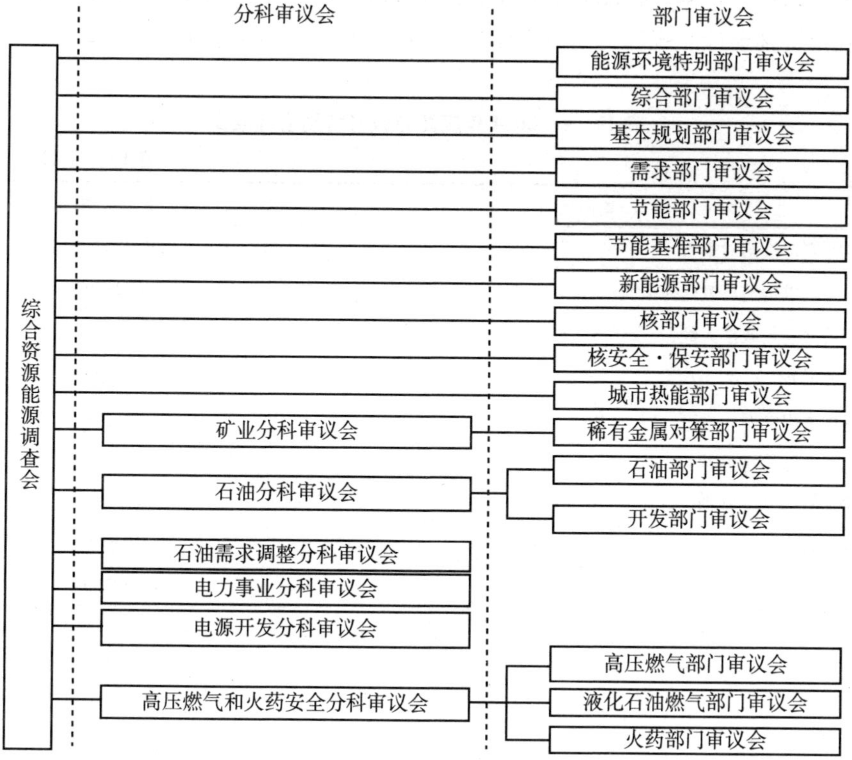

图10－1　综合资源能源调查会的组织结构

资料来源：根据日本政府各相关机构网站资料制作。

三　日本能源战略的实施

精心制定的能源战略能否实际发挥确保能源稳定供给的作用，关键取决于政策的实施。日本从政府预算、项目调研以及节能等方面采取措施，确保能源战略落到实处，使能源战略真正起到指导企业生产经营行为、提高社会整体能源利用效率的作用。

（一）能源政策特别会计预算

为综合推进能源政策，日本政府自 2007 年起设置能源政策特别会计预算，统合了“石油及能源供需高度化对策特别会计”预算和“电力资源开发推进对策特别会计”预算，将能源政策下发生的收入与支出统一处理。2014 年度“能源政策特别会计”预算的支出规模为 24298 亿日元（参见表 10－1）。[①]

表 10－1　2014 年度能源政策特别会计收支

单位：千日元

支出项目	支出金额
能源安定供给对策费	329916945
能源供求构造高度化对策费	346729563
相关独立行政法人经费	198904547
事务经费	1939554
各种支出经费	200
流通证券等事务费	11
国债整理基金特别会计	1551331133
预备费	1010000
合　计	2429831953

资料来源：経済産業省資源エネルギー庁「平成 26 年エネルギー対策特別会計歳入歳出予定額各目明細書」。

（二）能源政策的项目调研

综合资源能源调查会下属审议会及恳谈会接到政府的政策立项指示后，在其各自政策领域内经调研后提出政策方案。以下为石油分科审议会承接的部分能源政策项目及其概要（参见表 10－2）。

① 経済産業省資源エネルギー庁「平成 26 年エネルギー対策特別会計歳入歳出予定額各目明細書」。

表 10-2 部分能源政策项目概要

项目名称	项目概要
外国煤炭开发度	研究、探讨、审议世界主要国家的煤炭需求、能源政策、亚洲的煤炭开发问题
促进煤炭的引进及普及	日本的 CCT 的应用普及率、普及可能性、战略制定、技术开发
燃料电池用稀有金属的现状	审议燃料电池所必要的钌等稀有金属的供应稳定性
降低 CO_2 排放量和高度利用天然气	审议产业用能源多耗型器械（工业锅炉等）的燃料煤炭等向天然气转换的措施
能源消费状况审议	能源消费的统计、实施、规划立案
能源环境综合战略审议	审议能源需求评估、长期能源需求构造、能源研发信息
长期能源开发战略的审议	审议能源、环境方面的动向，产业技术发展的方案
引进新能源的基础审议	审议新能源的引进、扩大、节能立案、实施效果
能源需求构造规划战略费用	审议新能源的开发、引进及政策的信息交流等

资料来源：笔者根据相关资料整理。

（三）日本政府在节能领域的主要措施

近年来，日本政府在确保能源稳定供给的同时，加大了在节能领域的政策实施力度，确保节能政策落实到位。

1. 财政预算支持

日本政府拨出专款用于新能源及节能。日本经济产业省资源能源厅 2014 年预算中新能源、节能专项预算总额达到了 3001 亿日元，而同期的经济产业省“能源政策特别会计”预算总额为 8727 亿日元①，新能源、节能预算主要以各种补助金的形式促进新能源开发和节能。

2. 完善节能立法

日本政府十分重视节能领域法律体系的修订和完善，以法律的形式严格界定了重点耗能企业的责任、政府的管理职能等节能领域的重大问题。

3. 制定节能定量评价指标体系

日本政府制定了一系列量化的评价指标，在反映经济活动中的资源投入的同时，对资源利用效率和环境影响效果进行评估。

① 経済産業省資源エネルギー庁「平成 26 年度新エネルギー・省エネルギー関連予算案の概要」、「平成 26 年度資源・エネルギー関係予算の概要」。

4. 制定设备能效标准、普及能效标识

日本的能效标准制度采取所谓“领跑者标准”，即参照市场上既有的能效最优产品标准制定汽车和电器制品的能效标准，并明确要求在目标年度达标。自1999年开始，对汽车、商用及家用电器设备等实行强制能效标识制度，以利于消费者通过比较选购低能耗产品。

5. 节能奖惩

日本经济产业省定期发布节能产品目录，组织优秀节能产品、节能技术评选活动，对优秀产品（技术）授予经济产业大臣奖、资源能源厅长官奖、节能中心会长奖等奖项，起到鼓励节能企业的作用。

6. 加强对重点耗能企业的管理

日本政府委托节能中心实施企业能源审计，对重点耗能企业的用热、用电、建筑物热损失等提出具体要求，要求企业必须配备专职能源管理人员，每年向经济产业省报告能耗状况。如果企业不能按期完成节能目标，又无法提出合理的节能改进计划，政府主管机构将向社会公布问题企业名单，责令其限期整改，并处以一定的罚金。

7. 加大对建筑能耗的管理

日本《节能法》对建筑能耗有专门的规定，对办公楼、住宅等建筑物提出了明确的节能要求，并制定了建筑物隔热、隔冷标准。从2003年4月开始，新建或改建项目必须向政府有关部门报备具体的节能措施；此后修订的《节能法》又规定2007年3月底之前，建筑面积在2000平方米以上的新建办公楼和住宅等必须将热（冷）损失系数降低20%以上。2008年，日本政府再次修改《节能法》，将节能措施报告义务范围扩大到2000平方米以下的新建建筑。①

8. 大力开展节能宣传

日本政府专门设定了“节能日”，在全国范围内宣传推广节能，每月的第一天评估确定各项节能活动、节能措施的实施成果；规定每年2月为“节能月”，以普通消费者和公共机构为受众，举办能源效率展及大型宣传活动。

四　日本能源战略的监督考核

为确保能源战略的实施效果，日本政府十分重视政策实施的事中监督和事后

① 一般財団法人建築環境・省エネルギー機構「建築物（非住宅）の省エネルギー基準と措置の届出ガイド」、http：//www. ibec. or. jp/technology/。

考核，既有阁僚会议主导的政府部门的介入，又有民间机构的第三方监督，还有民间企业的自觉参与，自上而下，层层落实。政策实施业绩的考核标准也十分明确。

（一）能源政策的监督

1. 综合能源对策推进阁僚会议

为了更有效地对能源战略实施政府监督，日本政府由内阁总理大臣领衔，组织了综合能源对策推进阁僚会议，随时召集相关大臣，统一协调能源供需状况、制定石油替代能源供给目标等与推进综合能源对策相关的重大问题，监督能源战略的实施过程。该会议的构成人员包括内阁总理大臣、外务大臣、财务大臣、文部科学大臣、经济产业大臣、环境大臣、金融担当大臣、经济财政政策担当大臣、科学技术政策担当大臣以及内阁官房长官。根据需要，会议也会要求其他相关人员出席。会议由内阁总理大臣主持。为方便相关省厅之间的事务协调，作为会议的辅助，由各相关省厅的负责局长参加的干事会议也同步随时召开，经济产业省（资源能源厅）负责相关省厅间的事务联络，相关事务由经济产业省（资源能源厅）协助内阁官房处理。

2. 综合资源能源调查会

在能源政策的监督方面，日本政府也尝试引入独立于政府之外的民间监督机制，综合资源能源调查会就是由民间人士（成员主要来自大企业、行业协会、大学和研究机构）组成的、为经济产业大臣提供能源方面问题相关建议的咨询会议。

综合资源能源调查会采取派遣能源管理员的方式对企业实行监督。能源管理员的主要职责包括：监督高耗能企业燃料使用是否合理，企业采用的设备是否运行良好，使用燃料的方法是否有待改进等。2007 年，为了能够更高效地监督能源战略的实施，该调查会下的电源特别开发促进对策审议会和石油以及能源需求构造高效化对策特别审议会合并，采取更加明确的监督方针。

3. 联合监督机制

为了使修正后的《节能法》能够真正得以落实，国土交通省等政府部门间相互合作，企业间也自发组织了节能监督团体，从而形成了从官到民的一体化监督机制。

此外，日本政府还组织国民、地方自治体与能源政策主管部门之间的交流，围绕重要能源议题展开讨论，邀请国民代表旁听政府机构召集的能源问题会议，使国民能够了解能源政策的相关信息，理解政策制定的目的，使国民得以参与对能源战略的监督。

（二）业绩考核

日本政府以是否达成能源战略的主要政策目标作为考核能源政策实施效果的重点。

能源战略的主要政策目标之一，是通过能源政策的实施实现能源的高效率利用。这不仅限于节能，还包括能源利用率的提高、有伸缩性的能源需求结构的建设所需要的资金支持等各个方面。日本对石油、天然气、煤炭等各种能源的引进都做出了详细的预算，设定目标加以监督。例如，对煤炭高度利用的战略考核就是相关监督部门根据埋藏量的多少、价格的高低来衡量煤炭高度利用的业绩，评估其对有关技术的引进和开发的意义。又如，天然气高度利用的战略考核则是相关监督部门根据对环境影响的大小来衡量，评估其对有关技术、管道线路等设施的建设和开发的意义。

能源战略的另一主要政策目标是实现能源供给的多元化。为了避免对单一能源的过度依赖，降低由于过度依赖单一能源所带来的风险，日本政府对能源的多样化给予了较高的评价。以运输部门降低对石油的依存度为例，有关部门根据不同的石油依存度对运输部门的石油依存度实际降低量进行考核，并根据各个运输部门执行能源政策的力度，诸如不同种类运输工具的使用、同种运输工具中不同型号的研发和普及情况进行考核；此外，类似于新型燃料相关技术的研发和使用以及随之而来的能源过度供给的调整这样的双向问题也被列为考核的重要内容。

五　对我国的借鉴意义

当前和今后相当长一段时间内，能源问题仍将是影响我国经济社会发展的重大课题。日本能源战略的决策机制、实施监督过程，对我国加强能源战略决策的权威性、有效性、协调性、科学性和规范性有着积极的借鉴意义。

（一）强化国家能源战略决策机构

组织建设是能源战略决策机制建立的基础。日本为了加强能源战略决策的权威性，建立了内阁总理大臣领衔的综合能源对策推进阁僚会议，负责战略执行中的协调和监督工作，并明确经济产业省为能源战略管理的主管部门，其下属的资源能源厅有500名工作人员，保证了能源战略制定、实施、监督的执行力。

目前，我国在能源战略管理上还存在权力分散、管理人员偏少、力量薄弱等问题。为突出能源问题的重要性、战略性，建议进一步强化国家能源领导小组的作用，加强对重大战略、重大政策、重大项目等的决策、监督和评估。同时，按照成立综合性、高层次的能源战略管理机构的思路，强化国家能源局的职能。

（二）重视能源战略决策的全过程跟踪管理

能源战略决策机制是对战略制定、执行、监督、评价进行全过程跟踪管理的动态过程。日本不仅非常重视能源战略的制定，而且在能源战略的执行、监督和考核上有很好的做法，形成了能源战略决策过程的良性循环机制。

目前，我国能源战略决策框架还没有系统地建立起来，存在战略制定科学性不够、执行力弱、缺少跟踪监督的问题，能源战略实施的绩效评价与战略调整机制也很缺乏。为保证能源战略的顺利实施和控制，应加快构建能源战略决策系统，加强战略实施的考核评估和及时调整，实现能源战略决策的全过程跟踪监督管理，提高能源战略决策的有效性。

（三）形成良好的能源战略决策沟通机制

能源战略决策机制的建立是一项复杂的系统工程，涉及方方面面的利益和错综复杂的关系。日本在中央各能源决策部门之间和中央与地方决策部门之间都形成了较好的关系。

我国目前在能源决策上存在各部委之间相互协调困难、中央和地方能源发展目标不一致的问题。为形成能源战略决策的合力，提高能源战略决策的效率，在中央各部委层面，应协调好能源决策的主管机构与相关机构的关系；在中央和地方的关系上，既要保证中央在能源战略决策上的权威性，也应积极发挥和提升省级能源管理机构在能源战略决策体系中的作用，增强能源战略决策主体相互间利益的协调性。

（四）充分动员社会力量参与能源战略决策

能源战略决策具有全局性、长远性、广泛性的特点，充分动员社会力量参与能源决策非常重要。日本的成功经验表明，充分动员社会力量参与能源决策具有以下一些优点：一是有利于防止能源战略决策中权力过度集中与行政机构的弊端；二是有利于在能源战略决策中采纳来自民间的意见和建议，提高公众参与度；三是有利于提高能源战略决策的透明度，充分保障国民的知情权；四是有利于使公众、专家参与能源战略决策的制度化、常态化；五是有利于促进公众对能源战略、能源政策的理解，从而有利于政策的施行。

反观我国的战略决策程序，往往是制定、执行、监督、评价等环节一个部门或少数几个部门说了算，今后应当充分吸收社会力量参与能源战略管理。例如成立若干个能源审议委员会，定期对能源领域的重要问题、重大项目、重大方案进行科学论证和监督评估，提出决策咨询意见和提交政策的前期方案，供能源管理政府部门参考、决策；又如，可以成立第三方的评估机构，确保能源战略实施绩效评价的公正，通过社会力量和国民的广泛积极参与，增强能源战略决策的科学性。

（五）健全能源战略决策的政策法律体系

政策法律体系是能源战略决策机制建立的基本保障。日本在能源战略决策过程中构建了比较完善的能源战略管理政策法律体系。我国应通过建立健全激励约束政策，强化法制建设，逐步建立起以《能源法》为统领，以煤炭法、电力法、石油天然气法、核能法、节约能源法、可再生能源法等单项法律为主干，以中央政府和地方政府制定的行政法规与规章相配套的能源法律法规体系，确保能源战略管理依法进行。要加强对能源法律法规的宣传、贯彻、落实，增强能源战略决策的规范性。

B.11

"能源链"系统创新与日本能源战略转型

张玉来*

摘　要：2011年爆发的东日本大地震，不仅彻底摧毁了日本所谓的"核安全神话"，也瓦解了其长期构筑的能源安全体系，甚至使日本难以兑现其在《京都议定书》中所做的国际承诺。大地震之后，伴随政权更迭以及关于核电去留问题的争论，日本政府关于如何重建能源体系出现动摇。当前，尽管安倍内阁已明确提出重启核电方针，但日本能源战略转型仍未结束。本文基于"能源链"系统创新的视角，从采购、生产、流通及消费四个环节出发，分析日本能源消费结构及其既有供给体系的特征与模式，在此基础上探讨其能源战略转型的重要背景及发展趋势。

关键词：日本　能源链　核安全神话　战略转型

2011年3月11日爆发的东日本大地震成为日本能源战略的重要转折点。此次地震不仅彻底摧毁了日本的所谓"核安全神话"，而且基本瓦解了长期以来日本所精心构筑的能源安全体系。此外，此次灾害也被视为日本难以兑现其在《京都议定书》中所做国际承诺的关键原因。①

2012年底，安倍晋三率领自民党重返政坛，在能源战略上他宣布告别民主党政权所确立的"弃核战略"——2012年9月14日，民主党执政的日本政府公布了《创新型能源环境战略》，宣布放弃其于两年前（2010年6月）通过的

* 张玉来，历史学博士，南开大学日本研究中心副主任、副教授，主要研究领域：日本经济产业、日本企业经营。

① 「日本の事実上の離脱に産業界は『歓迎』」、MSN産経ニュース、2011年12月10日、http://sankei.jp.msn.com/economy/news/111210/biz11121021150005-n1.htm。

《能源基本计划》，宣布放弃所谓“核电立国”的能源战略。[①] 2014 年 4 月，自民党执政的日本内阁会议通过了新《能源基本计划》，核电被定义为“重要的基荷电源”。不言而喻，重启核电成为安倍内阁能源战略的基本方针。但是，如何重塑新的能源发展蓝图仍是日本面临的紧迫课题，日本能源战略转型仍处于进行时状态。

很显然，日本能源战略转型将朝向怎样的目标、其政策组合又将如何构成、其未来发展模式将呈现怎样的特征，这些都与其当前能源供需现状、既有能源体系、所面对课题等背景因素密切相关。本文就将从“能源链”的视角出发，从分析日本能源消费结构、既有能源供给体系、发展瓶颈等入手，探讨日本能源战略转型的方向、内容构成及其发展趋势。

一　日本能源消费结构及其调整变化

一国的能源消费规模、消费结构及其发展趋势，是该国政府制定能源供给模式，特别是通过政府政策来干预市场供需的重要依据。二战之后，特别是经济复兴期结束，日本经济开始步入高增长阶段的 1955 年之后，如何实现稳定的能源供给体制成为日本政府难以回避的重要课题。

概括而言，日本能源消费大致经历了三个典型阶段。第一阶段是 1955 年至 1970 年前后的经济高速增长时期，其特征是能源消费各部门全面增长，而且能源消费的增速甚至超过国民生产总值的增速。不过，得益于当时国际社会稳定，市场提供了廉价且稳定的石油供应，能源没有成为经济增长的重要课题。第二阶段是 1970 年至 1990 年，日本经济增长经历了稳定增长和泡沫经济增长两大阶段。受两次石油危机冲击，日本的产业部门普遍实施“省能源化”改革措施，日本的产业结构特征从“重厚长大”型成功转型为“短小轻薄”型。因此，在经济增长的同时，产业部门能源消费下降导致整个日本能源消费增速得到控制。第三阶段是泡沫经济崩溃之后，由于各种家用电器及电子通信设备的快速普及，家庭部门及业务部门（写字楼、宾馆及商厦等服务业部门）的能源消费出现快速增长的势头，这拉动了整个日本能源消费的增长。

---

① 2010 年《能源基本计划》确立了日本“核电立国战略”，计划到 2020 年前新增 9 座核电站，核电设备利用率提升至 85%；到 2030 年为止，至少新增 14 座核电站，设备利用率达 90%；到 2020 年日本电力来源占比中，以核电为主的零排放电源要达到 50%，2030 年达到 70% 的目标。参见経済産業省『エネルギー基本計画』、2010 年 6 月、27 頁。

从产业部门、民生部门（包括家庭部门和业务部门）及运输部门三大能源消费部门来看，其特征是：1973～2011年，产业部门的能源消费发展平缓，甚至在20世纪80年代以及2000年之后出现了下降趋势，2011年产业部门消费量是1973年的0.9倍；与此相反，运输部门和民生部门均出现了能源消费倍增，前者2011年的消费量是1973年的1.9倍，后者更是达到2.4倍，在民生部门中的家庭部门2011年的消费量是1973年的2.1倍，业务部门为2.8倍。①

受上述各个部门消费规模变化影响，日本能源消费结构也发生了深刻变化：一是产业部门从1973年在全部能源消费中的占比高达65.5%下滑至42.8%；二是民生部门（家庭和业务部门组成）的能源消费占比则从18.1%攀升至33.8%；三是运输部门也出现增长，从占比16.4%增长至23.3%（见图11－1）。②

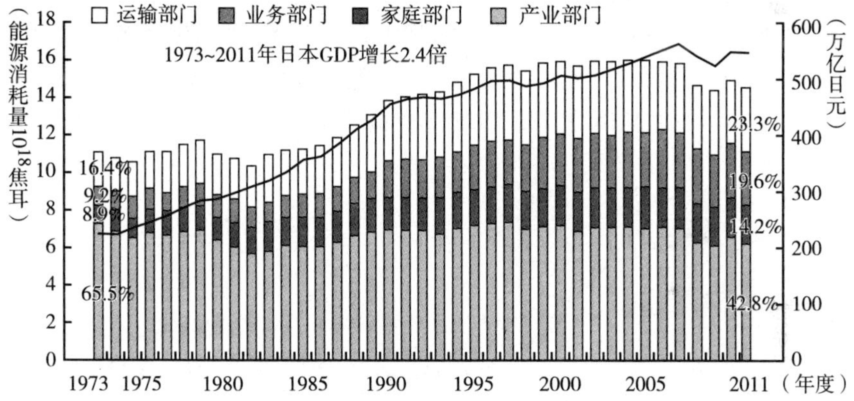

图11－1　日本最终能源消费与实际GDP增长（1973～2011）

资料来源：経済産業省『エネルギー白書2013』、2013年6月14日、100頁。

也就是说，从1973年至今，日本能源消费结构发生了巨大变化，制造业已经不再是唯一的能源消费大户，今后伴随日本企业不断实施海外转移的步伐还将出现减少趋势；相反，个人家庭消费以及服务业在经济中的比重增大，其能源消费占比也在不断提升；再就是汽车等交通工具的能源消费，这既包括了个人在家庭轿车、公共交通工具的能源消耗，也包括了能源消费增长势头更快的运输服务业。

① 経済産業省『エネルギー白書2013』、2013年6月14日、100頁。

② 経済産業省『エネルギー白書2013』、2013年6月14日、100頁。

总之，日本能源消费结构形成了如下三大特征。

第一，制造业为主的产业部门实现了能源消费结构的多元化目标，其总占比也大幅降低。

产业部门主要包括制造业、农林水产业、矿业和建设业，服务业被划分到民生部门的业务部门。以2011年为例，产业部门能源消费总占比为42.8%，其中，制造业占到其中的九成左右。

事实上，第一次石油危机之前的1965～1973年，日本制造业能源消费曾出现快速增长趋势，其增速甚至超过GDP的增长幅度，达到年均11.8%。① 但是，受第一次石油危机冲击，之后日本制造业能源消费出现大幅减少趋势，1973～1986年出现年均减少1.8%的现象。之后，在泡沫经济的影响下，产业部门能源消费水平曾一度反弹回升。但2008年金融危机之后则再度呈现下行趋势，特别是2011年东日本大地震之后，电力供应紧张使得多数企业采取各种“省能源措施”，整体消费水平再度下降。2011年，日本制造业生产单位能耗比［工矿业生产指数（IIP）单位能耗消费］比1973年缩减了44.6%（参见图11－2）。

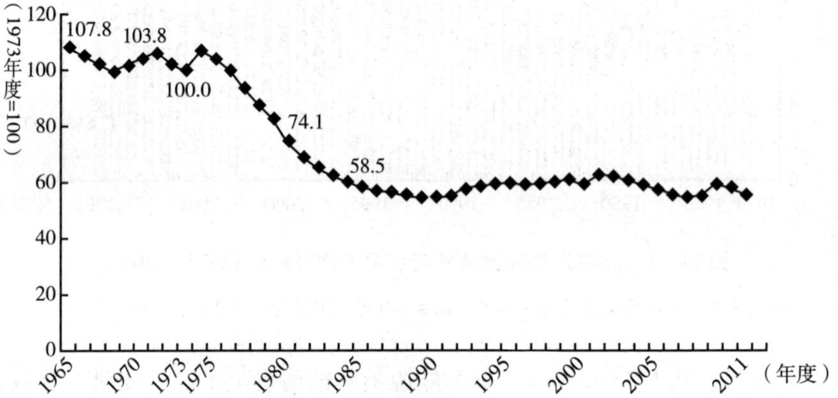

图11－2　日本制造业单位能源消费比的变化（以IIP为基准）

注：以制造业IIP为基准，1973年度为100。

资料来源：経済産業省『エネルギー白書2013』、2013年6月14日、106頁。

几乎与单位能源消费水平下降同步，以制造业为主的产业部门也实现了能源消费结构的多元化目标。1973年在制造业能源消费结构中，石油占比超过一半，

① 経済産業省『エネルギー白書2013』、2013年6月14日、105頁。

为58.5%，煤制品为22.7%，电力为14.9%，三者总计96.1%。到了2011年，石油消费占比已经降至39%，煤制品微降至21.5%，电力略升为17.2%。新变化主要是依靠技术进步得来的：凭借煤炭燃烧率大幅提高的技术，煤炭占比从0.8%大增至6.7%；利用新能源技术，新能源占比从1.5%骤增至10.8%；除此之外，作为清洁能源的天然气也有所增长，从1.5%上升至4.8%。很显然，技术进步推进了产业部门能源消费的多元化特征。

第二，消费理念与消费模式转型极大地提升了民生部门的能源消费占比。

2011年包括以个人家庭和服务业为主的业务部门在内，整个民生部门的能源消费占比比1973年几乎实现了倍增，占比从18%提升至34%。而在整个民生部门的能源消费中，家庭部门占比为42%，业务部门则达到58%。

日本的家庭部门能源消费主要体现在制冷、供暖、热水供应、厨房用动力及照明等方面。伴随收入水平的提高，人们更趋向于追求生活的便利性与舒适性，加之家庭核心化等社会结构变化因素，个人能源消费量出现了快速增长。若以1973年度家庭部门能源消耗为100的话，2011年度该指数则变成208.9，实现了两倍以上的增长。而且，伴随家用电器产品的大型化和多功能化，该部门能源消耗构成也发生了变化。1965年家庭能源消费最大的领域是热水供应，占比33.8%，但到2011年该数字已降至28.3%；相反，动力及照明则从原来的19%上升至第一位，达34.7%。另外，家庭部门的能源消费结构也发生了变化，1965年其能源消费1/3以上为煤炭，之后主要转为以煤油为主；1973年煤炭已降至6%，煤油、电力和煤气则各占1/3左右。此后，家电产品普及带来电力消费骤升，2011年电力消费占比超五成（50.6%）。①

业务部门能源消费主要体现在九大领域：写字楼、大型商场、批发零售业、饮食店、学校、宾馆、医院、剧场娱乐城及其他服务业（养老福利院等）。营业面积增加、各种电器设备普及是能源消费水平提升的两大主因。从各领域消费占比来看，以前是宾馆消费占比最高，如今则转向办公楼、批发零售业为主。该部门能源消费用途包括供暖、制冷、热水、厨房及动力照明五大类，其中，动力照明的消费量显著增加，2011年消费占比已近一半（49%）。相反，20世纪70年代占比高达43%的供暖能耗则降至17%，这得益于建筑材料及建筑隔热的技术进步。

在能源消费结构方面，电力已经成为主要能源消费源，占比从1965年的16%升至2011年的44%。第二位是燃气，从1965年的15%增至2011年的

---

① 経済産業省『エネルギー白書2013』、2013年6月14日、108頁。

33%。石油消费则显著下降，由1965年占比超过一半（54%）降至22%。①

第三，运输部门能源消费增长迅速，特别是人的移动相关领域。

运输部门能源消费总占比从1973年的16.4%升至2011年的23.3%，提高了1.9倍。而且，受乘用车普及及人们消费观念改变影响，运输部门两大领域——旅客与货物的能源消费占比出现逆转：1965年旅客能源消费占四成，货物能源消费占六成；2011年则变成旅客能源消费占六成（62%），货物能源消费占四成（38%）。另外，从消费源构成看，汽油占比超半（58.2%），其次是柴油占比28.8%，电力仅为2%。

轿车进入家庭是该部门能源消费大幅提高的决定性因素。1965～1973年，旅客能源消费年均增幅高达13.4%，这恰恰是日本普及家庭轿车的时代。1968年日本汽车保有量超过1000万台，1972年超过2000万台。② 1965年铁道、公共汽车、航空等公共交通能源消费占比分别为18.4%、11.4%和6%，而轿车能源消费占比则达63%，1973年更是高达80%。2011年汽车保有量8000万台，其中轿车6000万台，轿车能源消耗占比超过85%。受此影响，汽油消费成为占比最高的消费源类别，从1965年占比53%升至2011年占比80%。③

货运部门同样以汽车能源消费占比最高为特征，区别是能源消费种类以柴油为主。货运能源消费主要以海运和卡车为主，其中，海运占比呈现下降趋势，从1970年占比23%降至1990年的占比8.5%；卡车（包括营业性和自家用卡车）则呈现显著增长趋势，从1965年占比63%增至2011年占比90%。另外，从能源消费总量来看，货物部门在1995年达到峰值后开始下降，2000年之后的降幅更加明显。

二　日本能源供给体系构建及其演进

日本是个能源资源极度匮乏的国家，其一次能源自给率仅为4.4%，④ 在世

① 経済産業省『エネルギー白書2013』、2013年6月14日、109～111頁。

② 経済産業省『エネルギー白書2013』、2013年6月14日、9頁。

③ 経済産業省『エネルギー白書2013』、2013年6月14日、112～113頁。

④ 自给率，指一国生产及生活所需一次能源的国内供应比率。20世纪70年代，核电开始成为一次能源的重要组成，1985年的能源供应占比首次超过9%，1995年之后占比一度超过12%。由于核电原料铀具有密度高、容易存储等特点，因此被称作日本的“准国产能源”。若将核电作为自给能源的话，2010年日本能源自给率为19.5%。不过，2011年“3·11”大地震摧毁了日本的核电安全神话。

界主要国家中仅仅高于韩国（2%），而远远低于美国（68%）、英国（65%）、中国（91%）、印度（74%）等国（如图 11－3）。由于严重依赖能源进口，因此，日本能源供给非常容易受到全球局势的影响。为了尽量降低这种风险，调整一次能源供给构成就成为其确保能源稳定供给的重要手段之一。受两次石油危机冲击的影响，日本努力降低了一次能源供给中石油的占比，从 1973 年占比 75.5%一路下降至2011 年的43.1%。与此相反，其他一次能源占比则得到加强，如煤炭、天然气构成比逐步超过 20%，分别为 22%和 23.3%。

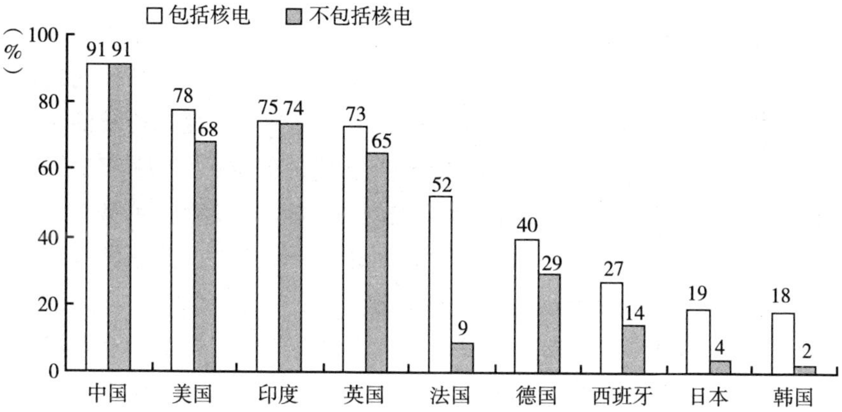

图 11－3　世界主要国家的能源自给率（2010 年）

资料来源：IEA，*Energy Balance of OECD Countries 2012*；IEA，*Energy Balance of Non-OECD Countries 2012*。

从整个系统的角度出发，确保供给链条的安全性是日本构筑能源供给安全的关键。日本能源供给体系包括三大流程：能源采购环节即进口原油、煤炭、天然气等各种一次能源的环节→能源生产环节即通过发电或精炼进口能源来提供二次能源的环节→能源流通环节即通过电力供应网络或加油站等销售或供给渠道，将最终消费能源提供给终端消费者们。

此外，终端消费者的“消费”环节其实也应纳入整个能源链条，即能源链包括“采购”、“生产”、“流通”以及“消费”四大环节。“能源链”的概念就是指为保证维持现代社会功能所不可或缺的能源供应，来满足企业及家庭等最终消费的需求，从而建立起一条完整的，甚至是跨越国界的“生产（采购）、流通、消费”能源链。同时，为确保这条漫长链条的顺畅，就需要不断地创新和改善，技术开发就成为非常重要的解决方式。

长期以来，能源供应体系安全一直是日本政府高度关注的领域，“能源是日本经济与产业的生命线，确保其稳定供给就是国家之重要课题”。① 自20世纪70年代以来，以地球温暖化为代表的环境问题愈加趋于严峻，这对能源体系提出了新的挑战。为适应这种新的形势，2002年6月日本政府颁布了《能源政策基本法》。作为能源政策的法律基石，其提出了三条基本理念：确保稳定供给（Energy Security）、保证利于环境（Environment Protection）、保证具有经济效益（Economic Efficiency），形成了日本能源政策制定领域的所谓“3E + S”模式，即上述三点与能源供给体系的“安全性”（Safety）。

这种能源政策模式也经历了不断演进的过程。其实，步入经济高速增长之初的1960年，日本能源自给率曾一度高达58%，因为当时主要依靠国内的煤炭及水力等自然资源供给。但很快，国际廉价石油就成为日本能源构成的主力。到1970年，日本能源自给率就已经迅速降至14.9%的低位。② 1973年第一次石油危机重创了日本经济，“维护石油供给”成为当时能源政策的核心战略，这一直持续到20世纪80年代。进入90年代，日本政府提出要关注能源供给“经济效益”问题，提出一系列改革国内各种规制的措施。然而，伴随环境问题成为举世瞩目的焦点问题之后，特别是签署《京都议定书》之后，日本政府把“利于环境”也作为制定能源政策的重要指针。2000年之后，石油价格上涨导致国际能源形势紧张，“确保资源稳定”再次成为日本能源政策的重点，继2002年推出《能源政策基本法》之后，2010年日本政府又确立了《能源基本计划》，但这一以“发展核电为主”的计划很快因“3·11”大地震而搁浅。

为确保整个能源链条的稳定、环保、高效和安全，日本政府主要针对相关重点环节采取了行之有效、颇具特色的举措。

（一）在“采购”环节，通过协调综合国力、实施多元化与替代等措施，确保能源供给的稳定

首先，“能源外交”一直是日本外交政策的重要一环。“3·11”大地震后，日本外务省更加强调能源外交的重要性：“日本90%一次能源以及过半的主要矿物资源依赖进口，而且，（福岛核事故之后）发电部门对化石燃料的依存度再度

① 二階俊博「2006年版エネルギー白書の発行に当たって」、2006年8月。

② 経済産業省『エネルギー白書2013』、2013年6月14日、104頁。

增强。因此，日本必须在能源资源稳定供给方面加强外交努力。”① 为此，日本政府还提出了四点具体措施：一是加强驻外使领馆对资源相关信息的收集与分析，成立“在外使领馆能源·矿物资源战略会议”，创设“能源·矿物资源专门官员制度”；二是强化与资源国之间的全面互惠合作关系，其形式包括任命驻外大使展开全方位外交、加强首脑及外务大臣级别外交会晤、利用政府援助资金（ODA）、签署两国间投资协定或 EPA/FTA 等，与能源资源国家建立稳定关系；三是利用相关国际框架与规则来保证能源市场的稳定性、应对紧急事态，如加强与国际能源署、国际能源论坛等机构的合作，积极参与《能源宪章条约》《采掘业透明度行动计划》条约等；四是确保能源国际运输安全，主动打击海盗行动，强化与各国合作，强化日美合作等。

除了重视能源外交之外，日本政府还积极推行“进口多元化战略”和“石油替代政策”，极力避免对中东及石油能源的严重依赖。两次石油危机之后，日本加大从中国、印度尼西亚以及俄罗斯等其他国家进口原油的数量。到 1987 年，日本从中东地区进口原油占比已经从 1967 年高达 91.2% 降至 67.9%。但是，这种努力似乎并不见效，到 2011 年日本对中东原油进口占比再度升至 85.1%。② 除此之外，日本政府还通过提供风险资金等方式扶植日本能源勘探企业到世界各地开发、培育关联企业，如 2004 年成立了独立行政法人“石油天然气金属矿物资源机构”（JOGMEC）。国际协力银行（JBIC）、日本贸易保险（NEXI）等政府系的金融机构或投资机构也积极对海外资源开发提供各种支持。

“石油替代政策”主要是拓展气体能源，包括液化天然气（LNG）和液化石油气（LP）及煤炭能源等。自 1969 年开始，日本便从美国阿拉斯加、东南亚以及中东地区进口液化天然气，到 2011 年，天然气已占日本一次能源供给的 23.3%，进口量达 8318 万吨，其中，70% 用于发电，30% 为城市燃气用。③ 20 世纪 70 年代又开始进口液化石油气，此前主要是由日本国内石油精炼企业提供。到 2011 年，其进口量已达 1270 万吨，主要用于家庭和工业燃气。煤炭也成为替代石油的重要能源之一，1970 年日本进口煤炭量首次超过国产煤炭产量，1988 年突破 1 亿吨，2011 年达到 17537 万吨，其一次能源消耗占比升至 22%。

核电也是“替代石油政策”的非化石能源。自 1954 年开始，日本发电企业

---

① 外務省『エネルギー安全保障～安定的かつクリーンなエネルギー供給を目指して』、2013 年 10 月 4 日。

② 経済産業省『エネルギー白書 2013』、2013 年 6 月 14 日、114 頁。

③ 経済産業省『エネルギー白書 2013』、2013 年 6 月 14 日、118 頁。

开始兴建核电站，截至2011年2月，日本运行商业核电机组达到55座，成为仅次于美国和法国的世界第三大核电国家。2010年其核电发电量的一次能源消费占比达11.3%。[①] 民主党领导的日本政府曾计划大力推进核电以兑现《京都议定书》中所做的国际承诺，实现减排任务。日本曾计划到2030年兴建14座核电站，核电设备利用率从2008年的60%提升至90%，核电电力供应比率到2020年提升至50%，2030年提升70%。[②]

（二）在“生产”环节，重视效率，建立应急储备，完善制度，依靠技术进步

发挥市场规律的作用，追求“经济效益”（Economic Efficiency），这一直是日本政府建设能源供给体系的方向和目标。1951年日本放开民间企业进口石油禁令，但由于当时外汇资源紧张实施了“外汇配给制度”。1962年根据《贸易汇率自由化计划大纲》（1960年）的规定，对石油进口采取自由化措施，颁布《石油业法》，通过放开石油精炼业许可制来实现石油供给的稳定和低价目标。为应对石油危机，1973年日本政府颁布了《国民生活安定紧急措施法》和《石油供需适当化法》（即“紧急石油二法”），在加强政府调控的同时，重点通过调整供需关系来缓解价格压力。1975年又推出《石油储备法》，明确了政府与市场之间的分工，政府制定科学的储备目标，石油业者承担必要的储备义务。1981年日本实现“90天石油储备计划”，1998年又实现“140天石油储备计划”。[③]

产品质量管理也成为日本政府干预市场的重要着力点。1976年日本颁布《挥发油销售业法》，对汽油供应及质量保证进行了明确规定。1985年又颁布《特定石油制品进口临时措施法》，在促进汽油、柴油、煤油等进口的同时，规范了进入石油精炼业的企业标准和产品质量。

逐步开放市场、降低进入门槛是日本政府导入充分竞争的有力举措。20世纪80年代中后期以来，规制缓和也成为能源政策改革的重要举措。为了提升日本石油产业的国际竞争力，日本政府的改革目标就是通过扩大流通环节的自由

---

① 経済産業省『エネルギー白書2013』、2013年6月14日、103頁。

② 日本政府『エネルギー基本計画』、2010年6月、27頁。

③ 起初《石油储备法》主要要求民间企业义务储油，1978年开始实施国家储备，即由国有石油公团进行国家储备建设，如1998年实现的“140天石油储备”中，民间企业义务是70天，其余由国家法人机构承担。参见経済産業省『エネルギー白書2013』、2013年6月14日、191頁。此外，1987年日本政府还对LP实施50天储备义务。

度，释放市场活力。1987～1993 年进行了第一次规模较大的规制改革，政府先后放开二次和一次精炼设备许可；废除对汽油、煤油生产及原油处理的一系列政府指导；废除重油进口关税配额制度（TQ）。1996～2002 年又实施了第二次大规模规制改革，重点改革进口规制措施：1995 年颁布《石油关联整备法》，扩大石油产品进口自由化；1997 年修改石油产品出口认可制，放开出口管理；2002 年彻底废除《石油业法》，实现了石油产业自由化目标。

政府采取的环境保护措施也重点集中于生产环节。20 世纪 60 年代日本曾出现严重环境污染问题，这迫使日本政府把环保纳入能源“生产”环节，成为政府调控的重要目标。1968 年出台了《大气污染防治法》，重点针对硫氧化物（SO_X）、氮氧化物（NO_X）等排放物质实施严格限制，此举导致各种排烟脱硫设备迅速进入市场并快速发展。1975 年日本政府又颁布汽油无铅化措施，对汽车尾气排放进行更严厉的控制。2005 年强化了各种柴油车辆的尾气限制，实现了对尾气排放管控的全覆盖。

（三）在“流通”环节，以电力改革为重点，推进化石产品自由竞争

作为提供给终端消费者的二次能源产品主要就是两大类别——电力和化石燃料产品，就当前日本的消费特征而言，二者的市场占比分别为46%和54%。① 日本政府长期关注电力事业改革，特别是 1995 年以来已先后实施了四次大规模改革，其目标就是促进市场竞争，提高电力供应效率。在化石燃料产品领域，日本政府的改革重点是不断推进零售自由化的范围。除了针对二次能源产品自身供应体系的改革之外，日本政府还把能源转换损失作为政策改革的重点，因为从一次能源供给向二次能源供给转换的过程中，一般会产生超过三成的能源损失，特别是发电过程中的能源转换损失高达29%左右。② 为此，日本政府鼓励相关企业积极实施技术创新，依靠技术进步来改善能源转换效率，提升能源供给效率。

1995 年日本政府启动第一次电力事业制度改革，目标是将“市场机制导入发电领域”，主要措施是降低进入电力事业门槛，允许非电力企业向电力公司批

---

① みずほ銀行『エネルギー関連産業の競争力強化に向けた取り組み』、みずほ産業調査、2013 年 No. 2、42 頁。

② 此外，化石燃料从一次能源转换为二次能源也会产生 5% 左右的能源损耗。参见みずほ銀行『エネルギー関連産業の競争力強化に向けた取り組み』、みずほ産業調査、2013 年 No. 2、42 頁。

发销售电力，鼓励自发电以及送配电设备相关企业加入区域供电系统。1999 年开始第二次电力事业制度改革，日本政府把改革矛头指向电力零售，废除了电力合同的相关规定。2000 年，相当于日本电力供应量的 26% 实现了自由化，2004 年达到 40%，2005 年进一步升至 63%。[①] 作为电力改革的重要成果包括：一是已有 78 家企业进入供电市场（截至 2013 年初），提供电力总量 194 千瓦时（截至 2011 年底）；二是 2011 年大地震前，日本电价逐渐下降，1994 ~ 2009 年电费总共下降约 20%。[②]

除电力改革之外，日本还进行了四次大规模燃气改革。1995 年放开了用气大户的自由购买空间，废除了原有燃气事业区域垄断体制，年用气量超过 200 万立方米的大客户可自由选择燃气供应商。1999 年又把年用气量超过 100 万立方米的客户也纳入自由购买领域；2004 年扩大到年用气量 50 万立方米的中等客户，2008 年放宽至年用气量 10 万立方米的小客户。此外，燃气价格以及委托供应制度方面也进行了相应改革。

三　困境中的能源战略转型及其发展趋势

在“核电换环保”能源梦被大地震彻底击碎之后，日本能源环境骤然恶化，如何重塑能源链条成为摆在日本政府面前最为严峻的课题。2012 年 9 月，仍是民主党执政的日本政府提出“去核化”方针，它宣布实施新的能源战略——《革新性能源环境战略》。日本政府彻底反省以核电为支柱的能源发展方针，提出今后要最大限度地发展绿色能源，一边减少对核电的依存度，同时也要控制对化石燃料依存度的反弹。它提出了三个战略目标：一是尽早实现不依赖核电的社会；二是实现绿色能源革命；三是保证能源稳定供给。[③]

很显然，民主党政权推出的新战略目标非常模糊，未能细化具体可实施方案。安倍晋三领导自民党重返日本政坛之后，在制定什么样的能源战略方面仍然举步维艰。面对日本民众反核浪潮风起云涌，安倍表示将“从零起点探讨前政权的能源环境战略，包括能源稳定供给、降低能源成本等观点在内，（本届政府）将重新构筑负责任的能源政策”。[④] 基于能源环境的严峻现实，安倍内阁还

① 経済産業省『エネルギー白書 2013』、2013 年 6 月 14 日、223 頁。
② 経済産業省『エネルギー白書 2013』、2013 年 6 月 14 日、224 頁。
③ エネルギー・環境会議『革新的エネルギー・環境戦略』、2012 年 9 月 14 日、2 頁。
④ 経済産業省『エネルギー白書 2013』、2013 年 6 月 14 日、95 頁。

是倾向于能够重启核电，以解日本能源供应体系的燃眉之急。在2013年2月第183届国会一般施政演说中，安倍表示“在确认安全性的前提下将重启核电设备，但今后也要最大限度地实施省能源和引进可再生能源措施，尽量降低对核电的依存度。与此同时，实施更彻底的电力系统改革”。①

面对困难重重的能源战略转型，最切实可行的措施莫过于从过去的政策过程中寻找应对当务之急的经验了。于是，加强能源外交、能源供给体系的全产业链创新就再度成为日本政府的政策目标。

在安倍内阁提出的所谓“俯瞰地球仪外交”战略框架中，能源外交堪称重要一环。首先是进一步强化与传统能源大国之间的“传统友谊”。例如，2015年1月日本政府宣布对阿联酋实施短期滞留签证免签，以此既能促进富裕的阿联酋游客访日，同时也意在强化与阿联酋在石油和天然气等能源领域的合作关系。②其次，在传统能源大国中拓展新的供给源也成为安倍外交的重点。例如，安倍上任之后立即加大对俄罗斯的外交攻势，2013年不到半年四次会晤普京，③除了北方领土问题之外，获得俄罗斯油气资源也是重要目标。最后，获得新能源页岩气也成为日本能源外交的重点。例如，2013年9月安倍访问加拿大明确提出加大进口页岩气资源战略方针，双方就加拿大向日本出口页岩气展开合作达成一致。加拿大将于2018年底放开向日本出口页岩气。加上2017年起将从美国进口的部分，预计到2020年前后页岩气可占到日本天然气需求的30%左右。④很显然，日本试图借此降低液化天然气的进口价格，从而起到抑制电费上涨的作用。东日本大地震之后，天然气火力发电已经占到日本发电量的50%以上。此前，加拿大也一直试图通过管道出口美国，但由于美国成功开发页岩气，它由消费国一跃变成生产国。正在寻求新市场的加拿大与希望进口来源多样化的日本正好一拍即合。而且，与需要经过巴拿马运河运输的美国产液化天然气相比，从加拿大运到日本只需一半时间（10天左右）。

不过，比起能源外交，能源链系统创新更是治本之道。早在安倍内阁第二次

---

① 経済産業省『エネルギー白書2013』、2013年6月14日、97頁。

② 《日本将对阿联酋实施免签》，日经中文网，2015年1月15日，http：//cn. nikkei. com/industry/tradingretail/12731－20150115. html。

③ 《安倍与普京半年会晤4次》，日经中文网，2013年10月8日，http：//cn. nikkei. com/politicsaeconomy/politicsasociety/6696－20131008. html。

④ 《页岩气将达日本天然气需求的30%》，日经中文网，2013年9月25日，http：//cn. nikkei. com/politicsaeconomy/investtrade/6629－20130925. html。

产业竞争力会议（2013 年 2 月）上，经济产业大臣茂木就明确提出《“多样化供给体制与智能型消费行动的能源先进国”行动计划》，其中特别强调了削减能源成本的重要性。该行动计划指出了两个重点：一是在东日本大地震以及新兴国家的发展导致能源需求增大的国际环境下，日本面临着新的能源约束环境，因此，日本要以建设“多样化供给体制和智能型消费行动的能源先进国”为目标，实施能源供给来源的多元化措施，建立价格低廉型能源“生产（采购）”体制、恰当高效的能源“流通”体制、智能型能源“消费”体制；二是建立新的能源政策，从生产、流通及消费等各个层面同时着手，以克服能源约束，降低能源成本。

以氢能源为例，日本已经开始将这种新能源定位为与太阳能等可再生资源一样的未来型新能源。在东京都港区，岩谷产业正在建设一座加氢站，为将来普及氢动力汽车做准备。然而，大东京都圈第一座加氢站早在 2014 年 12 月就由东京煤气公司在练马区建立，日本政府计划在 2015 年在四大都市圈建立 100 座加氢站。作为加氢站的消费终端，丰田于 2014 年 12 月推出了崭新的氢动力汽车“未来”，它是世界第一款氢动力商品车，目前年销售目标仅有 700 台，但丰田已经宣布将向业界无偿提供关于燃料电池的 5680 种专利，氢动力汽车的普及堪称日本消费终端革命的大型实验。

日本是世界上能源利用效率最高的国家，以单位 GDP 的一次能源消耗量来看，其一直位居世界前列。直到 2005 年，中国、印度等新兴市场国家的单位 GDP 一次能源消耗量仍是日本的 5 倍，美国以及欧盟 27 国的能源消耗水平也普遍高于日本。[①] 先进的节省能源及能源转换技术均是日本能源产业的重要竞争力，这些将在未来的日本能源战略转型中发挥怎样的作用非常值得我国密切关注。

① 経済産業省『エネルギー白書 2013』、2013 年 6 月 14 日、102 頁。

B.12
日本国家能源储备战略研究

丁　敏*

摘　要：日本作为能源消费大国和能源进口大国，能源储备事关国家能源安全。日本国家能源储备战略的构筑最早起步于20世纪60年代。随着日本经济发展和国际能源形势变化，其国家能源储备战略也在不断调整和完善。80年代以来，天然气、核能在日本的快速发展将这些能源储备问题推到了日本国家能源储备政策层面。日本继石油储备战略之后，又着力建设天然气、核能储备体系。石油等主要能源的储备战略，帮助日本增强了能源安全系数。

关键词：国家能源储备战略　石油储备　天然气储备　核能储备

能源资源高度依赖进口，这是日本能源的长期忧患，特别是那些受地缘政治、能源市场波动影响较大的能源资源，日本在获取这些资源以及维持其稳定进口方面经常存在不确定因素，这使日本高度精神紧张。未雨绸缪是日本确保能源安全的必然选择，日本需要进行能源储备，以防能源供给中断的风险。二战后，日本积极推动其能源储备战略，构建了比较完善的能源储备体系，能源储备战略成为日本国家能源总体战略的一个重点。

随着日本经济和世界经济发展，全球能源供需形势和能源结构已经发生巨大变化，新兴能源消费大国崛起，给世界能源供需形势增加了更多不确定因素，新增能源消费大国和老牌能源消费大国各自的能源储备及共同储备的制度设计与调整成为世界级别的能源储备的新课题。我国可以从日本的经验教训中获得启示，以资构筑恰当的能源储备战略。

---

* 丁敏，中国社会科学院日本研究所副研究员，全国日本经济学会理事，主要研究领域：日本产业、日本中小企业、日本能源。

一　日本的石油储备战略

任何一种能源，一旦成为国家的战略性能源，且这种战略性能源大量依赖进口，这种能源的储备就上升为国家层面的课题。20 世纪 60 年代以后，石油迅速成为日本的主要能源，进口依赖度几乎为 100%，使石油储备的战略意义凸显。

而且石油进口高度依赖中东地区，而中东地区长期面临政局动荡、军事冲突不断，这一特殊的地缘性决定了日本的石油进口存在巨大的风险，必须采取储备措施。

日本的石油储备在其成为国家战略之前就已经开始了。早在 1963 年，日本产业结构审议会综合能源部会根据经合组织的劝告，向日本政府建议应该进行石油储备，当时经合组织按照日本的石油需求量，劝告其应该储备 60 天的石油，以备调节临时的供需不平衡。1967 年中东发生动乱，此时日本一次能源对石油的依赖度已经高达 65%，且主要来自中东，中东动荡危及日本的能源安全，进一步强化了石油储备的意识。

（一）日本石油储备的制度建设

1971 年，日本综合能源调查会石油部会在给政府的报告中提出，务必要在 1974 年底以前完成 60 天石油储备目标，建议政府构筑石油特别对策，从财政、金融等各个方面予以支持。日本石油储备制度，即从国家高度实施的石油储备战略，实际上从 1972 年度开始启动，当时的政府以国家赞助为前提，要求民间企业进行储备。为鼓励企业进行石油储备，政府会给予一些优惠政策，主要有：（1）对储备原油提供长期低息融资；（2）建设石油储备设施可以利用开发银行等政府系金融机构的融资；（3）对油库的扩建也提供相应优惠政策。①

1973 年第一次石油危机爆发，刚刚起步的日本石油储备没能解燃眉之急，来自中东的“能源地震”给日本的经济和国民生活带来了巨大恐慌。这场石油危机沉重打击了大量消费石油的发达工业国，让石油消费国痛感加强共同石油储备的必要性和紧迫性。1974 年，经合组织紧急设立“国际能源署”（IEA），联盟各石油消费大国，共同构筑对策。国际能源署要求各成员国在紧急时可以相互通融石油，同时要求成员国履行石油储备义务，尽快增强储备，并将石油储备目

① 参考日本石油联盟网站：“今日的石油产业 2014”。

标从“60 天”提高到“90 天”。

日本是国际能源署成员国，根据当时的情形进一步调整了自己的储备计划。综合能源调查会石油部会向政府建议加强官民共同储备，不能只责成民间储备。政府根据民意和能源智库的建议，积极采取行动。1974 年 10 月，政府发布了“增强民间石油储备，实现 90 天目标”的新纲要。1975 年，日本制定《石油储备法》，并依法精心挑选 45 家民间企业作为实行石油储备的骨干，其中石油精炼业界的企业 26 家，石油产品年产量均在 10 万千升以上，石油销售业界企业 3 家，年销售量在 250 万千升以上，石油进口企业 16 家。国家要求石油企业按照法律履行石油储备义务，储备量的核定则参照企业上一年石油生产、销售、进口的总量，以此为基准储备 70 天。《石油储备法》还鼓励有石油储备义务的企业要常备 70 天以上数量的原油及石油产品。对不能履行储备义务或虚报造假者，法律明确规定了罚则和罚金，罚金视违法行为的程度从 30 万日元到 300 万日元不等。关于石油储备的放出也有相应法律规定，由通商产业大臣根据日本国内石油供需情况，决定是否动用石油储备。《石油储备法》于 1981 年进行了修订，增加了储备液化石油气的规定。

在石油储备法规建设方面，与《石油储备法》相关的还有一部法律，就是《石油供需平衡法》，该法也涉及石油储备的动用，《石油供需平衡法》的生效需要内阁总理大臣认定。①

（二）日本石油储备的体系建设

日本政府积极、不断地推动石油共同储备机制的建立与完善。1977 年 2 月日本成立第一个兼有官方和民间色彩的共同石油储备公司——新潟石油共同储备株式会社，以加强共同储备力量。1978 年政府组建石油公团（现 JOGMEC），在石油储备体系中增强政府主导力。日本国家石油储备目标首先是争取在 1989 年 2 月实现 3000 万千升的石油储备，之后又提高了储备量要求，争取到 1998 年 2 月实现 5000 万千升的石油储备。在国家石油储备战略启动后，政府对建设国家石油储备基地进行了规划，在日本全岛先后选址并建设了 10 个国家石油储备基地。政府储备增强，减少了民间储备的负担，民间储备从原来规定的 90 天储备逐渐减轻为 70 天（参见表 12－1）。截至目前，日本已经实现了政府和民间共同承担的石油储备，其中国家储备 108 天，民间储备 82 天。石油储备含原油储备

① 资源能源厅监修：《1999～2000 资源能源年鉴》，通产资料调查会，1999 年 1 月。

和液化石油气（LP）储备。目前国家石油储备有10个储备基地及租借的民间油库。民间石油储备由民营公司进行。石油气储备也分为国家储备和民间储备，国家石油气储备现有5个储备基地。

表12－1 日本石油储备长期动态

单位：万千升、天

年度	民间储备			国家储备		合计	
	原油（万千升）	成品及半成品（万千升）	天数	原油	天数	储备量（万千升）	天数
1965	489	498	—	—	—	962	—
1970	1131	1513	50	—	—	2587	50
1975	2693	2035	68	—	—	4593	68
1980	3944	2548	90	754	10	7011	101
1985	2940	2355	92	2052	35	7097	126
1990	2886	2399	88	3302	54	8278	142
1995	2399	2161	74	4750	76	8953	150
2000	2168	2280	78	4990	85	9080	163
2004	2126	1879	74	5099	92	8743	166
2013	1851	1876	82	4891	108	8410	190

资料来源：2004年度以前的数据来自日本能源经济研究所能源计量分析中心编《EDMC/能源经济统计要览》2006年版。2013年数据来自 http：//www. paj. gr. jp/，2013年数据是2013年12月数据，非年度数据。

纵观日本石油储备体系建设的历史过程，可以认为该体系是在不断总结经验教训的过程中建立和完善的。

在石油储备之初，日本政府先责成民间能源企业进行储备，国家给予政策支持，包括融资、建造油船（油库）、选址建库等。第一次石油危机爆发后，石油储备对日本而言已经不是个别能源企业是否要承担的责任，而是上升为国家能源安全层面的责任。日本一面积极响应国际能源署关于加强国家间石油共同储备的号召，一面增强国内石油共同储备战略与对策，在石油储备方面加大政府投入力度，以解决民间储备实力不足、容易受各自利益干扰、难以形成协调一致行动等问题，随后逐步形成国家储备和民间储备两级储备，也称官民协调型储备（参见图12－1）。

另外，日本在建设石油储备设施的时候，充分利用沿海闲置土地、海上及地下空间资源。日本是土地资源紧缺的国家，建设大量石油储备基地需要征用土地，成本较高，因此日本将很多储备基地建设在沿海，甚至有些建设在海上，以有效利用

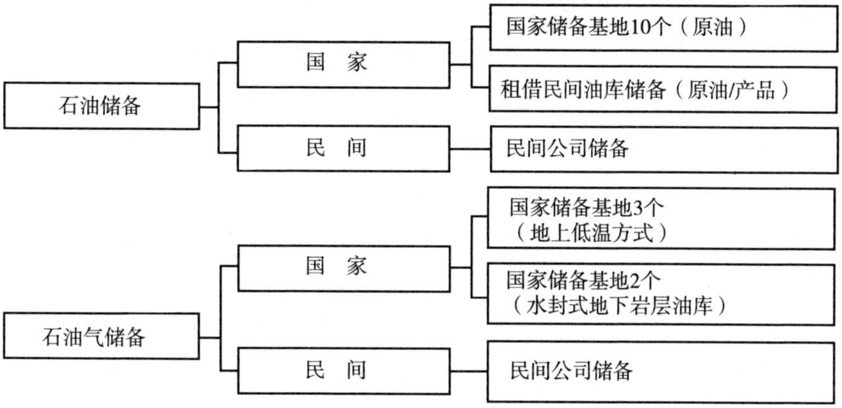

图 12－1　日本石油储备体系

资料来源：JOGMEC（日本独立行政法人，石油天然气、金属矿物资源机构）官方网站。

土地和海面空间。而且，日本是海洋国家，很多产业聚集在太平洋沿岸，海上水路运输发达，石油储备基地建在海边或海上也便于运输，比陆地运输节约成本。国家石油储备设施的建设与管理，动用的是国家预算，花的是国民缴纳的税金，精打细算和精心管理是对国民的负责。值得注意的是，日本有些国家项目或公共项目建设经常与地方开发、拉动地方经济、帮助经济相对不发达的地方相挂钩，与地方经济利益产生联系，在建设石油储备基地时，其实也有这方面的考量（参见图 12－2）。

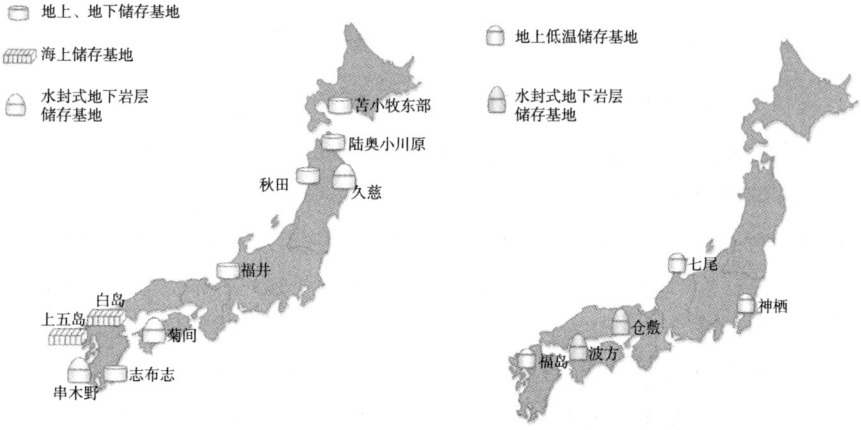

（1） 石油储备基地（2014年）　　（2）石油气储备基地（2014年）

图 12－2　日本国家油气储备基地布局

资料来源：JOGMEC 官方网站。

二　日本的天然气储备战略

日本是亚洲诸多国家中最早发展天然气的国家。在20世纪80年代，日本已经成为世界上少数几个天然气消费大国之一。截至目前，日本消费的天然气几乎全部依赖进口。虽然天然气不像石油那样时刻存在地缘政治风险，但天气因素、海上通道的安全状况也会影响天然气的供给安全。

日本消费的天然气几乎全部来自海外，是世界上进口液化天然气（LNG）的大国，目前的天然气进口占世界进口总量的40%以上（以LNG为主）。

天然气作为日本能源的重要支柱，早已经受到国家重视。天然气储备应该是日本能源储备中的重要一块，尽管日本很少使用天然气储备战略这种用语，也没有像《石油储备法》那样形成有关天然气储备的法律，但随着天然气在日本的发展，天然气存储设施逐步扩大。

天然气在储备上不像石油那样容易，对储备设施的要求比较高，一般需要巨大的储备库，储备库内的温度需要保持在－162摄氏度以下，需要低温液化方法保存，保管不好，很容易汽化，造成严重损失。目前日本石油及液化石油气的储备量可达180～200天，而天然气储备量仅有20天。日本正在多方探索天然气的扩大利用和相应的基础设施建设，其中包括扩建LNG生产及储备基地，发展天然气管网。①

（一）影响日本天然气储备的限制因素

日本受自身地理条件的限制，无法像欧洲和美国那样使用天然气管道进口或输送天然气。天然气输送管道本身也具有储备功能。鉴于日本天然气使用量的稳步增长，在能源总体的占比增大，天然气供给的安全与否涉及能源整体安全，日本正在全面考虑增加天然气储备问题。现状是LNG形态的储备为主。LNG形态的储备成本较高，包括建设成本和管理成本，因此LNG为主的天然气储备增加面临一些难题。比如日本一直使用天然气油轮从海上进口天然气，经过海上长时间运输的天然气一旦到达日本天然气使用地，一般要及时投入使用。日本的这种特殊地理条件，使其进口天然气的价格比较昂贵，高于美国和欧洲。LNG的储备成本也因此提高。有数据显示，美国天然气每1BTU单位大概在3美元左右，

① 日本能源经济研究所网，http：//eneken. ieej. or. jp。

而日本国内市场价格大约16美元，是美国的5倍多。不仅如此，日本天然气储备成本较高也源于自身，比如土地资源稀缺，在陆地建设大规模储备基地有一定困难，事实上日本很多天然气储备设施不得不向地下发展，因而建设成本大增。再如日本劳动力短缺，天然气储备设施建设与管理的劳动力成本也被抬高。近年来，美国页岩气的开采及对日本增加出口，有望降低日本LNG的价格，因此有可能降低未来天然气储备成本。

（二）日本天然气储备的现状与成效

日本天然气储备设施几乎都建在沿海，因为日本主要用天然气油轮运输天然气，储备设施建在沿海地带便于利用海水的热量将低温液化的天然气还原成可以使用的气体。生产气体的过程中产生的能量还可以就地应用到冷热发电设施和冷冻仓库。天然气储备基地占地一般选择在经济不太发达，稍微离开大城市的地方，这样地价相对便宜，劳动力成本也可以相对降低，又便于向大量使用天然气的城市输送，如此布局，天然气储备设施在某种意义上说，与振兴地方经济对策也相关联。

目前日本已经建成的天然气生产和储备基地从东北到西南，大致可以覆盖日本全岛。经济发达的关东地区和关西地区，天然气生产和储备基地比较多，关东地区的根岸早在1964年就建成了天然气生产和储备基地，目前这里的储备设施地上6个，地下10个；关东地区的袖浦也是大规模天然气生产和储备基地，现有地上储备设施9个，地下27个。关西地区的泉北是建设较早的天然气生产和储备基地，有泉北第一和第二基地，共有22个储备设施，地上21个，地下1个。建设较早的储备设施单个设施储量较小，日本在近些年建设的储备设施更加先进，单个设施储量加大，足见日本天然气储备的技术有了提高，实力得到增长。①

三　日本的核能储备战略

核能作为日本准国产能源，是提高日本能源自给率、对抗外部能源中断风险的战略性能源。20世纪70年代，日本踏上亲核之路，大力发展核能，用了10多年的时间走向世界核大国。日本拥有的核电站数量在世界排名第二，也是铀、钚

① 日本资源能源厅统计资料，参考日本能源信息相关网站。

等核材料的消耗大国和进口大国。由于高度依赖核能，核能储备对日本而言具有特殊意义。

长期以来，核能战略是日本实现能源3E（Economic Growth，Energy Security，Environmental）目标最重要的战略之一，日本将发展核能战略定位在提高国产能源比率、提高能源安全性、提高清洁能源比率上。这是因为，用于发展核能的铀资源，其在世界的分布相对来说比较分散，不像石油资源过于集中在中东，铀资源的地缘政治风险小。而且，核电站的燃料更换时间较长，不需要频繁进口燃料，因此，核能被日本视为准国产能源。在稳定供给和规避世界能源风险方面，核能有其他能源无法比拟的优势。

进入21世纪，随着世界经济景气恢复，发展中大国的经济快速增长，日本对本国能源供给的确保顾虑重重，由于世界政治和经济的因素，日本深感石油能源竞争加剧给日本经济和社会增加了能源风险，故将更多目光转向发展核能，核燃料储备因此成为日本能源储备战略中的重要一环。东日本大地震发生前，世界上已经建成的核电站有435个（2009年12月），由于石油价格暴涨，一些发展中国家也纷纷转向核能开发，在建及计划建设的核电站有188个，预计未来世界的核电站可能增加到623个。核能发展趋势引发世界铀的价格上涨，日本在核能资源储备上一直采取积极推进的姿态。

核能储备可以分为广义的储备和狭义的储备，广义的储备应该包括支撑核电事业的技术储备、产能储备及燃料储备，狭义的储备一般指核燃料储备，如铀、钚等资源储备。

（一）人才储备

日本是核技术储备大国，没有技术人才的积蓄，日本的核电产业难以发展。就技术人才储备而言，1970年到1980年的10年是日本核电大发展的时期，也是培养和储备核能技术人才的重要时期。日本核电发展在起步阶段由国家主导，民间企业与国家财力相结合，官民协调，共同担负发展核电的事业。国家和民间企业都为培养日本的核能技术人才做出了努力。70年代以后，民间企业在核电事业中的作用为主，民间企业的核能技术人才积累也更加扎实。

核能技术人才分为非研究型技术人才和研究型技术人才，非研究型技术人才是支撑核电站运转的一线人才，也是经过长年实践有着工作经验的人才。在20世纪80年代，日本民间企业已经储备了很多这类技术人才，90年代初，这类技术人才比80年代末有明显增加，但在90年代末到21世纪前10年，日本核电站的数量没有更大增长，相应的技术人才数量也保持在一个平稳的状态，没有明显增加，有的年份还略有减少。研究型技术人才的储备在80年代末到90年代初形成了一个高峰，之后呈现锐减趋势。

（二）产能储备

世界核能产业发展至今，已经形成比较完整的产业链，核能大国各有各的核能产业链以及由此形成的相互匹配的产能储备。日本的核能产业链及产能储备领域主要有铀浓缩，核燃料再转换、成型加工，核燃料垃圾的中间储藏，核废弃物再处理，氧化铀钚（MOX）加工，高水平放射性废弃物储藏与管理，低水平放射性废弃物埋藏与管理，核反应堆设备及相关设备制造业，等等。

日本目前有54个核反应堆，支撑这54个核反应堆运转需要多家企业为其提供相应的硬件设备生产和软件服务，众所周知的企业如东芝、日立、三菱重工等，都是日本核能产业链上的巨型企业。经营核电的电力公司及相关设备生产和技术服务部门共同形成了日本国家核能储备。日本的这种核能储备实力不仅足以支撑本国的核电事业，还有能力出口核电设备，在海外协助他国发展核电，具备核能出口实力。目前，美国是日本核能设备和技术出口的最大市场，日本参与了美国14个核电站的建设。日美之间在核能开发领域有着长期的合作关系，从某种意义上讲，日美之间、日英之间、日法之间已经形成一定规模的共同核能产能储备及合作关系。

（三）燃料储备

日本是世界上少数几个核燃料储备大国之一。一般来说，核电站的燃料一旦放入核反应堆，短时间内不需要更换，所以不需要像煤炭、石油火力发电站那样不断囤积燃料。核燃料的价格也不像石油那样容易受地域、政治风险和市场波动影响，所以核燃料储备与石油储备的意义有所不同，石油储备是为了应急，核燃料储备是常态化的，属于长期储备。

目前日本的核燃料储备主要有铀、钚、可再利用的废弃核燃料。日本的核燃料储备在国际原子能机构（IAEA）的管理之下，是国际核能共同储备的成员国，与美国、英国、法国、德国有共同储备合约。到目前为止，日本核电站主要使用的燃料是铀和一定量的钚，铀和钚也是核燃料储备的重点。关于铀的储备，根据日本文部科学省2010年的资料，日本核电站正在使用的铀燃料为20007吨，储备的铀燃料为13433吨（含天然铀、劣质铀、浓缩铀），核电站使用铀燃料的更换期为1年零3个月，每隔1年零3个月需要更换1/4~1/3的燃料，日本对铀的储备量一般能够保证数年间更换使用。关于钚的储备，根据1997年国际上核拥有国达成的原则，日本每年公布一次自己保有的钚存量。截至2011年12月底，日本储备的钚是9295千克。

日本是世界上少数几个钚存储大国之一。据国际原子能机构公布的数据，2010年钚存储大国的排名如下：第一位是美国，未使用的钚53.9吨，用过的核燃料中存有钚554吨；第二位是俄罗斯，未使用的钚48.4吨，用过的核燃料中存有钚126吨；第三位是英国，未使用的钚114.8吨，用过的核燃料中存有钚33吨；第四位是法国，未使用的钚80.2吨，用过的核燃料中存有钚244吨；第六位是日本，未使用的钚9.9吨，用过的核燃料中存有钚152吨；第七位是德国，未使用的钚5.1吨，用过的核燃料中存有钚97吨；此外还有比利时和瑞士两国，它们也存有一定量的钚。

日本除国内储备一定量的钚之外，在英国和法国也存储了一些钚，主要是日本核电站用过的核废弃燃料送往英法两国再加工，提炼出的钚再运回日本（参见图12－3）。

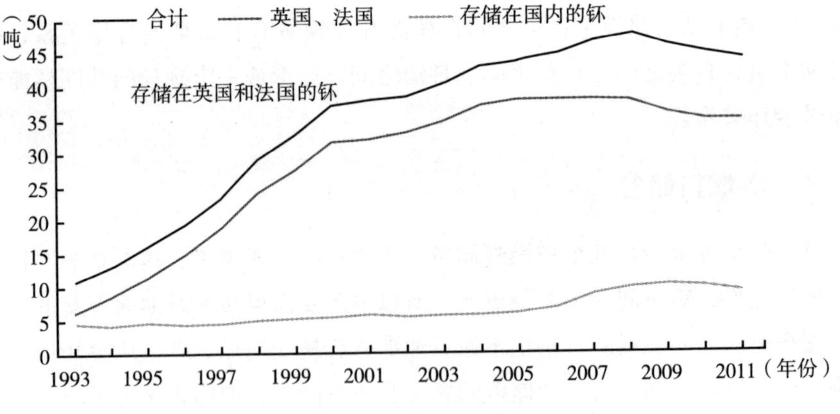

图12－3　日本钚储备量变化

资料来源：核情报网站，http：//kakujoho.net/ndata/pu_ jp.html。

从使用过的核燃料中提取铀和钚，是日本进行核燃料储备的重要举措之一，也是燃料循环利用的重要措施。日本在青森县的六所村建造了国内第一个核燃料再处理设施，由日本原燃株式会社承建，再处理能力每年800吨废弃燃料，可以回收再利用一定量的铀和钚，并可生产更先进的铀、钚混合燃料。

日本对核燃料的储备着眼于未来世界核电利用的前景，直到2011年日本福岛核电站出现重大事故，核电推进战略受阻，大多数核电站目前仍然处在关停状态，核燃料的储备基本维持现状，未来可能将视核电战略的调整而有较大变化。

四　结语

二战后的日本能源储备战略是从20世纪60年代末到70年代初开始构筑的，对日本构筑能源储备战略的背景有更全面的认识，有助于我们全面考量中国今天所处的政治经济背景，以及在此背景下如何构筑中国的能源储备战略。当年日本需要构筑能源储备战略的重要背景因素可能有很多，笔者认为尤其值得注意的有以下几点：（1）日本经济的快速发展使其成为世界最大的能源消费国之一；（2）日本能源整体对外依赖度极高；（3）日本能源结构转换使其成为石油消费大国，并高度依赖从中东地区进口；（4）西方主要发达工业国争抢廉价石油，导致以中东石油为核心的能源危机。日本在这种背景下开始着手能源储备，并以石油储备为先。

而且，日本国家能源储备战略的构筑不是一步到位的，它起步于20世纪60年代，经过70年代、80年代和90年代的调整与完善，随着日本经济环境的变化及各类能源供需的变化，能源储备的内涵和意义也在发生变化。改革开放以来中国的经济快速发展，也将能源储备问题“推”到了国家政策议事日程上，目前我国的能源储备尚在初期，日本国家能源储备战略中有很多值得我国借鉴或参考的地方，但无法全部照搬。在重点储备哪类能源、如何选择储备基地、如何解决储备资金、如何分担储备风险和成本、如何行之有效地管理和运营国家能源储备、如何与国际储备体系接轨等方面，我国的政治、经济体制及能源国情与日本有别，酌情建立适合中国经济的能源储备并不断调整和完善，方可形成中国式能源储备体系和机制。

B.13 日本推行能源发展战略的财税措施

张淑英*

摘　要： 日本经济大厦建筑在进口能源基础上。在多次能源危机的冲击下，日本社会经济仍能井然有序地运行，并将世界第二经济大国的地位保持了40多年之久，这些均与日本周到谋划能源发展战略密不可分，而能源发展战略的落实离不开财税政策的辅助和支持。那么，日本在运用财税手段支持能源发展上采取了怎样的方式，支持的侧重点有哪些，在债务重压下对原有的财税支持措施进行了哪些调整，这些问题值得深入研究。

关键词： 政策金融　能源专项　财政困境　政策调整　机构改革

二战后，日本无论财政处境如何，对能源的支持都不曾松懈。究其原因，最主要的有两点：其一，能源是现代经济社会的血液，不容有片刻中断；其二，日本国内能源资源储量贫瘠，能源基础非常脆弱，客观上需要政府给予扶持。

一　财政对能源发展的支持方式

从预算制度框架看，二战后日本的财政预算由三部分组成，一是称作“一般会计”的经常性预算；二是称作“特别会计”的财政专项预算；三是有“第二预算”之称的政策性金融系统预算，其正式名称是“政府相关机构预算”。在促进能源发展上，一般会计提供“后台支持”，“前台作业”主要通过政策性金融系统和财政专项进行。

* 张淑英，经济学博士，中国社会科学院日本研究所研究员，全国日本经济学会常务理事，主要研究领域：日本经济体制、经济政策、财政税收制度等。

（一）政策性金融机构对能源发展的支持

二战后，日本的金融体系中并存着两套系统，一套是民间金融系统，另一套是政府直接运营的政策性金融系统。政策性金融系统是财政的延伸，因而又有“第二预算”之称。战后初期，在被美国占领的特殊情况下，日本政府对能源发展的支持最先是通过政策性金融机构进行的。

1. 复兴金融金库

战后初期，日本能源的主力是煤炭。当时，由于煤炭短缺，钢铁、运输、机械、纺织等其他产业均难以启动。日本文献记载，日本经济恢复的最大瓶颈是煤炭不足。1946 年 11 月，16% 的客运机车因缺煤而被迫停运。①

在百废待兴、资金极度短缺的战后初期，如何解决增产煤炭所需要的资金成为问题的关键。为了加快经济恢复，解决经济恢复所需要的启动资金，日本于 1946 年 10 月颁布了《复兴金融金库法》（1946 年 10 月 7 日第 34 号法律），据此成立了战后日本首个政府出资的政策性金融机构——复兴金融金库。该机构的重要使命是向“倾斜生产方式”确定的重点产业提供融资。截至 1948 年 12 月末，在复兴金融金库的贷款余额中，煤炭所占比重将近一半（49.7%）。

2. 日本开发银行

1951 年 3 月，日本颁布了《日本开发银行法》，同时废除了《复兴金融金库法》，由日本开发银行继承复兴金融金库的资产与债务。

日本开发银行是政府全额出资的政策性银行，其核心业务是为促进产业和经济社会发展提供长期贷款，在贷款方向上带有很强的政策性。与能源发展相关的设备贷款是该银行提供支持的重要方面。

在日本开发银行成立当年（即 1951 年），其对煤炭为首的矿业设备贷款所占比重接近 23%。到日本经济开始起飞的 1955 年度，日本开发银行对电力业的设备贷款所占比重高达 45.13%。1963 年度以后，该银行对运输业的设备贷款超过了电力业。1965 年度，运输业占该银行设备贷款总额的比重高达 50.36%。此后，在日本开发银行的设备贷款中，运输业的比重虽然有所下降，但仍占相当大的份额。以 1970 年度为例，在日本开发银行的设备贷款中，运输业占 44.26%，电力业占 7.89%，矿业仅占 1.22%。如果仅从这组数字上看，似乎日本开发银行对能源产业的支持力度有了明显下降，其实这只是该银行支持能源发展的侧重

---

① 矢部洋三・古賀義弘他『現代日本経済史年表』、日本経済評論社、2008、44 頁。

点发生了变化。

随着日本经济进入高速增长时期，其对能源的需求迅速增多。与此同时，日本的能源结构发生了重大变化，由以往的“煤主油辅”转为“油主煤辅”。众所周知，日本所需要的石油几乎百分之百依靠进口，进口石油的主要运输工具是油轮。建造更多更大的油轮，促进海上运输业的发展，成为日本能源发展的重要组成部分。同样，能源产业的发展也离不开陆上运输。加工后的石油产品需要通过陆上运输工具送往各个消费地。也就是说，日本开发银行对运输业设备贷款的增加是支持能源发展的一个重要方面。

（二）财政专项对能源发展的支持

日本能源结构的脆弱性是天然的、体质性的，因此，客观上要求支持能源发展的财政措施也必须是制度化的。这种制度化的财政措施的具体体现便是财政专项。日本先后有多个财政专项承担对能源的投资。随着社会经济状况的变化，日本的财政经济制度也有所调整，但是，以财政专项的形式对能源发展提供支持的基本方式一直存在。按照时间排序，从二战后到2007年，日本支持能源发展的财政专项主要有三个。

1. 产业投资特别会计

“产业投资特别会计”建立于1953年8月，于2008年废除，存续时间长达半个多世纪。当初建立产业投资特别会计的目的是恢复经济，开发产业，振兴贸易。在恢复经济的使命完成以后，该项特别会计的投资重点集中在促进产业发展和对外贸易方面。

产业投资特别会计的初始资金主要来自两个方面，一是继承“美国援助物资回收资金特别会计”的资产，二是经常性财政拨款。该项特别会计是政策性金融资金的四大来源之一。同政策性金融资金的其他三项资金来源（大藏省资金运用部资金、简易人寿保险资金、政府担保债）相比，产业投资特别会计的资金规模并不大，但它在资金运用上表现出的政策指向性非常强，这主要是由于该项特别会计的资金运用方式是出资。在战后日本经济发展中曾发挥重要作用的许多机构和经济组织的建立，或多或少都有该项特别会计的出资与支持。如电源开发股份公司、石油开发公团以及多家政策性金融机构的建立，产业投资特别会计都是作为出资方予以支持的。

20世纪80年代，在进行“财政重建”的过程中，产业投资特别会计没有再得到经常性财政拨款，反而需要向经常性财政项目上缴资金。自此，该项特别会计的资金规模趋于萎缩，所发挥的作用大不如前。不过，从日本经济整体来看，这种变化折射出的是产业投资对财政专项依赖程度的下降，从一个侧面反映出日本产业在走向成熟。

2007 年度是产业投资特别会计结束其使命前的最后一年，从这一年度该项特别会计的预算中仍可看到它对发展能源提供的支持。这一年，它为“新能源与产业技术综合开发机构”提供了 2 亿日元的出资。①

2. 煤炭对策特别会计

“煤炭对策特别会计”设立于 1967 年，设立该项特别会计的法律依据是同年 5 月颁布的《煤炭对策特别会计法》。煤炭对策特别会计不同于前述的产业投资特别会计，它的显著特点如其名称所示，其扶持的对象是专一的。从这个意义上说，煤炭对策特别会计是二战后日本建立的第一个能源财政专项。

随着日本经济的发展和能源结构的变化，煤炭对策特别会计的名称几经更改，② 其业务内容不断扩充，由单纯的煤炭对策扩展到节能、稳定能源供给、开发替代石油能源、促进能源结构多元化等。2003 年，随着《京都议定书》的签署，“石油以及提升能源供需结构对策特别会计”又增加了一项新业务，即抑制因能源消费导致的二氧化碳的排放对策。

随着日本行政、财政改革的推进，“石油以及提升能源供需结构对策特别会计”于 2006 年度终结，其原有业务中有必要保留的部分由新组建的“能源对策特别会计”继承。

3. 促进电源开发对策特别会计

“促进电源开发对策特别会计”于 1974 年设立。设立之初其所要解决的首要问题是电厂建设用地。电厂建设用地之所以成为首要问题，是因为当时日本对电力的需求增长迅猛，为保障电力供应，需要建设新的发电厂。但是，在建设发电厂，特别是建设核电站方面，最难解决的就是用地问题。在这种情况下，日本于 1974 年 6 月 6 日同时颁布了三项法律，即《开发电源促进税法》《促进电源开发对策特别会计法》《发电设施周围地区整建法》，统称“电源三法”。这三部法

---

① 財務省「産業投資特別会計」、https：//www. mof. go. jp/about_ mof/mof_ budget/special_ account/santou/santou. htm。

② 1972 年改称“煤炭与石油对策特别会计”。1980 年改称“煤炭、石油及替代石油能源对策特别会计”。1993 年以后改称“煤炭、石油以及提升能源供需结构对策特别会计”。2001 年末，随着日本最后一座煤矿关闭，国内的煤炭对策宣告终结。自 2002 年起，该财政专项的名称中取消了“煤炭”二字，改为“石油以及提升能源供需结构对策特别会计”。

律在财政上的落实，集中体现在“促进电源开发对策特别会计”上。

1974年，日本政府通过“促进电源开发对策特别会计”向发电厂所在的地方财政拨款，以取得地方财政的配合，共同解决新建发电厂的用地问题。

经历了两次石油危机的冲击后，日本深切认识到有必要大力开发替代石油能源。为了促进开发替代石油发电的能源，1980年度，日本在财政上实施了“电源多元化对策”，具体负责实施这方面对策的正是“促进电源开发对策特别会计”，为此在“促进电源开发对策特别会计”项下分设两个科目，一是将原有业务内容列在“电厂用地对策科目”下，二是增设“电源多元化科目”，由该科目对开发多元化电源提供财政支持。

进入21世纪，随着电力行业的制度改革和《京都议定书》的签署，财政支持能源发展的侧重点也发生了变化，重点支持对象必须同时兼备三个条件：其一，能够稳定地供应电力；其二，环境负荷低；其三，有可长期供电的稳定电源。为此，日本将开发新电源的重点转向了同时兼备以上三个条件的核电、水电和地热及其配套的技术开发与推广应用。自2003年度起，“促进电源开发对策特别会计”项下的“电源多元化科目”改称为“电源利用科目”。

2006年度，“电源利用科目”的支出规模为19285.76亿日元，是1990年度的10.3倍，年均递增7.54%。这与同期日本经济的增长状况形成了巨大反差。众所周知，20世纪90年代初，随着泡沫的破裂，日本经济陷入长期低迷状态，GDP年均增长率仅为1%左右。然而，日本在开发非化石类能源方面的投入却保持着7.5%以上的年均增长率。从长远来看，日本在这方面的投入有助于增强其能源供给的稳定性。

二　财政支持能源发展战略的侧重点

无论是石油勘探、开发还是储备基地建设，无论是水电、火电、核电建设还是电网建设与改造，均需要较大规模的资金投入，解决资金来源问题始终是日本能源发展面临的一个严峻课题。对于政府来说，财政资金是有限的，不可能面面俱到，这就需要区分轻重缓急，有选择地提供财政支持。二战后，日本财政在支持能源发展上的侧重点主要在以下几个环节或方面。

（一）保障燃料的稳定供给

在战后日本经济发展的不同阶段，保障燃料的稳定供给有不同的体现。战后初期是努力增加国内煤炭产量。高速增长时期是大力发展海运业，保障有足够的运力将石油运到日本。石油危机以后，保障燃料的稳定供给成为维系日本经济发展的关键。在这方面，日本财政重点支持的环节如下。

1. 强化油气资源的自主开发能力

非常贫乏的国内能源储量，使得日本具有强烈的危机意识，对海外能源形势的变化非常敏感，也因此形成了一定的超前意识。早在石油危机爆发前，日本就已经开始强化对石油等能源的自主开发能力。为加强对日本企业在海外勘探、开采石油的支持，日本于 1967 年 10 月建立了政府全额出资的“石油开发公团”。实际上，日本在海外开发石油资源的历史比这还要早。建立石油开发公团的班底便是 1955 年成立的“石油资源开发股份公司”，该公司的业务范围在 1965 年就已扩大到海外。为了提高日本企业开发石油的技术水平，石油开发公团还于 1972 年建立了附属机构——石油开发技术中心。

石油危机爆发后，油价扶摇直上。在这种背景下，一批日本企业在“石油开发公团”的支持下奔赴世界各地，从事石油的勘探和开采事业，以致形成了一阵去海外“寻宝”（即找油）的风潮。但是，石油勘探和开发本身具有很大的不确定性，风险巨大。日本撒向世界各地的找油企业有不少以“白忙一场”告终，但也确有一些企业获得了成功，成为日本进口石油和天然气的稳定来源。

1978 年，日本对《石油开发公团法》进行了修改，将国家石油储备列为该公团的业务，并将机构名称改为“石油公团”。石油公团的业务主要是为日本企业在海外勘探和开采石油提供风险投资、贷款、债务担保以及在国内进行石油储备等。

2. 增加石油储备

为减轻国际石油市场波动对国内经济的影响，日本政府较早就要求石油化工类企业增加石油储备。从 1978 年起，日本开始建立国家石油储备。1995 年以后，国家石油储备量超过民间储备，在稳定国内石油供给方面发挥着主力军的作用。可以说，石油储备是日本政府保障能源稳定供给的一项重要措施，也是财政支持国家能源发展战略的一个重要方面。

石油储备涉及的资金需求主要有三个方面，一是储备基地和储备设施建设费，二是石油收储费用，三是储备设施的安全管理和储备油出入库等所需的费用。根据最新修改的《关于特别会计的法律》，财政并不是泛泛地支持所有的石油储备，而只是对国家石油储备提供资金支持。

此外，国家财政专项还向石油储备设施所在地的地方政府支付补贴，以便取得所在地政府的支持，顺利推进石油储备基地和相关设施的建设，健全周边的交通等配套设施。

3. 购买国际油气公司的权益

1985～1986年，随着国际市场上油价回落，加之石油公团累积亏损严重，日本企业赴海外找油的风潮渐趋平静。此后，日本在坚持“自主开发”海外油气资源的同时，将购买或收购国际石油或天然气公司的权益作为稳定燃料供给的另一条途径。这一做法的好处是投资风险较小，既可获得国际油气开采公司所产石油或天然气的分成权，又不必自己去冒险。但是，权益的取得本身带有一定的难度，而且需要等待恰当的时机。

2011年发生的东日本大地震中，福岛核电站受到了严重破坏。事故发生后，日本核电站相继停止运转，进行检修。另外，国际市场上原油价格高企，虽然煤炭价格相对稳定，但燃煤伴随较大的环境负荷。在综合考量之下，日本将增加购买海外油气公司的权益作为稳定燃料供给的重要选项。2011年度以来，日本用于这方面的财政预算每年都在增加。

（二）解决电力设施建设用地问题

对能源需求的增长主要体现在电力需求方面。要保障电力供给的增加，必须解决电力设施建设用地问题。日本的土地为私有制，建设电厂、安装送变电设施等，均需要从土地所有者手中买地。至于核电站、焚烧垃圾发电站等的建设，还存在说服当地居民对所建电力设施予以接纳以及对由此造成的不利影响予以补偿等问题。总的来看，建设电厂等电力设施，征地是一笔巨额支出，这笔巨额支出难以靠电力企业自身承担，需要国家财政予以支持。

1974年，日本政府设立“促进电源开发对策特别会计”的初衷便是帮助解决电力设施建设用地问题。2007年度以后，原有与能源相关的两项特别会计合并，帮助解决电力设施用地问题仍然是财政支持能源发展的一个重要方面。

（三）提升能源供需结构

所谓提升能源供需结构，《煤炭、石油以及提升能源供需结构对策特别会计法》第一条给出的定义是：构筑适应国内外经济社会环境的稳妥的能源供需结构。日本掌握的信息表明，世界上已探明石油储量已经有限，从长期看，石油价格趋于上升。于是，开发化石燃料以外的新能源成为日本能源战略的重要组成部分。早在1973年6月，日本就为加强对新能源的开发提出了“阳光计划”

(sunshine project)。就该计划的内容来看，“阳光计划”所要发展的新能源并不限于太阳能，还包括氢能、地热能等其他新能源。

石油危机爆发后，日本深刻认识到节约能源的重要性，并于1977年末提出了“月光计划”(moonlight project)。该计划借“月亮不消耗能源也能发光”之意，号召企业和国民采取彻底的节能措施。节能技术的提高和节能产品的开发与普及，使日本将一场石油危机变成了提升产业结构的契机，日本制造业的国际竞争力也显著提高。

就能源领域而言，日本的“阳光计划”和“月光计划”开启了提升能源供需结构的进程。为了强化对提升能源供需结构的支持，从1993年度起，日本将原有的“煤炭、石油及替代石油能源对策特别会计”正式更名为“煤炭、石油以及提升能源供需结构对策特别会计”，提升能源供需结构的政策内涵也更加丰富。随着《京都议定书》的签署，开发各种可再生的绿色能源和削减二氧化碳排放等也成为提升能源供需结构的重要内容。

在财政专项合并（2007年度）以后，提升能源供需结构仍是财政重点支持的方面。日本政府提出的目标是，通过从供给和消费两方面提升能源结构，把日本建成能源最先进的国家。

三　财政困境与扶持能源发展方式转变

随着经济高速发展阶段的结束，日本政府面临的一个经常性问题是财政收支缺口增大。特别是泡沫经济崩溃后，日本的财政形势日趋严峻。1999年以来，日本政府债务余额对GDP之比一直位列主要发达国家之首。这种状况从一个侧面促使日本改革原有的财税体制，与能源相关的财税制度也出现了大幅度调整。

（一）深陷困境的日本财政

日本的财政困境突出表现在以下三个方面。

1. 税收趋于萎缩

近20年来，日本政府税收总体上呈萎缩态势。1990年度、2000年度和2013年度，国税收入分别为627798亿日元、527209亿日元和468190亿日元[①]，同

① 2013年度为预算数据。財務省財務総合政策研究所『財政金融統計月報』2013年7月号、22頁。

1990 年度相比，2013 年度国税预算收入减少了 25.4%，减幅达 1/4 以上。

2. 财政支出快速增长

导致财政支出快速增长的原因，不仅有政府接连实施经济刺激政策带来的支出增加，更有人口老龄化带来的社保支出等的刚性增长。1990 年度、2000 年度和 2013 年度，日本经常性财政支出规模分别为 662368 亿日元、849871 亿日元和 926115 亿日元，财政收支缺口分别达 55932 亿日元、326100 亿日元和 428510 亿日元，2013 年度的财政收支缺口是 1990 年度的 7.7 倍。①

3. 政府负债率持续上升

日本政府不断扩大的财政收支缺口，只能靠发行国债弥补。2010 年度，日本新发行国债规模（443030 亿日元）竟然超过当年度的国税收入规模（437074 亿日元）。日本持续大量发行国债，导致政府债务余额对 GDP 之比不断攀升。1999 年，日本超过此前经常位列第一的意大利，成为主要发达经济体中政府负债率最高的国家。据经济合作与发展组织发布的数据，到 2015 年，日本政府债务余额将相当于其国内生产总值的 2.27 倍。②

（二）调整基调：强化财政统筹调配能力

快速攀升的政府债务余额，促使日本政府必须进行改革。桥本内阁时期（1996 年 1 月至 1998 年 7 月）曾试图从财政改革入手，推行“六大改革”。③ 为使财政改革持续推行下去，防止中途生变，桥本内阁还推出了《关于推进财政结构改革的特别措施法》（以下简称《财政结构改革法》），并于 1997 年末获国会通过。然而，强力推行财政改革的桥本内阁不久后倒台，《财政结构改革法》在颁布一年后便被冻结。

但是，日本进行财政改革的客观必要性和迫切性并未消失，反而在增强。进入 21 世纪以来，日本所推行的行政改革、医疗制度改革、养老保险制度改革、特殊法人制度改革等，无不与政府面临的财政困境密切相关，也无不伴随着财税制度的改革与调整。财税制度调整的基调是强化财政统筹配置资金的功能，这主要表现在以下两个方面。

① 財務省財務総合政策研究所『財政金融統計月報』2013 年 6 月号、32 ~ 33 頁。

② http://www.oecd.org/eco/outlook/Fiscal - balances - and - Public - Indebteness.xls.

③ 除财政结构改革外，六大改革的其余五项为经济结构改革、社会保障制度改革、金融改革、行政改革和教育改革。

1. 削减财政专项

在二战以后相当长一段时间里，日本中央财政有 38 个财政专项，涉及造币、印刷、医疗、专卖、金融、保险和再保险、资金分配与管理、能源、基建、土地改良等诸多领域。38 个财政专项的体制一直持续到 2002 年度。财政专项制度的主要功能在于专款专用，保障重点政策所需资金不被挤占或挪用，从而有利于弥补经济发展过程中的瓶颈或薄弱环节。财政专项是在关键环节或重要方面弥补市场缺陷、维护社会经济顺畅运营、实现经济高速发展的重要制度保障。

但是，财政专项制度也存在明显的弊端。一方面，部分财政资金被分别锁定在固定的用途上，必然带来资金力量分散，削弱财政统筹调动资金的能力。另一方面，多数目的税属于财政专项的特定财源，长此以往，形成了固化的利益集团，目的税和特定财源成为一些集团不可侵犯的既得利益。为维护既得利益，日本政界形成了诸如“道路族”“建筑族”等代表特定集团利益的“族议员”，成为财政调节资金余缺的干扰力量。

随着日本市场经济走向成熟，社会经济发展中的瓶颈在不同程度上被化解，有些财政专项已经失去存在的必要性，客观上需要对原有的财政专项以及资金分配格局进行调整。为此，日本政府于 2005 年 12 月 24 日确定了《行政改革的重要方针》，对财政专项制度进行大刀阔斧的改革。到 2014 年度，财政专项数目已由 38 个精减至 18 个，如果不计为 2011 年东日本大地震灾后重建而临时增设的财政专项，财政专项数目已减至 17 个。日本计划到 2015 年将财政专项减至 11 个（不含临时增设的“东日本大地震灾后重建特别会计”）。

2. 将部分目的税收入转为一般财源

取消或压缩直接划入财政专项的税收，将更多税收集中到经常性财政账户。2009 年度，伴随“道路特定财源制度”的废除，原来归属道路建设专项的税收，诸如石油气让与税、汽车重量税、挥发油税等收归经常性财政账户。此外，将原来归属地方道路建设专项的轻油交易税由目的税改为普通税，并将这项税收列入地方一般性财政资金来源。

（三）与能源相关的财税制度改革

在上述改革中，涉及能源的财税制度改革主要有以下四个方面的内容。

1. 撤销石油公团

石油公团的旧称是石油开发公团，是 1967 年 10 月由政府全额出资成立的特殊法人。其初期的业务主要是在海外开发石油，包括为在海外勘探石油、天然气提供资金、贷款、债务担保、技术指导、租赁机械设备等。1978 年以后，石油储备也成为该公团的业务，其名称也因此改为石油公团。该公团在提高石油自主开发和供应能力、增加国家石油储备、稳定石油供给方面担负重要职责。

撤销该公团的原因主要有三个方面。一是世界范围内石油储量有限，容许日本石油公团插足的余地越来越小。二是石油公团本身经营不善，亏损严重。据共同社报道，截至 2003 年度末，该公团向民间企业投入的 2 万亿日元资源开发投资中，有 1.3 万亿日元因探矿失败而打了水漂儿。① 三是国家财政形势日趋严峻，难以承受石油公团继续挥霍下去。根据日本政府 2001 年制定的《特殊法人整合计划》，决定撤销石油公团。按照凡是民间企业能做的就转为民营的原则，对石油公团原有的业务进行了区分，对其中确有必要保留的部分，由新组建的“独立行政法人石油天然气·金属矿物资源机构”（Japan Oil, Gas and Metals National Corporation，简称 JOGMEC）继承。

2. 合并能源财政专项

前面提及的 38 个财政专项中，有两个是能源领域的财政专项，一个是“石油以及提升能源供需结构对策特别会计”，另一个是“促进电源开发对策特别会计”。从 2007 年度起，日本政府将这两个财政专项合并为一个，组成“能源对策特别会计”。与此同时，日本还改革了能源特定财源管理办法，将原来直接划入“促进电源开发对策特别会计”的促进电源开发税和直接归入“石油以及提升能源供需结构对策特别会计”的石油煤炭税等一律收归经常性财政账户，然后根据需要，由经常性财政账户划拨给能源对策财政专项。

3. 合并功能近似的能源机构

依据 2004 年 12 月 3 日颁布的第 155 号法律《独立行政法人日本原子能研究开发机构法》，日本对原子能研究所和核燃料循环开发机构两家实行了合并，新组建的机构称作“日本原子能研究开发机构”（Japan Atomic Energy Agency，简称 JAEA），于 2005 年 10 月正式成立，机构的性质为独立行政法人，其主管部门是文部科学省和经济产业省，其研究和运营所需经费列入财政预算，直接由财政拨款。2013 年度和 2014 年度，财政对该机构的拨款预算分别为 1760.25 亿日元和 1829.31 亿日元。②

---

① 「石油公団、37 年の歴史に幕　廃止法の完全施行で解散」、http://www.47news.jp/CN/200503/CN2005033101002694.html。

② 「独立行政法人に対する財政支出」、『平成 26 年度予算』。

依据2002年12月18日颁布的第179号法律《独立行政法人核能安全基础机构法》，日本将原有的“核能发电技术机构”、“核能安全技术中心”和“发电设备技术检查协会”三家并为一家，组建“日本核能安全基础机构”（Japan Nuclear Energy Safety Organization，简称JNES），由该机构负责对核电设施等进行安全检查。就法律赋予该机构的职责而言，该机构在对核设施进行安全检查时应保持中立和公正，并能够对核设施的安全性做出科学而准确的判断。然而，2011年11月有检举材料指出，该机构在对核电站进行安全检查之前，要求被检查方按照检查方案所列内容准备资料，该机构只是依据对方复印的资料进行所谓的检查，致使对核电站的检查完全流于形式。日本核能安全基础机构的做法，不仅没有减轻反而进一步增添了国民对核电安全性的担忧。2014年3月1日，日本核能安全基础机构被撤销，其原来的班底与“核能规制委员会”合并。

4. 开征环境税

所谓环境税（environmental tax）并不是一个税种，而是以减轻环境负荷为目的开征或加征税收的通称，课税对象一般是排放二氧化碳、加重环境负荷的化石燃料消费，诸如汽油税、燃煤税、废弃物处理税等。因此，环境税又有“碳税”之称。

日本政府2011年末确定的税制大纲决定，自2012年起实施“地球温室效应对策税”，具体做法是用三年半的时间逐步提高石油煤炭税。与引入环境税因素之前相比，2016年4月以后，原油及进口石油产品税将上升37.3%，燃气税将上升72.2%，煤炭税将上升95.7%。由此增加的税负直接由耗费化石燃料的企业承担。其实，企业会将增加的税收计入产品成本，将税负转嫁给最终消费者。

日本以环境税的名义提高石油煤炭税率具有一石二鸟的功效，一是增加财政收入，这对深陷财政困境的日本政府而言具有重要意义；二是进一步促进节能，减少化石燃料的消耗，这样做既有助于减少二氧化碳的排放和改善环境，也有利于经济社会的可持续发展。

二战后日本在经济技术方面实现了跳跃式赶超，日本的国民生产总值（GNP）于1968年跃居主要发达国家第二位。众所周知，日本是一个能源和自然资源贫乏的国家，其经济大厦建筑在进口能源和资源基础上。战后日本经济社会能够历经多次能源危机而不乱，并将世界第二经济大国的地位保持40多年，与日本周到谋划能源发展战略密切相关。在节能减排、确保能源稳定供给方面，日本的经历和做法中有诸多值得我们深入研究和予以关注的经验教训。

B.14

日本能源金融一体化战略研究

刘 瑞*

摘　要：　近年来，日本能源融资呈现新变化，可再生能源融资、海外大型项目融资以及海洋能源开发资金等的支持力度得到显著强化。能源金融的核心是能源的市场化定价机制，其焦点是世界各主要国家围绕能源商品尤其是石油的定价权的争夺，其中期货市场价格在国际石油市场定价中起决定作用。作为世界三大石油期货市场之一，东京商品交易所（TOCOM）面临石油市场交易减少甚至萎缩的困境。为此东京商品交易所采取了一系列新举措，未来计划在石油期货市场的基础上，对电力、液化石油气等能源市场进行整合，创立综合能源交易市场。目前，中国原油期货上市已进入实质性推进阶段，日本的相关经验、教训值得借鉴。

关键词：　能源金融　石油期货市场　价格形成机制　东京商品交易所

目前全球能源金融发展迅速，但对能源金融的研究较为分散，关于能源金融的定义主要分为三类。一是宏观战略视角，认为能源金融是国际能源市场与国际金融市场相互渗透和融合的产物，是国家战略的一个重要组成部分。[①] 二是中观产业视角，将能源金融从能源虚拟金融与能源实体金融两个层面进行分析。[②] 三是微观产品视角，认为能源的金融属性体现在能源现货市场与金融衍生品市场相

---

* 刘瑞，经济学博士，中国社会科学院日本研究所副研究员，全国日本经济学会副秘书长，主要研究领域：日本金融、中日金融制度比较、日本能源等。

① 林伯强、黄光晓编著《能源金融》（第2版），清华大学出版社，2014，第44页。

② 余升翔、马超群：《能源金融的发展及其对我国的启示》，《国际石油经济》2007年第8期。

互作用、相互影响的演进过程中。[①] 综合而言，能源金融既是能源产业与金融业的融合，又是金融市场和商品的发展尝试，在理论和实践中都是非常前沿的不断扩展的动态问题。从现实来看，能源金融的核心仍是能源的市场化定价机制，其焦点则是世界各主要国家围绕能源商品尤其是石油的定价权的争夺。

一 日本能源结构及能源金融新动向

（一）日本能源供需结构特点

2013 年，全球共计消费 127.30 亿吨油当量的一次能源，其中日本位于中国、美国、俄罗斯、印度之后，居世界第五位，总计消费 4.74 亿吨。在一次能源中，日本的原油消费量为世界第三位，原煤为第四位，天然气为第五位。[②] 根据日本政府统计，2010 年度利用化石燃料（天然气、煤炭、石油）进行发电的比例为 62%，东日本大地震发生后，核能发电被叫停，2013 年度化石燃料占发电能源的比例高达 88.33%，连续两年更新历史最高水平，超过 1973 年度第一次石油危机时的 80%，其中天然气、煤炭、石油分别占 43%、30% 和 15%，比 2010 年度提高 14%、5% 和 7%。[③]

作为能源消费大国，随着产业部门和民生部门推进石油向电力、城市天然气等燃料转换，以及汽车产业节能技术的提升，日本的石油消费呈减少趋势，1990 年度石油占能源最终消费的 56.2%，2012 年度降至 50.0%，[④] 但石油仍然是国民生活和经济运行中不可或缺的自然资源。从供给角度看，日本国内能源匮乏和短缺，石油对外依存度高，原油 95% 以上需要进口。从进口地区分布来看，2013 年 83.36% 的原油来源于中东地区，集中度很高。

（二）近年来日本能源融资新动向

作为能源战略实施的具体手段和工具，能源金融在日本国家能源战略体系中

---

① 中国银行国际金融研究所课题组：《全球能源格局下我国的能源金融化策略》，《国际金融研究》2012 年第 4 期。

② "BP Statistical Review of World Energy June 2014," http://www.bp.com/en/global/corporate/about-bp/energy-economics/statistical-review-of-world-energy.html.

③ 資源エネルギー庁『平成 25 年度エネルギー白書』、2014 年 6 月。

④ 経済産業省資源エネルギー庁「2013 年資源・エネルギー統計年報（石油）」、http://www.meti.go.jp/statistics/tyo/sekiyuka/pdf/h2dhhpe2013k.pdf。

发挥着重要作用。近年来日本国家能源战略的核心目标在确保能源安全和应对环境变化等方面，其能源融资也相应呈现出一些新变化。

1. 多层次强化对可再生能源融资力度

根据日本资源能源厅的定义，可再生能源是指由法律认定的、能够永久性持续利用的能源，包括太阳光、风力、水力、太阳热能、大气中的热能以及自然界存在的其他热能、生物能等。[①] 2012 年度利用可再生能源发电仅占总发电量的 1.6%，但比 2003 年度的 0.6% 有所增长。

在日本政府的推动下，参与可再生能源融资业务的主体呈现出官民一体化的特征，融资规模也不断增大。日本政策性银行、大型金融集团、地方性银行、电力企业等多元化主体参与其中。日本政府通过的 2014 年度补充预算和 2015 年度预算，其中资源、能源方面，2015 年度预算 7965 亿日元，2014 年度补充预算 3284 亿日元，二者合计达 1.12 万亿日元，比上年度增加 11.6%。

2. 大银行牵头的能源开发等海外大型项目融资业务急剧增加

国际金融危机以来，日本银行持续实行超宽松金融政策，在“安倍经济学”政策的引导下，货币政策更加宽松，银行业存贷利差缩小，盈利空间受到挤压。在此背景下，日本大银行积极参与海外能源、资源及基础设施等大型项目融资。据汤姆森路透社（Thomson Reuters）统计，2014 年全球项目融资总额 2597 亿美元，其中日本三大金融巨头——三菱日联金融集团、三井住友金融集团、瑞穗金融集团作为牵头银行的大型融资居前三位，占比 14.9%，比 2013 年提升 1.7%，创历史新高。[②]

其中，2014 年三大银行参与了多起日本企业主导的海外大型能源项目，例如三行共同为三井物产、三菱商事等参加的美国 Cameron 公司液化天然气（LNG）出口业务融资 78 亿美元；三菱日联、瑞穗分别为伊藤忠参加的土耳其炼油厂建设项目、关西电力在印度尼西亚的水力发电业务提供融资。

3. 政府为参与海洋能源开发的企业提供资金支持

从陆地面积看，日本仅在世界排名第 61 位，但其海洋面积为世界第 6 位，地热能源居第 3 位，可再生能源潜力巨大。据环境省测算，风能、地热、太阳能

---

① 経済産業省資源エネルギー庁、http://www.enecho.meti.go.jp/category/saving_and_new/saiene/renewable/outline/。

② 『産経新聞』2015 年 1 月 16 日。

等可再生能源潜力是东日本大地震前日本电力总量的5倍，其中风能占90%，尤其是海上设置的风力发电的潜力很大。① 在2015年度政府预算案中，海上风力发电等技术研发费用为79.3亿日元，比2014年度增加30.3亿日元。

东日本大地震后，日本的核能发电停滞，火力发电所需的液化天然气急速增加，2013年进口总额超过7万亿日元，是地震前的两倍。日本贸易收支从2011年起连续四年赤字。为提升能源自给率，日本非常重视蕴藏于海洋中的能源和矿物资源，并对一些耗资巨大、开发潜力大的项目由政府提供资金担保。目前，日本海洋资源开发投资规模为6万亿日元，预计2020年扩张至11万亿日元，其中海洋液化天然气项目潜力巨大，设备订单有望增加。②

二　日本在全球能源金融市场的地位及特点

能源金融的发展离不开国际金融市场，从历史演进来看，能源金融的核心在于能源的市场化定价机制。虽然未来太阳能、生物能源等可再生能源的比重逐步上升，但石油等化石燃料仍将作为世界主要能源对全球经济产生重要影响。在国际石油价格形成的过程中，石油的金融属性日益突出，全球能源金融市场的焦点在于世界各主要国家围绕能源商品尤其是石油的定价权的争夺。目前国际石油市场形成了西北欧、地中海、加勒比海、新加坡和美国五大现货市场，拥有大型港口和众多炼油厂是成为国际性现货市场的必要条件。全球三大期货市场分别为纽约商品交易所（NYMEX）、伦敦国际石油交易所（IPE）和东京商品交易所（TOCOM），期货市场价格在国际石油市场定价中起到关键作用（参见表14－1）。③

（一）日本在全球能源金融市场中的位置

国际原油市场以全球各主要产油区的标准油为基准定价，基准原油主要分为三大类：美国西得克萨斯州轻质原油（WTI）、英国北海布伦特原油（BRENT）和中东阿联酋迪拜原油（DUBAI）。

按区域划分，所有在北美生产或销往北美的原油计价时都以WTI为基准油，主要在纽约商品交易所进行原油期货交易。由于该原油期货具有流动性强和透明

---

① 室山哲也「海洋パワーと日本の海洋戦略」、NHK解説委員室、2013年7月25日、http://www.nhk.or.jp/kaisetsu－blog/100/162948.html。

② 『日本経済新聞』2014年3月27日。

③ 林伯强、黄光晓编著《能源金融》（第2版），清华大学出版社，2014，第70页。

表 14－1　全球三大原油期货商品交易市场概要

市场名称	所在地	主要交易商品	合约单位	报价	会员机制
纽约商品交易所(NYMEX)	美国纽约	WTI 轻质低硫原油期货、期权，WTI 轻质低硫原油日历差价期权	1000 桶	美元美分/桶	清算商和企业投资者(交易所审核通过)、个人投资者
伦敦国际石油交易所(IPE)	英国伦敦	布伦特原油期货，布伦特原油期权	1000 桶	美元美分/桶	在伦敦州际交易所(ICE)欧洲所在地有实体办公室，满足 ICE 欧洲所要求的其他条件
东京商品交易所(TOCOM)	日本东京	中东原油期货	100 千升	日元/千升	经纪商(日籍)、交易商(日籍)、其他投资人(不限国籍但必须通过经纪商进行交易)

资料来源：根据 TOCOM 资料制作。

度高等优点，以 WTI 为基准油的原油期货交易价格成为全球商品期货的主要价格。

1988 年 6 月，伦敦国际石油交易所推出布伦特原油期货，从俄罗斯、非洲及中东销往欧洲的原油均以此为基准，在期货、场外掉期、远期和即期现货市场上被广泛交易，目前全球 65% 以上的实货原油挂靠布伦特体系定价。①

中东产油国生产或从中东销往亚洲的原油以前多以阿联酋迪拜原油为基准油计价，主要交易方式为场外交易（OTC 市场或柜台市场）或与其他标准油的价差交易。② 2001 年以来，东京商品交易所推出中东石油期货，并发展为全球三大石油期货市场之一。

（二）东京商品交易所发展特点

一般来说，商品期货市场具有四项功能，即对冲价格风险功能、价格发现功能、商品对接功能、杠杆效应下资产运用功能。与纽约商品交易所和伦敦国际石

① 《世界最大石油交易商呼吁改革布油指数》，华尔街见闻，2014 年 3 月 12 日，http://wallstreetcn.com/node/76963。

② 《国际原油市场的格局及定价机制》，《期货日报》2014 年 5 月 5 日。

油交易所相比，东京商品交易所具有以下三个特点。

1. 起步晚，发展较快

1984 年，依据《商品期货交易法》，经农林水产省和经济产业省批准，东京纤维商品交易所（1951 年成立）、东京橡胶交易所（1952 年成立）和东京黄金交易所（1982 年成立）合并为东京工业品交易所，1999 年开设石油市场，推出汽油和煤油期货交易业务；2001 年推出中东原油期货合约；2002 年与新加坡交易所合作推出中东原油期货合约；2004 年向石油市场引进期货转现货（EFP）和期货转掉期（EFS）交易，与日本其他商品交易所共同出资成立日本商品结算机构；2010 年建立新的交易系统，并于 2010 年 9 月延长交易时间，除上午 9 点至下午 3 点的日常交易，还设立夜间交易市场，以便欧美等海外投资者交易；2010 年 10 月开设中京石油市场，汽油和煤油商品上市；2013 年 2 月更名为东京商品交易所（TOCOM）；2013 年 11 月，与日本银河能源（GINGA ENERGY JAPAN）合资成立 Japan OTC Exchange（JOE）公司，以场外交易市场运营为主。目前，东京商品交易所主要经营黄金、白银、原油、汽油、灯油、玉米、大豆、橡胶等 17 种商品。在亚洲市场，东京商品交易所推出的中东原油期货是最为成功的亚洲原油期货品种，东京商品交易所石油期货价格为石油现货交易价格提供了一定的参考。

2. 本币计价，但交易量逐步缩小，未形成亚太地区原油有效定价机制

石油美元计价历史由来已久，20 世纪 70 年代，美国与沙特签订一系列协定，致使沙特石油出口全部以美元计价。两伊战争爆发后，石油输出国组织（OPEC）成员的长期分歧使美元进一步统治石油输出国组织的石油标价权，石油的美元本位制几乎无法撼动。东京商品交易所的中东原油期货是全球唯一以非美元定价的原油场内金融产品，采用日元本币计价，其计量单位也不同于欧美通行的“桶”，而是日本国内通行的“千升”。这种做法为日本甚至亚洲地区的投资者减少了汇率结算风险，提供了保值需要。但由于日本经济长期低迷，且受制于美元石油的霸主地位，其交易量极其有限，2011 年东京商品交易所中东石油期货只占全球三大交易所期货交易量的 1%，而同期纽约商品交易所的 WTI 期货占 62%，伦敦国际石油交易所的 BRENT 期货占 37%。

3. 个人投资者较多

就东京商品交易所市场参与主体而言，调查结果显示，从成交量来看，2014 年 9 月市场参加主体中从事期货自营交易的投资公司、基金和投资信托等机构投资者占 33.2%，石油公司、商社、流通、加工等企业占 12.3%，个人投

资者占30%。① 而纽约商品交易所市场上，石油公司等占比超过40%，专业的机构投资者活跃，个人投资者占比很少。从交易持有量来看，东京商品交易所市场中的个人投资者占比高达45.5%，石油公司等占比26.8%，机构投资者占比5.3%。由此可以看出，个人投资者持有较长时期的头寸，机构投资者比例低，成为市场扩张的阻碍。

三　日本石油期货市场调整新格局

（一）面临的问题及其原因分析

近年来，日本石油期货市场面临交易减少甚至萎缩的困境。如表14－2所示，自1999年起，东京商品交易所陆续推出汽油、灯油及原油等商品后，2003年达到7175.8万手的最高交易纪录，但之后规模持续减少，2014年仅为345.8万手，仅为峰值的4.8%。从日均交易量来看，2003年2月石油、灯油和原油日均交易23万手，2004年也维持在日均10万手左右，但2005年起交易量骤减，2014年3月仅为1万手。

表14－2　东京商品交易所石油相关商品交易量变化

单位：1000手

年度	汽油	灯油	原油	轻油	合计
2003	42382	27193	1809	372	71758
2004	39518	28491	2284	1292	71586
2005	29420	17086	1981	43	48531
2006	17886	8520	1961	8	28376
2007	11165	5036	1489	8	17698
2008	5800	2749	755	8	9314
2009	3717	1742	624	0	6084
2010	2874	1479	943	4	5301
2011	2462	900	1297	11	4671
2012	2390	746	1285	9	4432
2013	2258	925	1166	5	4354
2014	1870	690	897	1	3458

资料来源：日本商品清算機構「商品取引所出来高速報等」。

① TOCOM、http：//www. tocom. or. jp/jp/news/2014/20141114. html。

究其原因，主要有以下三个方面。第一，地缘政治风险导致投机资金流出。例如叙利亚政局危机导致中东地区石油价格急速上涨后回落，加之美国财政悬崖、QE退出等政策引导，投机资金流出石油市场。第二，受日元汇率影响。日本从海外进口原油，在国内进行深加工，形成汽油等成品。由于东京商品交易所进口中东石油采用日元计价，日元贬值时，进口价格上升带动中东原油价格上升，而且，由于和WTI、BRENT石油存在绝对交易量的明显差距，作为中东产原油指标的迪拜原油和阿曼原油价格必须将美元兑换为日元计价。在2007年至2012年日元升值的背景下，日本国内石油价格涨幅回落，而日本个人投资者偏重“做多”，因此在价格涨幅缩小时投资者追加投资热情弱化。2014年原油价格大幅下跌，投资者出于风险厌恶，石油交易量年比减少20%。第三，与纽约、伦敦期货交易市场不同，目前日本石油开发、制造、批发、零售等业界相关投资者参与很少，最初太阳石油、出光兴产、新日本石油（现为JX日矿日石能源）等石油成品制造、销售企业均参与日本石油制品期货交易，并以东京商品交易所期货交易价格作为其决定结算价格或合同价格的一个指标。现在日本石油企业虽然偶尔参与交易，但东京商品交易所并未形成对石油企业业务进行有效资产配置的市场。与之相比，在纽约、伦敦期货交易市场欧美同业相关企业不仅出于投资目的参与市场交易，而且近半交易以对冲风险、确保收益为目的。

（二）东京商品交易所石油期货市场发展的最新动态

1. 扩大石油市场不同商品间点差交易（spread trade）范围

为了唤醒低迷的石油市场，吸引更多石油制造业者进入市场，东京商品交易所从2014年3月起改变限于同一商品指定两种不同期限价差进行买卖交易的做法（SCO），首次尝试对不同商品实施SCO，即在原油、汽油、灯油、轻油之间以及中京石油市场汽油、灯油之间对不同期限产品进行组合买卖交易。

日本石油期货市场创设之初曾受到多家大型石油公司的抵制，但当时市场采用对同种商品不同期限SCO的方式，减轻了加工成品油的边际变动风险，增加了石油加工、销售企业参与期货市场交易的积极性。与此同时，为了扩大结算时的现货交易量，此次东京商品交易所将SCO保证金从16万日元下调到9万日元。SCO的创立及市场设计改革，将有可能对稳定日本石油企业收益并带动石油期货市场发展起到良好的促进作用。

2. 扩大交易时间

2014年7月，东京商品交易所将白天交易时间从9点至15点30分变更为9

点至15点15分，交易休止时间从1小时30分缩短至1小时15分，夜间交易时间从17点至凌晨4点变更为16点30分至凌晨4点。① 此举的目的在于提升东京商品交易市场的便利性，进一步与欧洲市场接轨，并以此增强市场流动性。

3. 加强与国外石油商品交易所合作

2014年3月，东京商品交易所和迪拜商品交易所（DME）签署了备忘录，加强两个交易所之间的合作关系，共同开发原油等能源市场产品。② 迪拜商品交易所创立于2007年，是中东地区最大的国际能源期货和商品交易所，其主要产品是阿曼原油期货，是阿曼和迪拜原油官方售价的唯一基准，也是中东出口到亚洲的价格指标性原油。阿曼政府原油产量近半在迪拜商品交易所交割。迪拜商品交易所与东京商品交易所的合作将有助于促进亚洲石油期货市场价格的形成。

4. 创设石油场外市场

2014年5月，东京商品交易所与新加坡经纪商银河石油公司（Ginga Petroleum）获准创立石油产品的场外交易市场，交易对象为原油、汽油、煤油、柴油等金融衍生商品，最终可能交易液化天然气，以打破液化天然气对石油联动定价的依赖。目前已有十余家企业表明参加意向。

（三）东京商品交易所中期展望

在于20世纪90年代末期石油自由化过程中建立的东京石油期货市场基础上，2013年12月，东京商品交易所宣布对电力、液化天然气和能源市场进行整合，为创立综合能源交易市场做准备，其目的在于建立可信性更高、透明度更好的价格指标，反映能源供需状况，防止投机资金过度流入。③ 具体措施主要包括四方面。第一，增加交易量，吸引海外投资者和国内机构投资者。第二，扩大交易品种，开发原油等商品，在国外商品交易所共同上市。第三，在电力自由化改革过程中，建立电力期货交易市场。第四，建立液化天然气期货交易市场。

根据计划，未来三年将是市场整合的关键时期。④ 例如在交易系统方面，三年内将继续利用现行交易系统，同时，将与日本交易所集团共同利用2014年下

① TOCOM「取引時間の拡大及び夜間立会からの新甫発会について」、2014年3月14日、http：//www. tocom. or. jp/jp/news/2014/20140314. html。

② TOCOM「東商取とDME、エネルギー商品分野での協力推進で合意」、2014年3月17日、http：//www. tocom. or. jp/jp/20140317. html。

③ 「エネルギー基本計画」、2014年4月、63頁。

④ 株式会社東京商品取引所「中期経営計画（2014年度~2016年度）」。

半年选定的新系统，强化经营基础，改善不断恶化的经营收益。东京商品交易所2013年度赤字达9亿日元，同比增加15.6%，其主要原因在于市场遇冷，商品交易低迷。因此，日本希望通过能源市场整合改善东京商品市场的财务状况。

四 对中国原油期货市场建设的启示

（一）中国原油期货市场建设历程

近年来，作为主要的能源消费大国，我国的能源形势越发严峻。2013年我国石油消费量为4.98亿吨，比2000年增加1.2倍，占世界消费量的比重也从6.2%上升至11%。同时原油进口量从2000年的0.7亿吨上升至2013年的2.8亿吨，石油对外依存度为58.1%。虽然我国是世界第四大石油生产国、第二大石油消费国和石油进口国，但是在亚太石油定价体系中一直处于比较被动的地位，甚至在进口中东石油时需要支付“亚洲溢价”。为提升中国对国际原油价格的话语权，为我国能源安全提供保障，国内企业要求恢复原油期货的呼声很高。

20世纪90年代，我国曾建立石油交易所，并推出过原油期货商品。1993年，当时的上海石油交易所成功推出石油期货交易，之后华南商品期货交易所、北京石油交易所等相继推出石油期货合约。至1994年初，上海石油交易所石油期货总成交量达5000万余吨，总成交额达1000亿元人民币，仅次于纽约商品交易所和伦敦国际石油交易所，居世界第三位。1994年国务院颁布《国务院批转国家计委、国家经贸委关于改革原油、成品油流通体制意见的通知》，实行石油的国家统一定价，关闭市场价格形成机制窗口，取消原油期货交易。

此后，由于缺乏有效的规避价格风险工具，国内企业不得不在国际期货市场利用套期保值工具交易，但受制于境外市场环境，交易风险很大。1999年上海期货交易所成立，2004年燃料油期货上市，为原油期货积累了宝贵经验。2014年11月，经中国证监会批准，上海期货交易所在上海自由贸易区内设立上海国际能源交易中心，2014年12月，中国证监会批准上海期货交易所在上海国际能源交易中心开展原油期货贸易，标志着原油期货上市进入实质性推进阶段。日本石油期货市场的经验教训值得借鉴。

（二）借鉴与启示

1. 本币计价不是掌握石油定价权的关键因素

目前的国际原油贸易主要以美元结算为主，东京商品交易所推出的中东原油期货是全球唯一采用本币定价的产品，虽然此举旨在减少日本投资者汇率风险，但创建十余年来并未成为提高成交量、吸引投资者的重要工具。

在上海原油期货合约设计中，以人民币计价、推进人民币国际化成为共识。从短期看，欧元由于欧洲陷入债务危机、经济低迷而难以在短期有所作为，日元、卢布等的影响力仍显不足，彻底改变石油美元的格局未形成。但是从长期看，原油计价货币多元化趋势不可逆转，围绕原油计价货币之争将更加激烈。在亚太原油贸易人民币计价的同时，更要充分认识、掌握定价权的根本要素，即市场供求因素，要求具备充足的石油储备、透明的场内和场外交易市场、活跃的交易量、多元的参与主体等。

2. 石油期货必须有成熟的现货交易做基础

日本的石油期货市场是在良好的现货交易基础上发展起来的，东京商品交易所石油期货上市前，各石油公司可以自由进口石油产品，石油现货市场基本开放。在中国现行体制下，由于大石油企业形成垄断格局，我国的现货市场存在市场参与主体有限、原油贸易流动受阻、缺乏风险对冲机制、市场化程度不高四大阻力，[1] 并不存在真正意义上的原油现货市场。目前，中石油、中石化和中海油三大石油公司分别建立了各自的原油生产、冶炼和进出口体系，其他原油企业基本依赖于这几家大公司。这种现状不利于原油期货的发展，应逐步放开石油、天然气的准入、进口，加快价格形成机制改革，在此基础上引入民营资本，形成竞争性更强的市场。

3. 微观层面上，积极引入多元化参与主体

日本石油期货市场创设之初，曾受到多家大型垄断石油公司的抵制，认为石油无法作为期货商品交易。但当时市场采用对同种商品不同期限 SCO 的方式，减轻了加工成品油的边际变动风险，增加了石油加工、销售企业参与期货市场交易的积极性，随着新日本石油的加入，几乎所有大型石油公司均加入这一市场。

在全球原油价格大幅波动的背景下，我国石油企业对石油期货套利保值功能的需求更加迫切。2014 年以来国际油价大幅下滑，由于国内大型石油企业都是一体化经营模式，每年需要进口大量原油，因此，油价下跌，企业风险增加，而其保有的原油、成品油库存等在价格大幅波动时缺乏有效的避险工具，因此企业要求原油期货产品的意愿很强。但是由于缺乏多元化参与主体，市场难以扩大，因此必须打破垄断，鼓励其他石油公司进入市场，同时创造条件吸引更多国内外

---

① 《原油期货探路国际化，国内石油现货市场面临挑战》，《国际金融报》2014 年 12 月 14 日。

金融机构参与交易，形成健康活跃的市场。

4. 从制度层面来看，制定并不断完善法律法规

日本规范期货市场的法律法规很多，如《证券交易法》《投资信托及投资法人法》《银行法》《公司法》《资产流动化法》《商品期货交易法》等，对交易所、交易产品、结算、管理、处罚、监管等都有详细规定。与 20 世纪 90 年代相比，我国相关政策法规基本健全，包括《期货交易管理条例》《境外交易者从事境内特定品种期货管理暂行办法》《原油和燃料油期货保税交割管理相关办法》等法律法规都在近年出台，这将有力地保障原油期货的顺利运行。但是我国目前在市场监管和外汇管理等方面仍有严格的管理和约束，在形成符合市场需求、适合我国现阶段国情的优化机制的同时，还需制定石油期货相关交易规则，确保市场的公平与效率。

5. 从对外合作方面而言，要加强与境外石油金融市场的合作，扩大对亚太地区原油定价机制的影响力

在当今全球石油定价体系中，亚洲地区缺乏应有的话语权，日本积极利用境外石油资源，争取扩大对亚太地区石油、液化天然气等的价格主导权。得益于强大的经济影响力以及对外开放的不断深入，中国未来需在亚太石油体系中发挥更大的影响力。2014 年 10 月，上海国际能源交易中心与迪拜商品交易所签署谅解备忘录，旨在共同促进中东资源集中地与亚太消费集中地的原油市场联动，促进原油期货市场建设。今后，中国应进一步紧密加强与亚洲国家在石油金融市场的合作，创造共同的交易平台，在亚太地区原油、液化天然气等市场定价上提升话语权。

日本能源安全与海外能源开发

BLUE BOOK

Japan's Energy Security and Overseas Energy Development

B.15

页岩油气革命与日本的能源安全保障

〔日〕高井裕之　宫之原正道*

摘　要：源自美国的页岩油气革命，促使世界能源供给结构正在发生巨大变化。另外，受东日本大地震的灾害影响，日本国内全部核电站至今依然处于停机状态。天然气火力发电及石油火力发电随即增多，而进口燃料的增加导致贸易收支情况恶化，其对日本的负面影响开始显现。鉴于此前主要依赖核电的能源政策难以为继，为确保天然气供给渠道的多元化，日本强烈期待能从美国进口LNG。本文将综观世界及日本的能源形势，并据此就日本的一次能源（石油、天然气、煤炭）供给现状和今后的发展趋势做简要介绍，此外，还将对世界，特别是今后能源需求旺盛的亚洲的能源状况及趋势进行讨论。

* 高井裕之，住友商事（株式会社）执行高管，住友商事全球研究所（株式会社）社长；宫之原正道，住友商事全球研究所（株式会社）产业部兼经济部高级分析师。

关键词： 页岩油气革命 能源供给 能源需求 能源安全

一 页岩油气革命和世界能源形势的变化

（一）页岩油气革命的概要

所谓页岩气，是一种非常规的天然气，主要采自坚硬的页岩层（shale）。开采页岩气主要有两种方法：一种是扩展页岩层矿井接触面的水平开采法，另一种是利用水压在岩石上打开裂缝以确保天然气流路的清水压裂法。这两种技术，过去由于成本高，从技术角度来看被认为是难以实现的，但美国的独立石油公司米歇尔能源公司经过长年的技术开发，在21世纪初正式开拓了页岩油气商业化开采的道路。

在美国苦于国内燃气供给增长迟缓的情况下，通过页岩油气的开发生产，美国天然气的供给量急剧增加，使国内燃气供需的紧张状况得以缓解。在这种背景下，美国天然气的价格开始走向低迷，表明美国的能源结构正在发生巨大变化。在此情况下，美国政府于2010年出台新政策，取消了对出口液化天然气（LNG）的限制，预计最快从2016年开始将实现LNG出口。

现阶段，虽然只有美国实现了页岩油气的商业生产，但页岩油气资源不只美国有，阿根廷、中国、非洲各国等也有广泛分布。2013年，世界上页岩油气技术可开采总储量约为7800万亿立方英尺（1万亿立方英尺=283.17亿立方米），相当于200～400年的可开采量。今后，包括中国在内的具有开采可能性的一些国家也将推进页岩油气的开发。

（二）页岩油气革命带给世界的影响

图15－1显示了页岩油气革命带给世界的影响。如前所述，随着美国页岩油气革命的进展，美国逐渐从以中东地区为中心的化石燃料的供给体制转向自立，其结果导致中东对能源需求增多的亚洲扩大了供给，国际能源供给结构发生了很大变化。

正如后面将要阐述的，亚洲地区旺盛的能源需求日益凸显。为满足亚洲地区这种旺盛的能源需求，不仅需要增加亚洲区域内的能源贸易，预计还将大幅增加来自域外的能源进口。具体而言，除在亚洲历来占较大份额的煤炭以外，来自北

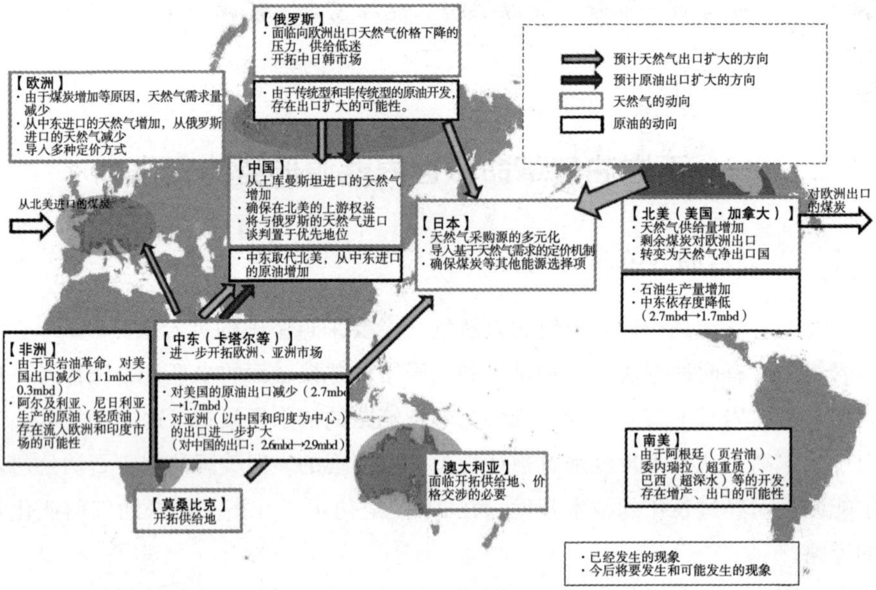

图 15－1　页岩油气革命对世界的影响

资料来源：経済産業省、http：//www. meti. go. jp/。

美缘于页岩油气革命的 LNG 出口、澳大利亚新建的 LNG 项目以及来自包括非洲在内的各地区的 LNG 都将流入亚洲。如此，煤炭和天然气各自的优势将被更加有效地利用，竞争（市场）份额的时代即将到来。

二　日本的能源供给状况

（一）日本的能源现状

1. 日本及主要国家的能源自给率

所谓能源自给率，就是生活和经济活动所需要的一次能源，本国国内能够确保的比率。图 15－2 显示的是日本及主要国家的能源自给率，如图所示，日本的能源自给率仅为 20% 左右，在主要国家中明显是偏低的。而中国，除了拥有丰富的煤炭外，还能自产石油及天然气，能源自给率为 90% 左右，在主要国家中显然是比较高的。

2. 日本及主要国家单位 GDP 的一次能源消费

图 15－3 显示的是日本及主要国家单位 GDP 的一次能源消费情况。虽然日

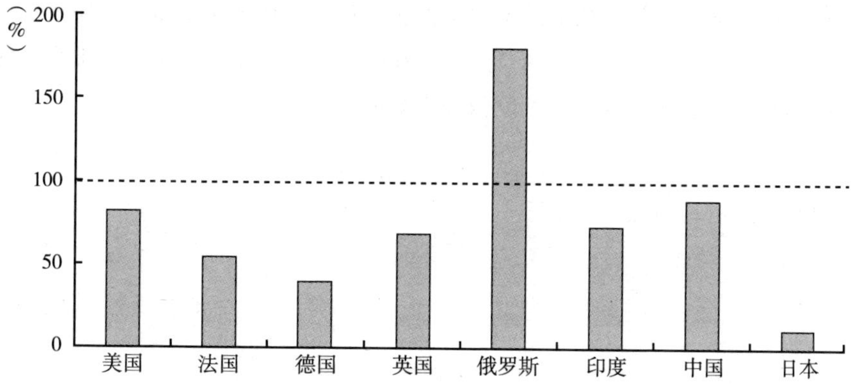

图 15-2　日本及主要国家的能源自给率

资料来源：IEA，http：//www. iea. org/。

本是仅次于美国和中国的世界第三经济大国，但与高速经济增长的中国及印度相比，日本单位 GDP 的一次能源消费仅是其 1/5 左右，即使与节能技术发达的欧美主要国家相比也是很低的。日本单位 GDP 的一次能源消费量少于其他各国，这说明日本的能源利用效率是很高的。

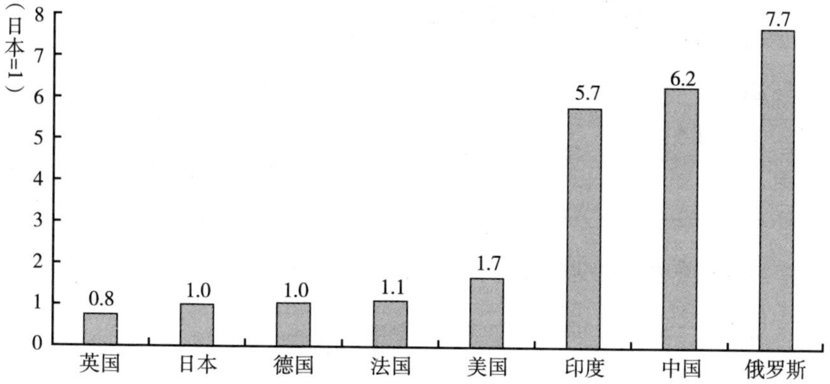

图 15-3　日本及主要国家单位 GDP 一次能源消费

资料来源：『エネルギー白書』。

3. 日本及主要国家的一次能源消费结构

图 15-4 显示了日本及主要国家的一次能源消费结构。由于日本依赖海外的能源资源，因而需要实现各种一次能源平衡的多元化。2009 年，日本一次能源需求的 15% 来自核能。但 2011 年 3 月东日本大地震后，由于福岛第一核电站发

生事故，日本国内全部的核电站不得不停止运行，由核能所提供的能源供给至今一直处于停滞状态。因此，石油及天然气在能源消费中所占比重有所提高。而中国国内拥有丰富的煤炭资源，过度依赖煤炭成为其主要特征。

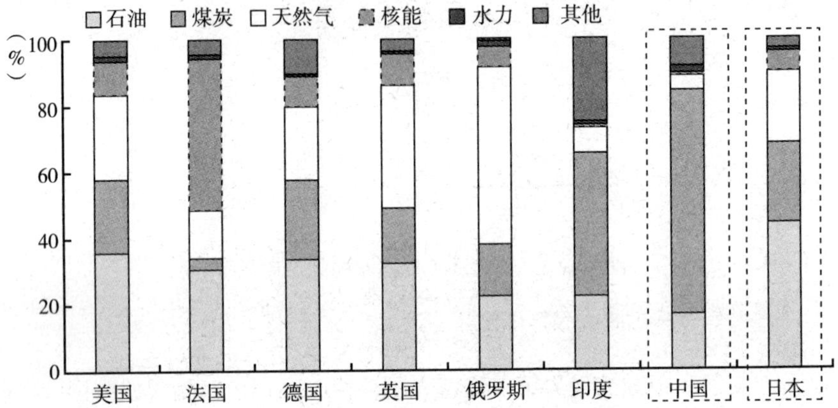

图 15－4　日本及主要国家的一次能源消费结构

资料来源：IEA，http：//www. iea. org/。

（二）日本各种一次能源的供给状况

1. 石油

（1）原油供给

如图 15－5 所示，2012 年日本的原油进口量是 360 万桶（BD），国内所需要的原油几乎全部（99.6%）依赖进口。其中，来自包括沙特、阿联酋、卡塔尔等海湾产油国在内的中东地区的进口量占到八成以上，这成为日本原油供给的主要特征。

而中国的原油供给，国内生产约占四成，海外进口约占六成。综合中国的国内生产和海外进口量的合计推断，中国对原油的需求量在 990 万桶左右。

（2）自主开发原油、天然气

如前所述，日本与其他主要国家相比，国内生产的能源自给率明显偏低，石油等的供给有突然中断的风险。因此，确保资源的自主开发权益至关重要。

由于不存在像中国那样的国营石油公司，日本政府出于能源安全保障的考虑，鼓励民间企业自主进行油田的开发。这被称为“自主开发油田”，投资风险并非由国家来负担，而是由民间来承担油田的开发及运营职能。如图 15－6 所示，2008 年以后日本的自主开发率迅速上升。

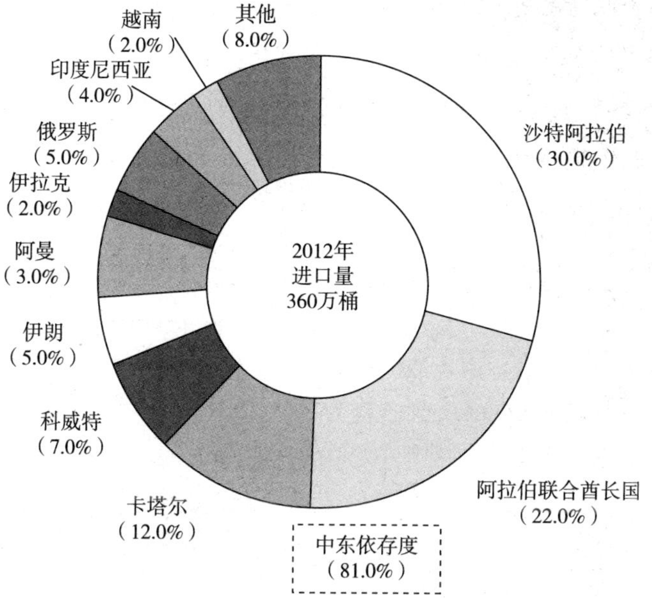

图 15－5　日本的原油供应来源地

资料来源：『エネルギー白書』及びBP統計。

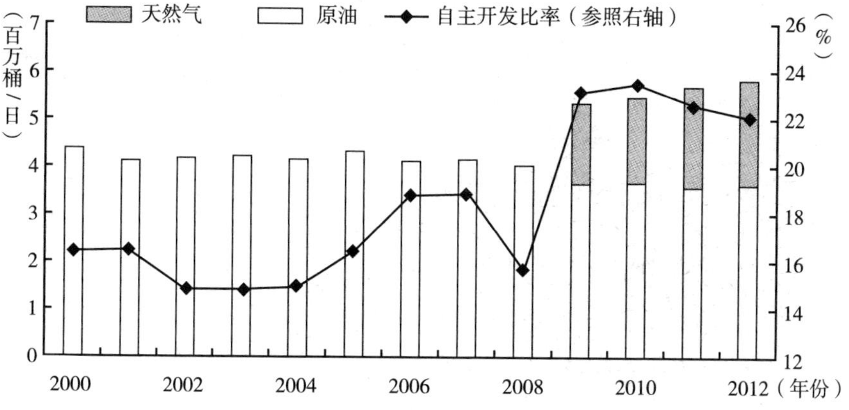

图 15－6　自主开发原油、天然气的进展

注：根据推算方法的变化，自 2009 年起开始计算包括天然气在内的自主开发率。
资料来源：資源エネルギー庁。

（3）强化与石油供给源的关系，致力于供给的多元化

日本努力强化与承担其原油进口量超过八成的中东产油国，特别是沙特阿拉伯（日本的第一位进口对象国）及阿拉伯联合酋长国（第二位进口对象国）的

关系。关于沙特阿拉伯，日本为强化两国关系，不仅在能源领域，还在促进投资、人才培养等多方面与其进行合作。而阿联酋集中了日本自主开发原油权益的约四成，其中的六成将在2018年到期。因此，日本在投资、医疗、教育等多领域与其进行广泛合作，以增加日本的石油权益比例。

另外，为了实现分散中长期供给源的目标，日本与俄罗斯、非洲国家、加拿大、墨西哥、委内瑞拉等在确保资源方面的合作也正逐步展开。

2. 天然气

（1）供给源

图15－7所示为日本的天然气（LNG）供给源，其主要特征是分散在不同区域。日本2012年采购的LNG供给量为8700万吨，以澳大利亚、马来西亚、印度尼西亚等亚洲、大洋洲地区为中心的中东以外地区约占70%，对中东的依存度约为30%，低于石油对中东地区的依存度。

另外，再看一下中国的天然气供给地区。中国国内生产量和进口量的总和为1690亿立方米（2012年的实际数值，以LNG换算为12800万吨），其中，国内生产约占70%，LNG进口和通过输气管道进口天然气各占15%左右。

（2）进口源的变化

图15－8显示的是日本LNG进口源的变化。截至2010年，日本的LNG进口

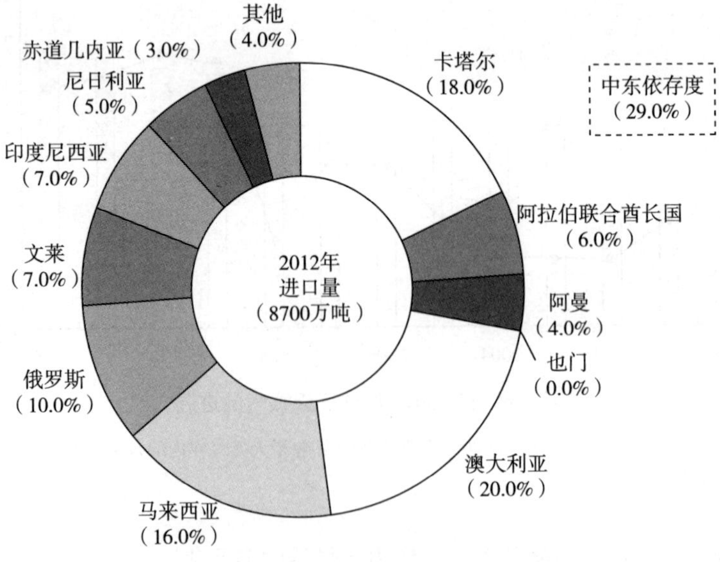

图15－7　日本的天然气（LNG）供给源

资料来源：『エネルギー白書』、BP統計。

量每年维持在6000万～7000万吨。但是，由于2011年3月东日本大地震导致福岛核事故，日本进入“零核电”状态，来自核能的能源供给中断且持续至今。取而代之的是，天然气火力发电的需求增大，LNG进口持续增加，并维持在每年近9000万吨的规模。2014年1～6月的实际数据统计，进口量已达4000万吨，预计2014年度仍将维持在与上一年大致持平的9000万吨左右。

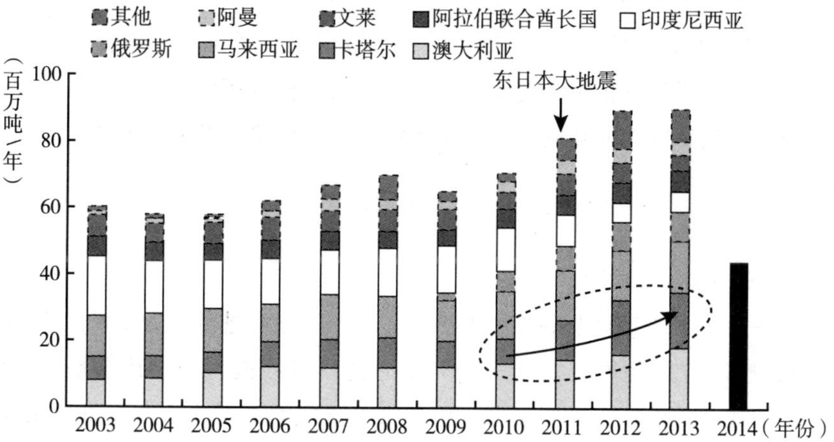

图15－8　日本LNG进口源的变化

注：2014年为1～6月累计值。
资料来源：BP統計、財務省「通関統計」。

值得一提的是，卡塔尔是对日本因震灾导致核电站停止运转、LNG需求量急剧增加做出回应最为迅速的国家。长期以来，天然气需求量持续坚挺的美国被认为是卡塔尔LNG的主要买家，但页岩油气革命使美国国内的天然气需求可利用本国产的天然气满足，LNG进口似乎已经变得没有必要。正是在世界天然气市场发生如此变化的情况下，日本得以从拥有充足LNG的卡塔尔紧急进口，换言之，日本通过页岩油气革命间接得到了实惠。

需要注意的是，在过去的25年里，日本的贸易收支一直是顺差，但2011年的东日本大地震后出现了贸易逆差。理由很明确，由于日本国内全部核电站停止运转，作为替代燃料，必须追加进口LNG约2000万吨。目前核电站何时再启动仍未可知，预计这种状况还将持续下去。

（3）确保稳定的天然气供给源

东日本大地震之前严重依赖核能的政策难以为继，日本正在摸索天然气供给源的多元化，有日本企业参与的具体项目涉及北美（加拿大、美国）、澳大利亚、俄罗斯、东非（莫桑比克）等。特别是美国，受页岩油气革命影响，其能源结构正在发生重大改变。美国政府于2010年出台了解禁LNG出口的方针，日本对此抱有强烈期待。而且，日本企业已在美国确保了每年合计1690万吨的液化气购买量，这大致相当于日本LNG年进口量的近两成。

另外，迄今为止的LNG供给合同不是按照LNG的需求，而是以石油价格联动的方式决定。源自美国的LNG进口价格采取的是在美国具有代表性的天然气价格即亨利中心天然气价格的基础上，与液化及运输费用相加进行计算的契约方式。不仅是供给源的多元化问题，此举还将有助于价格体系的多元化，因而备受关注。

3. 煤炭

（1）供给源

图15－9显示的是日本的煤炭供给源。日本的煤炭进口量为1.8亿吨（2012年实际），按进口比例算，来自澳大利亚的进口量约占六成，其次是印度尼西亚，约占两成，其他还有俄罗斯等。从中国的情况看，煤炭生产和进口量相加，估计需求量约为37亿吨，超过九成来自本国丰富的煤炭资源。

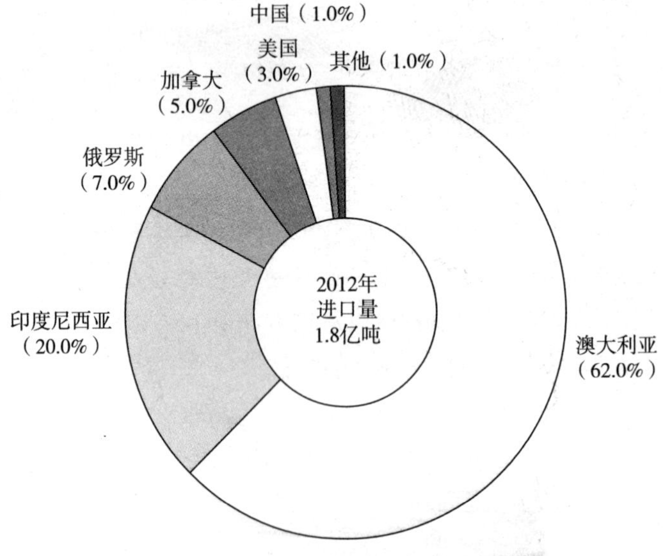

图15－9　日本的煤炭供给来源地

资料来源：『エネルギー白書』、IEA资料。

(2) 消费动向

图 15－10 显示的是日本的煤炭消费动向。20 世纪 60 年代后半期，日本用于电力事业的煤炭消费量超过了 2000 万吨，随着煤炭火力发电逐渐转向石油火力发电，到 1975 年煤炭消费量已降至 757 万吨。但在第二次石油危机之后，作为替代石油政策的一环，伴随煤炭火力发电厂的新设及扩容，煤炭的消费量再度激增，现在煤炭火力发电厂已成为日本最大的煤炭消费部门。

从中国的情况看，其最大的特征是有超过六成的煤炭用作发电燃料。

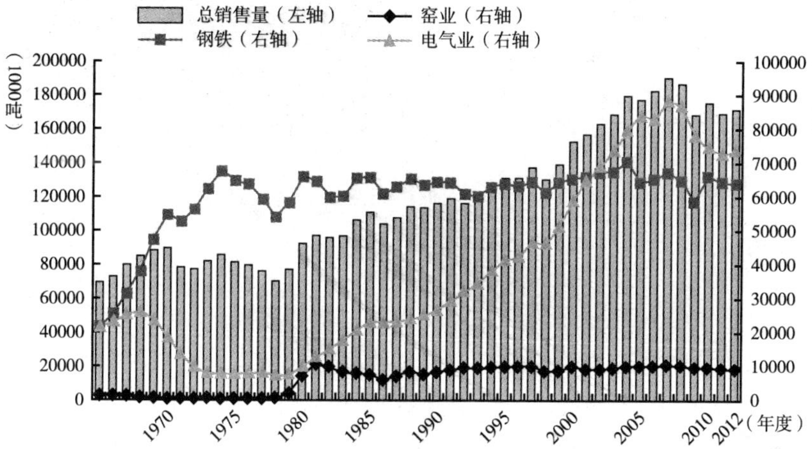

图 15－10　日本的煤炭消费动向

资料来源：『エネルギー白書』、中国煤炭発展報告。

三　未来能源需求预测

（一）未来世界各地区的能源需求预测

如图 15－11 所示，IEA 2014 年秋季发表的 *World Energy Outlook 2014*，以 2012 年和 2035 年为节点，对世界各地区不同类别能源的需求进行了预测。根据上述预测，与世界其他国家相比，亚洲的能源需求会大幅增加，预计将成为世界整体能源需求增加的牵引者。另外，从不同类别能源来看，尽管煤炭仍将以其低廉价格继续保持主要一次能源的地位，但从增长率来看，天然气的增长速度会更快，主要能源向天然气过渡的步伐将逐渐加快。

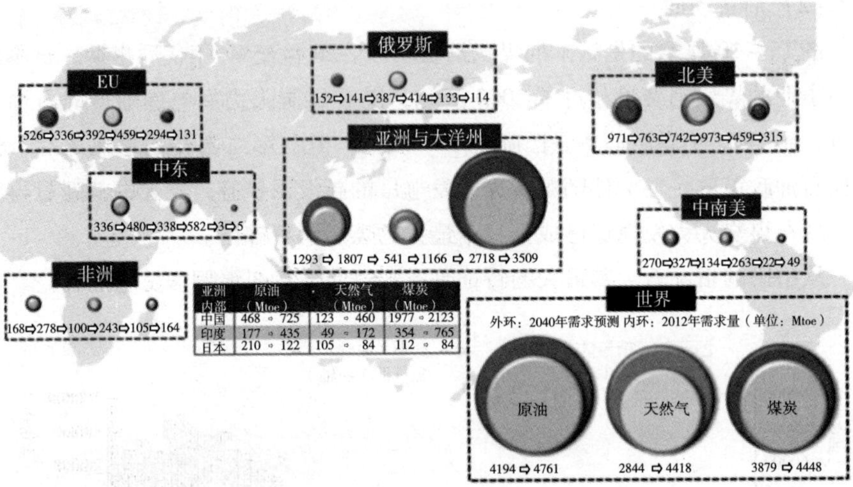

图 15-11　世界各地未来石油、天然气、煤炭的需求预测

资料来源：IEA，*World Energy Outlook 2014*。

为满足亚洲地区旺盛的能源需求，不仅需要增加亚洲区域内的能源贸易，预计还将大幅增加来自域外的能源进口。具体而言，除在亚洲历来占较大份额的煤炭以外，来自北美缘于页岩油气革命的 LNG 出口、澳大利亚新建 LNG 项目以及来自包括非洲在内的各地区的 LNG 都将流入亚洲。如此，煤炭和天然气各自的优势将被更加有效地利用，竞争（市场）份额的时代即将到来。

关于天然气及 LNG 供需方面的不确定性，各地区有不同的原因。首先，最大的不确定因素就是日本核电站再启动的前景。其他的不确定因素还有：（1）中国的天然气需求和供给情况［为防止大气污染而推进提高天然气消费（特别是在发电方面）的比重以及今后对非常规天然气的开发动向等］；（2）俄罗斯在天然气出口方面寻求摆脱对欧洲的依赖转而重视亚洲的动向；（3）印度尼西亚及马来西亚等过去的 LNG 输出国因其国内天然气需求剧增而导致今后 LNG 出口量的前景变化；（4）澳大利亚新建 LNG 项目（因成本增加及油价下跌导致对赢利性的担忧等）的延期启动等。

（二）日本能源供求方面的不确定性

如前所述，东日本大地震以后，日本国内的全部 55 座核电站都处于停止运行的状态。负责核电站安全规制的国家机构原子能规制委员会根据福岛核电站事故的教训而制定的新规则标准已于 2012 年开始施行。现在，该委员会正在依据新规则标准对各电力公司提交的核电站再启动申请进行审验，以确定其是否符合重启条件。

围绕核电站的重启问题，九州电力川内核电站的核反应堆2号机组被认为是最有希望实现重启的第一家。该核电站于2014年9月通过了原子能规制委员会新标准审验，确认为合格；同年11月又获得了地方自治体的重新启动许可，预计2015年春季正式启动。以川内核电站重启为契机，预计关西电力的高滨核电站、九州电力的玄海核电站等核电站将依次实现重启，但在具体时间上，由于需要获得原子能规制委员会新标准的审验合格及地方自治体的许可等，因此尚存在许多不确定因素（参见图15－12）。

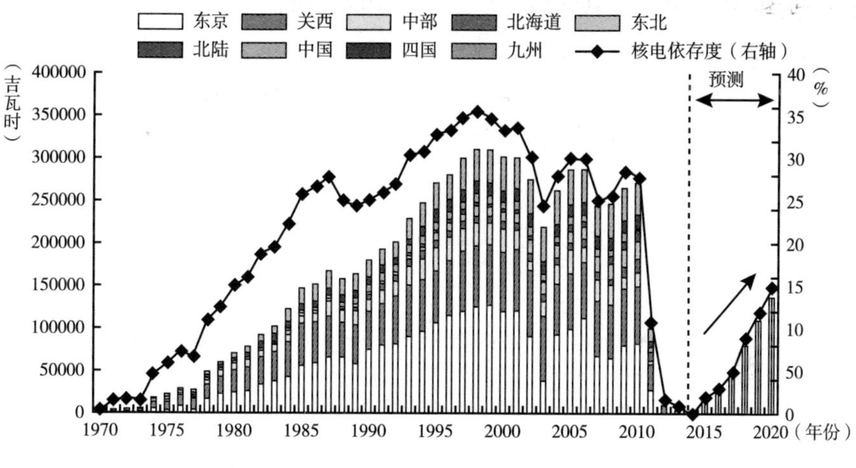

图15－12　核电站重新启动的预测

资料来源：SCGR根据“電気事業連合会資料”绘制。

需要指出的是，安倍政府于2014年4月以内阁决议的方式通过了具有中长期能源政策指南性的新《能源基本计划》，将核电站定位为“重要的基荷电源”，明确了一旦判断安全就实施重新启动的方针。至于具体发展多大比例的核电站，目前政府正在就最佳电源结构进行研究和讨论，多数意见认为，到2020年前后应实现核电比率15%左右。

四　结语

源自美国的页岩油气革命，不仅在美国国内影响巨大，而且引发了国际能源供给结构的重大变化。本文在充分把握上述情况的基础上，就日本的一次能源供给状况进行了概述，并对今后的发展前景做了分析。

从页岩油气革命给日本能源造成的影响来看，毋庸置疑，来自美国的 LNG 出口是日本当下最为关心的事情。伴随东日本大地震的发生，日本所有核电站陆续停止运转，在以前那种严重依赖核能的能源政策难以为继的背景下，从确保 LNG 供给源及价格的多元化等方面考虑，日本对进口美国的 LNG 抱有强烈期待。

在页岩油气革命背景下呈现出的世界能源动向，带来了能源供给源的多元化、供给渠道的多元化、价格的多元化等多角度的思考和超长期的视野，可以说这是实现今后能源稳定且低廉供给目标不可或缺的要素。今后也有必要对这种围绕能源问题的国际动向及其带给日本的影响予以关注。

（王晓峰 译　张季风 校）

B.16

论日本海外能源开发的支持体系

——以 JOGMEC 为例

程永明*

摘　要： 由于国内能源的缺乏，一直以来日本都致力于海外能源的开发与利用，逐步形成了一套独具特色的海外能源开发模式。与此同时，围绕海外能源的开发与利用，日本构建起以政府、政策实施机构、银行、综合商社等为主体的较为完善的支持体系，从而确保了日本的能源利用与开发。作为日本能源政策的实施机构，独立行政法人日本石油天然气·金属矿物资源机构（JOGMEC）在出资、债务担保、建立全球矿产资源信息网络、技术开发与技术支持以及基础地质结构调查等方面发挥了极其重要的协调、支持功能。

关键词： 海外　能源开发　支持体系　JOGMEC

长期以来，日本对海外能源逐渐形成了一套独具特色的开发模式，从政策、融资、保险、技术、人才等各个方面构建了较完善的支持体系。日本石油天然气·金属矿物资源机构（JOGMEC）作为日本政府能源、资源政策的实施机构，承担着重要的职能。以 JOGMEC 为主的日本海外能源开发支持体系，其经验与启示颇具借鉴意义。

---

* 程永明，历史学博士，天津社会科学院日本研究所所长、研究员，全国日本经济学会副秘书长，主要研究领域：日本企业经营、中日经济关系等。

一　日本海外能源开发的支持体系

日本海外能源的开发模式既包括海外能源开发本身，也包括包含日本政府在内的各个层面为海外能源开发企业所构建的“六位一体”的支持体系（参见图16－1）。六个不同主体相互合作，相互协调，共同为日本海外能源的获取提供了不同层次、不同阶段、不同方式的支持。

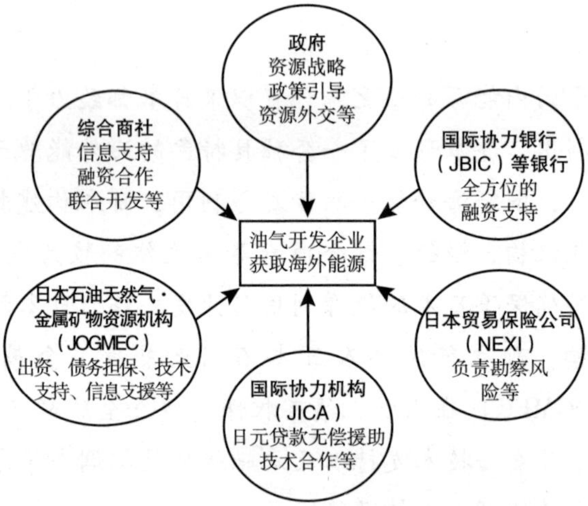

图16－1　日本海外能源开发的支持体系

资料来源：根据有关资料绘制。

（一）政府的政策导向

在促进企业在海外获取能源权益的过程中，日本政府通过顶层设计，始终发挥着至关重要的导向作用。

其一是通过顶层的制度设计为能源企业提供法制保障。一方面是制定日本能源的战略与计划，明确日本能源利用和开发的总体规划和发展理念。例如相关的能源战略有1978年的《面向21世纪的能源战略》、2005年的《面向2030年的中长期能源战略》以及2006年的《新国家能源战略》等，相关的能源计划则有2003年、2007年、2010年及2014年的《能源基本计划》等。另一方面则是制定相关法律，如1962年的《石油业法》、1973年的《石油供需法》、1975年的《石油储备法》、1979年的《节能法》以及2002年的《能源政策基本法》等。

其二是成立相关审议会，制定具体的实施政策。如综合能源调查会（设置于1965年）、石油审议会（设置于1978年）、矿业审议会（设置于1962年）以及石油供需审议会（设置于1973年）等。审议会是体现日本政府与企业关系的一大特征，这一机构“扮演着为资本市场提供信息，引导资本对需要投资的产业和企业进行选择的角色”，“是政府与企业的纽带”。①

其三是通过财政政策予以资金支持。日本政府往往通过政策金融、财政投融资、税收优惠政策等鼓励企业积极开发和获取海外能源。日本设立了海外矿产资源勘查开发补助金制度，为本国企业在海外进行的矿产资源调查、开发等给予资金支持。补助金由国家财政支出，规模为6亿~7亿日元，补助金年利率为0.4%左右，基本上属于无偿性质。而在税收方面则设立备用金制度（主要有探矿备用金和海外探矿备用金两种）和税费特别扣减制度（适用于海外新矿床探矿费用，采矿坑道、采矿排水通风坑道费用的特别扣减及补加折旧等）。②

其四是在政府的主导下成立相关机构或公司。如1955年12月设立的石油资源开发公司，其成立资金10.2亿日元中，政府提供的资金占到了56.5%。此外，1966年设立的国际石油开发公司也是日本政府成立的国策企业，日本经济产业省持有36%的股份，政府控股的石油资源开发公司持12.9%的股份。上述具有政府性质的公司或机构，因其设立性质及充足的资金，在日本的海外能源开发中发挥了重要作用。

其五是在企业重组、兼并方面的引导和支持。例如在20世纪60年代，为培养本国的石油资本，以实现石油企业的“联合化和集约化”，日本政府“对亚洲石油、东亚石油、日本矿业三家公司的合作重组进行了积极引导和斡旋”③，当时的通产省也在财政投融资上给予了积极的扶持。此外，近年来日本政府积极介入，将国内最大的石油资源开发商“国际石油开发公司”与“帝国石油公司”以联合控股的形式重组为“国际石油开发帝石控股公司”，以增强其国际竞争力。

其六是开展能源外交与经济援助，为企业进入创造便利条件。首先，日本经常通过积极的能源外交，与能源拥有国建立良好关系或签订能源领域的合作协议，为日本企业未来的能源开发创造条件。其次，日本还通过政府开发援助

① 山之内靖・J. V. コシュマン・成田龍一『総力戦と現代化』、柏書房、1995、207頁。

② 姜雅：《日本的能源战略机制是如何建立的》，《国土资源情报》2010年第6期，第16页。

③ 尹晓亮：《战后日本能源政策》，社会科学文献出版社，2011，第93页。

（ODA）以及技术援助等方式加强与能源拥有国的关系。最后是鼓励本国企业投资海外基础设施建设，一方面可以为相关企业提供投资、出口的机会，另一方面也可改善投资地的基础环境，为未来进入当地的日本能源企业提供交通、物流等方面的便利。

（二）以国际协力银行为主的融资支持体系

除政府的政策性支持外，企业的海外能源开发离不开金融机构的融资支持。日本各金融机构紧随企业海外发展的步伐，搭建起多元的融资平台，为其提供了强有力的资金支持。

国际协力银行（JBIC）作为日本发展对外经济的政策性银行，其主要职能之一便是促进重要资源的海外开发及权益获取。[①] 在对日本企业海外能源开发的融资方面，国际协力银行的主要职能有：（1）对企业的海外并购予以金融支持；（2）对企业的海外能源开发项目及增扩建工程给予长期融资；（3）在日本企业向海外能源开发项目出资以及因业务合作而向外国企业出资时，由该日本企业与国际协力银行共同进行出资；（4）充分利用日本民间银行广泛的网络优势，将国际协力银行的资金经由民间银行向从事海外能源开发的中坚企业及中小企业进行融资等。[②]

除国际协力银行外，日本企业的海外能源开发也得到了民间金融机构的大力支持。二战以后，日本由于资金不足，长期以来在银行与企业间形成了稳定的借贷关系，一些大型企业都有自己主要提供信贷的银行（称为“主银行”），主银行与企业集团内的其他金融机构（如信托银行、保险公司）等优先对本集团成员企业进行共同融资（系列融资）。正是由于银行与企业间的这种密切关系，不仅大大减少了银行与企业间交易的不确定性，同时也在二者之间建立了风险共担体制。“这种金融上的保险系统实质性地减少了经营风险，因此，日本的企业对于颇具风险的投资也敢进行，这可以理解为一种企业金融的协调战略。”[③] 此外，日本的多家金融机构还常常以“组合型”的方式对企业进行融资、出资。

---

① 株式会社国際協力銀行「国際協力銀行の役割と機能」、http：//www. jbic. go. jp/wp - content/uploads/page/about/role - faunction/jbic - brochure - japanese. pdf。

② 程永明：《近年来日本企业海外发展的支持体系》，《东北亚学刊》2014 年第 1 期，第 51 页。

③ 增地昭男『経営文化論』、中央経済社、1990、162 頁。

（三）日本贸易保险公司的保险支持

企业的海外能源开发具有极强的风险性，相关保险体系的完善非常必要，尤其是 NEXI 在其中发挥了重要作用。该机构全称为独立行政法人日本贸易保险公司（Nippon Export and Investment Insurance，简称 NEXI），成立于 2001 年 4 月，主要业务是贸易保险，2007 年 4 月新增加了对资源能源综合保险的业务，如对日本相关企业的进口合同、中间贸易合同、技术提供合同、预付进口合同、股票投资、不动产投资、事业资金融资、事业资金融资的担保债务等提供保险业务，以加强对矿产资源开发事业的保险能力，为企业降低海外能源开发风险提供保障。

（四）国际协力机构的技术、人才支持

国际协力机构（JICA）的前身是国际协力事业团，成立于 1974 年 8 月，2006 年改组为国际协力机构，为独立行政法人。该机构是日本政府开发援助（ODA）的唯一实施机构，此外还主要负责对发展中国家进行技术合作、人员培训、组织研修班、派遣专家、合作标准调查以及器材提供等业务。该机构通过对发展中国家的支持，同时也为海外发展的企业创造了有利条件。

（五）综合商社的支持

在海外能源开发方面，综合商社的积极参与是日本有别于欧美等其他国家的一大特点。日本的综合商社常常通过与产油国签订长期合同或控制油田权益等形式，为日本获取油气资源。而且多数综合商社如三菱商事、三井物产等甚至拥有自己的天然气固态化设备及液化天然气货运船，积极主导或参与能源物流。此外，综合商社也是企业融资的来源之一。综合商社凭借其充足的资金实力，以“商社金融”的方式承担间接融资职能。若商社金融也无法满足企业的资金需求，商社将凭借其良好的资信能力向大银行借入资金，充当大银行与企业之间的中间人。因此，综合商社的信贷功能解决了不少企业资金周转的困难。①

除上述支持主体外，在海外能源矿产调查、购买海外油气田、获得稀土等资源的海外权益方面，一个重要的支持主体便是 JOGMEC，该机构在日本海外能源开发的支持体系中发挥着重要而独特的功能。

---

① 王键：《日本企业集团的形成与发展》，中国社会科学出版社，2001，第 171 页。

二　海外能源开发中 JOGMEC 的支持模式

为了有效地整合资源，推进政策实施，日本组建有专门的政策实施机构，以服务于企业的经营活动，这些机构往往依据领域而设立，如日本对外贸易方面有日本贸易振兴机构（JETRO），企业经营方面有日本企业再生支援机构（JCRSP），科学技术方面有科学技术振兴机构（JST）等，而在海外能源开发方面则是石油天然气·金属矿物资源机构（JOGMEC）（其历史沿革参见图 16－2）。

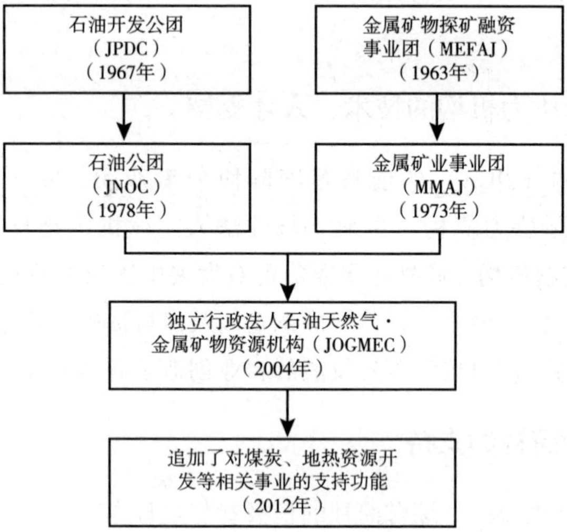

图 16－2　JOGMEC 的沿革

资料来源：根据有关资料绘制。

JOGMEC 作为日本政府能源、资源政策的实施机构，承担着四项职能，分别是：（1）石油、天然气的探矿、开发支持事业；（2）金属矿物资源的探矿、开发支持事业；（3）资源储备事业；（4）矿害防治支持事业。JOGMEC 还同其他组织和机构保持协调与配合，共同为海外企业在能源开发方面提供全方位的支持（其运营模式参见图 16－3）。

（一）出资事业

在进行石油、天然气的探矿与开发时，通常会组建新的项目公司，项目公司通过发行股票的形式来筹措探矿、开发的所需资金，而 JOGMEC 则以购

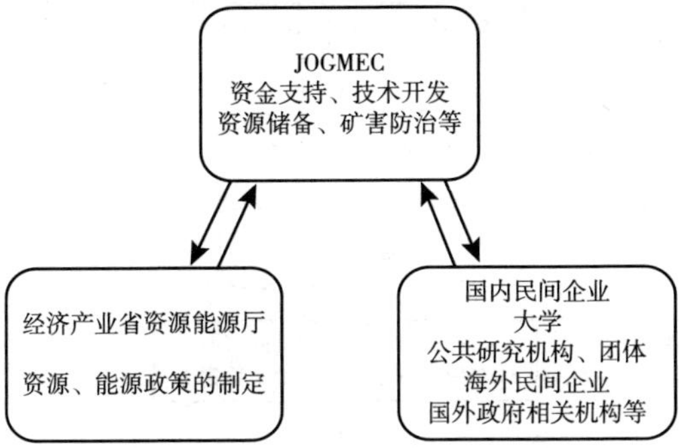

图 16－3　JOGMEC 的运营模式

资料来源：根据有关资料绘制。

买股票的方式予以资金支持。探矿项目成功并决定进行商业性开发后，JOGMEC 再卖掉股票，其出资的上限比率为 70%（参见图 16－4）。其出资领域有三个方面：一是石油等的探矿，即石油以及可燃性天然气（包括油砂、油页岩）等的探矿所需资金；二是可燃性天然气的采取或者液化所需资金；三是石油等的开采（资产收购事业），从拥有石油等开采权利或类似权利的拥有者手中让渡该权利所需的资金以及基于该权利所需的资金。例如，JOGMEC 于 2012 年 9 月对由国际石油开发帝石控股公司与日挥公司共同实施的加拿大页岩天然气开发事业进行资金支持，JOGMEC 向两公司出资在加拿大设立的 IGBC 公司（INPEX Gas British Columbia Ltd.）出资 45%（约 400 亿日元），而国际石油开发帝石控股公司出资 45%，日挥出资 10%。①

JOGMEC 自 2004 年改组为独立行政法人以来，截止到 2014 年 3 月，共向 45 家企业进行了资金支持，累计出资金额达 3600 亿日元（参见图 16－5）。2013 年度共对 5 家企业进行了资金支持，其中资产收购出资 1 件，探矿出资 3 件，债务保证 1 件。②

（二）债务担保事业

JOGMEC 除出资外，进行债务担保是其另一重要职能。JOGMEC 负责对石

① 株式会社イード「JOGMEC、カナダのシェールガス開発事業を資金面で支援」、2012 年 9 月 15 日、http：//response. jp/article/2012/09/15/181413. html。

② 独立行政法人石油天然ガス・金属鉱物資源機構『アニュアルレポート（2014）』、http：//www. jogmec. go. jp/content/300199976. pdf。

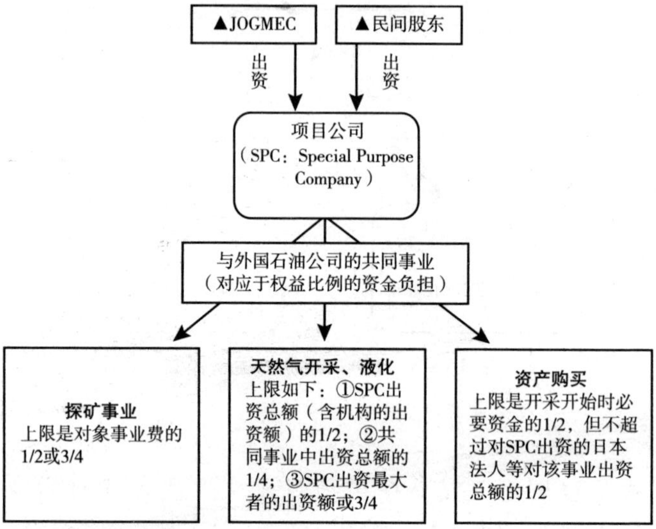

图 16－4　JOGMEC 的出资计划

资料来源：独立行政法人石油天然ガス・金属鉱物資源機構『出資制度の概要』、http：//www. jogmec. go. jp/oilgas/financial _ 002. html。

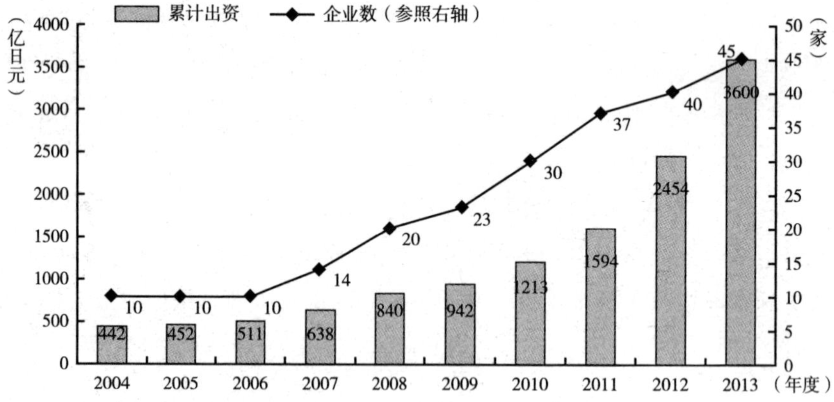

图 16－5　各年度末的出资累计与企业数

资料来源：独立行政法人石油天然ガス・金属鉱物資源機構『アニュアルレポート（2014）』、http：//www. jogmec. go. jp/content/300199976. pdf。

油、天然气的开发资金或资产购买所需资金而进行的贷款提供债务担保，另外还有项目完工保证等。其担保的对象包括在海外从事石油等的探矿与开采（包含其附属的精炼等）以及可燃性天然气的液化所需资金等的债务担保。其担保比率一般以所需资金相关债务的1/2为上限，特殊情况时上限可提升至3/4（参见图16-6）。

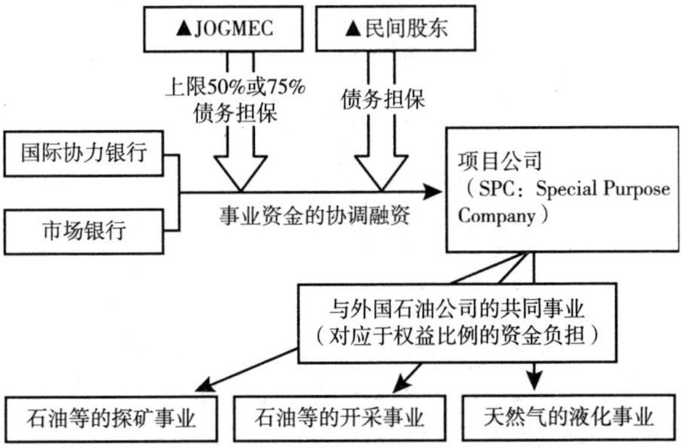

图16-6　债务担保计划

资料来源：独立行政法人石油天然ガス・金属鉱物資源機構『債務保証制度の概要』、http：//www.jogmec.go.jp/oilgas/financial_003.html。

另外，日本企业在海外探矿成功后需要筹措大量的开发资金，JOGMEC面向日本海外经济合作基金会、日本进出口银行等金融机构为企业提供贷款担保，担保比率最高可达80%，同时与投资所在地相关方进行必要的沟通，从而为日本企业创造一个良好的投资环境，以便最终获得勘探项目开采的股权。①

（三）建立全球矿产资源信息网络

目前，JOGMEC在世界各地建立了14个海外事务所（各事务所还负责周边国家的资源信息，参见表16-1），广泛收集和分析世界各国的资源信息。一方面是针对资源国潜力和矿业投资环境的信息、重要勘查开发项目的信息，以及国际矿业走势追踪、跨国矿业公司动态分析、矿业权市场状况和矿产品市场等的信息；另一方面是对世界资源能源形势以及油气生产国的政治经济、法律法规、税制、投资环境、矿区信息等进行持续调查，对国际石油公司动态、石油储备等信息的收集与分析等。其主要目的在于为日本政府能源政策的制定提供参考以及为民间企业的能源开发提供信息咨询。

① 陶春：《中日稀土资源战略比较研究》，《中共中央党校学报》2011年第1期，第39页。

表 16－1　JOGMEC 的海外事务所

序号	所在国	事务所	序号	所在国	事务所
1	加拿大	温哥华事务所	8	阿联酋	中东事务所
2	美　国	华盛顿事务所	9	俄罗斯	莫斯科事务所
3	美　国	休斯敦事务所	10	中　国	北京事务所
4	墨西哥	墨西哥事务所	11	印度尼西亚	雅加达事务所
5	秘　鲁	利马事务所	12	越　南	河内代表处
6	智　利	圣地亚哥事务所	13	澳大利亚	悉尼事务所
7	英　国	伦敦事务所	14	博茨瓦纳	博茨瓦纳地质遥测中心

资料来源：独立行政法人石油天然ガス・金属鉱物資源機構『組織について・海外事務所』、http：//www. jogmec. go. jp/about/overseas_office_001. html。

关于信息交流与提供的途径，一方面是通过在其网站定期公布《海外石油天然气动向月例简报》以及发行刊物的形式，为石油天然气领域的相关业者提供信息；另一方面是定期召开座谈会，以调查部的经济学家、研究员对相关信息、政策进行解说、答疑咨询的形式进行，参加者包括企业、媒体以及官厅等领域的人士。

（四）技术研发与技术支持

JOGMEC 担负着对石油天然气探矿、开发相关应用技术进行研发的职能，主要包括提高原油回收率技术、油气层把握技术、坑井挖掘与开发技术、非常规油气田开发技术、油气有效利用技术以及环境协调型油气田开发技术六个方面，未来环境协调型油气田开发技术将是其技术开发的重点。其目的在于提高日本在油气资源探矿与开发方面的相关技术，以便迅速进行对操作技术的支持以及对开拓新项目的支持等。JOGMEC 除自身进行技术研发外，还通过与产油国共同研究等方式进行研发。

除技术开发外，技术支持也是 JOGMEC 的一项重要职能。技术支持共有五个方面的内容。（1）现场操作支持。对于油气田在探矿、开发项目中遇到的技术难题，JOGMEC 将与项目实施企业共同寻求解决方法。JOGMEC 每年都与相关企业召开协调会，经过研讨后遴选出 2～3 件具有典型性、共性的技术难题作为解决对象。（2）技术研修，分为三种方式。第一种是海外技术人员研修，日本政府招聘能源国政府机关、国营公司的技术人员赴日本以举办技术讲座的形式进行研修，课程涉及“探矿地质”“物理探矿”“挖掘管理”“油层工学”等，每期10周左右。从1989年到2014年8月止，已有47个国家的3189名技术人员参加了研修。第二种是日本石油开发企业邀请油气生产国政府机关、国营石油公司的技术人员以及大学生等赴日本的企业、大学进行研修，研修资金由日本石油开发企业提供。从1996年至2012年3月，已有19个国家的217名技术人员参加了研修。第三种是以培养日本国内相关技术人员为目的的研修。（3）对日本企业的相关技术研发活动予以资金支持。对于委托研究项目，JOGMEC提供2/3的研究经费，共同研究项目则提供1/2的研究经费。（4）国际共同研究。对于日本民间企业与油气生产国政府及国营石油公司之间难以进行的国际共同研究，由JOGMEC负责实施。目前已与墨西哥、巴西、阿联酋、利比亚、越南等国家间开展了国际共同研究，这既加快了相关技术的研发进程，也强化了与油气生产国的关系。（5）技术服务。JOGMEC拥有充足的资金预算，并且在日本国内建有自己的技术中心（TRC），购置有诸多先进的仪器设备，这些仪器设备可无偿提供给日本相关石油企业使用。

（五）基础地质结构调查

JOGMEC承担着对可能存在油气资源的矿区进行基础地质调查的职能，其目的在于通过调查，一方面强化与资源国的合作关系，取得优先交涉权，支持民间企业的进入，另一方面，JOGMEC还将承担项目前期风险，引导企业选点。

日本在海外进行的基础地质调查，一种是“海外联合地质调查”，由JOGMEC与资源国联合进行，资金由日本政府提供；另一种是“海外地质调查”，完全由JOGMEC用日本政府的资金进行。换言之，海外从事前期草根勘查的风险基本由日本政府承担。在探到矿产或圈定远景区后，再由日本企业申请取得矿业权。关于基础地质调查项目，原有的日本石油公团进行的有45件，JOGMEC成立后进行的有8件。例如，JOGMEC于2009年参与了伊藤忠商社与国际石油开发帝石股份公司在俄罗斯东西伯利亚的探矿调查活动，以期获得海外油气权益。[①] 再如2010年，JOGMEC与俄罗斯的Irkutsk石油公司合作勘探，确认在俄罗斯东西伯利亚的三个区块蕴藏有丰富的油气储量，标志着日本公司在西伯利亚首次发现油气资源。为此，JOGMEC将这三个区块49%的许可权转让给了日本企业。[②]

---

① JOGMEC「資源・エネルギーの明日を伝える『広報誌』」、『JOGMEC NEWS』2013年12月号。

② 《日本油气公司在西伯利亚发现油气资源》，中国石化新闻网，2010年10月25日，http://www.cheminfo.gov.cn/zxzx/page_info.aspx?id=301669&Tname=hgyw。

三 结语

随着我国能源利用需求的不断增大，中国的许多企业也纷纷走出国门，参与海外能源开发并获取油气权益。以 JOGMEC 为主的日本企业海外能源开发的支持体系给我们以诸多的启示与经验借鉴。

（一）通过独立行政法人化，确立较为合理的政企关系

在现有的日本企业海外能源开发的支持体系中，石油天然气·金属矿物资源机构、日本国际协力机构、日本贸易保险公司均属于独立行政法人。日本的独立行政法人制度始于 1997 年桥本龙太郎内阁时期进行的行政改革，即以“行政机能之减量及效率化”为目标，因应公共事务的庞大与复杂性，原本由政府组织负责的公共事务，经执行后，被普遍认为不适合再以政府组织继续运作，而牵涉的公共层面又不适合以财团的形式为之，遂有“独立行政法人”的设置。独立行政法人的财源基本来自国家。日本的《独立行政法人法》第四十六条规定：“政府在预算范围内，对独立行政法人交付其充作业务财源的必要金额的全部或部分金额。”[①] 独立行政法人的设置，使部分政府职能企业化，下放了必要的权限，其职能行使更贴近市场、贴近企业，在有效地理顺了政府和企业的关系，提高了政府工作效率的同时，也更加有力地支持了企业的经营活动，这一做法值得我国借鉴。

（二）积极推行海外矿产勘查补贴计划

对于资源贫乏的日本而言，能源过度依赖进口，其供应体制极其脆弱。为此，日本人认识到只有掌握能源的所有权才能实现真正意义上的能源安全。日本通过 JOGMEC 等机构，以海外矿产勘查补贴计划的形式，对日本公司开展海外地质调查、矿产勘查及矿山基础建设提供资助或债务担保，不仅降低了企业的风险，也提高了企业参与海外能源开发的积极性。

（三）获取油气资源方式的多元化

经过数十年的经验积累，日本逐渐形成了多元化的海外油气权益获取方式。

---

① 『独立行政法人通則法』（1999 年 7 月 16 日法律第 103 号）、http：//law. e - gov. go. jp/htmldata/H11/H11HO103. html。

例如，不着眼于代理权而是尽量争取勘查权与开采权；通过向能源矿产国的矿山建设提供贷款或援助，受援国以一定比例的油气资源偿付贷款；与产油国签订长期合同，保证油气资源的长期稳定供给；直接从国际市场购买油气资源；通过一定的投资拥有项目上游部分股权，参与项目上游开发和管理，进而占有项目资源的优先购买权，保证能源的优先供应；通过对炼油公司出资建立自身的物流、供应体系；等等。

（四）多数海外能源开发项目都采取协作的方式进行

日本企业在海外的能源开发项目，很少是由日本企业完全自主经营的，大多数是与能源所有国和企业以及第三国企业乃至国际组织等之间的协作项目，其目的在于利益均摊，尽量降低风险。与能源所有国的合作，将为许多业务的进行带来诸多便利；与第三国企业的协作，可以进一步熟悉和掌握矿业跨国经营的有益经验；与世界银行、亚洲银行、国际货币基金组织等国际机构间的合作，则将有力地提升项目的可信性与安全性。

B.17

非常规能源异军突起对日本能源战略的影响

张季风*

摘　要：页岩气革命以及可燃冰等非常规能源的突飞猛进对全球天然气市场、能源供应格局、地缘政治等产生了重大影响，自然也会对日本和中国的能源战略产生重大影响。“页岩气革命”增强了美国在能源外交、应对气候变化等方面的主导权，中东地区原计划出口美国的天然气转向了欧洲和亚太市场，俄罗斯不得不调整对欧洲和中国的能源策略。可燃冰的开发经验和开发技术也可能成为日本安全和能源外交的一个筹码，很值得关注。日本积极参与北美页岩气开发，以及政府、企业一体化联合开发可燃冰的经验值得借鉴。

关键词：非常规能源　页岩气革命　可燃冰　能源战略

人们都习惯将源自美国的页岩气成功开发称为“页岩气革命”。其实，这种革命，只是开采技术上的创新和革命，其诱因主要是国际油价的暴涨，亦即石油价格的上涨激发了页岩油气开采技术的突破。

提到“能源革命”，会使人们联想到“煤炭革命”和“石油革命”。很显然，所谓“页岩气革命”与前两次革命有很大不同。其一，前两次革命在能源品种上发生了变化，煤炭与石油是完全不同的两种能源，即主要能源由低能量的煤炭变成了高能量的石油；页岩油气就其构成来看，仍然是化石能源中的石油和天然气。其二，“煤炭革命”与以蒸汽机为标志的第一次产业革命相对应，而“石油

* 张季风，经济学博士，中国社会科学院日本研究所所长助理、研究员，全国日本经济学会秘书长，主要研究领域：日本经济、中日经济关系、区域经济、日本能源等。

革命”与以内燃机为标志的第二次产业革命相对应，这两次革命的影响从时间轴来看，都是以百年为单位，而“页岩气革命”并没有诱发新的产业革命，从时间上看也是刚刚开始。其三，从波及的空间范围来看，“煤炭革命”和“石油革命”属于全球性的，波及世界的几乎所有角落。而这次“页岩气革命”还仅仅局限于美国和北美，能否扩展到全球范围还有待观察。另外，非常规能源的另一个主要成员天然气水化物（俗称“可燃冰”）的开发尚在进行当中，还未被称为“革命”。

尽管如此，页岩油、页岩气、可燃冰等非常规能源突飞猛进的发展所造成的巨大影响亦不可小觑。其最大的意义在于，所谓“化石燃料资源枯竭论”因此不攻自破。由于埋藏在地层深处的页岩油和页岩气数量极大，如果能够将这些资源成功开发，石油探明可开采储量将从40年延长到100年，天然气探明可开采储量将从60年延长到200年。① 诚然，化石燃料资源总有一天会枯竭，但在时间轴上的大幅度延长，会给人类发现新能源或替代能源留出更长的时间。毫无疑问，这种变化会对日本的能源战略转型甚至世界能源格局产生重大影响。

一　非常规能源的基本概念与分布

关于非常规能源，现在并没有统一的定义。一般来说，能源可分为常规能源和新能源两大类。常规能源是指技术上比较成熟且已被大规模利用的能源，而新能源通常是指尚未被大规模利用、正在积极研究开发的可再生能源。页岩气与可燃冰并不符合可再生的条件，将其算作新能源似乎有些勉强，但由于其开采技术难度、成本以及对环境可能带来的影响与常规能源有很大不同，因此一般将其称为非常规能源，以区别于可再生能源。② 当然，非常规能源开发是一个“过程性概念”，特别是当技术成熟后，“非常规能源”开发可转化为“常规能源”开发。

非常规天然气包括煤层气、页岩气、致密砂岩气、天然气水化物（俗称可燃冰）等能源。

如图17－1所示，页岩气与可燃冰等非常规油、气资源比常规石油和天然气的储藏层要深，而且勘探和开采难度要比常规能源大。页岩气开采技术主要包括

① 十市勉『シェール革命と日本のエネンルギー』、日本電気協会新聞部、2013、9頁。

② 百度文库，http：//wenku. baidu. com/view/2c3a93f71a37f111f1855ba1. html。

水平井技术和多层压裂技术、清水压裂技术、重复压裂技术及最新的同步压裂技术，由于技术的不断进步，也使页岩气井的产量不断提高。

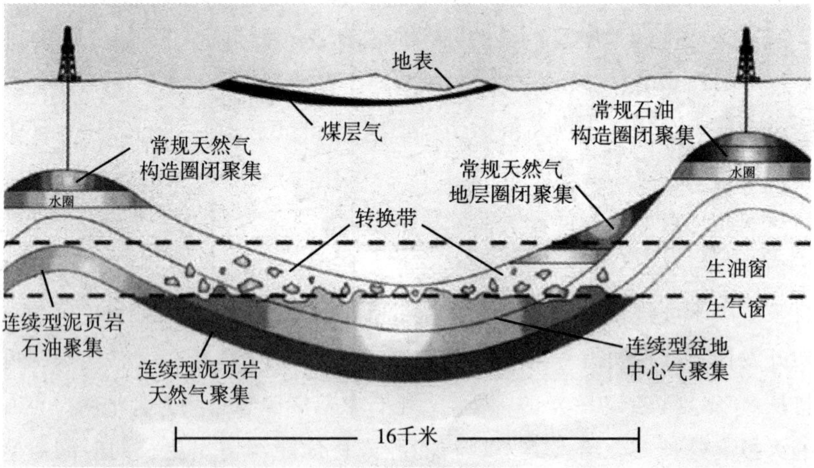

图 17－1　页岩气所处地质层示意

另外，现有开采情况显示，开采页岩气对生态和环境的影响也非常大。正因为这一点，许多有识之士认为对页岩气的开采十分令人担忧。

目前已经发现的非常规能源在地球上储量巨大。美国能源信息署（EIA）的评估表明，截至 2013 年 6 月，全球页岩油技术可采储量约为 3450 亿桶，页岩气技术可采储量为 7795 万亿立方英尺①，主要分布在美国、中国、阿根廷、加拿大、墨西哥、南非、澳大利亚等国家（参见表 17－1）。

美国是世界上最早开发页岩气的国家，目前无论勘探技术还是生产技术都处于世界领先地位。此外，加拿大、澳大利亚、德国、法国、瑞典、波兰等 30 多个国家也开始了页岩气或页岩油的研究和勘探开发。② 但是，日本的地质年代比较新，页岩气的商业化生产几乎不可期待。不过，由于日本能源匮乏，能源既关乎日本经济和国民生活的命脉，更是重要的战略物资，因此日本也不甘寂寞，紧紧抓住机遇，积极参与国际合作。例如，2011 年 5 月，三菱商事主导了加拿大不列颠哥伦比亚省科尔多瓦堆积盆地的页岩气开发计划，住友商社也积极参与北

① 1 万亿立方英尺（tcf）＝283.17 亿立方米。

② 王淑玲、张炜、张桂平、孙张涛：《非常规能源开发利用现状及趋势》，《中国矿业》2013 年第 2 期。

美的页岩气合作项目，中部电力公司、JOGMEC、东京煤气公司、大阪煤气公司也参与了共同开发。

表 17 -1　页岩油、气储量及其分布（前十位）

位次	页岩油(10 亿桶)		页岩气(万亿立方英尺)	
1	俄 罗 斯	75	中　　国	1115
2	美　　国	58	阿 根 廷	802
3	中　　国	32	阿尔及利亚	707
4	阿 根 廷	27	美　　国	665(1161)
5	利 比 亚	26	加 拿 大	573
6	委内瑞拉	13	墨 西 哥	545
7	墨 西 哥	13	澳大利亚	437
8	巴基斯坦	9	南　　非	390
9	加 拿 大	9	俄 罗 斯	285
10	印度尼西亚	8	巴　　西	245
	世　　界	345	世　　界	7299(7795)

注：括号内为日本 ARI 研究所调查结果。

资料来源：美国 EIA 资料，转引自十市勉『シェール革命と日本のエネンルギー』、日本電気協会新聞部、2013 年、35 頁。

在可燃冰方面，据美国、日本等的研究，全球陆地可燃冰总资源量为 2830 万亿立方米，海洋为 85000 万亿立方米，相当于已探明化石燃料总含碳量的两倍多，储藏量巨大。目前全球有 30 多个国家在研究可燃冰的开采和利用等相关问题，但只有日本和俄罗斯在非常规天然气的开采上取得了一定的进展。①

由于非常规能源开发的突飞猛进，使天然气的开采年限大大延长，在未来几十年甚至几百年，非常规能源完全有可能弥补常规能源供应的缺口。而且，非常规能源由于在化学结构上与常规能源有较大区别，还对温室气体排放和环境保护十分有益。②

① 王淑玲、张炜、张桂平、孙张涛：《非常规能源开发利用现状及趋势》，《中国矿业》2013 年第 2 期。

② 田学科：《非常规能源将对可再生能源开发带来冲击》，《科技日报》2012 年 3 月 1 日。

二　美国的“页岩气革命”

近年来美国在页岩气勘探、开发方面取得了突破，产量快速增长，因而被称为“页岩气革命”。掀起“页岩气革命”的契机是国际原油价格的暴涨，使得页岩气开发有利可图。

页岩气在美国分布很广，技术可开采储量为1161万亿立方英尺，约占全球总量的1/7。页岩气开采的关键技术中的突破与率先应用大多源于美国。围绕页岩油、页岩气的开采，美国形成了一个技术创新特征十分显著的新兴产业，带动了就业和税收，并已开始向全球进行技术和装备出口。目前，美国页岩气开采主要采取水平钻井与压裂增产技术相结合的综合应用方式。

美国的天然气产量从2008年开始增加，原油产量从2009年开始增加。2007年美国天然气月产量为1.6万亿立方英尺，而2011年以后达到2.0万亿立方英尺，增加了两到三成，原油产量也从2008年的日产500万桶增加到2013年的750万桶，增加了四成多。① 特别是2011年中期以后美国的天然气和原油产量发生了革命性变化。2012年，美国天然气销量更达到7160亿立方米，比6年前的2006年增加30%。仅从页岩气来看，到2010年，美国的总产量突破千亿立方米，达到1379.2亿立方米，近年来一直超过中国国产天然气的年产量，并已超过俄罗斯成为全球第一大天然气生产国。美国能源部数据显示，2000年，页岩气产量不足美国天然气供应的1.7%，而2014年已经占到44%，而且份额还在上升。②

由于页岩气的大量生产，使美国的天然气价格大幅度下降，2008年6月，天然气价格每百万BTU为13美元③，此后由于天然气的增产缓和了供需关系，天然气价格虽然随经济景气状况出现一些波动，但总体呈下降趋势，到2012年

---

① *United States Department of Energy.*

② 《国际油价持续下跌原因分析》，能源网：http：//www.geo－show.com/ChannelHY/SY/Content/201411/35677.shtml。

③ BTU为英国热力单位。单位英热为每升高1磅水（0.454kg）1华氏度（℉）所需要的能量，或是接近39.2℉所需能量数。燃料的平均英热含量是指从燃料样本中测试得来的一个数量单位的燃料的热值。1BTU＝1055.05585焦耳≈1.06千焦。在北美区域，BTU常常被用来描述燃料的热值，制冷/制热系统的制热量，其本质是每小时的制冷量，即BTU/hr。

4月降至2美元以下①。天然气价格的下降，自然会使大量使用天然气及其副产品作为原材料的制造业成本下降，金属工业、材料工业也因为天然气价格的下降而得到很多实惠。

大量生产页岩气，不仅使美国减少了进口国外天然气，甚至会向国外出口LNG，还会减少石油的进口。也就是说，原来从海外进口的石油可以用美国自产的页岩气或页岩油来替代，这等于减少了对进口的支付，意味着减少了收入向海外的流出，这样就能大大改善美国的贸易收支和经常收支。将美国能源部编写的《年度能源展望》(*Annul Energy Outlook*) 2006年版和2013年版中对能源贸易的长期预测进行比较不难发现，到2030年能源贸易收支的改善效果将达到7400亿美元左右（参见图17－2）。事实上，2012年美国的经常收支逆差减少为4404亿美元，可见“页岩气革命”已经使美国贸易收支得到改善。由于“页岩气革命”带来了增加收入的效果，与欧洲和日本相比，美国以国内消费为中心的自律性经济发展的可能性将进一步得到提高。

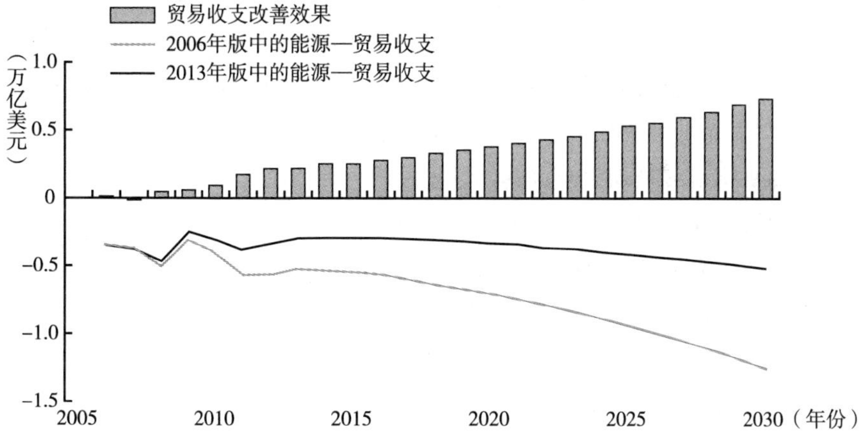

图17－2 “页岩气革命”对美国贸易收支的改善

资料来源：United States Department of Energy, *Annul Energy Outlook*, 2006, 2010。

如果“页岩气革命”能顺利前行，预计未来几十年内美国将不再需要从国外进口天然气，甚至还能对外出口天然气，同时天然气在发电、交通领域的大量应用也会相应减少美国本土石油和煤炭的消费。据美国能源信息署（EIA）预

① 芥田知至『シェール革命のマクロ経済的な考察』、三菱UFJリサーチ&コンサルディング調査レポート、2013年11月14日。

计，到2035年，美国页岩气产量将占到本国天然气总产量的45%，在未来能源格局中扮演的角色将越来越重要。[①] 到2040年，美国的页岩气生产将超过本国天然气总产量的50%以上，届时将真正实现“能源独立”的战略目标。

三　日本可燃冰开发的进展

可燃冰是仅次于页岩油、页岩气引人注目的非常规能源。亚洲东北部海域是可燃冰的重要富集区之一，日本的可燃冰储量也极为丰富，主要分布在本州、四国和九州面向太平洋的近海地区（参见图17－3）。早在1996年，日本就估算出其可燃冰储藏量折算为天然气约为7.35万亿立方米，据称可供日本使用96年。日本不具备页岩油、页岩气的自然禀赋，但储量丰富的可燃冰给日本解决能源安全问题带来了希望。

早在20世纪80年代末，美国有关机构就在日本周边海域进行了勘探和钻探，获得了可燃冰广泛分布的重大发现。1992年美国能源部表示，日本南海海槽的海底模拟反射层（BSR）分布面积约有3.5万平方千米，这预示着该海域可燃冰资源量十分丰富。在这一发现的影响下，当时的日本通产省（现经济产业省）、科技界及企业界开始关注推动可燃冰的勘探研究。2000年6月，日本政府设立了专门机构直接推动并制订具体计划推动可燃冰的综合研究与开发。

日本对可燃冰的研究计划分为三个阶段：第一阶段（2001～2008年），主要是探明日本周边海域的可燃冰储藏状况和分布特征，预测可能海域的可燃冰资源量，在可能海域优选可燃冰气田并研讨开采的经济性；第二阶段（2009～2015年），主要是对优选的可燃冰气田进行生产试验；第三阶段（2015～2018年），主要是完善可燃冰的商业生产技术，建立环保的开发体系。

目前，第一阶段的任务已完成，成果颇丰，正处于第二阶段收尾和第三阶段的初始期，2013年3月已首次取得海洋可燃冰生产先导试验的成功。值得注意的是，日本政府对可燃冰开发研究的投资力度非常大，仅2009～2011年就达到180亿日元，而在2013年更是一年就增加到150亿日元。

2013年3月日本的可燃冰开发取得了突破性进展。日本经济产业省、日本石油天然气·金属矿物资源机构（JOGMEC）和日本石油资源开发株式会社联合体于2012年2月开始在渥美半岛和志摩半岛东部海域地层开展全球首次海上可

① 黄晓勇主编《世界能源发展报告2013》，社会科学文献出版社，2013。

图 17－3　日本近海可燃冰分布

资料来源：日本国土交通省资料。

燃冰试验开采，2013 年 3 月 12 日用减压法从可燃冰层中成功分离出甲烷气流，这是世界上首次成功在海上开采可燃冰资源。虽然该次试生产只是实验性质，并未获得商业气流，但仍标志着可燃冰开采研发的一个重大突破，因为从这次试验中将获得开采海底可燃冰时甲烷分离过程等重要数据，以及周围环境对分离过程的影响，对未来进行商业开采具有重要的指导意义。① 在成功分离可燃冰之后，日本又明确提出将在 2018 年实现商业化开采。

然而，日本对可燃冰的研究开发虽然取得了巨大的进展，但能否实现美国“页岩气革命”那样的影响还很难说，2018 年要实现商业生产也面临诸多挑战。可燃冰虽然储量丰富，但若将其经济性地开采出来绝非易事，特别是实现商业化开采还有很多路要走。

① 《2013 年可燃冰行业研究报告》，2013 年 3 月，http：//www. docin. com/p－707930992. html。

四　非常规能源开发对国际能源格局以及地缘政治的影响

（一）对国际能源格局的影响

第一，“页岩气革命”使北美成为最大赢家。收获页岩气革命果实的美国，将减少对中东的能源依赖。预计至2018年，美国将成为天然气的净出口国，同时美国也在加速由燃煤发电向天然气发电转移的趋势。由此，美国将扩大对欧洲的煤炭出口，欧洲对燃煤发电的依存度正不断加深。北美大陆国际能源供给结构的独立自主化趋势，可能促使相邻的南美大陆加速对包括非常规能源在内的石油和燃气的开发，由此可以预计西半球将脱离以中东地区为中心的化石燃料供给体制，朝独立自主的方向发展。

第二，中东地区的能源中心地位将有所下降。“页岩气革命”的发生使世界各国增加了能源来源地的选择机会，加上世界经济减速、能源需求总量减少，容易引起能源价格的下跌，2014年下半年以来国际油价下跌就证明了这一点。由于美国减少了对中东天然气或石油的进口，可能使中东地区进一步扩大对需求旺盛的亚洲地区的能源供给，最终，过度依赖中东地区石油供给的亚洲对该地区的依存度可能会进一步加深。

第三，“页岩气革命”削弱了俄罗斯在能源领域，特别是天然气领域的优势。为了防止因价格因素而导致的俄罗斯天然气在欧洲的市场份额进一步降低，俄罗斯也开始改变拒绝向欧洲购买商提供价格优惠的强硬态度，可见俄罗斯主导欧洲天然气市场定价权的局面受到了严重冲击，其手中的“能源牌”效力已明显变弱。为了改变被动局面，俄罗斯只好“放下身段”，进一步开拓中韩能源市场。

第四，对全球LNG贸易市场的影响。页岩气不仅让美国国内市场发生了变化，而且使国际LNG出口目标发生了转移。北美地区由于页岩油、页岩气的大量开发，发展LNG的空间相对变小，势必迫使一些LNG出口商将目标从美国转向欧洲和亚太市场。这将会造成LNG现货价格降低和长期合同发生变化。

第五，在北美开始的“页岩气革命”，导致以天然气为中心的能源价格在国际地区之间产生较大差距，这可能对各国的产业结构造成重大影响。国际天然气价格主要受原油价格影响，而美国的天然气价格一直在低位徘徊，形成了一个与国际天然气价格市场全然不同的天然气市场。国际能源署（IEA）发布的《世界能源展望2013》指出，美国国内的天然气价格低于欧洲价格的1/4、日本价格的1/6（2012年平均值），假设地区间能源价差持续扩大，那么就占全球产业部门能源使用量70%的能源集约型产业（化学、铝、水泥、钢铁、造纸、玻璃、炼油）而言，在日本、美国、欧盟三方进行互比时，只有美国的产业扩大，日本和欧盟合计将损失1/3的出口份额。据此，能源成本的国际地区差距不仅会影响能源领域，同时给包含石油化学产业在内的产业活动带来很大变化，还可能给经济增长和产业结构造成重大影响。

（二）对地缘政治的影响

“页岩气革命”改变了世界地缘政治格局。在一定意义上讲，“页岩气革命”增强了美国的世界霸权地位，增强了其到处指手画脚的底气。正因为如此，在乌克兰事件后，美国才可能肆无忌惮地“制裁俄罗斯”。

随着页岩油、页岩气产量的增加，俄罗斯将失去在欧洲天然气市场的定价权和部分市场份额。如果波兰成功开发页岩气，欧洲依赖俄罗斯天然气的局面将会改变。另外，亚太地区天然气供应呈现多元格局，使亚太地区原本负载的油气地缘竞争更加扑朔迷离。俄罗斯的份额在欧洲被挤占后，其开发亚洲市场的意愿更加强烈；中国是能源消费大国，经济发展进入“新常态”后，经济环境持续向好，全球天然气供应商自然会将中国视为未来管输气和LNG进口潜力最大的国家。

由以上可知，美国因成功开发页岩气而形成的主导优势，已经在开展能源外交和巩固政治霸权方面有所体现，可进一步通过争夺天然气贸易伙伴而达到排挤俄罗斯在亚欧大陆天然气供应的垄断地位。中国将成为美国、俄罗斯等资源国出口资源与技术的重要目标。①

另外，日本成功分离可燃冰，并计划将其进行商业生产。虽然商业化的道路依旧漫长，但一旦成功，世界能源格局将会发生新变化。“页岩气革命”后，世界能源格局已经从中东向北美倾斜。如果未来可燃冰商业开采成功，能源格局将重新洗牌，能源生产也将更为分散。②

---

① 黄晓勇主编《世界能源发展报告2013》，社会科学文献出版社，2013。

② 《日本率先开发可燃冰　能源格局又添变数》，第一财经：http：//stock. sohu. com/20130320/n369476568. shtml。

五　非常规能源开发对日本能源战略的影响

20世纪80年代以来，核能发电在日本电力供应中占有重要地位，然而2011年东日本大地震导致福岛核泄漏，此后日本国内的核电站全部停运，日本能源格局发生了重大变化。加之美国“页岩气革命”等国际能源形势的变化，日本在能源战略上做了很大调整。

第一个调整表现为进一步从生产者向进口者倾斜。2011年福岛核电站事故发生后，日本中止了其所拥有的50多座核电反应堆的运行，不得不大幅增加天然气、石油、煤炭的进口，日本作为化石能源进口者的色彩趋浓。第二个调整是能源结构进一步向天然气倾斜。在福岛核电站事故发生之前，日本已是世界最大的LNG进口国。事故发生后，日本将天然气作为进口能源的首选。东日本大地震之前的2010年日本进口LNG 7056.2万吨，而大地震以后的2012年进口量增加到8686.5万吨，增幅高达23.1%。①

由于日本能源结构的变化，使得日本进口天然气特别是进口LNG的需求进一步增大。总体来看，美国“页岩气革命”对日本能源战略的影响基本是正面的。

第一是增加了日本进口LNG的选择地。如图17－4所示，目前，日本的天然气进口主要来自澳大利亚（20.5%）、卡塔尔（18.3%）、马来西亚（17.1%）、俄罗斯（9.8%）、印度尼西亚（7.1%）和阿联酋（6.2%）。随着美国页岩气产量的增加，日本可以增加来自美国的天然气进口，将使其天然气进口供应更加稳定。另外，进口油气的来源逐渐从中东向北美和澳洲倾斜，其能源运输的重点途径逐渐向太平洋航线倾斜，这也有利于日本能源供给的运输安全。

第二是有可能压低日本天然气进口价格。目前日本进口的天然气价格约为欧洲的1.5倍，美国的3.75倍（参见图17－5）。随着美国“页岩气革命”的进展，廉价的页岩气占天然气的比重迅速上升，美国的天然气价格大幅下降。倘若日本能增加美国页岩气的进口，天然气价格会比目前从亚洲进口低得多。事实上，日本已与美国达成在2017年进口美国天然气的协议。②

① 日本能源经济研究所统计，转引自十市勉『シェール革命と日本のエネンルギー』、日本電気協会新聞部、2013、148～149頁。

② 冯昭奎：《日能源战略调整，或加大制华力度》，《环球时报》2013年10月14日。

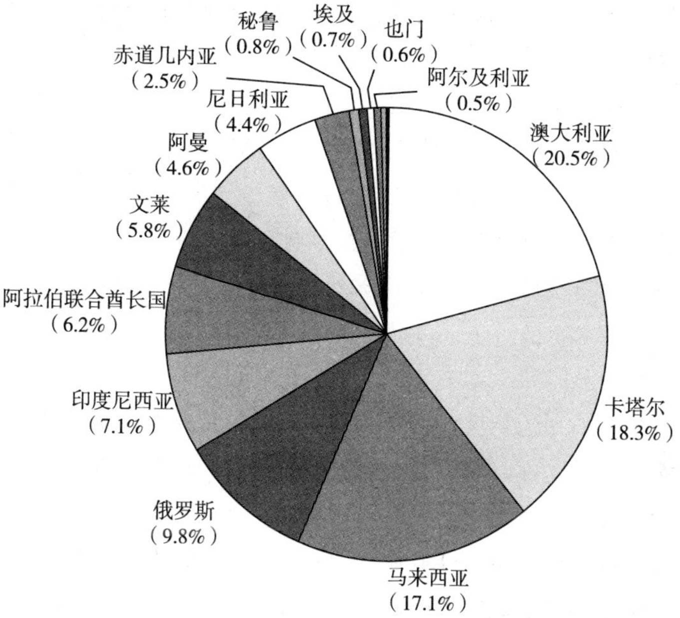

图 17－4　日本液化天然气（LNG）主要进口来源国（2013 年）

资料来源：BP，*Statistical Review of World Energy 2014*。

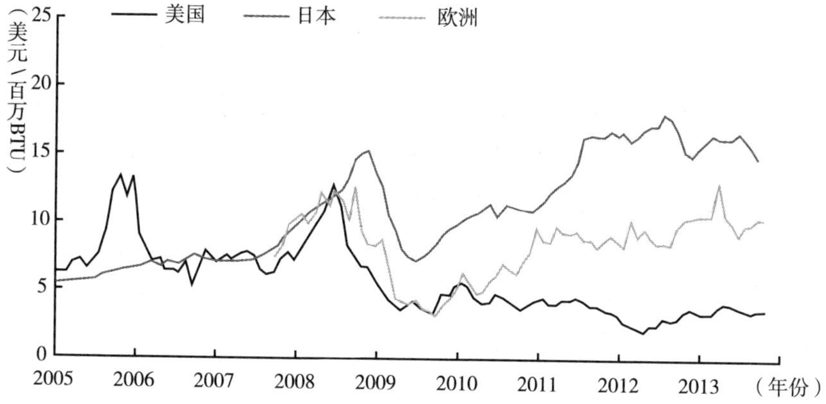

图 17－5　美国、欧洲与日本天然气价格之差

资料来源：Bloomberg，CEIC。

另外，可燃冰的成功提取更为日本注入了一针强心剂。日本政府在 2013 年 4 月公布的《海洋基本计划》中明确提出："今后将用约三年时间调查并掌握新一代能源可燃冰的埋藏量。"日本政府还计划在 2018 年度实现可燃冰的商业开采。由此可见，在发生核泄漏事故以后，日本积极调整能源战略，在加强与美国能源合作的同时，也加快了可燃冰的开发步伐。

由于可燃冰储量大，能够超过100年长期稳定供给，而且分布广，若实现商业开采，将使资源稀缺的日本的能源自给率明显提高，说不定还能使日本摘掉资源小国的帽子。由于日本是最大的LNG进口国，如果日本能够首先实现可燃冰商业开采，将对全球LNG贸易产生重要影响，使供应进一步宽松，价格下降，扭转LNG价格上升的趋势，亚洲地区天然气成本有望与美洲逐渐接近。①

虽然取得了技术上的进步，可燃冰的进一步开发和商业化仍然面临着种种困难，尚需要相当长的时间。关于可燃冰商业开采的前景，谁也没有时间表，何时能有大的突破也是未知的。从目前来看，日本作为能源进口国的地位，以及石油进口依赖中东，天然气进口依赖澳大利亚、卡塔尔、印度尼西亚和中长期向美国页岩气倾斜的能源战略暂时不会发生改变。

日本期待实现一场“可燃冰革命”，特别是日本将可燃冰的研究作为保障未来国内天然气供应的重要能源战略之一，通过制订周密的计划，循序渐进地对可燃冰进行研究开发，以及政府对其勘探开发技术研究的支持力度和组织方式，颇值得我国借鉴。

六　结语

近年来，非常规能源的开发取得了巨大的进步。尤其是以美国为代表的页岩气开发给全球能源注入了新的活力，增加了全球能源贸易数量。日本的可燃冰开发也取得了关键性的突破，给世界能源带来了新的希望。世界能源格局正在发生一系列重大变化，这些变化也对日本能源战略产生了重要影响。能源是经济发展的必备因素，在陆地石油、煤炭、天然气等常规能源日益衰竭的今天，开发利用非常规能源，抓住能源革命的先机，对掌控经济发展的方向有着至关重要的作用。

非常规能源的开发对于中国来说既有机遇，又有挑战。美国页岩气的成功开发给我们提供了一些有益的借鉴。这就使得我国在进行页岩气开发时有了一定的后发优势，在相对较短时间内可以实现页岩气的跨越式发展。② 而同样，日本可

---

① 黄晓勇主编《世界能源发展报告2013》，社会科学文献出版社，2013。

② 高辉清：《美国页岩气革命及其对我国的影响》，《发展研究》2012年第12期。

燃冰技术是中国进行可燃冰开发的技术先导，对我国开采可燃冰可提供技术借鉴。一旦日本可燃冰商业开发成功，也有利于我国的能源进口和推动我国的可燃冰开发。

最后需要注意的是，“页岩气革命”只是开采技术上的革命，而且其诱因是国际油价的暴涨。近期国际油价暴跌，有可能对页岩气的开发产生影响。国际油价从 2014 年下半年开始下降，从 100 美元/桶跌至 50 美元/桶，尽管如此，以沙特为代表的 OPEC 国家仍表示不会减产。油价下降将会持续多久还很难预测，新兴经济体的未来需求具有不确定性。许多 OPEC 国家现在面临一个困境：它们需要高油价来平衡预算，但持续的高油价将鼓励非 OPEC 国家和地区扩大石油生产，最终破坏需求。这可能导致未来油价波动，并对生产国的政治稳定造成潜在的破坏。

很显然，这次油价暴跌，单纯用供需结构变化来解释，似乎已经很难说明问题，其中一个重要原因恐怕就是针对美国的页岩气革命。OPEC 试图通过降低石油价格，使油价长期保持低于页岩气生产成本的水平，最终迫使美国页岩气难以维持生产，将其“页岩气革命”扼杀于摇篮之中。现在是比耐力的时候，其结果将会如何，我们拭目以待。

石油、核电、煤炭、新能源

Oil, Nuclear Power, Coal, and New Energy

B.18 日本石油产业的发展与规制改革

李宏舟　田振振*

摘　要：石油产业在日本经济社会中占据重要地位。二战后，日本对石油的进口、精炼和消费等环节实施了政府规制，促进了石油产业的发展。20 世纪 80 年代中期，规制的约束性日渐显现，日本开始对石油产业进行规制改革，缓和一系列行政指导和运用，废除相关法律制度，既促进了石油产业的进一步发展，也带来了诸多问题。

关键词：石油产业　经济性规制　规制改革

在当代，石油是人类生存和进行物质生产的基础，石油资源及其开发利用直

* 李宏舟，经济学博士，东北财经大学副教授，全国日本经济学会理事，主要研究领域：经营管理、日本经济、日本能源等；田振振，东北财经大学硕士研究生，主要研究领域：日本能源等。

接影响着人类文明和社会经济的发展。众所周知，日本是一个石油消费大国，但同时也是一个贫油国家，其所需石油的 99.6% 都依赖进口，石油自给率极低，但石油产业在日本经济中仍占有重要的地位。2013 年，日本前五家石油企业的销售额为 24.3 万亿日元，约占日本当年国内生产总值的 20%；2014 年，石油产业的纳税总额为 4.5 万亿日元，约占日本全年税收的 6.6%。值得注意的是，民营企业在日本的石油产业中发挥着重要作用。2002 年以后，除了石油储备以外，国家不再介入石油的进口、精炼及流通环节。

一　规制改革前日本的石油产业

日本要在战争废墟上重建石油产业，实现精炼技术的现代化，恢复精炼设备的生产能力，需要巨额的资金支持和原油的长期稳定供给，所以不得不依靠外国石油公司。通过修改《禁止垄断法》、制定《外资法》等，日本政府为外国石油公司创造了与日本石油公司进行业务合作的法制环境，日本的石油公司陆续与外国石油公司缔结涉及技术合作、委托精炼及委托销售等内容的合作协议，并进一步发展以精炼部门为中心的资本合作，日本搭建起“消费地精炼体制”。20 世纪 50 年代中期后，伴随经济的恢复和发展，日本能源需求进入激增期，此时恰逢全世界正在进行“能源革命”，日本也快速进入石油时代，其石油精炼能力从 1952 年的每天 14.75 万桶迅速增至 1960 年的 78.93 万桶。

进入 20 世纪 70 年代，两次石油危机对以日本为代表的世界各国造成了巨大冲击。为了防止日本经济社会出现混乱，将石油危机对国民生活的影响控制在最低程度，1973 年 11 月，日本设置了以内阁总理大臣为本部长的紧急石油对策推进本部，同时内阁决议通过《石油紧急对策纲要》。以此纲要为基础，日本政策自 1973 年 11 月起开始实施强有力的行政指导，其中对产业用石油消费的抑制属于重点，以节约消费量的 10% 为目标。与此同时，资源能源厅发布了《关于为实现家庭用灯油的稳定供给的紧急对策》的通知，控制家庭用灯油的零售价格，开始施行行政指导。

第二次石油危机期间，日本石油产业界尽最大努力确保原油供给，加上取消库存、彻底实施节约、减少石油消费、景气下降通道和能源转型等导致的石油需求减少等因素，日本没有受到太大的影响。

1985 年 9 月的“广场协议”后，日元急剧贬值，作为国家促进进口政策的一环，日本也意图扩大石油等产品的进口。1986 年 1 月开始实施《特定石油制品进口暂定措施法》（以下简称《特石法》），关于汽油、灯油等轻油的进口，只承认拥有“储油能力”、“替代生产能力”和“质量调整能力”的从业者，因此事实上只有石油精炼业经营者和一级成品油批发商具有原油进口权。

基于石油在日本的初级能源供给所处的中心地位和几乎100%的海外依赖性，加上其作为战略性国际商品的性质和主要产油地区中东国家的地缘政治动荡，维持长期稳定供给是日本能源政策的根本。但是，在经济高速增长之后，日本经济社会的各领域都开始出现国际化、自由化和规制缓和趋势，也要求对石油产业的规制进行重新调整。日本的石油产业开始进入基于市场原理的自由竞争时代。

二 日本石油产业的规制改革

进入20世纪80年代，随着国际石油情势和日本国内石油供需结构等石油产业相关环境发生重大变化，各方面强烈要求调整石油政策，以推动石油产业的合理化和有效化发展。改革之初，日本石油产业的状况是：石油精炼行业设备过剩，开工率低于美国，二次加工（重质油分解）比率低；汽油价格高于国际市场；日本石油资源匮乏。改革目标是：在价格上与国际接轨；保持国内一定程度的精炼能力；确保成品油质量和建立完善的危机管理体制。换言之，日本要在继续维持“原油进口、国内精炼”的同时，降低汽油价格实现与国际接轨。

（一）第一阶段的规制改革（1987～1993年）

作为石油产业规制改革的第一步，日本政府于1987年放松了对石油二次加工设备生产能力的规制，鼓励石油精炼企业进行深加工，提高产品的附加值；1989年废除汽油产量的配额制度，各企业可以根据自己的判断决定产量。在流通领域，1989年废除煤油的库存量下限规制；1990年废除对加油站转籍（从A企业系列转为B企业系列）的限制和新建加油站的总量与距离规制。1991年进一步放松对石油一次加工设备生产能力的规制，即当现有精炼设备的开工率达到90%时，可以增加精炼设备（但是仍需通产省依据《石油业法》进行审批）；1992年废除对石油精炼企业原油处理（对原油进行脱水、脱酸、脱除杂质，使之成为合格商品的工艺过程，又叫原油脱水）的产能规制；1993年废除重油进口关税的阶梯税制。

第一阶段的规制改革主要集中在生产领域，即取消了政府对成品油生产的数量规制。政府和产业界曾经担心供给过剩和恶性价格竞争会导致石油制品市场的混乱，为此，一方面通产省加大对原油、成品油需求与供给的信息收集、整理与公布，同时于1990年改革石油制品的定价机制，发布《关于石油制品价格的定价方式的通知》，规定石油精炼企业或成品油一级批发商每个月将成本变化的数值及其详细的计算依据提交通产省备案，以此及时掌握成品油批发价的变动情况及其原因，必要时通过行政指导予以干涉（根据1976年的《汽油销售法》第19条规定的授权）；另一方面，负责维护市场竞争秩序的日本公平交易委员会也相应公布了《应对掠夺性定价指南》，宣布将对通产省依据1976年《汽油销售法》第19条的规定公布的汽油销售案件进行彻底的调查，证据确凿后依法严办。

在上述“组合拳”的威慑下，加上日本当时的经济泡沫致使汽油的需求增加，石油产业第一阶段的规制改革并没有引发预想中的混乱，从而为第二阶段的深化改革提供了条件。

（二）第二阶段的规制改革（1996～2002年）

泡沫经济崩溃以后，日本面临着日元升值、产业空心化等前所未有的问题。为了摆脱困境，通过规制改革恢复经济活力的观点获得了日本社会各界的支持。1993年，作为日本首相私人咨询机构的经济改革研究会在其政策建议中提出了“经济性规制原则废除、社会性规制控制在最低程度”等更为激进的规制改革指导方针。针对石油产业，报告书给出的原则是：平时自由，紧急时规制。为了落实上述原则，1994年石油审议会设立石油政策问题小委员会，具体讨论石油政策以及是否延长1996年到期的《特石法》等问题。1994年12月，该小委员会在《今后成品油的供给方针》中提出了“推进石油制品的国际化和国内流通的效率化；确保石油的稳定供给；加强在环保和质量方面的制度设计”的改革方向。①

1996年，日本政府没有延长《特石法》的实施期限，反而将其废除，实现了真正意义上的石油制品进口自由化，1997年彻底取消石油制品的出口规制。在流通流域，1997年废除了加油站汽油原产地证明制度。在生产环节，1998年废除新增精炼设备的现有设备开工率规制（但是仍需通产省依据《石油业法》进行审批）；2002年3月废除石油产业基本大法——《石油业法》。《石油业法》的废除标志着日本对石油行业的经济性规制完全取消。

① 石油審議会石油部会石油政策基本問題小委員会『今後の石油製品供給のあり方について』、1994年12月。

三　规制改革对日本石油产业的影响

日本从20世纪80年代开始酝酿石油产业的规制改革，至2001年12月废除《石油业法》以完全废除政府对石油产业的经济性规制，前后经历了约20年的时间。从结果来看，可以认为日本的改革达到了既定的目标，但也出现了一些新问题。

（一）加快了石油精炼企业之间的合并与业务合作

1996年放开成品油进口以后，为了应对国外成品油的竞争，日本各精炼企业纷纷实施了精炼厂的大型化和规模化，主要手段为企业之间的合并和业务合作。如图18－1所示，自从1985年的昭和石油与壳牌石油合并以来，日本的17家大型石油精炼企业和一级成品油批发企业至2012年已经合并为7家，而且在这7家企业当中也多有业务合作。石油企业之间的业务提携包括储油设备的相互使用、成品油的相互配送等，通过此类物流合作，不仅节省了运输和仓储费用，又可以在全国设立自己的销售网络。

（二）加速了石油精炼企业纵向一体化的进程

所谓的“纵向一体化”指石油精炼企业（包括一级批发商）以自有资本进入成品油的零售领域，主要表现为自己出资设立直营加油站。根据2004年日本公平交易委员会所做的《汽油流通渠道现状调查》，汽油的流通分为系统内流通渠道和系统外流通渠道。系统内流通渠道指来自石油精炼企业（包括一级成品油批发商）的汽油，经过销售子公司的加油站或二级成品油批发商（一般特约店）的直营加油站或三级成品油批发商的直营加油站，提供给最终消费者。特别要注意的是，这些系统内加油点被授权使用石油精炼企业（或一级成品油批发商）的商标，即加油站与这些企业签订品牌使用协议，被授权使用后者的品牌进行销售，作为对价，这些加油站不得销售品牌以外的汽油。

上述系统以外的渠道在日本被称为系统外流通渠道，指汽油进口商或石油精炼企业（包括一级成品油批发商）将汽油批发给商社系统或日本农协系统下的品牌加油站或不隶属于任何系统的独立加油站。从趋势来看，非直营店（包括特约店和销售店）从1995年的84.5%减为2005年的66%，而直营店的比例却在扩大，从4.4%增加至15.2%。

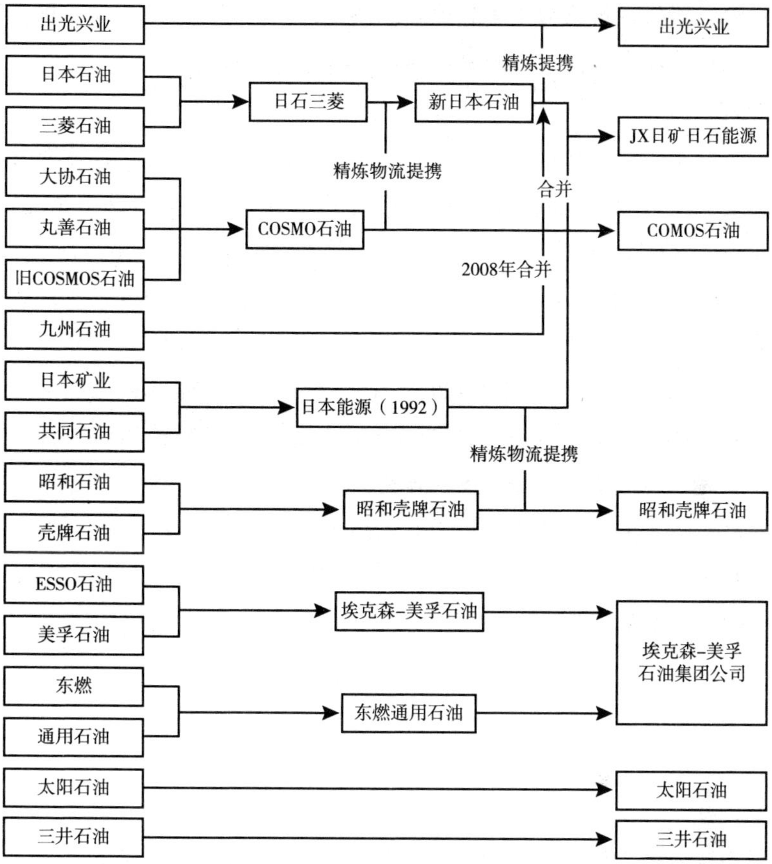

图 18－1　规制改革后日本石油企业之间的合并与业务提携

资料来源：JX 日鉱日石エネルギー『石油便覧第三編石油産業発展史』、2012、http：//www.noe.jx－group.co.jp/binran/part03/chapter02/index.html。

（三）加剧了流通领域的不公平竞争问题

1. 掠夺性定价

实施市场机制以后，日本成品油领域，特别是汽油产品的掠夺性定价现象呈现上升趋势，从 2001 年的 86 件上升至 2009 年的 956 件，2010 年虽然有所下降，但是仍为 714 件。① 掠夺性定价的发起者往往是属于某个大的一级或二级成品油批发商的加油站，受害者往往是这些加油站周边的独立加油站，因为独立加油站

① 2012 年日本公平交易委员会的报告。

的财力有限，不能在价格战中实施追随战略，进而会慢慢失去客源；即使勉强降价，也会因经营赤字而慢慢倒闭破产或被吞并。

2. 差别定价

差别定价主要发生在汽油批发商和零售商（加油站）之间，表现为石油精炼企业或成品油一级批发商对系统内加油站和系统外加油站之间的批发价差异，以及它们对系统内直营加油站和非直营加油站之间的批发价差异。

根据2004年公平交易委员会的调查，同一区域内石油精炼企业或成品油一级批发商对系统内的汽油批发价平均每升高于系统外批发价8日元左右。根据2006年日本资源能源厅的调查，2006年4月，石油精炼企业或成品油一级批发商对其直营店的批发价平均每升低于对非直营加油站（特约店和销售店）的批发价8.6日元，同一地区内的上述差异为7.4日元。

汽油的竞争主要是价格差异，相对较高的批发价使非直营店的市场份额不断减少，而且这种现象在加剧。比如一级批发商直营店的市场份额不断扩大，从2000年的7.8%增加为2009年的11.3%，而非直营店的份额则从77.7%减为63.2%。处于劣势的非直营加油站认为，上述批发价差异是石油精炼企业或一级成品油批发商积极扩张直营加油站、挤压非直营加油站的战略意图的表现，是不公平的竞争手段。

3. 滥用市场优势地位

虽然系统内和系统外的汽油批发价有每升8日元左右的差别，但是系统内的非直营加油站因为使用了精炼企业或成品油一级批发商的商标并且拥有稳定的汽油供给，所以作为对价，它们被禁止从系统外渠道批发汽油，否则将被取消使用商标权的资格。实际上，精炼企业或成品油一级批发商通过系统内渠道和系统外渠道流通的汽油的质量完全相同，而且它们对非直营店购入系统外汽油的处置方法也有很大的随意性，据此非直营加油站认为成品油一级批发商滥用商标权属于《反垄断法》中的滥用市场优势地位。

另外，非直营店与精炼企业或成品油一级批发商签署的《汽油销售合同》中的内容，往往是由后者单方面决定，特别是作为核心条款的批发价的设定，销售合同往往只写“批发商自行决定”或“另行规定”等有利于批发商的内容，至于批发价的计算方法及依据，非直营店往往不得而知。因此，非直营加油站认为批发商这种单方面决定合同内容的行为同样属于《反垄断法》中的滥用市场优势地位。

（四）改善了加油站的经营业绩

日本的加油站总数在1994年达到峰值的60421家，之后逐年减少，2012年已经减少到36349家，但是自助式加油站的数量从1998年的85家增加到2012年的8862家，约占总加油站数的1/4。

日本政府从1987年开始调查全国加油站的经营状况，根据历年统计，各加油站1987年的汽油平均销售利润为13.9日元/升，销售利润率为11.3%，1993年达到最高，分别为21.7日元/升和17.4%，之后逐年降低，2008年分别为11日元/升和8%。1997年，主营业务亏损的加油站占全部加油站的60%左右，之后通过人员削减和规模化经营等措施，这个比率逐年降低，2008年减为26.6%左右。为了在竞争中生存下来，很多加油站除了汽油供给以外，还纷纷推出洗车、销售关联产品等多元化业务。1996年平均每家汽油销售企业的销售额为10.8亿日元，2008年则增加至15.8亿日元，虽然销售利润率从1996年的19.1%减为2008年的12.1%，但是由于管理费用等（包括销售费用和管理费）的降低，平均每家汽油销售企业的营业利润反而从1996年的－363.6万日元增加为2008年的1143.8万日元。可以看出，经营改善的主要原因为人力支出的减少，其与销售额之比从11.1%减为6%。

（五）促进了日本成品油定价机制的市场化

随着投机资金进入国际原油市场，原油价格从2005年开始出现了前所未有的高涨，之后又进入了下降通道。在这种情况下，以月为标准的定价方式无法及时反映国际石油制品市场上的价格变化情况，最终消费者包括零售商也认为批发商的降价不及时。为适应市场的要求，从2008年开始，一些精炼企业开始实施新的批发价格定价方式，主要表现为缩短定价周期，从以前的一个月改为一周，甚至是每天；另外，定价依据不再是单纯的成本加成法，而是参照现货价格和期货价格等价格指标，使国内价格越来越与国际价格接轨。

四　规制改革后的日本石油产业

根据石油联盟2014年出版的《石油产业现状》，2012年日本国内的原油产量为76万千升，占当年原油处理总量1.9736亿千升的0.4%左右，约合1.5日的处理量。由此可见，日本的石油消费几乎全部依靠进口。2012年，日本进口原油2.1103亿千升，进口成品油3892万千升，这表明日本仍坚持“进口原油为主，进口成品油为辅”的原则。另外值得一提的是，随着日本节能技术的发展，2012年日本共消费成品油1.9752亿千升，比1973年的2.3414亿千升减少了15.6%。

截至2014年3月，日本共有16家石油企业，其中主要的石油精炼和成品油一级批发商共有五家，分别为JX日矿日石能源株式会社、出光兴业株式会社、COSMOS石油株式会社、东燃石油株式会社和昭和壳牌石油株式会社。

（一）勘探开采

在石油勘探开采等上游产业，日本的基本政策是积极扩大海外原油产地中的日本权益（日本称为“自主开发”）。日本是世界上第三大石油消费国家，其国内的石油、天然气产量只占年度消费的1.4%左右，所需石油几乎全部依赖进口。为了获得稳定的石油供给，日本积极扩大在海外石油勘探开采中的权益。

为了提高海外石油勘探开采中的日本权益，日本采取了“民间为主，政府扶持”的政策，支援的主体是2005年取代日本石油公团的职能而成立的独立行政法人石油天然气·金属矿物资源机构（Japan Oil, Gas and Metals National Corporation）。目前，该机构的支持方式主要有两类：一类是石油勘探开采等方面的信息收集、地质结构分析以及相关技术的开发普及（比如提高原油回收率的技术）；另一类是资金支持，包括代表政府出资和对民间石油勘探开采企业的债务提供担保。出资的基本方式是组建项目公司，根据情况不同，石油天然气·金属矿物资源机构的出资比例占注册资本的1/4～3/4不等，合作方可以是日本国内法人，也可以是日本国内法人出资并参与经营的外国法人或与日本国内法人合资经营的外国法人。债务担保的对象企业和上述三类企业相同，担保额为1/2～3/4，标的债务为从日本商业银行或日本国际协力银行所贷款项，并且专门用于海外石油、天然气的勘探开采以及收购相关资产。日本国际合作银行（Japan Bank for International Cooperation）是日本的政策银行之一，对符合条件的石油、天然气勘探开采企业提供专项贷款。为了减小民间企业的财务风险，独立行政法人日本贸易保险公司（Nippon Export and Import Insurance）于2008年开发了针对日本企业海外资源能源勘探开发的险种，即资源能源综合保险。

在日本政府这种“三位一体”的支持下，日本原油供给的自主开发率不断提高，已经达到2013年的22%，而且遍布世界各地的产油国或地区。

（二）石油精炼

尽管规制改革以前日本政府对石油精炼企业的原油脱水能力、一次加工能力和二次加工能力实施了严格的许可证审批制度，但是因为日本对石油需求的减少，石油产业存在着设备过剩、开工率低的问题。1973 年的日处理能力为 541 万桶，设备开工率为 85.2%，其后处理能力总体处于下降状态，2012 年已经减为 447.8 万桶/日，设备开工率不足 76%。而且，虽然日本的设备开工率自 1980 年以来整体处于上升的状态，但是始终低于美国的开工率。日本在石油精炼领域的基本政策是削减一次加工能力，提高二次加工能力。根据 2014 年版《今日的石油产业》，日本石油精炼企业的一次加工能力已经从 1999 年 3 月的 541 万桶/日减少至 2013 年 3 月的 447 万桶/日。①

2009 年，日本公布并实施了《能源供给构造高度化法》。该法律规定石油企业具有使用生物燃料和有效利用原油的义务，作为具体的量化指标，日本经济产业省根据该法规定，2013 年以前各石油精炼企业的重质油分解能力与常压蒸馏设备能力的比率（重质油分解设备装备率）必须达到 13% 以上，2010 年日本的这一比率为 10.2%，低于中国等一些亚洲国家（参见图 18－2）。

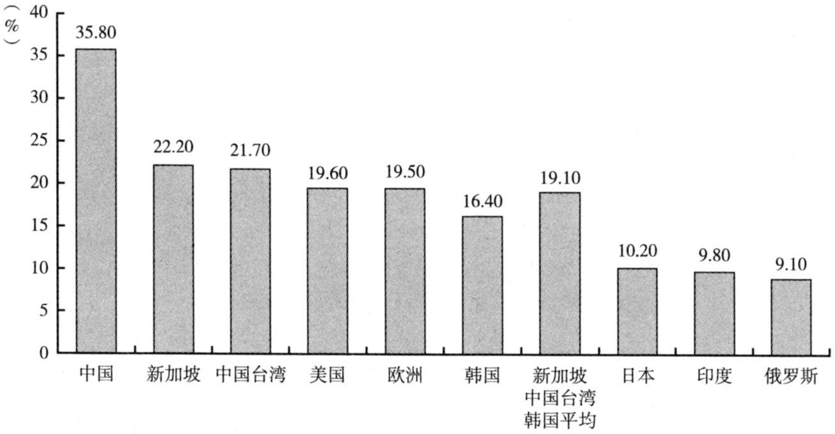

图 18－2　重质油分解设备装备率的国际比较（2010 年）

资料来源：経済産業省、http：//www. meti. go. jp/。

① 石油連盟『今日の石油産業』、32 頁。

所谓重质油分解能力，是指原油经过常压蒸馏以后，在产生汽油、煤油、石脑油的同时，还会产生残油，即重质油，该残渣经过重质油分解装置后，可进一步产生汽油、煤油、石脑油、重油和残渣。重质油分解设备装备率越高，对石油的有效利用度就越高。为了达到上述法定指标，各大石油精炼企业纷纷削减一次加工能力（常压蒸馏设备）。2008 年日本综合能源调查会石油分科会在《关于新一代燃料及石油政策的报告》（《次世代燃料・石油政策に関する小委員会報告書》）中提出了日本石油精炼产业的发展方向，即（1）扩大汽油、石脑油等日本有技术优势的成品油的出口数量，以提高设备的开工率；（2）深化石油化工产业，提高产品附加值；（3）提高重质油的分解能力；（4）进一步促进精炼企业之间的并购和各种方式的合作；（5）实施多元化经营，向综合能源公司发展；（6）利用技术优势，扩大与国外精炼企业的合作。

（三）定价方式

1996 年成品油进口自由化以后，经过 2008 年石油定价方式的市场化改革，日本汽油批发价的定价方式主要有三种，如表 18－1 所示。

表 18－1　日本汽油批发价的定价方式

<table>
<tr><th>定价方式</th><th>说明</th><th colspan="2">比例</th></tr>
<tr><td>成本联动方式</td><td>一级批发商在原油成本的基础上，加上运费、精炼成本、各种税、人工成本、利润；
因为日本的原油主要从中东进口，需要一个月左右的时间，所以本月的定价以上个月的原油成本为基准，曾经是主流的定价方式</td><td>约三成</td><td rowspan="2">约七成</td></tr>
<tr><td>市场联动方式</td><td>一级批发商根据各加油站周边其他加油站的价格决定自己的基准价格，变动幅度基本与原油价格同步</td><td>约四成</td></tr>
<tr><td>公式定价</td><td>以某地的价格为指标，按照事前规定的方式定价；RIM 的现货价格、原油 CIF 价格等常作为价格指标被使用</td><td colspan="2">约三成</td></tr>
</table>

资料来源：『総合資源エネルギー調査会石油分科会/次世代燃料・石油政策に関する小委員会』資料。

2008 年爆发的金融危机降低了日本市场对石油制品的需求，各大石油精炼企业纷纷出现经营赤字，开始摸索新的批发价格制定方式。与既存的定价方式相比，仍是每周调整一次价格，但是调整的依据，包括依照的价格指标和价格指标的参照期间没有对外公布，非直营店的加油站普遍担心精炼企业等会利用这种不透明机制暗中扶持直营店，以扩大其市场份额。

（四）流通渠道

以2009年为例，日本一共消费汽油5821万千升，其中的99.9%是作为汽车燃料消费的，主要的销售渠道有两个，即系统外和系统内。系统内销售渠道包括精炼企业和一级成品油批发商的直营店以及使用其商标权的特约店，通过系统内渠道销售的汽油占全部销量的82.3%；系统外销售渠道包括商社和农协，共销售17.5%的汽油。在系统内的销售渠道中，随着精炼企业和一级成品油批发商纵向一体化的发展，其直接销售的汽油占19.1%，剩下的63.2%是通过其旗下的加盟店（特约店）销售的。具体情况如图18－3所示。

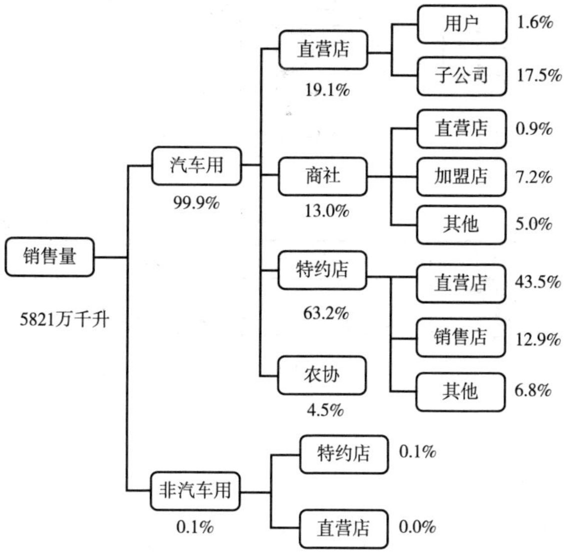

图18－3　2009年日本汽油的销售渠道及其销售量

资料来源：（财）日本エネルギー経済研究所、2012、http：//eneken. ieej. or. jp/。

（五）石油税负

2014年日本对石油产业的各种税收合计为6.38万亿日元，占当年日本税收总额的6.6%左右。2014年2月，日本汽油的零售价为每升158日元，各种税负为每升 63.6 日元（其中包括石油煤炭税 2.29 日元，汽油税 53.8 日元，消费税 7.5 日元），约占 40%。2014 年日本石油产业消费税前的销售额约为 23.45 万亿日元，这其中包括汽油税、石油煤炭税等 3.45 万亿日元，除去各种税负的净销售额为 20 万亿日元。根据现行的消费税法，8% 消费税税率的纳税基数为 23.45 万亿日元，消费税合计为 1.88 万亿日元。石油行业则认为消费税的征收基数应该是 20 万亿日元，不应该对 3.45 万亿日元的税负再征收消费税，这属于税上税。如果政府认可这种观点，整个石油行业可以节省税负 2800 亿日元（参见图 18－4）。

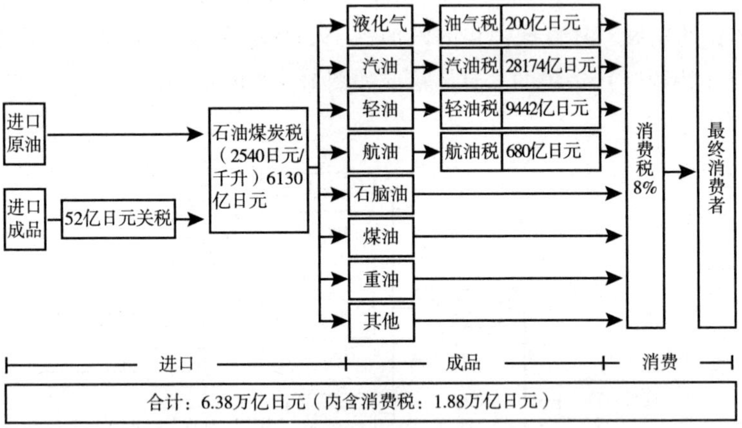

图 18－4　日本石油产业税收体系（2014 年）

资料来源：石油連盟『今日の石油産業』。

（六）利润情况

根据 2014 年版《日本石油现状》，日本石油行业（只包括精炼企业和一级成品油批发商）的销售额从 1990 年开始下降，从当年的 16.4495 万亿日元降为 1998 年的 13.2586 万亿日元，1998 年之后基本呈上升态势，其中 2007 年达到最高，为 28.9995 万亿日元，之后有所下降，2012 年销售额为 25.8705 万亿日元。主营业务利润在 1992 年（3429 亿日元）以后不断减少，一直到 1998 年亏损 180 亿日元，之后有升有降，但是总体处于上升的趋势。2008 年石油产业的整体主营业务利润从 2007 年的 4017 亿日元剧减为 －2992 亿日元，之后得益于定价机制的调整，2011 年的利润高达 6803 亿日元，2012 年又降为 2481 亿日元。

与其他产业相比，石油产业的主营业务销售利润率比较低，不但低于燃气

（5.2%）等垄断行业，而且低于制造业的5.4%，仅为1.0%。1993年，日本石油行业的主营业务销售利润率最高，也仅为2.6%。表18－2为每销售1升汽油精炼企业和流通企业的盈利状况，从总体来看，精炼企业的利润为每升12.9日元到15.5日元，呈上升趋势；流通领域的利润在每升10.6日元到15.5日元之间，呈下降趋势。

表18－2　汽油成本构成比例变化情况（2000～2010年）

单位：日元/升

年份	原油成本	精炼利润	流通利润	成本份额(%)	精炼份额(%)	流通份额(%)
2000	23	13.4	14.6	45.1	26.3	28.6
2001	21.5	13.9	15.5	42.2	27.3	30.5
2002	21.7	12.9	13.7	44.9	26.7	28.4
2003	23.5	13	13.4	47.1	26.1	26.9
2004	27	12.9	14.1	50.0	23.9	26.1
2005	37.5	14.2	13.1	57.9	21.9	20.2
2006	49.4	15.3	13.8	62.9	19.5	17.6
2007	52.9	15.5	12.2	65.6	19.2	15.1
2008	69.5	14.7	13.5	71.1	15.0	13.8
2009	37.5	12.6	10.6	61.8	20.8	17.5
2010	45.9	15.3	11.6	63.0	21.0	15.9

资料来源：石油連盟『今日の石油産業』、2012。

回顾日本石油产业半个多世纪以来的发展历程可以看到，在2002年以前，鉴于石油对国家能源安全的巨大影响力，出于保持国家对战略物资适当控制的政策意图，同时为了防止过度竞争引发整体亏损，从而影响“生活必需品”的供应，日本对石油产业（主要包括石油精炼业和成品油流通业，不包括管道运输环节）实施了政府规制。① 随着日本经济社会的发展，规制对经济发展的约束日渐显现，日本对石油产业也进行了规制改革，从而促进了石油产业的进一步发展。

① 植草益『公的規制経済学』、筑摩書房、1991年。

B.19

日本的核电发展与核电政策调整

胡欣欣*

摘　要：2011年3月日本福岛核危机的发生，使人们对核电的关注和认识普遍提高，引发了世界范围对核电的再思考和再认识，促使人们对整个核电事业的发展方式和技术路径进行反思，并引起社会上的广泛讨论。本报告将对日本核电发展的基本历程与核电政策、福岛核危机及其影响、核危机后日本核电政策的调整以及日本核危机对中国核电发展的影响与警示等问题进行初步梳理和讨论。

关键词：核电　福岛　核安全　监管

一　福岛核危机前日本的核电发展

（一）日本的核电发展与核电政策

日本核电事业起步于20世纪50年代中叶。1954年，日本首次制定原子能相关财政预算。1955年11月，《日美原子能协定》签订。1955年12月，《原子能基本法》出台，规定了“民主、自主、公开”的原子能利用基本原则。《原子能基本法》与同时制定的《原子能委员会设置法》以及有关在总理府设置原子能局的《修改总理府设置法的法律》，被称为“原子能三法”。从此，日本原子能政策正式起步。

通过上述法制准备，日本于1956年1月设立了原子能委员会，6月设立了

* 胡欣欣，中国社会科学院日本研究所研究员，全国日本经济学会常务理事，主要研究领域：日本经济、日本能源、日本产业等。

日本原子能研究所，8 月又设立了原子能燃料公社（1967 年 10 月改组为“动力炉核燃料开发事业团”）。1956 年 9 月 6 日，日本原子能委员会“内定”了日本第一个“原子能研究、开发、利用长期计划”。①

除上述政府方面的行动外，在民间企业方面，以电力公司和重电机企业为中心，于 1956 年 3 月成立了日本原子能产业会议。1957 年 11 月，9 家电力公司与有官方背景的电源开发公司以 8∶2 的出资比例，共同设立了日本原子能发电股份公司，在原子能研究所所在地东海村修建了日本第一座原子能反应堆，并于 1966 年 7 月正式开始商业性发电。至 1973 年因国际市场原油价格急剧上涨引发能源危机，日本已有 6 座反应堆投入运行，具备 228 万千瓦时发电能力（参见表 19－1）。

表 19－1　日本的核电站建设进展

年度	1966～1973	1974～1985	1986～1994	1995～2002	2003～2010
新建核电站	5	9	2	0	1
增设反应堆	1	17	14	5	3
合　计	6	26	16	5	4

资料来源：橘川武郎『原子力発電をどうするか』、名古屋大学出版社、2011、29 頁。

1974 年，日本推出了“电源三法”（《电源开发促进法》、《电源开发促进对策特别会计法》和《发电用设施周边地区整备法》），对发电站建设支付补贴。

“电源三法”的基本思路包括：（1）根据销售电量从电力公司征税（税收部分转嫁到电费）；（2）以此作为财源设立“特别会计”专项账目；（3）将上述资金作为发电站周边地区的道路、港口、福利设施等公共设施建设费用，向电源地区交付补贴，以此增加该地居民的福利，获得当地居民对电站建设的理解。

所谓“交付补贴”，就是由上述专项账户向某些相关事业进行拨款，主要有六项：（1）电源设立促进对策交付金；（2）放射线监视交付金；（3）温排水影响调查交付金；（4）宣传对策交付金；（5）整备计划制作交付金；（6）交付金事务交付金。尽管上述“电源三法”并非仅仅针对核电事业，但事实上，其的确在政策方面加大了支持核电发展的力度。根据立命馆大学大岛坚一教授的计

① 由于当时原子能委员会和日本的原子能政策均处于初创阶段，计划的制订经过了一番周折。具体经过详见《原子能委员会月报》1956 年第一卷第 6 期，http://www.aec.go.jp/jicst/NC/about/ugoki/geppou/V01/N06/19561002V01N06.HTML。

算，在1975～2007年，电源交付金的68.4%用于核电站建设。①

1974～1985年，日本国内形成了一个核电站建设小高潮。如表19－1所示，在此期间新建核电站9座，原有核电站增设反应堆17座。1975年核电在日本发电总量中所占比重仅5%左右，1980年升至14%以上，1984年突破20%大关，1985年升至23.7%以上。②

20世纪70年代石油危机爆发后，国际原油市场进入价格动荡的时代，这促使资源能源匮乏的日本下决心加强能源安全保障。核废料的回收和循环利用，有助于能源问题的解决。为此，动力炉核燃料开发事业团1977年在茨城县大洗町建造快中子增殖反应堆“常阳”，1978年又在福井县敦贺市建造先进热中子原型堆“普贤”，1983年又开始建造快堆“文殊”。9家电力公司与日本原子能发电得到其他相关企业及金融机构的资金援助，于1985年3月设立日本原燃服务公司，致力于核废料再处理；1985年3月又设立日本原燃产业公司。新成立的两家公司1985年与青森县六所村签订了《核燃料回收设施立地合作基本协定书》。

然而，日本核电事业的发展并不是一帆风顺的。自20世纪70年代起，世界范围内陆续发生了几次核泄漏事件，引发了整个社会对核安全问题的警觉。1974年9月日本核动力船“陆奥”发生核泄漏，1979年3月美国三里岛发生核事故，“陆奥”和三里岛核电站与日本核电站一样都使用轻水反应堆，这对日本的核电相关企业形成重大冲击。1978年10月，日本政府决定再设立一个原子能安全委员会，负责核电安全规制。1986年，苏联切尔诺贝利核电站发生重大事故，对世界核电发展产生了重大影响。另外，进入80年代后，全球规模的生态环境问题日益突出。1997年12月，联合国气候大会在日本京都通过《联合国气候变化框架公约的京都议定书》，日本承诺在2008～2012年的第一阶段将二氧化碳等温室气体排放较1990年的水平削减6%。核电作为一种“清洁能源”得到重新认识。

进入21世纪后，日本作为世界经济大国的地位受到挑战，日本政府急于寻找新的产业增长点和科技发展的突破口，核电政策作为能源政策、环境政策和技术政策的交叉点，受到特别重视。2005年10月，日本原子能委员会发布《原子能政策大纲》，用以取代自1956年起先后制定更新过九次的《原子能研究、开发、利用长期计划》，提出在此后30年将日本的核电比重保持在总发电量30%～

① 大岛坚一教授根据经济产业省资源能源厅电力煤气事业部编《电源开发概要》各年度版整理的数据。参见大岛坚一『原発はやっぱり割に合わない』、東洋経済新報社、2013。

② 参见総務省統計局、http://www.stat.go.jp/data/chouki/zuhyou/10－02.xls。

40%以及推进核燃料回收利用等基本目标。2006年8月经济产业省资源能源厅咨询机构综合资源能源调查会原子能部会推出题为“原子能立国计划”的报告书，提出要将发展核电定位于“国家战略”的高度。2010年6月，经济产业省的《能源基本计划》提出了一系列新的目标，即2020年以前新设9座核电站，2030年以前至少新设14座核电站；将原子能等“零排放”（zero emission）能源的比重在2020年以前提高到40%以上，在2030年以前提高到70%以上等。① 2010年6月经济产业省产业结构审议会产业竞争力部会发布的题为“产业结构愿景2010”的报告书，也将核电作为基础设施关联产业之一列入了需要重点援助发展的战略性产业领域。②

在2011年，日本17座核电站54座反应堆的电力输出量达4884.7万千瓦时，仅次于美国和法国，排在世界第三位。2010年核电在日本发电总量中所占比重超过30%，另有正在建设的反应堆4座，准备建设的反应堆11座。③ 若建设计划进展顺利，日本将有望超过法国，成为发达国家中第二大核电国家。然而，所有“如意算盘”都因2011年3月核电站事故的发生而被打破。核电站事故的爆发，使野心勃勃的日本核电事业遭到严重挫折，日本核电政策被迫做出调整。

（二）福岛核电站事故前日本核电发展的基本状况

至2011年1月，日本10家电力公司（除冲绳以外的9家地区电力公司，再加上9家公司联合出资设立的日本原子能发电公司）共拥有17座核电站，已投产的反应堆机组54座。

二战后日本的电力事业采取地区垄断的发电、送电一体化体制。日本全国共有东京电力、关西电力、中部电力、东北电力、九州电力、中国电力、四国电力、北海道电力、北陆电力和冲绳电力10家电力公司，分别负责向10个地区供电。日本的核电事业以9家电力公司（除冲绳外）为中心展开。除上述电力公司外，还有电力批发公司日本电源开发（J－POWER），1952年为解决电力短缺根据《电源开发促进法》设立，在日本各地拥有一批火力和水力发电站，并有1座在建核电站。

日本核电站的设备，最初由国外引进，同时致力于国产化开发。东京电力福

---

① 参见 http：//www. enecho. meti. go. jp/topics/kihonkeikaku/100618honbun. pdf。

② 参见 http：//www. meti. go. jp/committee/summary/0004660/index. html#vision2010。

③ 引自日本原子能产业协会官方网站登载的资料，http：//www. jaif. or. jp/。

岛第一核电站 3 号机组、中部电力岛根核电站 1 号机组的国产化率已达到 90%。日本核电站设备制造企业主要有三家：东芝、日立制作所和三菱重工。东芝和日立生产沸水型反应堆，三菱重工生产压水型反应堆。核电事业在上述三家公司的全部销售额中所占比重不是很高，2011 年度，东芝约为 9%，日立制作所只有 2%，三菱重工为 11%。①

（三）核电监管与原子能科研体制

按照一桥大学桔川武郎教授的说法，日本核电发展政策采取的是一种“国策民营方式”。② 为发展核电事业，国家财政直接或间接投入大量资金。在中央政府一级，与核电有关的机构主要分布于内阁府、经济产业省（原通产省）和文部科学省。设置于内阁府的原子能委员会主要负责大政方针的制定；原子能安全委员会如前所述，是 1978 年 10 月日本政府为加强核电安全规制而设立的，旨在与原子能安全保安院形成对核电安全运行的双重监督。经济产业省（原通产省）资源能源厅是日本能源政策主管部门。原子能安全保安院也设于经济产业省，主要负责对核电站安全运行进行监管，承担对核电站开展安全检查等实际工作，对违反安全规定的企业有行政处罚权。在原子能安全保安院下面，还设有一个“原子能安全基盘机构”，由经济产业省官员和大学教授等组成，职员数超过 400 人，负责对核电站安检业务提供支持。2010 年度，内阁府、经济产业省和文部科学省这三个政府部门的原子能相关预算合计 4323 亿日元。负责原子能科技研究，拥有日本原子能开发机构的文部科学省经费最多，高达 2479 亿日元。经济产业省不仅拥有负责核电安全运行、对其进行实际监管的原子能安全保安院，而且基本掌控着前述“电源三法”专项拨款特别会计的分配权（参见表 19－2）。

日本的政策制定往往要经过一些复杂的审议程序，能源政策也不例外。根据相关法律规定，能源政策的制定要经过作为经济产业大臣咨询机构而设置的综合资源能源调查会的讨论和审议。综合资源能源调查会下设多个部会或分科会，电气事业分科会下设原子能部会，参加者中相关企业人士居多（如东京电力、关西电力的社长等都曾任原子能部会委员）。这样的体制，被认为可以使各界意见反映在政策制定中，却也难以避免“官企利益共同体”的指责。

① 『会社四季　報業界地図』、東洋経済新報社、2011、6 頁。

② 橘川武郎『原子力発電をどうするか』、名古屋大学出版会、2011。

表 19－2　日本中央政府内所设核电相关机构及其主要职责

部门	机构	主要职责	2010 年度预算
内阁府	原子能委员会	掌握原子能政策和预算的最高机构	18 亿日元
	原子能安全委员会	与原子能安全保安院形成双重监管，职员数约 500 人	
经济产业省	资源能源厅	推进原子能振兴政策	1750 亿日元
	原子能安全保安院	核电安全监控，职员数约 800 人	
文部科学省	科技学术政策局原子能安全课	原子能安全研究相关行政	2479 亿日元
	研究开发局原子能课	原子能开发相关行政	
	日本原子能开发机构	2005 年由日本原子能研究所和核燃料回收再利用开发机构合并而成，职员数约 4000 人	
	放射线医学综合研究所	从事紧急被辐射医疗研究和重粒子治疗研究等，职员数约 780 人	

资料来源：『会社四季　報業界地図』、東洋経済新報社、2011、12 頁。

二　福岛核电站事故及其对核电运行的影响

（一）福岛第一核电站事故的发生及其善后

2011 年 3 月 11 日日本东北地区太平洋海域附近发生 9 级地震，并引发海啸。由于巨大海啸淹没了福岛第一核电站柴油发电机组，造成 1 至 5 号机组冷却系统丧失全部电源，无法提供冷却水为已停止运行的反应堆余热降温，导致 1 至 3 号机组先后出现堆芯融化，大量放射性物质泄漏并扩散。4 月 12 日，日本原子能安全保安院宣布，根据国际核事故分级表（INES）将福岛第一核电站此次核事故定为 7 级，为核事故最高级。

在事故发生 9 个月后的 2011 年 12 月 16 日，日本时任首相野田佳彦宣布，福岛第一核电站反应堆已处于逐渐冷却的“冷停堆”稳定状态。然而，直至 2014 年末，福岛第一核电站污染水“跑冒滴漏”现象仍时有发生。为促进灾后复兴，仅去除周边放射性污染物质一项开支就已花费数千亿日元财政资金，① 但

① 根据日本财务省公布的数据，至 2013 年度末，已执行预算包括：放射性物质污染土去除污染 4693 亿日元，放射性物质污染废弃物处理 106 亿日元，中间储藏设施整顿 7 亿日元，共计 4806 亿日元。包括财政预备费和补充预算在内，2011 年度至 2014 年度预算共安排 21078 亿日元投入去除放射性污染事业。参见 https：//www. mof. go. jp/budget/budger_ workflow/budget/fy2014/seifuan26/05 －03. pdf。

仍有十几万背井离乡的福岛县“核难民”无法返回家园。四年过后，事态仍未平息。

面对核电站污染水问题迟迟得不到妥善处理的局面，又迫于举办东京奥运会的国际压力，2013 年 9 月 3 日，由安倍首相亲自牵头的日本原子能灾害对策本部召开会议，提出污染水处理问题不能再任凭东京电力自行解决，要由政府出面进行干预。会议决定了“污染水对策基本方针和综合对策”，为此投入巨额财政资金，并设置相关的阁僚会议。同年 12 月 20 日，原子能灾害对策本部又发表了“追加对策”。[①] 在投入大量人力、物力、财力，甚至付出员工的生命代价之后，2015 年 1 月 23 日却传来消息，称东京电力公司向资源能源厅方面通报，由于去除放射性污染物工作进展不顺利，无法实现向政府承诺的在本年度内（即 2015 年 3 月 31 日以前）将所存高浓度污染水全部处理完毕的目标。[②]

（二）对日本核电站运行及电力公司经营的影响

2011 年 3 月 31 日，日本原子能安全保安院发出有关“紧急安全对策”的通知，要求各电力公司吸取福岛核事故的教训，立即对属下核电站机器设备进行检查，排查安全隐患，并尽早向原子能安全保安院报告紧急安全对策的实施结果。[③] 此后，正在运行的核电站机组陆续进入停机检修。2012 年 5 月 5 日，日本国内最后一座运行中的北海道电力公司泊核电站 3 号机组进入停机检修状态。至此，日本全部核电站机组均已停机。这是日本自 1970 年以来首次进入“零核电”状态。

2011 年 6 月，国际原子能机构根据福岛核事故的经验教训，建议拥有核电站的国家采取欧洲核电国家实施的“压力测试”制度。2012 年 7 月 1 日，检修完毕并率先通过测试的关西电力大饭核电站 3 号机组重新启动。2013 年 9 月，大饭核电站两座运行的反应堆先后进入定期停堆检修，日本再度处于“零核电”状态。

由于电力供应能力的减少和原材料成本的提高，电力公司经营遇到很大困

① 根据日本财务省公布的数据，仅 2013 年度，福岛第一核电站污染水处理投入的财政资金就高达 685 亿日元（包括预备费 206 亿日元和补充预算 479 亿日元）。参见 https：//www. mof. go. jp/budget/budger_ workflow/budget/fy2014/seifuan26/05 –03. pdf。

② 参见日本广播协会等媒体报道，http：//www3. nhk. or. jp/news/genpatsu – fukushima/20150123/1128_ osensui. html。

③ http：//www. meti. go. jp/press/20110330004/20110330004. pdf.

难。2011 年和 2012 年拥有核电站的各大电力公司几乎全部出现不同程度的亏损。至 2013 年度，除中部电力亏损额有所增加外，绝大多数电力公司财务状况出现好转，部分公司实现扭亏为盈。

2013 年 7 月，日本出台了有关核电站运行的新安全标准。在新安全标准正式实施的 7 月 8 日当天，即有北海道电力、关西电力、四国电力和九州电力等 4 家电力公司就 5 座核电站的 10 座反应堆提出重启审查申请。至 2014 年底，拥有核电站的 9 家电力公司均已向规制委员会提交了核电站重启申请，涉及 12 座核电站的 19 座反应堆。据报道，九州电力设于鹿儿岛县的川内核电站 1 号、2 号机组以及关西电力设于福井县的高滨核电站 3 号、4 号机组被列为优先审查对象，川内核电站有望最先获得重启许可。

三　核电站事故所暴露的问题及日本核电政策的调整

（一）核电站事故所暴露出的深层问题及相关讨论

1. 企业自我利益追求与公众安全

福岛核电站事故发生后，东京电力的核电站灾害防范体制受到普遍质疑。东京电力一直在强调客观原因，称地震和海啸规模超出预想范围，属于天灾性质。福岛第一核电站是日本最老的核电站之一，至 2011 年 3 月，其 1 号机组已运行 40 年之久，设备老化是必然的。但为降低公司发电成本，避免废炉处理必然发生的巨额费用，2010 年 3 月东京电力向原子能安全保安院提出申请，请求让 1 号机组继续运行至少 10 年。申请获批后，东京电力随即决定为福岛第一核电站“延寿 20 年”。设备老化和疏于防护升级，为灾害发生埋下了隐患。

另有专家指出，东京电力公司的相关制度和操作规程也完全是从公司自身的角度出发，将保全公司资产放在第一位，忽视了公众利益和社会安全。日本原子能基盘机构（JNES）的报告书指出，海啸到来后 1 小时内如能启动复水器，将不至于导致堆芯迅速融化。①

2. 监管的缺失

在日本，有关核电站的监管机构主要是 2001 年设于经济产业省资源能源厅

---

① 参见独立行政法人原子力安全基盤機構「東京電力（株）福島第一原子力発電所の事故に係る1 号機、2 号機及び3 号機の炉心の状態に関する評価報告書について）』、2011 年 10 月 21 日、http：//www. jnes. go. jp/content/000119740. pdf。

的原子能安全保安院，负责有关核电站监管的日常行政工作。此外，还有根据《原子能基本法》设置的原子能安全委员会（最初设于原子能委员会内部，1978年从原子能委员会独立出来，2001年移至内阁府），主要负责方针政策等大事。但上述两个机构之间的权限、职责划分并不十分明确。此次核电站事故暴露出的问题证明，无论是事故的事前防范，还是事故紧急应对及事后处理，日本的核电监管机构都不能说很好地尽到了监管职责。

人们指出，从体制上看，与美国原子能监管委员会（Nuclear Regulatory Commission，简称NRC）作为一个独立政府部门的地位相比，日本的原子能安全保安院仅仅是设于经济产业省资源能源厅的一个下属机构，不仅不具有独立地位，而且与上级部门经济产业省和监管对象电力公司有着千丝万缕的联系。长期以来，各大电力公司常年派人驻扎政府部门协助工作,① 并且成为政府机构退休官员的重要接收地。根据经济产业省2011年5月2日发布的调查结果，在过去50年时间里，曾有68位退休官员“下凡”到电力公司，包括东京电力公司5人。②

除此之外，各大电力公司还通过关系公司向各主要大学从事原子能研究的学者提供课题经费，培养“御用学者”，一旦发生严重事故，应邀在媒体进行讲解时进行有利于企业的解释，在电力公司、政府主管机构和监管机构及“御用学者”之间已形成一种隐形“利益共同体”。

3. 有关核电站“优越性”的误导

据称，日本电气实业联合会测算，每千瓦小时发电成本水力发电为11.9日元，火力发电为6.2日元，核电仅为5.3日元。福岛核电站事故发生后，不仅核电站的“安全神话”被打破，而且面临突如其来的几座甚至几十座反应堆机组可能报废的课题，人们发现，以往核电成本的计算也是带有误导性的。实际上，某些学者早就算过另一笔账，如果将核电站占地成本以及为推进核电站建设交付给地方的大量补贴等成本都计算在内的话，每千瓦小时核电发电成本应为10.68日元，高于火电成本。③ 如果再考虑“废堆”的处理成本，核电绝不是成本最低的发电方式。

---

① 在2011年5月27日召开的众议院经济产业委员会上，来自日本共产党的众议员吉井英胜追究这方面的情况，确认东京电力公司曾向内阁官房、内阁府以及文部科学省派遣过36名职员前去协助工作，包括通过电力中央研究所的途径间接向原子能安全委员会事务局派遣的2名工作人员。当时的国会讨论与答辩内容可查询日本国会议事录。

② http://sankei.jp.msn.com/economy/news/110502/biz11050220220024-n1.htm.

③ 玉川彻『原発？電力』、講談社、2011。

（二）民主党到自民党——有关“脱核”与否的争论

福岛核电站事故发生后，日本民众要求停止核电站运行的呼声十分强烈。2012年9月，当时执政的民主党提出力争在2030年实现“零核电”的努力目标，与“扩大绿色能源”“能源稳定供应”共同构成民主党能源战略的核心。同年9月14日，野田内阁召开能源环境会议，确定了“革新性能源环境战略”，明确提出要为在21世纪30年代实现“零核电”而“投入所有政策资源”；同时提出旨在早日实现“不依靠核电的社会”这一目标的三项基本原则，具体来说就是严格限制寿命已超过40年的核电站运行，只有原子能规制委员会确认安全的核电站才可重启，不再批准新的核电站建设。①

民主党的“零核电”设想虽受到了普通民众的欢迎，却受到了企业界的广泛抵制。2012年12月自民党重新执掌政权后，决定对“零核电”政策进行调整。2013年3月15日起，经济产业省综合资源能源调查会综合部会（同年7月后改组为“基本政策分科会”）连续召开会议，就新的能源政策制定展开讨论。2013年12月，经济产业省综合资源能源调查会基本政策分科会提出《对能源基本计划的意见书》。据此，日本阁僚会议于2014年4月11日正式通过了新的《能源基本计划》。作为福岛核电站事故后首次推出的能源基本计划，提出要重构日本的原子能政策，并将核电定位于最重要的基荷电源之一（与水力发电、地热发电及煤炭发电同等层级），但暂时回避了核电比重等敏感数量指标的提出。②

（三）核电监管及行政制度的改革

鉴于福岛核电站事故所暴露出来的对电力公司监管不力等弊端，日本成立了原子能规制委员会，以取代以往的原子能监管机构原子能安全保安院。

原子能规制委员会成立后，即着手研究制定新的核电安全标准。2013年7月8日，新安全标准正式开始实施。这个新标准被称为目前世界上最严格的安全标准。其吸取福岛核事故的教训，着眼于大规模自然灾害、恐怖袭击等可能引发的严重事故，提出要从确保安全并留有充分余地的设计、防止事故扩大及防止放

---

① 参见民主党官方网站相关信息，http：//www. dpj. or. jp/article/101490。

② 综合能源基本计划的具体内容可参见 http：//www. enecho. meti. go. jp/category/others/basic_plan/pdf/140411. pdf。

射物外泄这三个阶段进行“深层防护”，对核电站必须具备的条件制定了十分严格的规定。例如作为地震对策，规定核电站反应堆所在建筑等重要设施必须建造在没有活断层的地基上，并须追溯至40万年以前是否存在活断层；作为海啸对策，规定防波堤建设必须设想到将来有可能发生的超过以往最大规模的海啸，并符合最高强度的抗震标准；为确保电源系统运转，要求配备两套相互独立的外部电源以及充足的交流、直流备用电源和电源车；为受到恐怖袭击或发生事故后可及时采取对策，要求配备可遥控反应堆冷却系统的应急控制室；为防止反应堆安全壳破损造成核泄漏，要求必须配备带有过滤装置的排气阀；等等。新规定将核电站寿命原则上限制在40年之内，经特别批准可延期一次，但不得超过20年。

原子能行政体制改革也在同时进行。2013年6月，日本政府为改革原子能委员会设立“有识者会议”。同年7月至12月进行12次审议之后，会议提交了相关报告，建议废止“原子能政策大纲”的制定，并对原子能委员会的定位和职责进行了调整。

四　福岛核电站事故对中国核电发展的影响

中国的核能和平利用起步于20世纪50年代中期。实行改革开放政策后，中央政府于80年代初做出建设秦山核电站和大亚湾核电站的决策。进入21世纪后，中国的核电站建设加速。至2011年3月11日福岛核电站事故发生时，中国国内除已经运行的14座反应堆外，还有11座核电站的30座反应堆正在建设。

福岛核危机爆发后，我国核安全局立即组织开展全国核设施综合安全检查，并对运行和在建核设施提出新的安全要求，同时暂停审批核电项目。国家核安全局2011年年报称，检查结果表明，“运行核电站安全风险处于受控状态”，“同时提出多项进一步提高安全水平的改进要求”。① 为吸取福岛核电站事故的教训，国家核安全局牵头组织编制了《核安全与放射性污染防治“十二五”规划及2020年远景目标》，2012年5月31日经国务院常务会议审议，获原则通过。2012年6月15日，环保部在其网站公布了《关于全国民用核设施综合安全检查情况的报告》和《核安全与放射性污染防治“十二五”规划及2020年远景目标》（《核电安全规划》），向全社会征求意见和建议。《核安全规划》于2012年9月6日获国务院批准，随即由国家核安全局向全社会发布。2012年10月24

① 参见http：//haq. mep. gov. cn/haqkw/201402/P020140217369544686992. pdf。

日，国务院召开常务会议，原则通过了《核电安全规划（2011—2020年）》和《核电中长期发展规划（2011—2020年）》，会议对中国核电建设做出“稳妥恢复正常建设”的部署，并提出了“科学布局项目”、“提高准入门槛”的具体要求。此后，福岛核电站事故之前已颁发建造许可证的项目开始开工建设，国家核安全局又先后为一批新项目颁发了建造许可证。中国核电建设自此重启。① 2013年10月，全国人大常委会首次将《核安全法》列入国家立法规划。《核安全法》草案已经形成。②

五　结语

中国仍处于高速经济增长阶段，由于相对粗放的增长方式，能源耗费巨大，带来了极大的环境压力。发展核电成为一种必然的选择。然而，核电事业不仅包括核反应堆及相关设施的建造和安全运转等表面上“看得见的事情”，更包括原料选择、乏燃料后处理和循环利用以及核废弃物储存等重要环节。围绕乏燃料处理和核废弃物储存方式等问题，目前日本国内还存在很多争议。在以往核电发展过程中，日本曾在技术路径选择等方面走过不少弯路，长期寄予厚望的快堆开发也一直未能取得理想成果，其中的经验教训亦值得我们关注和借鉴。从日本前车之鉴的角度看，除安全监管、信息公开、防止利益集团妨碍公众利益等方面的经验教训外，关于核电发展的技术路径，包括未来主流堆型选择及乏燃料处理方式等问题，尚留有不少讨论的余地。人类为发展核电付出的巨大代价和牺牲，理应成为重新思考核电发展道路的重要契机。为在核电发展过程中尽量少走弯路，还有必要对日本核电走过的道路进行进一步的深入了解。从这个角度看，本课题的研究仅仅是初步的，还有待于在更深层次上展开。

---

① 参见 http：//haq. mep. gov. cn/haqkw/201402/P020140217370292464656. pdf。

② 参见 http：//haq. mep. gov. cn/haqkw/201412/P020141218553855071258. pdf。

B.20 日本煤炭资源的合理利用及其启示

王相怡　张季风*

摘　要：在日本的能源结构中，煤炭一直占一次能源供给的20%左右，且这一数值大于其他发达国家的煤炭资源占比。这说明日本对煤炭资源的利用有一定的优势。本文简述了日本煤炭产业的发展历程与特点，分析了日本煤炭产业的优势及其原因，并总结了日本煤炭资源的合理利用经验，以对正处于转型期的我国煤炭及相关产业提供借鉴与启示。

关键词：能源结构　清洁煤技术（CCT）　煤炭火力发电

煤炭在人类历史发展过程中曾经是最主要的能源，而在近几十年中，其地位逐渐被石油、天然气所取代。但在中国，煤炭仍是最主要能源，2014 年在一次能源消费总量中占比 64.2%①，估计未来十几年内，中国以煤炭为主的能源结构不会发生根本性的改变。从目前来看，相较于其他发达国家，日本煤炭在一次能源中所占比例要高出很多，而且日本在对煤炭资源的利用上有着很大优势，如在煤炭安全生产方面有着丰富的经验，在清洁煤技术上处于世界领先水平。这些对中国煤炭产业的发展都有着极强的借鉴意义。

一　日本煤炭资源的利用与重要地位

（一）战后日本煤炭产业由盛转衰

二战后日本煤炭产业经历了由盛而衰的历程，在不同的经济发展阶段呈现出

* 王相怡，中国社会科学院日本研究所硕士研究生，主要研究领域：日本经济、日本能源等；张季风，经济学博士，中国社会科学院日本研究所所长助理、研究员，全国日本经济学会秘书长，主要研究领域：日本经济、中日经济关系、区域经济、日本能源等。

① 国家能源局局长吴新雄在 2015 年全国能源工作会议上的讲话，http://www.nea.gov.cn/2014－12/31/c_133889844.htm。

不同的特点。在战后经济恢复期（1945～1954 年），日本经历了能源供应危机，为了摆脱危机，日本实行了以煤炭为主的能源增产政策，煤炭产业一度成为其支柱产业。当时，日本为了增加煤炭的稳定供应，确立了官民一体的煤炭增产体制，对煤炭产业进行扶持：1945 年设立了煤炭厅，1946 年实施"倾斜生产方式"①，1947 年制定了《煤炭特别增产纲要》。从 1950 年开始，日本逐渐扩大煤炭进口。随着 1953～1954 年日本暂时性经济萧条的发生，大量煤矿关闭，日本煤炭工业出现经营危机。②

在经济高速增长期（1955～1972 年），日本经济年平均实际增长率高达 9.3%。伴随经济的高速增长，日本的能源需求进入激增期。当时全世界正在发生能源革命，煤炭主导世界能源的地位逐渐被石油取代。日本政府也顺应市场要求，在 1960 年《国民收入倍增计划》中提出了"油主煤从"的基本方向。结果是，1955 年，煤炭在日本一次能源总供给中的占比达 47.2%，是日本最主要能源，到 1965 年则降至 27.1%，而石油占比在当时已达到 57.6%。在煤炭产业的自身发展中，由于当时通产省推行的煤炭合理化政策，引发了煤矿行业的"反对合理化斗争"，且一些企业盲目追求产量，使得日本煤矿事故频发，而煤炭等化石燃料的不合理利用又导致环境污染日益加重，这些问题加速了煤炭产业的萧条。1963～1971 年，日本共连续制定了四次煤炭政策，但都没有达到预期效果，也没能阻止煤炭产业的衰退。

1973 年至 20 世纪 80 年代中期，日本经济进入稳定增长时期。20 世纪 70 年代两次石油危机的发生，使得日本真正认识到了石油的稀缺性，迫使日本提高了危机应对能力，也发展了节能技术。同时，日本还实施了替代石油政策，其核心是新能源技术。1974 年 6 月的"阳光计划"，将煤炭与太阳能、地热、氢能作为重点研究领域，1978 年 4 月的"月光计划"则主要强化了对节能技术的研究与开发。这一时间段为日本大力治理公害时期，80 年代初，环境问题得到基本解决。在这一阶段，日本逐步提升了煤炭的清洁化处理技术。

20 世纪 80 年代中期开始，日本经济从泡沫、萧条逐步发展为缓慢增长，日本的煤炭产业也在一步一步地萎缩。由于进口煤炭具有质量优势且较为廉价，加上日本国内的煤炭资源逐渐枯竭，煤矿数量减少，目前只有钏路煤矿被保留下来，用以支持日本煤炭开采技术的研发与相关设备的试验。日本充分施行了

---

① 日本在战后恢复阶段集中力量恢复和发展煤炭与钢铁产业。

② 尹晓亮：《战后日本能源政策》，社会科学文献出版社，2011，第 82 页。

"走出去"战略，大力发展与煤炭资源国的技术合作，保障自己煤炭资源的稳定供给。自2002年以来，煤炭在日本国内的生产量一直保持在120万吨上下（根据JCOAL调查，2013年为125万吨），现自给率已不足1%。

（二）煤炭资源主要依赖进口

从国内层面来看，国内煤炭供给不足是其最大的特点。日本化石燃料资源极度匮乏，自给率极低，一次能源严重依靠进口。战后日本经济高速发展，煤炭产业却日渐衰退，这使得煤炭的国内供给率不断下降，从自产迅速转向进口（参见表20-1）。

表20-1　日本煤炭进口量与国内产量的对比变化

单位：亿吨

年度	1965	1970	1975	1980	1985	1990	1995	2000	2005	2010
国内煤炭	0.54	0.39	0.19	0.18	0.16	0.08	0.06	0.03	0.01	0.01
进口煤炭	0.17	0.51	0.62	0.73	0.94	1.05	1.24	1.49	1.78	1.87
进口比率(%)	23.8	56.9	76.9	80.0	85.0	92.9	95.2	98.1	99.3	99.4

注：2000年以及2000年以前的数据由经济产业省《能源生产·供需统计年报》整理而成，2005年和2010年的数据由日本财务省《日本贸易统计》与JCOAL《不同矿区的煤炭生产月报》整理而成。

资料来源：〔日〕经济产业省资源能源厅：《能源白皮书》（2013年度），2014。

日本的国内煤炭生产量在1961年达到了5541万吨的顶峰，之后受"煤炭—石油"能源转换趋势的影响，又由于进口煤炭的价格优势，到2010年国内仅生产了114.5万吨（为21世纪后日本国内煤炭年生产量的最低值）。而进口煤炭量则于1970年超过国内生产量，1988年更是超过1亿吨，此后继续逐步增加，到2010年达到1.87亿吨。东日本大地震后，由于核电站停机，煤炭需求量激增，2013年日本煤炭进口量进一步增加到1.92亿吨。[①] 其主要进口国为澳大利亚、印度尼西亚、俄罗斯和加拿大等国（参见图20-1）。

需要指出的是，煤炭作为固体能源陆运费用高昂，水运相对廉价，日本作为岛国四面环海，且很多火力发电厂建在沿海地区，使得日本煤炭进口便利。另外，煤炭比石油与天然气较易实现安全进口，不易发生贸易摩擦。而日本经过几

① 資源エネルギー庁「石炭をめぐる現状と課題」、2014年5月9日、http://www.meti.go.jp/committee/sougouenergy/shigen_nenryo/kougyo/pdf/001_03_00.pdf#search=%E7%9F%B3%E7%82%AD%E8%BC%B8%E5%85%A5%E9%87%8F。

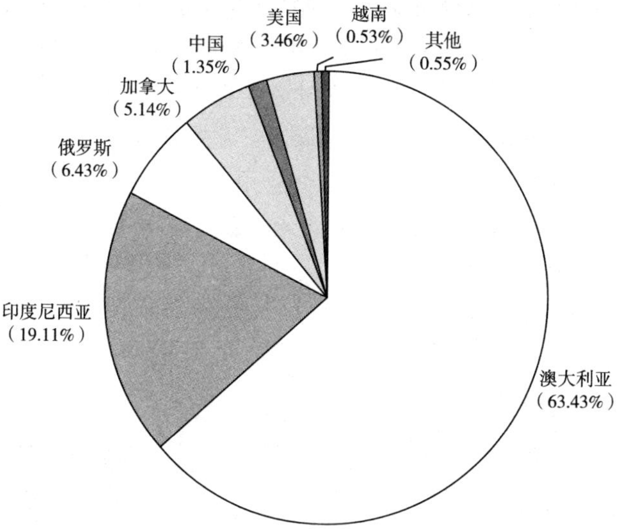

图 20－1　2013 年对日煤炭出口国与出口比例

注：日本煤炭进口总量约为 1.92 亿吨；数据由日本财务省统计确报整理而成。

资料来源：http：//www. e-stat. go. jp/SG1/estat/OtherList. do? bid＝000001008811&cycode＝1。

十年的努力，在煤炭资源利用上具有相当大的技术优势。目前，日本的煤炭产业已经形成资源输入与技术输出的平衡状态：日本虽然已基本不在国内产煤，但近些年一直在积极地与煤炭资源国合作建厂，并在保障煤炭稳定来源的同时为降低全球环境污染做出了贡献——通过充分发挥各国间的比较优势，促进了全球煤炭产业健康可持续的发展。而在互动方式上，既有国家层次的互动，如日澳一年一度的能源高级事务性磋商会议，也有企业与企业之间的互动，如住友、三菱、三井等集团分别与各国进行的投资建厂、联合开发等企业活动。

（三）煤炭占比居高不下

尽管日本的煤炭产业已成为夕阳产业，特别是 20 世纪五六十年代发生能源革命后，主要能源已被石油所替代，但日本煤炭资源占一次能源供给的比例一直处于高位。图 20－2 中给出了各国数据的比较，可以看出作为发展中国家的中国与印度的煤炭占比相当高，远高于各个发达国家。而日本在发达国家中，以 23% 的占比基本高于其他国家。如上文中所说，日本国内煤炭资源严重不足，因而日本更加重视相关技术的开发，一方面可以提高效率，另一方面可以加强与其他国家间的资源互动。日本先进的煤炭资源利用技术使其较别的国家更能充分地利用煤炭资源，因而煤炭资源占比高，目前该数值正趋于稳定。如图 20－3 所示，从战后初期的以煤炭为主，到后来的石油逐步取代煤炭，日本煤炭占比曾有所下降，但 1973 年爆发第一次石油危机后，日本实施了替代石油战略，又开始重视起煤炭资源的利用。即使在如今发展为以石油、天然气为主的能源结构中，日本的煤炭仍约占一次能源供给总量的 20% 以上。东日本大地震以后，日本的核电站全部停机①，日本大量进口化石燃料，对煤炭的需求又进一步增大，煤炭占比也相应提高。

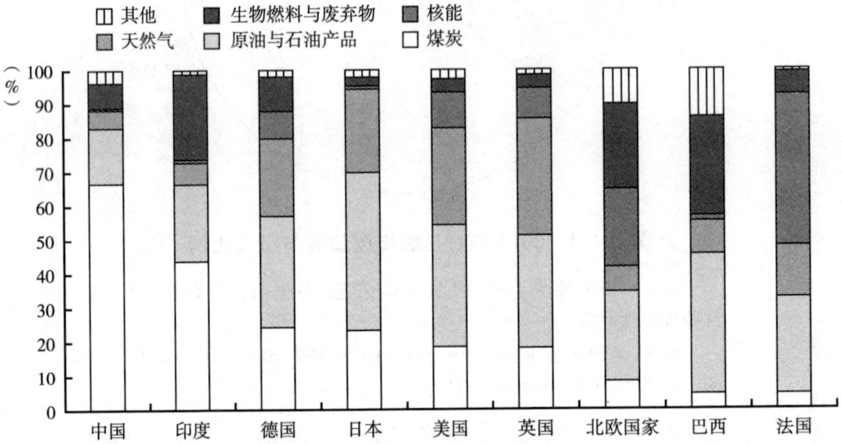

图 20－2 2012 年各国基础能源总量（TPES）的分布

注：统计数据以 1 千吨石油当量（ktoe）的净热值为基准；“其他”中包括水能、太阳能、电力等，统计值中包含净出口，结果为净值。北欧国家包括丹麦、芬兰与瑞典。本图以各国煤炭占比由高到低为顺序排列。

资料来源：http：//www. iea. org/statistics/。

（四）能源法规与煤炭产业政策的积极作用

二战后日本通过制订战略计划，将行政手段、法律手段与经济手段相结合，引导煤炭产业的发展方向，实现优胜劣汰，调整煤炭产业结构，使得煤炭利用技术居世界领先地位。

1979 年颁布的《与能源使用合理化相关的法律》（以下简称《节能法》），

① 2012 年 7 月大饭核电站曾经一度重启，但在 2013 年 9 月 3 日停机，此后日本能源进入“零核电”时代。

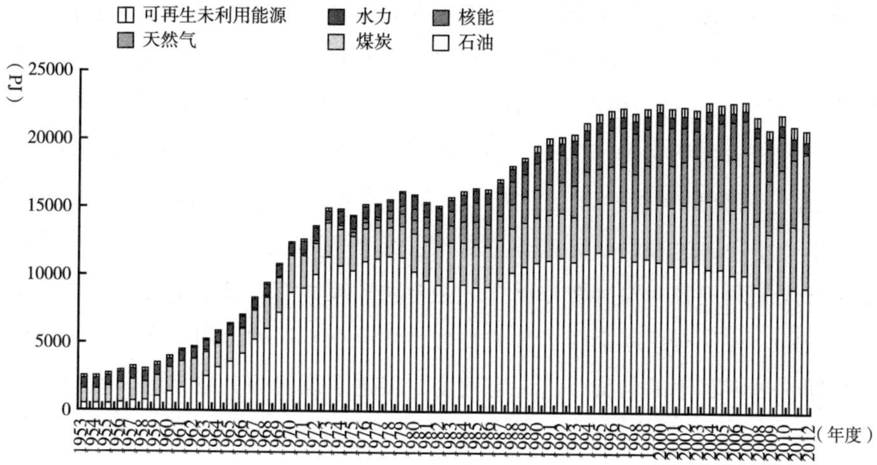

图 20－3　日本一次能源的国内供给变化

资料来源：〔日〕经济产业省资源能源厅：《能源供需统计报告》（2012 年度），2014。

要求政府工作人员对各能源领域实施合理化措施，要求从业人员定期向行政机构汇报能源的使用状况。该法律促使从业人员通过设备投资、技术研发等方法，在有关行政机构的监督和帮助下施行了能源合理化政策。可以说，《节能法》在推进各行业对煤炭资源的合理化利用上起到了相当大的引导与规范作用。

在产业法中，2002 年颁布的《能源政策基本法》起到了规定能源政策大方向的作用，表明了“确保稳定供给”、“适合环境”和“活用市场原理”等日本能源相关产业发展的基本理念，并且要求政府履行职责与义务，规定了促进国际合作等政策性条款。

从行政手段来说，能源发展计划的不断修订对日本煤炭产业的发展起到了指导性的作用：规划未来政策的方向，并为从业者提供产业发展信息。2014 年的《能源基本计划》详细指出了日本能源的供需结构问题、应当采取的方针和实施的政策。① 其中提到了对煤炭资源的定位，指出了其降低地缘政治风险具有经济效益与稳定性等优势。计划也规定了未来煤炭政策的方向，指出了要更新火力发电厂设备，开发并引进新技术，以及对其进行全球范围的推广等。

从经济手段来说，日本政府通过财政、金融政策，对相关产业进行调整，旨

① 张季风编《日本能源文献选编：战略、计划、法律》，社会科学文献出版社，2014，第177～244 页。

在降低污染并高效利用煤炭资源。在税收方面，设立了石油煤炭税，为了减少煤炭资源不合理利用而造成的污染，不断提高煤炭税额（2014 年比 2003 年上涨了近 4 倍），并将这一部分财政收入用来弥补对电源开发促进税的减税。而在补助金方面，对清洁煤技术给予一定的补助金，补助对象有企业（尤其是中小企业）、大学与研究机构中的研究团队或个人、其他相关民间团体等。需要提到的是，日本也正在通过补助金制度促进煤炭技术的国际交流，如 2014 年经济产业省的国际煤炭利用技术振兴费补助金。在金融政策方面，日本十分重视中小企业的融资问题，加强对民间金融机构的监管，并设立专门的信用公库，为中小企业提供长期、固定利率的信贷，这一定程度上促进了煤炭相关技术的研发与推广。

二　日本煤炭生产与利用的经验与优势分析

（一）“安全第一，生产第二”的理念

煤炭产业在日本所占比重虽然微不足道，但拥有先进的煤矿安全开采技术。其实，日本在发展煤炭产业的过程中也有过许多惨痛的教训。战后初期，随着“倾斜生产方式”的确定，1947 年 10 月的《煤炭特别增产对策纲要》强调增产而使得随后三年内日本劳动灾害不断，1949 年达到事故高峰期（参见图 20－4）。日本煤炭产业鼎盛时期，全国共有煤矿 800 处以上，事故率也居高不下，仅在 1956～1960 年的 5 年间，死亡人数就高达 3088 人，其教训是十分沉痛的。

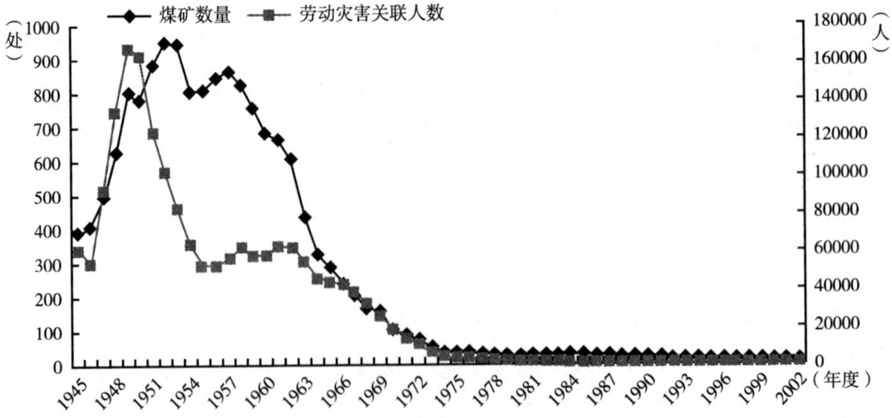

图 20－4　日本煤矿数量与灾害人数的变化

资料来源：〔日〕日本煤炭协会：《煤炭时报》。

日本吸取经验教训，提出了“安全第一，生产第二”的理念，在煤炭生产中以人为本，为实现“零事故”生产而采取各种措施。日本于1955年制定了《煤矿业合理化临时措施》，进一步规划产业发展。随着石油工业的发展，20世纪60年代开始，日本施行了四次以安全生产、稳定供应为主的煤炭政策，制定了《煤炭矿山保安临时措施法》《煤炭矿害赔偿担保等临时措施法》等法律，并且推出了相关补助金制度。70年代中期开始，日本的煤炭政策将重点逐步转向清洁煤技术与海外开发。在中小型煤矿转型或关闭的同时，大型煤矿逐步引进了先进设备，因而总体来看，随着煤矿数量的减少，事故量也迅速下降（参见图20－4）。

另外，在逐步提高开采效率与煤炭品质的同时，也使得煤矿工人中的高学历者大幅增加。① 矿工文化水平的提高，加之平时频繁进行的避灾训练，大大降低了事故发生率。再者，日本对煤矿安全方面更注重超前管理和过程管理，开采技术研发方面则采取自主研发与技术进口相结合的方式。自2001年以后，日本无煤矿事故且死亡人数一直为零，这与日本煤矿生产规模缩小、产量不高有直接关系，但不容否认，世界一流的煤矿安全生产技术发挥了更大的作用。1999年日本出台的《21世纪煤炭技术开发战略》提出，在2020～2030年间把煤矿事故率降低至零，并开发新一代安全技术，如无人开采技术等，并计划向国外输出煤矿安全生产技术。

（二）世界领先的清洁煤技术

无论是中国还是日本，煤炭都主要应用于发电、炼钢等领域。煤炭的利用易造成粉尘、硫氧化物与氮氧化物等区域性大气污染，也会造成温室气体大量排放的全球性环境问题，清洁煤技术则主要在这些方面为企业提供了煤炭清洁高效利用的方法，可以有效地减少对环境的负外部性。日本的清洁煤技术处于世界领先水平，有多方面的优势。

清洁煤技术有很多种，例如有改变煤本身状态的气化与热分解技术、煤炭液化技术，也有在工程末端的排气处理技术，而从应用领域上分类则有煤炭发电技术、炼钢与焦炭制造技术等。

---

① 单从三池煤矿来看，1944年高等小学校（新制中学校）毕业或以上的高学历者占全体人数的48.7%，而1950年上升到了83%。

气化与热分解技术是煤炭液化与 IGCC、IGFC① 等技术的基础。日本拥有一种最新的技术项目 ECOPRO②，这种技术能够在高效生成合成气、降低氧气使用量的同时减少二氧化碳排放量，并可以使用低阶煤（次烟煤③和褐煤）。在煤炭液化技术（Coal to Liquid，简称 CTL）方面，日本研发了著名的 NEDOL 法与褐煤液化方法（BCL），做到了充分利用低阶煤，已实用化的煤制二甲醚（DME）技术更是受到各国关注。在排气处理技术方面，日本的排烟脱硫装置早已于 1973 年开始应用，到现在为止，依靠燃烧粉煤的火力发电厂基本都使用了湿式石灰石—石膏法的脱硫装置。需要提到的是，与煤炭燃烧息息相关的碳捕捉与封存技术，即 CCS 技术（Carbon Capture and Storage）目前也在日本苫小牧港西港附近海域实证研究中④。

煤炭大多用于发电与炼钢，而日本单位钢铁产量能耗为世界最低，煤炭火力发电技术也处于世界领先水平。如表 20 - 2 所示，日本发电效率与其他国家相比较高，同时二氧化碳排放强度最低。甚至与美国和北欧的三个国家——丹麦、芬兰与瑞典之和相比，日本的煤炭发电相关指标都处于先进水准。

表 20 - 2　2011 年各国煤炭发电的基准效率（BC）与二氧化碳排放强度（I）对比

	印度	澳大利亚	中国	美国	韩国	北欧国家	日本
BC(%)	77	95	102	102	101	115	116
I	1261	1051	954	954	959	843	840

注：1. BC 为 Benchmark indicators for coal，表示了本国发电效率与加入权重后的各国发电效率的平均值的比较。I 为二氧化碳排放强度，单位为 g/kWh。2. BC 数据中的北欧国家指丹麦、芬兰与瑞典，而在这份报告中，对 I 给出的北欧国家的数据则为以上三国加上挪威之和，但由于挪威的能源结构中煤炭比例很小，因而基本不影响与其他各国和地区间的比较。

资料来源：Ecofys，*International Comparison Fossil Power Efficiency*，2014。

① IGCC（Integrated Gasification Combined Cycle），即整体煤气化联合循环发电系统，主要是将煤气化技术与高效的联合循环相结合；IGFC（Integrated Coal Gasification Fuel Cell Combined Cycle），即整体煤气化—燃料电池联合循环技术，主要是将燃料电池清洁高效的特点融入联合循环发电，提高发电效率。

② ECOPRO（Efficient Coal Flash Partial - Hydropyrolysis Process）的基础实验从 1996 年展开，在 2003 年开始进行约七年的工厂试验开发后，已进入实证机的研发阶段。

③ 国际上把次烟煤划分为一种介于烟煤与褐煤之间的煤炭。

④ 本段中部分内容参见《日本清洁煤技术》，http：//www. jcoal. or. jp/coaldb/shiryo/other/kiso. html。

世界上主要有两种技术发展方向，一种是 SUB - SC、SC、USC① 直至A - USC，主要就是利用水蒸气的高压推动汽轮机发电，当前世界各国应用的技术主要是 SC，而日本正在推行 USC。USC 技术较 SC 可以提高约 5% 的发电效率，其热效率则可以达到世界最高水平的 45. 2% 。日本的 USC 技术早在 1993 年 4 月就于中部电力的碧南火力发电所 3 号机开始商用，根据日本煤炭能源中心（JCOAL）的统计，目前，日本的煤炭火力发电厂中 USC 的占比已超过总煤炭发电功率的 50% 。

另一种发展方向是 IGCC 至 IGFC。尤其这两种技术可以促进使用低阶煤中的次烟煤和褐煤，更有助于资源的充分利用。需要提到的是，2013 年 4 月，常磐共同火力株式会社已将 IGCC 设备投入商用。此外，煤炭与生物燃料混烧发电也已经被日本的很多公司使用，如北路电力、关西电力和中国电力等。而在炼焦与制铁制钢技术方面，日本研发的 SCOPE21② 已经投入生产，据新日铁公司估计，SCOPE21 可以将低阶煤的使用比率从 20% 升至 50% ，氮氧化物的排放减少 30% 。随着开采时间的延长，未来开采出的煤炭质量可能会有所下降，而中国未来仍将大量使用煤炭资源，因此，与利用低阶煤有关的技术都值得中国给予关注。

（三）煤炭资源仍将在日本能源中长期承担重要角色

煤炭较石油和天然气两种化石燃料，价格更为低廉，且更不易引起能源安全问题。煤炭的安全进口，在有助于减少大地震后由日本大量进口能源而造成的贸易赤字的同时，也对日本的国家安全起到了一定的保障作用。日本对煤炭资源的利用有丰富的经验，且很多项技术均处于世界领先水平，其中一些技术刚刚研发成功，一些仍在实证阶段。日本利用先进的技术，与各产煤国进行技术合作，同时提供资金共同建厂，一方面促进了煤炭利用的平均效率，减少了全球污染，另一方面也保障了日本煤炭资源的来源。而日本国内煤炭相关产业也在积极发展，如日立制作所正在研究面向下一代煤炭火力发电所的低温运转型高温转换催化剂、三菱重工等公司在福岛建立的利用 IGCC 等先进技术的煤炭发电厂已经在 2013 年 6 月开始运营等。

---

① SC 是指 super critical，表示超临界；USC 则是指 ultra-supercritical，表示超超临界。

② SCOPE21（Super Coke Oven for Productivity and Environment Enhancement toward the 21st Century）的开发期间为 1994 ~ 2003 年。

受2011年东日本大地震影响，除去能源总供给中的出口与在库调整，2012年日本一次能源国内总供给中，煤炭占23.4%，石油占44.3%，天然气占24.5%，核能占0.67%，而2010年，核能的占比为11.3%（以PJ为单位计算，2010年的核能供给为2012年的近18倍）。① 从目前的发展现状来看，日本尚未彻底解决福岛的核泄漏问题，更不要说扩大核能发电产业了。日本国内居民近几年多次举行反核大游行，加上2020年东京要承办夏季奥运会，日本核电产业的现状也受到了全世界人民的关注。因而，在未来一段时间内，日本的核电产业不会有较大发展，无法实现核电的大量生产。

而对比其他资源，石油受储量不多的影响无法实现可持续的开发利用；天然气资源虽然有着页岩气、可燃冰等未来的前景，但是技术尚不成熟，很多关键问题还未解决；新能源方面则要么因地理环境影响可供给量不大，要么技术不成熟导致供给不稳定，这使得新能源技术何时能大规模推广无法确定。

2014年3月日本制定的最新《能源基本计划》中明确指出："虽然煤炭的温室气体排放量大，但它在化石燃料中的地缘政治风险最小，每热量单位的单价也最低廉，拥有优异的稳定性和经济效益，因此被认为是重要的基荷电源燃料。"可以推断，近20年内日本煤炭在国内能源领域中仍颇具竞争力，且由于日本煤炭相关技术世界领先，估计日本的煤炭资源在能源结构中的占比会长期保持较高水平，相关利用技术也会不断优化和创新。

三　借鉴与启示

中国煤炭储量较为丰富，但平均质量较低，开采条件复杂，且煤炭在能源结构中占比过大。而在相关产业发展方面，产煤量虽大，但缺乏可持续性，开采安全仍未得到充分保障；煤炭资源利用技术仍有待提高，污染大，效率低。中国经济进入新常态，更加注重结构和质量，如何在全球贸易保护主义盛行的环境下寻求新的能源发展路线，是中国必须面对的一个问题。中国作为煤炭生产和利用大国，应当密切关注日本煤炭产业的发展，吸取经验，学习长处，同时与日本进行技术合作。下面结合日本的经验教训谈几点启示与建议。

---

① 数据由日本经济产业省资源能源厅于2014年发布的《日本2012年度的能源供需统计（确报）》整理得出，http://www.enecho.meti.go.jp/statistics/total_energy/results.html。

1. 尽快改善能源结构不合理的现状

中国煤炭占一次能源供给的比重一直超过60%，这虽然为中国的经济增长提供了一定的安全保障，但也带来了负外部性。而当前，日本的能源结构较中国更加合理。在20世纪的几次能源结构调整中，日本紧跟时代的步伐，顺应市场潮流，合理发展相关技术，及时改变了能源结构。未来，中国应当实现政府和市场在煤炭产业发展中的最优结合，加快调整煤炭产业结构和产业布局，淘汰落后产能，实施综合节能改造，努力把以煤炭为主体的能源结构变为煤炭与核能、石油、天然气以及可再生能源相互协同的能源结构。

2. 保障安全开采

中国作为煤炭大国，煤矿的安全开采技术自然是重中之重。虽然煤矿百万吨死亡率在2013年首次降到了0.3%以下，但安全问题依然严峻。中国可以借鉴日本的经验教训，树立“安全第一”的理念，在大力发展相关技术的同时，也要合理整治煤矿，遏制煤矿的超能力生产，并把以人为本放在第一位。需要提到的是，中国的煤炭开采中有96%为坑内开采（世界平均水平为60%），此类开采采掘效率低，且成本较高。日本的钏路煤矿也为坑内采掘，相关企业可以与其建立技术交流机制，进行学习与引进。近些年，中国已有相关人员作为研修生前往日本钏路煤矿进行培训。

3. 提高煤炭利用效率，降低污染

中国作为煤炭消费大国，低效率与高污染问题急需尽早解决。近年中国煤炭火力发电效率有所提升，但仍落后于日本。而中国目前的持续性雾霾问题也与化石能源大量燃烧所排放的大气污染物有关，因此进行消费总量控制，推广清洁煤技术，具有特殊的现实意义。日本的清洁煤技术处于世界领先水平，有多方面的优势，这对中国煤炭产业的发展与能源结构的调整有着重要的参考作用。我国可以借鉴日本经验，制定中国未来煤炭行业几十年的技术发展路线，在规划中做到细节化，并随实际情况不断进行调整。目前，中国政府仍需加大资金投入，以度过这个煤炭利用方式的转型期：将煤炭作为主要燃料向燃料与原料并重转变，同时促进煤炭由高碳粗放型的利用方式向清洁高效型转变。

4. 实施“走出去”战略

20世纪60年代以后，日本国内煤炭资源的开采难度加大，煤炭行业问题频发，加之替代性资源价格降低，国内采煤业逐步走向“夕阳化”。这促使日本采取“走出去”战略，通过对资源输出国的技术合作与资本输出，确保了其煤炭资源的稳定来源。

我国煤炭人均可采储量少，开发规模大，且国内的开发和利用方式较为粗放，在保障国内资源合理开采的同时，大力发展“走出去”战略更适合中国煤炭产业的发展现状。鼓励企业与国外进行项目合作、技术研究，在国外建厂或直接收购煤矿企业等，都是可以选择的手段。我国在实施21世纪“一带一路”战略时，与相关国家的煤炭行业互动应成为重要的合作领域。

B.21

日本可再生能源的发展现状与展望

冯昭奎*

摘　要： 日本的可再生能源发展水平，无论是与日本可再生能源发展的巨大潜力相比，还是与日本在相关设备的制造方面的技术实力相比，都仍然存在着很大的差距。在可再生能源中，太阳光发电产业起到了日本可再生能源产业“领头雁”的作用，与此相比，对风能的开发利用相对落后，生物质能占一次能源供应的比重远低于世界平均水平，地热和海洋能等可再生资源也亟待开发。日本在节能方面堪称全球的典范，但在可再生能源领域整体处于“世界中游”水平，可以预计，今后十几年日本将可能在可再生能源领域加速发展，达到领先于世界的水平。

关键词： 可再生能源　太阳能　风能　生物质能　地热能　海洋能　节能

2008年4月1日，日本政府对《促进新能源利用等的特别措施法施行令》做了修订，使“新能源”与“可再生能源”基本上成为同义词。① 虽然在国际上“可再生能源”（renewable energy）一词早已获得较高的认知度，而在2008年以前的日本政府法令中，大多采用“新能源”一词。② 应该说，“新能源”一词存

---

* 冯昭奎，中国社会科学院名誉学部委员，中国社会科学院日本研究所研究员，全国日本经济学会顾问，主要研究领域：日本经济、日本能源、世界经济等。

① 「新エネルギー利用等の促進に関する特別措置法施行令」、http://law.e-gov.go.jp/htmldata/H09/H09SE208.html201。

② 「新エネルギーの定義」、http://www.sarabetsu.jp/pdf/enev_shiryou3.pdf。

在着难以明确界定的缺点，比如在2008年以前日本政府的相关法令中，所谓“新能源”还包括废弃物发电、天然气热电联产、燃料电池等不属于“可再生能源”的，对能源进行“有效利用”的新技术。此外，“可再生能源”也被称为“自然能源”，两者的含义基本上相同。①

本文拟以阐述可再生能源发展的特征与意义为基础，以介绍全球可再生能源的发展现状（包括一些国家发展可再生能源的特色）为背景，讨论日本可再生能源总体的发展、问题及今后展望。

一　日本可再生能源发展的现状

可再生能源的具体内容包括太阳能、水力、风力、生物质能、波浪能、潮汐能、海洋温差能等，在自然界到处都有，取之不尽，是“在不断产生（再生）之中”的能源，因而被称为“可再生能源”。“广义的可再生能源”指来自太阳的、地球物理学的源头、从自然过程中不断得到补充，且补充量可超过消耗量的所有能源（包括大型水电、薪柴、秸秆等农作物残余），② “狭义的可再生能源”指小水电（利用尚未被开发的、规模在1000千瓦以下的水力发电）、现代生物质能、风能、太阳能、地热能（在日本主要指二元地热发电方式的地热能③）等各种形态的，具有革命性意义的“现代可再生能源”，不包括薪柴类生物能源或大型水电等“传统可再生能源”。其中，小水电水力、风能、太阳热等，其实自古以来就为人类所利用，如今作为“现代可再生能源”，其开发利用对传统技术进行了改良和革新，至于生物质能（不包括薪柴等燃料）、地热、海浪、海洋温差、太阳光发电则是基于近几十年来科学技术的发展成果而发展起来的，具有革命性的可再生能源技术，废弃物发电在严格意义上不完全是可再生能源，但可以将其视作“部分可再生能源”。

由于发电是当前可再生能源最重要的用途，因此可再生能源发电量大致可以反映一个国家可再生能源发展的水平。据美国能源信息署（U. S. Energy

① 環境エネルギー政策研究所編『自然エネルギー白書2012』、七つ森書館、2012、14頁。

② IPCC SRREN, “Full Report,” http://srren.ipcc-wg3.de/report.

③ 二元地热发电是利用地热对沸点较低的介质进行加热，使其蒸发，利用其蒸汽转动涡轮机的一种发电方式，由于这种发电方式包括作为加热源的地热利用系统与被加热的介质系统这两个热循环，所以被称为二元循环（Binary-Cycle）发电。其中低沸点介质一般采用戊烷或异丁烷之类的有机物质、氟利昂替代品、氨与水的混合液等。

Information Administration，简称 EIA）对 215 个国家可再生能源（包括地热、太阳光、潮流、风力、生物质，不包括水力发电）发电量占其发电总量的比例进行的统计和比较（2012 年统计数字，数据更新日为 2015 年 1 月 22 日），日本居第六位，前面是美国、中国、德国、西班牙、意大利，其后面有巴西、印度、英国、法国、加拿大等。①

从国际比较看，日本的可再生能源发展水平，无论是与日本可再生能源发展的巨大潜力相比，还是与日本在太阳能电池、风电机等相关设备的制造领域的技术实力相比，仍然存在着很大的差距，发展并不快。有统计表明，日本除去大型水电以外的可再生能源的普及比德国落后了八年。② 2013 年 4 月至 2014 年 3 月（日本 2013 财政年度），日本可再生能源（除传统水力发电）发电量占发电总量的比例只有 2.2%；③ 与之相比，2014 年上半年美国可再生能源（除传统水力发电）发电量占发电总量的比例达 7.3%。④

日本可再生能源发电进展缓慢的一个主要原因在于其电力体制。福岛核事故的一个重要教训在于日本的“多业主”核电体制导致日本的核电专业技术力量分散在九大电力公司（核电在各电力公司仅是其下属的一个部门）和日本原子能有限公司，很不利于核电专业力量的集中，因而也不利于维护核电安全，地方垄断性的十大电力公司体制也很不利于可再生能源的普及。因为太阳能发电、风力发电存在着时而过剩、时而稀缺（以太阳能为例，烈日下和阴雨天发出的电力会悬殊）的“间歇性”问题，这个问题在欧洲等地是通过处于不同光照和风力的地区利用广域智能电网相互融通、调剂余缺的办法来解决的，而在地方垄断且全国分成两种频率（东日本的频率是 50Hz，西日本的频率是 60Hz）的“有日本特色的”电力体制下，一些大电力公司会很不情愿，甚至拒绝将不稳定的太阳能发电和风力发电接入自己的电网。

除去太阳光与风力发电之外，生物质能、小水电水力、地热等可再生能源比

① 「再生可能エネルギー発電量　国別ランキング統計・推移」、http://www.globalnote.jp/post-4903.html。

② 「ドイツに8 年遅れている日本の再生可能エネルギー普及率」、http://d.hatena.ne.jp/skymouse/20141004/1412421718。

③ 経済産業省資源エネルギー庁「日本の再生可能エネルギーの現状と予測」、2014 年 6 月、http://www.meti.go.jp/committee/sougouenergy/shoene_shinene/shin_ene/pdf/001_03_00.pdf。

④ 《美 2014 上半年可再生能源发电量占总电量比例升至 14.3%　光伏发电量同比翻番》，http://www.solarzoom.com/article-55925-1.html。

较适合地方“自产自销”，有助于对地方经济增长产生波及效果。日本农林水产省就制定了旨在通过发展“地域型可再生能源”促进林业再生、降低农业基础设施维护成本的各种资助措施和计划。①“地方型”可再生能源的发展还带来了地方政府（自治体）和民众的意识变化，推动提高“地方的能源安全自觉”（不要总以为能源安全只是国家管的事）。

2011 年 3 月发生福岛核事故后，占日本电力供应约 30% 的核电站逐渐中止运转，致使日本的能源自给率从 18% 降到约 4%，此后接受全面安全检查的核电站的重启工作进展迟缓，从而导致电力严重短缺。为了弥补能源供应不足，日本年进口火力发电燃料的费用增加了 3.8 万亿日元（约合 387 亿美元），导致电费上涨，影响了民众的日常生活、产业活动乃至整个经济。

在福岛核事故造成电力短缺的压力下，日本政府自 2012 年 7 月开始实施固定价格购买制度（Feed-in Tariff，简称 FIT），要求电力公司以政府规定的优厚价格收购可再生能源发电的电力。此举有力地促进了日本光伏发电等可再生能源发电呈现出全面扩大的基调，以致 2012 年被称为日本“可再生能源元年”。2014 年日本政府制定的《能源基本计划》提出了发展可再生能源的三点主要战略考虑：（1）增加日本国内的能源供应，减少能源进口，以加强能源安全保障；（2）缓解全球气候变暖；（3）促进分布式电力生产，以利于搞活地方经济。该计划的目标是使可再生能源发电占日本全国发电能力的比重在 2030 年前超过 20%。② 下面分别考察日本的太阳能发电、风力发电、生物质能、地热能、海洋能的开发、利用和普及的近况。

二　太阳能

据彭博新能源财经（BNEF）发表的数据，2014 年全球光伏发电系统新增装机容量达 48.4 吉瓦，预计 2015 年全球光伏新增装机容量将达到 58.3 吉瓦。③ 在世界可再生能源迅速发展的背景下，日本的可再生能源事业已经从技术研发阶段

---

① 参见山家公雄『再生可能エネルギーの真実』、株式会社エネルギーフォーラム、2013、4～5 頁。

② 『エネルギー基本計画』、http：//www.enecho.meti.go.jp/category/others/basic_plan/pdf/140411.pdf。

③ “Global Solar to Grow to Close to 60 GW in 2015，” http：//www.energy-guru.com/NewsEventListing.aspx？AspxAutoDetectCookieSupport=1.

进入产业起飞阶段。其中，太阳光发电产业起到了日本可再生能源产业“领头雁”的作用，既作为投资对象获得了企业家的广泛认知，又带动了广大消费者可拥有“自己的电源”的意识改革。表21－1显示了20世纪90年代以来日本太阳能光伏发电系统（photovoltaic power system）的装机容量增长情况。

表21－1　20世纪90年代以来日本光伏装机容量的增长

年份	装机容量	新增容量	年份	装机容量	新增容量
1992	19.0		2003	860	223
1993	24.3	5.3	2004	1132	272
1994	31.2	6.9	2005	1422	290
1995	43.4	12.2	2006	1709	287
1996	59.6	16.2	2007	1919	210
1997	91.3	31.7	2008	2144	225
1998	133	41.7	2009	2627	483
1999	209	76	2010	3618	991
2000	330	121	2011	4914	1296
2001	453	123	2012	6632	1718
2002	637	184	2013	13532	6900

资料来源：“International Energy Agency,” 2013－06－10. “Global 2013 Solar Installs Hit 37GW: EPIA,” PV-Tech, 2014－03－06。

就国际比较而言，在2009年，OECD光伏装机容量达23吉瓦，欧洲17吉瓦，日本150兆瓦，按国别计，日本的光伏装机容量居世界第三位（仅次于德国和西班牙），而且大部分与智能电网连接。① 在2011年3月11日东日本大地震发生后的第二年，即2012年，日本光伏发电装机容量增长加快，成为全球新增光伏装机量最大的国家。福岛灾区的公园变成了一座大型太阳能发电厂；开发商在北海道和南部阳光灿烂的九州岛竞相建设太阳能发电设施；商业和公共事业项目成为太阳能发电的主要增长点。

在2012年7月开始实施“可再生能源电力全量购入制度”（FIT）之际，为了实现2020年太阳能发电新增28吉瓦的目标，对太阳能发电给予了特别优惠的买入价（即所谓“FIT电价”），高达42日元/千瓦时（在2013年4月对此电价

① EPIA, “Global Market Outlook for Photovoltaics Until 2013,” http://doc.mbalib.com/view/b2069931f3ff1102d98b77d3d85f4f2d.html.

削减了10%，从42日元/千瓦时降至38日元/千瓦时，但仍大大高于传统电力的电价14.6日元/千瓦时），从而对光伏发电的投资方和开发商产生了很大的吸引力，以致在导入FIT后的一年期间，有关部门所批准的安装可再生能源发电装置的申请中，绝大部分是太阳能发电。在2013年，日本的太阳能发电能力（光伏累计装机容量）居世界第四位，仅次于德国、中国和意大利，之后是美国、西班牙、法国、澳大利亚、比利时、英国等。① 同年，日本光伏新增装机容量达到了6.7吉瓦，2014年又新增9吉瓦，2015年预计新增17吉瓦。②

三　风能

自1990年以来，虽然从国际比较看日本风电的发展较慢，但从日本自身的历史比较看，其发展速度还是很快的，尤其是在2000~2010年保持着两位数，甚至接近或超过三位数的年均增长率。然而在2011年度，日本安装风电涡轮机1870台，装机容量只有255万千瓦。③ 可见，导入FIT对风电的促进作用不如对光伏发电的促进作用大。从2011年至2013年，日本风电的年增长率只有2%~3%，这很可能是因为发生2011年东日本大地震后许多产业领域受到了巨大冲击，风电产业也不例外（参见表21-2）。

与太阳能的发展相比，日本对风能的开发利用相对落后，而且远远落在中国、欧美各国之后。其原因主要是：（1）日本多台风（例如2003年冲绳电力公司的8台风力发电机被台风刮倒、吹散或折断），而建设能耐受台风的风电装置的成本较高。（2）日本山地多平原少，而建设大型风电场需占用较大的平地（例如5吉瓦级别陆上风电机的叶轮直径长达120米，如果要在山上建风电场，需通过狭窄的山间道路运输“重厚长大”的起重机和风电机大部件等，十分费工费力，2005年大旺建设公司在高知县的山地建设风电场时，曾使用直升机搬运风电机大部件）。（3）日本一直以来对太阳能发电格外“器重”，对各种可再生能源存在“政策偏爱”，对风力发电一直不够重视。（4）在2011年东日本大

① 「太陽光発電能力　国別ランキング統計・推移」、http://www.globalnote.jp/post-3240.html。

② 与之相比，2014年中国光伏新增装机容量约为10吉瓦，2015年计划新增15吉瓦，参见《实现15GW光伏装机目标难在哪儿?》，http://guangfu.bjx.com.cn/news/20150211/589784.shtml。

③ “Renewable Energy in Japan,” http://www.japanfs.org/en/news/archives/news_id034505.html.

地震以前，日本与法国一样对发展核电十分热心，与之相比，美国在1979年发生三厘岛核电站事故后长达30多年间未新建一座核电站，德国也采取了不再新建核电站的政策，导致这些国家对发展风力发电的积极性比日本大得多。

尽管日本政府持有不看好风电的政策偏向，但日本的风能潜力和成本优势越来越受到广大公众和一部分民间企业的关注，致使相关部门和部分民企逐渐改变过去认为“日本缺少风力发电的合适场所，风力发电是‘靠风吃饭’的不安定电源”的看法，越来越认识到风力是日本可再生能源的“王牌”，必须缓和长期以来阻碍风力发电发展的《农地法》《林地法》《自然公园法》等对建设风电场的选址限制以及输电系统对风电场的联网限制。日本经济产业省认为：“一般来说，可再生能源比重高的国家，风力发电的比重高，达到（可再生能源的）大约一半。为了提高日本可再生能源的比重，需要认真研究如何扩大容易发挥规模经济效益的风力发电。”①

表21－2　日本安装的风机容量

单位：兆瓦

年份	装机容量	新增容量	增长率(%)
2000	136		
2001	302	166	122.06
2002	338	36	11.92
2003	580	242	71.60
2004	809	229	39.48
2005	1049	240	29.67
2006	1309	260	24.79
2007	1538	229	17.49
2008	1882	208	13.52
2009	2186	304	16.15
2010	2475	289	13.2
2011	2556	81	3.2
2012	2641	86	3.4
2013	2715	73	2.7

资料来源：“Wind Energy Market Intelligence”，http：//www.thewindpower.net。

① 「わが国における再生可能エネルギーの現状」、http：//www.meti.go.jp/committee/chotatsu_kakaku/001_07_01.pdf。

日本陆上风电的潜力主要存在于东日本地区，其中北海道占日本全国陆上风电潜力的49%，本州的东北地区占26%；在西日本地区，九州的风电潜力较大，占全国的7.4%。预计在今后几年，日本将可能大力开发北海道、本州东北地区的陆上风电和日本周边海洋的海上风电。北海道和本州东北地区虽然比较适合建设大规模的陆上风电场，但均位于日本的北部，为此要建设输电网，需消耗大量电力才能将偏远地区生产的风电电力输送到大都市地区。

日本对海上风电的期待远远超过其对其他可再生能源的期待，并力争在2018年正式导入浮体式风力发电。日本和欧洲的一些岛国认为陆地上的环境因素限制了风能的发展，因此发展风能必须到海上去，在海上通过特殊的、适合海上环境的构造，才能充分利用风能，使风能利用得到真正的发展。不过，笔者认为这只不过是狭小海岛国家之见，对于拥有广阔陆地的海陆国家——中国来说，我们完全可以用好陆上风力和海上风力两种资源。2011年，兼有陆上和海上风电场的中国的风电装机总容量已达到65吉瓦，超过美国、德国、西班牙等国居世界首位。

日本新能源产业技术开发机构（NEDO）预测，到2020年，海上风力发电的成本有望降到12~17日元/千瓦，拥有3.5万千米海岸线的日本将可能把海上风电作为重要电力来源；预计到2035年，日本风电占全国电力的比重将相当于光伏发电的3倍多。据日本风力发电协会的预测，至2035年，日本的风力发电规模将达到2010年的10倍；从21世纪20年代开始，日本的海上风电将迅速发展，至2050年海上风电规模将可能与陆上风电规模并驾齐驱，两者合计的总发电能力将达到5000万千瓦，相当于50台大规模核电机组的发电能力（但每年的实际发电量仅为核电机组的约1/3）。①

四　生物质能

生物质能（包括“传统的”和“现代的”生物质能）是一种非常重要的可再生能源，占全球可再生能源供应的大约80%，② 是排在主要的化石能源煤炭、石油、天然气之后的第四位能源。

---

① 「風力発電の3つの課題－環境影響、安全性、コスト－」、http://www.itmedia.co.jp/smartjapan/articles/1308/13/news014.html。

② “UNEP - Climate Change - Mitigation - Bioenergy,” http://www.unep.org/climatechange/mitigation/Bioenergy/tabid/29345/Default.aspx.

生物质能占一次能源消费的比例，在欧洲为6.5%，在美洲为4.1%，在亚洲、大洋洲为1.5%，在非洲高达48.2%（因为在某些发展中国家，人们大量使用薪柴等传统生物质能做饭取暖，致使生物质能占其总能源消费的比例高达90%），在中国为8.3%，在日本为1.2%。① 日本生物质能占一次能源供应的比重远低于世界平均水平，虽然这与日本很少利用薪柴等传统生物质提供能源有关，但也反映了日本对"现代生物质能"的开发与利用水平较低。

生物质能的一个重要用途就是用来发电。2013年全球生物质及垃圾发电的装机容量达到55吉瓦。从国别和地区看，2012年美国生物质能的发电能力和发电量均居世界第一位，当年装机容量为17吉瓦，发电量为61千瓦时，其次为EU的28.3吉瓦，中国的4.4吉瓦，印度的3.8吉瓦，日本的3.3吉瓦。2014年，日本的生物质能发电达4吉瓦，相当于四座大型核电机组的装机容量。②

在生物燃料方面，日本业界人士认为，海藻（algae）或海藻衍生物（algae-derived）既不是食物资源，又可能比其他陆地农业培育的谷物、大豆等农作物更快（快5~10倍）生产出来，适合用于通过发酵来制造乙醇、丁醇、甲烷、生物柴油和氢。2014年7月，五十铃汽车公司与日本Euglena公司联合开发利用海藻做原料的新型生物燃料，并将这种新型生物燃料用于区间公交车，成为世界上首次使用海藻生物燃料的公共汽车。③ 2010年成立的"创建藻类产业财团"得到2011年度日本农林水产省项目的支援，正在进行"藻类的第6次产业化"的可行性调查，④ 其目的是从国家战略的高度调查创建藻类产业所必需的研究课题，以便制定日本最早、最全面的藻类产业化的研发路线图。从2013年10月起，作为福岛县下一代可再生能源技术开发事业，已开始实施为期三年的综合利用当地藻类生物质能的大型研究开发计划。⑤

五　地热

日本拥有的地热资源居世界第三位，在地热发电装机容量方面却屈居世界第

① 資源エネルギー庁がIEAの資料（Energy Balances 2012）より作成したもの、http：//www. maff. go. jp/j/biomass/b－energy/pdf/houkoku_ 1. pdf。

② http：//www. eurotechnology. com/2014/07/08/japan－biomass/.

③ Bus Running On Algae，http：//algaetrends. com/2014/07/bus－running－algae/.

④ http：//www. maff. go. jp/j/shokusan/kikaku/letter/pdf/letter_ 0302. pdf.

⑤ http：//www. pref. fukushima. lg. jp/sec/32021b/jisedai01. html.

八位，这个“第三”与“第八”的差异与日本政府的政策有很大关系。2002年日本实施RPS制度，针对电力公司规定了必须利用一定数量以上的“新能源”的义务，而这个规定却不包括地热；2009年日本制定了《新能源法》，也不包括地热。由于日本政府迟迟未将地热列入“新能源”加以支持，致使自1999年东京电力公司在八丈岛建设的3300千瓦地热发电厂投入运行以来，日本全国再没有新建地热发电厂，从而导致日本的地热发电事业整整丧失了14年时间。其实，日本企业有关地热发电设备的制造技术能力很强，占世界地热发电设备市场的约70%（其中三菱重工和东芝各占24%，富士电机占20%），然而这种能力大都用到国外去了。①

2012年日本政府推出FIT制度以后，对地热能的调查提供了补助金，并对地热能的开发给予了资金支援；日本的环境省则放宽了对地热开发商在国立、国定自然公园开发地热能的限制，允许开发者在第二种、第三种公园地区进行地热开发。② 由于政府放宽了限制，在2014年春季，位于熊本县的一座地热发电厂在拖延了15年之后终于得以正式运行，其他地方的地热能开发活动也开始活跃起来。

虽然日本国内的地热能开发如上所述进展迟缓，但日本地热设备制造企业在国外的地热能开发中却相当活跃。在地热涡轮机的世界市场上，日本的东芝、三菱重工、富士电机的地热发电技术达到世界最高水平，三家公司制造的地热发电设备出口印度尼西亚、菲律宾、新西兰、冰岛等国，在整个世界市场上的份额高达70%。③

六　海洋能

日本拥有很大的海洋能潜力（参见表21－3），但远远没有开发出来。在波浪能方面，目前日本已有数座波浪能发电站投入运行，其中吉瓦级的“海明号”波浪能发电船是世界上最著名的波浪能发电装置。

---

① 「地熱発電所をつくる」、http：//geothermal. jogmec. go. jp/geothermal/step4. html。

② 日本将国立、国定自然公园按照保护的严格程度依次划分为“特别保护区”、“第一种、第二种、第三种特别地域”及“普通地域”。

③ 加納浩志「地熱発電で世界を席巻する日本企業の戦略」、『月刊ビジネスアイ エネコ』2011年8月号、第44卷、36～39頁。

表 21－3　日本海洋能可利用的最大发电量（按种类分）

	现状技术（千瓦时/年）	相当于核电机组台数	未来技术（千瓦时/年）	相当于核电机组台数
海上风力	524	85	723	118
波浪能	19	3	87	14
海洋温差能	47	8	156	25
海流	10	1.6	10	1.6
潮流	6	1	6	1
潮汐	0.38	0	0.38	0
合　计	606	98.6	982	160

注：“相当于核电机组台数”按照100万千瓦、设备利用率为70%的核电机组换算。
资料来源：NEDO「海洋エネルギーポテンシャルの把握に関する業務（2010年）」。

在海洋温度差发电方面，2013年6月由佐贺大学海洋能研究中心开发、以冲绳县为主体、在冲绳以西约100公里的久米岛建设的输出功率为50千瓦的“海洋温度差发电实证工厂”，也是世界上唯一采用封闭式发电方式的实用实证海洋温差发电工厂，现正在试验运行中。日本还在积极探索将海洋温差发电与渔业、农业、盐业等相结合，通过募集对深层水进行“二次利用”的民间企业，或可能形成围绕海洋温差发电的“复合产业”。[①] 这是因为吸上来用于温差发电的深层水本身依然有价值，其中含有丰富的浮游生物及矿物质，可用于养殖鱼虾、栽培蔬菜或提炼稀土金属；在采用“开放式循环法”发电的场合，由于盐分残留在低压煮沸器里，一方面可用于制盐，另一方面可以利用深层水（真水）生产矿泉水。不过，海洋温差发电的问题在于，为了发电而使海洋表层出现了从未有过的海洋深层水，这有可能影响海洋生态系统的平衡；这种发电模式的发展，还可能导致越来越多的海洋生物难以生存；随着发电设施的大型化，还可能扰乱海流。

在潮汐发电方面，2010年NEDO发现日本潮汐能的潜力相当于20座核电站。[②] 2012年日本政府公布了一项在沿海地区建设潮汐能发电与波浪能发电的实验工厂计划。[③] 2013年，日本在佐贺县沿岸海域安装由风力发电和潮汐发电组合

① 参见『NPO法人海洋温度差発電推進機構』、http：//www. opotec. jp/japanese/；『日本経済新聞』、http：//www. nikkei. com/article/DGXNASDD260FC_ W3A420C1000000/。

② http：//www. renewableenergymagazine. com/articles－ocean_ energy－7.

③ “Wave, Wind Power Project Planned,” *Japan Times*, 20 March 2012, p. 7.

而成的复合型发电试验装置。这一被称为“世界首创”的、可兼用风能和潮汐能的复合型发电装置由日本的海洋开发公司设计，由香川县造船厂制造，在海面上的风车高度约47米，沉在海底的水车直径约15米，两者连接的部分安装有发电机组。① 此外，在和歌山县南部海岸正在建设一座输出功率为45千瓦的潮汐发电站。尽管如此，总的来说，日本在开发潮汐能方面依然大大落后于法国、加拿大、韩国、中国。

七 日本可再生能源发展展望

在新科技革命时代，以可再生能源为主的新能源技术与信息技术、生物技术、新材料技术等交叉融合，相互促进、渗透、结合，将可能呈现加速发展的趋势。

在这种大背景下，日本将可能在可再生能源领域达到领先于世界的水平。就目前的情况看，日本在可再生能源领域整体处于“世界中游”水平，但可以预计，今后十几年日本将可能在可再生能源领域加速发展，达到领先于世界的水平。其理由是：

（1）日本号称“资源小国”，在日本列岛的陆地上严重缺乏石油、天然气等化石能源蕴藏及其他重要的矿石蕴藏。然而，以战后日本的发展与中东地区某些“资源大国”的发展做个对比就可以看得很清楚：“缺乏自然资源的压力和由于这种压力所刺激出来的动力”比拥有丰富自然资源“这个事实本身”更重要。可以预计，“缺乏化石能源的压力”将可能成为日本积极开发利用可再生能源的动力。②

（2）日本在太阳能发电、风力发电等可再生能源相关的太阳电池、风机制造等方面的技术水平曾经领先于世界，至今仍在世界上名列前茅。比如松下公司在2014年开发的太阳电池的变换效率达25.6%，作为民用太阳电池（除人造卫星使用的太阳电池）堪称世界最高水平。③

（3）日本拥有丰富的可再生能源的潜在开发量（参见表21－4），其可再生

① http：//www.nhk.or.jp/japan311/kuro－marine.html.

② 正如2010年以来面对稀土进口的困难，刺激日本成功地开发出各种稀土资源的代替、回收等技术，使日本国内对稀土的需求量从2007年的3.2万吨迅速减少到2013年的1.3万吨。「レアアース、もう中国に頼らない」、『読売新聞』2015年1月7日。

③ 「パナソニック、世界最高効率の太陽電池」、http：//www.nikkei.com/article/DGXNASDZ100CY_Q4A410C1TJ1000/。

能源的发展潜力很大，特别是太阳能、风力与地热，这种潜力将会随着电力市场的自由化而迅速释放出来。2013 年日本已经成为世界上最具活力的太阳能市场之一，[1] 2014 年 4 月日本政府发布的“新能源基本计划”设定的目标是在 2030 年使太阳能发电能力提高到 53 吉瓦。[2] 与太阳能相比，日本的海上风力发电的潜在开发量达 1600 吉瓦，是太阳光发电的 10 倍，是地热与中小水电的 100 倍。[3] 可以说，一旦海上风力发电的潜力被开发出来，特别是能够耐受台风的海上风电机能够保质保量地发展起来，日本的可再生能源发展完全可能达到领先于世界的水平。

表 21－4　日本可再生能源的潜在可开发量

	潜在的可开发量	现在的设备能力
风力	19 亿千瓦	270 万千瓦
非住宅用太阳光	1.5 亿千瓦	500 万千瓦(包括住宅用)
住宅用太阳光	2.7 亿千瓦	—
中小水力	1400 万千瓦	955 万千瓦
地热	1400 万千瓦	53 万千瓦

资料来源：日本环境省：《导入可再生能源潜力调查》，2011 年 4 月。

（4）日本在节能方面堪称全球的典范。显然，节能本身就可以看作可再生能源的“一个分支”，对于中国来说，节能甚至可看作比太阳能、风能更重要的“可再生能源的分支”。现在日本单位 GDP 的一次能源消费比 20 世纪 70 年代减少了 30%，特别是产业部门的节能做得非常好。从国际比较看，日本单位 GDP 一次能源消费仅为美国的 1/1.9，欧洲的 1/1.7，中国的 1/7.2，俄罗斯的 1/16.3，世界平均水平的 1/3.1（参见图 21－1）。

（5）国土面积 37 万平方公里、居世界第 61 位的日本缺乏自然资源基本上是一个不争的事实，然而日本领海加专属经济区的海洋面积和体积在世界名列前茅。开发“蕴含着无限可能性的人类新边疆”——海洋深处的能源及其他资源，将可能成为振兴日本经济的新增长点。而且从技术和自然条件看，日本将来成为海洋能源资源生产大国未必不可能，但要达此目标，显然需要日本顺应和平、发

① “Renewable Energy Japan (9th edition),” http://www.eurotechnology.com/store/j_renewable/.

② NEDO「太陽光発電開発戦略」、http://www.nedo.go.jp/content/100575154.pdf。

③「世界で加速する洋上風力発電」、http://windeng.t.u-tokyo.ac.jp/ishihara/article/2014-7.pdf。

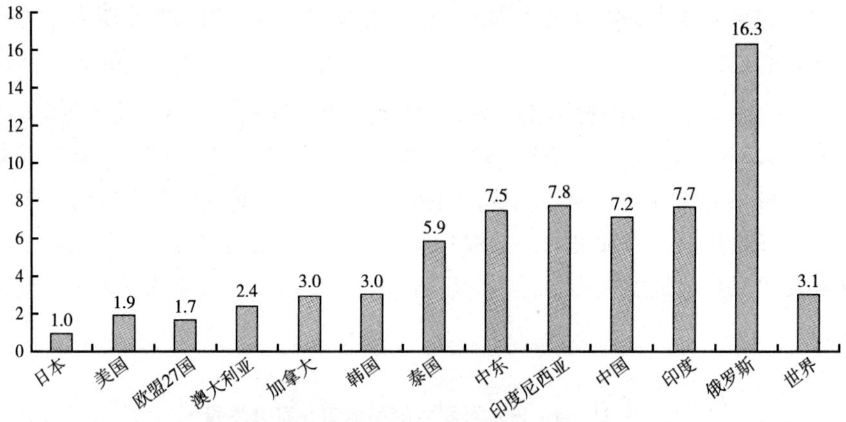

图 21－1　日本节能水平的国际比较（单位 GDP 一次能源消费）

资料来源：経済産業省資源エネルギー庁省エネルギー対策課「我が国の省エネルギー政策の動向」、2012 年 11 月。

展、合作的时代潮流，坚持和平发展道路，与周边国家建立互利共赢的关系，共同维护好海洋的和平、安宁与生态安全。

B.22

日本新能源汽车在国际竞争中的地位

黄泽民*

摘　要：在业界，新能源汽车主要指电动汽车，目前主要有纯电动汽车和插电式混合动力汽车两种投入量产，燃料电池汽车虽然有技术上的优势，但受制于技术经济等因素尚未进入量产阶段。美国、日本、欧洲是新能源汽车的主要生产厂商，也是新能源汽车的主要消费市场，由此构成美、日、欧三足鼎立格局，日本依靠其技术优势和政策扶持成为全球新能源汽车中的重要一极。

关键词：新能源　汽车　日本

日本不仅是全球重要的新能源汽车消费大国，也是全球主要的新能源汽车生产大国，掌握着电动车电池和电机的核心技术，是全球新能源汽车中的重要一极。日本政府通过采取研发支持、税收优惠、买车补贴、充电设施建设补贴、政府采购等多方面的支持政策，积极推动新能源汽车的研发和产业化进程。

一　新能源汽车的概念和发展方向

（一）新能源汽车的概念

理论上，新能源汽车应该指不使用汽油、柴油为动力的汽车，使用生物能源以及电力等动力的汽车都应该纳入新能源汽车范畴。不过，目前我国把 EV、PHEV、FCEV 定义为新能源汽车。

EV（Electric Vehicle）是纯电动汽车，使用电池作为动力，所用的电池可以

* 黄泽民，华东师范大学金融研究所所长、教授，全国日本经济学会副会长，主要研究领域：世界经济、日本金融、日本能源等。

是锂离子电池，也可以是镍氢电池或铅酸电池等，由于动力源只来源于电池，因而也只需要用电动机，不需要内燃机。受充电时间长、续航里程短等不利因素的制约，EV 即使在国外也只是作为都市内的代步工具，且以紧凑、微型车为主。

PHEV（Plug in Hybrid Electric Vehicle）是插电式混合动力汽车，电池容量在 30~60 安时（Ah），通常使用电池作为动能，可以行驶 50~80 公里，更长途的行驶需要利用汽油做动力。这种混合动力车来源于对人们通勤的统计，据统计，通勤里程往返一般在 60 公里，该车电池续航能力可以满足通勤需要，下班后利用家庭电源充电，周末假日到更远的地方则可以使用汽油作为动力源。PHEV 作为一款油电混合汽车以中型车为主，并已经投入商业化使用。

FCEV（Fuel Cell Electric Vehicle）是燃料电池汽车，其电池的能量并非经过燃烧，而是通过氢气和氧气的化学作用直接转化为电能，燃料电池的能量转换效率比内燃机要高 2 倍以上，而且，据称燃料电池的化学反应过程并不会产生有害物质，号称零排放车，所以，从能源效率和环境保护两方面看，燃料电池汽车曾经被认为是理想的汽车。20 世纪 90 年代，美日等国家的汽车厂商就非常看好 FCEV，投入巨资研发燃料电池汽车，但是，受制于原料有限性、技术经济的不可行等因素，FCEV 至今未能实现商业化。但是，这未能阻止美日欧汽车厂商对燃料电池车研发的步伐，以丰田、通用汽车为一方，以戴姆勒、福特、三菱汽车为另一方的两大阵营在燃料电池的研发中取得了不少引人注目的成绩。虽然有专家估计，FCEV 要进入商业化阶段至少需要 20 年的时间，但是，2014 年 12 月，丰田汽车宣告燃料电池车正式下线，投入商业化使用。

（二）电动车的产生与发展方向

电动汽车早在 19 世纪就已经诞生，并且是汽车的主流品种之一。20 世纪 20 年代是电动汽车的顶峰时代，美国电动车保有量高达 33842 辆，占汽车总量的 38%，蒸汽机动力车占 40%，22% 的汽车使用汽油作为动力。

此后，由于内燃机技术的发展，以及石油大规模开采导致汽油价格大幅度下降，汽油动力车逐步表现出其优越的性价比。电动车则由于续航里程短、充电时间长，且价格昂贵，逐步被性能、价格等各方面具有优势的汽油动力车所取代。之后几十年间，虽然时有一些电动车问世，但终因续航里程及价格昂贵等原因而无法达到商业规模。直到 20 世纪末，由于石油价格暴涨以及人们对环境问题的严重关注，电动车重新受到主要国家的政府和汽车厂商的关注，尤其是美、日、欧车系厂商开始对电动车的开发研制投入大量财力、人力。经过 20 年左右的竞争与努力，纯电动车和插电式混合动力车已经进入商业规模，并成为电动车发展主流。以特斯拉（Tesla Model S）为标杆的纯电动车续航里程已经高达500千米。丰田普锐斯（Prius）作为插电式混合动力车的代表，技术上已经十分成熟，在节省能源、低排放等方面的性能远远超过传统内燃机汽油车。

二 日本政府对新能源汽车的支持政策

20世纪70年代，石油危机和严重的环境污染问题是触发日本研发新能源汽车的两个重要原因。日本政府在推动新能源汽车研发和产业化的过程中，主要采取研发支持、税收优惠、买车补贴、充电设施建设补贴、政府采购等方面的支持政策。日本对新能源车的政策支持大约可以分为两个阶段，第一阶段为新能源汽车的探索期，大约从1965～2000年，第二阶段以2001年日本政府制定《低公害汽车开发普及行动计划》为标志，新能源汽车进入提高、推广期。

早在1965年日本就把电动车的研发列入了国家项目，开始进行新能源汽车的研发。1972年，日本制定了《电动汽车的开发计划》。在随后的三年中，由政府出面组织汽车整车制造、蓄电池、发电设备、有色金属、轮胎等行业的公司进行协调与合作，并且成立了“电动汽车委员会”。该委员会于1977年提出了低噪声、零排放、零污染的城市交通方案。日本在1991年制定的《第三次电动汽车普及计划》中提出了到21世纪初，全国电动车的年产量达到10万辆以上，而电动车保有量达到20万辆以上的目标。日本在2004年的《新产业创新战略》中列出了七大新兴战略产业，燃料电池居于首位，2006年政府与企业达成共识，政府承诺在燃料电池汽车和燃料电池设备的开发与生产上给予税收优惠和资金支持。2009年新财年伊始，“绿色税制”政策正式实施，混合动力汽车、纯电动汽车、天然气汽车等都享受税收优惠（参见表22－1）。

2010年4月，日本经济产业省在其制定的《下一代汽车战略2010》中指出，2020年日本纯电动汽车、插电式混合动力汽车的普及率要达到15%～20%，到2030年该比例要达到20%～30%。为了配合电动车生产与消费，日本政府与企业共同发力建设充电设施。到2020年，日本将建设普通充电站200万座。2012年，国会追加1005亿日元预算用于新能源汽车的充电基础设施建设。① 丰田、

① 中国汽车技术研究中心、日产（中国）投资有限公司、东风汽车有限公司编著《中国新能源汽车产业发展报告（2013）》，社会科学文献出版社，2013。

日产、本田和三菱四家汽车公司签署协议，宣布将联合扩建电动汽车充电网络，未来将兴建1.2万座充电站。截至2012年3月底，日本已建成充电设施4321座，其中神奈川县、东京都充电设施最为密集，分别为459座与285座。

表22-1 日本政府对新能源汽车的扶持政策

优惠政策	具体事项
研发支持	2006年，日本经济产业省制定的到2030年燃料电池汽车的战略目标：2006年预算内给予燃料电池及相关技术研发199亿日元的资助；给予燃料电池产业化实验33亿日元的资助；支持新能源汽车市场导入给予88亿日元的资助。
低公害车的税收优惠	自2009年4月1日起实施最新的绿色税制，扩充新能源汽车的税收减免政策，其中对新能源汽车免征购车时的汽车购置税和保有阶段的汽车税，免税政策分别实施至2012年4月30日和2012年3月31日。2012年的税制修订案决定自2014年5月1日到2016年4月30日，对新车或首次年检前的电动汽车免征汽车税，自首次年检开始按50%征收。
低公害车补助金	日本政府2001年制定《低公害汽车开发普及行动计划》，形成低公害车补助金制度，对购买清洁能源车辆、低公害车等提供购车补贴，对充电设施提供建设补贴。
政府采购	2002年，政府提出公务用车必须购买低公害车型，三年内全部公务用车换成低公害车型。
充电设施建设补贴	2012年2月，追加1005亿日元预算，对新能源汽车的充电设备的采购和施工提供补贴。

资料来源：中国汽车技术研究中心、日产（中国）投资有限公司、东风汽车有限公司编著《中国新能源汽车产业发展报告（2013）》，社会科学文献出版社，2013。

三　日本是全球新能源汽车的重要一极

日本既是电动车生产大国，也是电动车重要的销售市场。日本、美国和欧洲等老牌的汽车厂商是全球生产新能源汽车的主角。更为重要的是，日本掌握着电动车电池和电机的核心技术，从而使日本在国际新能源汽车中成为重要的一极。

（一）日本是重要的新能源汽车消费市场和生产厂商

虽然新能源汽车在日本起步很早，但也是一个逐步发展的过程，20世纪90

年代在日本使用的电动汽车也仅是千辆的水平。据统计，1989 年为 1046 辆，1990 年为 1270 辆，1991 年为 1036 辆，1992 年超过了 1300 辆。1997 年 12 月丰田汽车公司正式宣布全球第一辆混合动力车大规模量产，并在日本国内销售。近年来，日本国内电动车每年可以达到万辆的销售量。

由表 22 –2 和表 22 –3 可知，2012 年至今，日本不仅是全球重要的新能源汽车消费大国，也是全球主要的新能源汽车的生产大国。

表 22 –2　历年各国电动车销量分布情况

单位：辆

国　别	2014 年 1 ~9 月	2013 年	2012 年	累计
美　国	87369	96034	54970	258742
日　本	24340	30264	26109	98811
中　国	42493	17732	13292	71177
法　国	10919	14971	11822	42400
荷　兰	11545	23170	5583	41259
挪　威	15403	8669	4338	31790
德　国	9247	6749	6492	24806
英　国	8256	3730	2971	16334
加拿大	3817	3045	1969	9404
瑞　典	3714	1922	1212	7107

资料来源：第一车网，http：//www. iautos. cn。

表 22 –3　2014 年 1 ~9 月主要电动车品牌销量一览

品　牌	销售量(辆)	份额(%)	2013 年排名	2014 年排名
日　产	45122	20	1	1
三　菱	27400	12	3	2
特斯拉	21486	9	5	3
福　特	18088	8	7	4
雪佛兰	17357	8	2	5
丰　田	17045	7	4	6
康　迪	15835	7	—	7
宝　马	11646	5	13	8
比亚迪	11520	5	11	9
雷　诺	11040	5	6	10

资料来源：第一车网，http：//www. iautos. cn。

据统计，2013年全球纯电动车、插电式混合动力车合计销售近15万辆，全球销售车型中日产雷诺生产的Leaf销量最大，达到47716辆，占比32%；特斯拉销售2.23万辆；通用生产的Volt销售2.5万辆左右。美国和日本是销量排名最前的两个国家。其中美国市场销售9.6万余辆，全球销售量最多，占比64%。①

美国市场上EV、PHEV车型多样化，2013年销售的车型有18种，销量排名靠前的主要有通用Volt，销售23094辆，日产雷诺Leaf，销售22610辆，特斯拉Model S销售18650辆，丰田Prius销售12088辆。

2013年日本市场销售的EV、PHEV合计16582辆，稳居全球第二大电动车消费市场。日本市场销售的车型有10种，有日产雷诺Leaf、丰田eQ、丰田第三代Prius、本田的飞度Jazz、本田Accord、本田FCX，以及三菱的i-MiEV、Outlander、小轿车Minicab-MiEV、敞篷Minicab-MiEV等四款车。其中日产的Leaf销量最大，达1.3万辆。

根据表22－4可以看出，美国、日本和欧洲的著名汽车生产厂商是全球电动车最为重要的力量。日本的丰田、本田、三菱汽车作为日本汽车制造商，在新能源汽车生产中占据着非常重要的地位。从市场份额看，美国、日本和德国大体上呈现三足鼎立的格局，日本是全球新能源汽车中的重要一极。

表22－4　国际在售新能源汽车汇总

品牌	车型	类型	续航里程
日产雷诺	Leaf	EV	160公里
	ZOE	EV	160公里
丰田	Prius	PHEV	20公里(纯电动模式)
	丰田IQ EV	EV	105公里
	RAV4 EV	EV	160公里
本田	飞度EV	EV	150公里以上
	Accord PHEV	PHEV	—
	FCX Clarity	EV	380~620公里
三菱	i-MiEV	EV	160公里
	Outlander phev	PHEV	60.2公里(纯电动模式)
	Minicab-MiEV	EV	150公里
特斯拉	Model S	EV	502公里

① 第一车网，http://www.iautos.cn。

续表

品牌	车型	类型	续航里程
通用	Volt	PHEV(增程式)	64 公里(纯电动模式)
	欧宝 Ampera	PHEV	64 公里(纯电动模式)
	Spark EV	EV	132 公里
福特	Fusion Energi	PHEV	34 公里(纯电动模式)
	C-MAX Energi	PHEV	32 公里(纯电动模式)
	福克斯 EV	EV	162 公里
宝马	I3	EV、PHEV(增程式)	160 公里(EV)/300 公里(PHEV)
	I8	PHEV	37 公里(纯电动模式)
	ActiveE	EV	160 公里
标志雪铁龙	iOn	EV	150 公里
	C-Zero	EV	150 公里
奔驰	Smart Fortwo ED	EV	115 公里
菲亚特	500E	EV	140 公里
大众	e-UP	EV	150 公里
沃尔沃	V60 PHEV	PHEV	32 英里(纯电动模式)

资料来源：根据相关资料整理。

（二）日本是全球新能源汽车重要的电池、电机供应商

电动车核心技术当然是动力电池，现在动力电池供应商被日韩企业把持，日本生产企业主要有松下、NEC、汤浅、三洋等公司，韩国企业主要是 LG 化学和三星两家公司。由表 22－5 可知，全球主要品牌的新能源汽车的动力电池不是日本企业供货，就是由韩国企业提供的，2013 年以来叱咤风云的特斯拉纯电动车的电池供应商就是松下公司。为了降低电池生产成本，日本企业把电池生产环节中附加值最低的部分转移到国外，高附加值部分仍旧控制在自己手中，例如锂电池隔膜是技术要求、附加值最高的部分，日本企业生产的隔膜占据全球市场 50% 以上的份额。

虽然在电机上日本厂商并不具有垄断性优势，但是，在技术路线上，欧美偏好传统感应电机，日系将稀土永磁电机作为电机供应商的重要一极。从表22－6 中可以看出，永磁电机在混合电动车配套中具有独特的优势。日系企业还通过设立合资公司的方式，巩固其在电池、电机方面的优势。例如，三菱和汤浅、汤浅与本田、松下与丰田都设立了合资公司，加强电池公司和电机公司的合作。

表 22－5　全球新能源汽车电池供应商

品牌	车型	类型	电池供应商
日产雷诺	Leaf	EV	AESC(日产 NEC 合资)
	ZOE	EV	AESC(日产 NEC 合资)
丰田	Prius	PHEV	Primearth EV Energy(PEVE)(丰田松下合资)
	丰田 IQ EV	EV	Primearth EV Energy(PEVE)(丰田松下合资)
	RAV4 EV	EV	Primearth EV Energy(PEVE)(丰田松下合资)
本田	飞度 EV	EV	Blue Energy(本田汤浅合资)
	Accord PHEV	PHEV	Blue Energy(本田汤浅合资)
	FCX Clarity	EV	Blue Energy(本田汤浅合资)
三菱	i-MiEV	EV	LEJ(GS 三菱合资公司)
	Outlander phev	PHEV	LEJ(GS 三菱合资公司)
	Minicab-MiEV	EV	LEJ(GS 三菱合资公司)
特斯拉	Model S	EV	松下
通用	Volt	PHEV(增程式)	LG 化学
	欧宝 Ampera	PHEV	LG 化学
	Spark EV	EV	LG 化学
福特	Fusion Energi	PHEV	三洋电机(属松下集团)
	C-MAX Energi	PHEV	三洋电机(属松下集团)
	福克斯 EV	EV	三洋电机(属松下集团)
宝马	I3	EV、PHEV(增程式)	SBL(三星博世合资)
	I8	PHEV	SBL(三星博世合资)
	ActiveE	EV	SBL(三星博世合资)
标志雪铁龙	iOn	EV	LEJ(GS 三菱合资公司)
	C-Zero	EV	LEJ(GS 三菱合资公司)
奔驰	Smart Fortwo ED	EV	ACCUmotive(戴姆勒为 90%，赢创为 10%)
菲亚特	500E	EV	三星 SDI
大众	e-UP	EV	三洋电机(属松下集团)
沃尔沃	V60 PHEV	PHEV	EnerDel(Ener1 德尔福合资)
起亚	Soul 电动版	EV	LG 化学

资料来源：根据相关资料整理。

表 22－6　部分国际车型电机配套供应商

品牌	车型	类型	电机类型	电机供应商
通用汽车	Volt	PHEV（增程式）	永磁同步电机	日立汽车系统公司
	欧宝 Ampera	PHEV	永磁同步电机	日立汽车系统公司
	Spark EV	EV	永磁同步电机	日立汽车系统公司
日产雷诺	Leaf	EV	永磁同步交流电机	NISSAN
	ZOE	EV	电励磁同步电机	大陆集团
三菱	i-MiEV	EV	永磁同步电机	明电舍
	Outlander phev	PHEV	永磁同步电机	明电舍
	Minicab-MiEV	EV	永磁同步电机	明电舍
标志雪铁龙	iOn	EV	永磁同步电机	明电舍
	C-Zero	EV	永磁同步电机	明电舍

资料来源：根据相关资料整理。

（三）燃料电池车商业化日本拔得头筹

丰田汽车公司生产的燃料电池车已经于 2014 年底正式上市。该车具有如下特点：一是充气快速，加满一箱燃料仅需三分钟；二是续航能力强，一箱燃料可以行使 650 公里；三是价格便宜，满箱油约 6500 日元，每公里约 10 日元；四是性能非常好，不仅车辆行驶非常安静，而且提速很快，加速能力相当于 3.5 升发动机的汽柴油车。燃料电池车历来被认为是真正的环保车，行驶过程中没有废气排放，也不需要使用电能，仅排放少量的水，也不存在废弃电池处理等问题。当然，关于氢气来源和充气站等问题是目前制约燃料电池车发展的重大瓶颈，丰田此举也应该考虑到氢气来源和充气站点等问题，所以，起步阶段产量非常有限。

（四）新能源汽车在日本已经趋于普及化

新能源汽车的发展最终需要依靠大众的需求来支撑，启动大众需求的最为重要的杠杆就是新能源汽车的性价比，对此，日本的车企已经具有清醒的认识。日本混合动力车价格不断下降，性能不断提高，从而取得了较好的市场基础，为此，日本政府计划取消对混合动力车的补贴，并预计混动车在 2015 年将有 150 万辆的销量。不仅如此，日产、三菱等车企还计划推出售价仅 150 万日元（约合人民币 8 万元）、续航能力 200 公里、一次充电仅需 300 日元（约合人民币 16 元）的廉价电动车。新能源汽车性价比的大幅度提高，已经使得新能源汽车在日本国内具有和石化燃料车相竞争的能力，尤其是混合电动车在日本极其热销。简言之，新能源汽车在日本已经趋于普及。

四　结语

电动车作为新能源汽车已经成为重要的发展方向。日本之所以能够成为全球新能源汽车的重要一极，是因为研发了核心技术，具有一定的技术垄断优势，日本政府对新能源汽车科学规划，采取长期而全面的扶持政策，是日本企业研发、生产新能源汽车的重要动力。经过长期的市场培育和技术开发，新能源汽车在日本已经趋于普及。

B.23

日本可再生能源政策及其未来走向

〔日〕平沼光*

摘　要：东日本大地震及其引发的福岛核电危机导致日本确定的以核电为中心的能源战略遭受严峻挑战。为满足能源供给“3E + S”的战略需求，可再生能源的重要性日益凸显。可再生能源的发展面临来自技术、配供电体制和财政负担多方面的挑战。但发展可再生能源，既能缓解日本当前的能源供给困局，又能为日本培育可再生能源产业竞争力创造条件。本文将在分析日本能源战略发展历史的基础上，研究其可再生能源政策的特征及其未来走向。

关键词：日本　可再生能源　能源政策　核能

2011年3月11日，东北地区发生了东日本大地震，导致了东京电力公司福岛第一核电站严重的灾难性事故（以下称“3·11”福岛核电站事故）。核反应堆建筑物爆炸时白烟滚滚的冲击影像至今让人记忆犹新。在此之前，日本一直相信“核电站是安全的”这样的神话，并在能源政策中把核能作为中心政策来规划，这次事故彻底颠覆了日本的能源政策。

在“3·11”福岛核电站事故发生前，日本的可再生能源和核能是一并被定位为零排放电力来源。在日本2030年要实现零排放电力来源的发电量占总发电量的70%这一目标中，其设想的发电结构中是以核能为主导的，其中核能占50%，可再生能源占20%。

这些政策因“3·11”福岛核电站事故而取消，时任首相菅直人表示，“在2030年实现核发电量占总发电量50%以上”的能源基本计划暂且收回。此后接任的民主党野田政权则公布了“21世纪30年代零核电”的方针，2012年众议院

---

* 平沼光，东京财团研究员，主要研究领域：日本能源、环境问题等。

总选举时，民主党的政权公约中也明确地标明了这一方针。

选举的结果是自民党与公明党两党的获胜，自公两党联合提出了“在加速引入节能技术和可再生能源，促进火力发电的高效化的基础上，尽可能减少对核电的依赖程度”的政策。虽然民主党的“零核电”方针被推翻，但也已从“3·11”福岛核电站事故前的过度依赖核能的政策转变为降低核电依存度、促进能源多元化的政策，可以说，日本能源政策的方向有了很大的转变。

本文在回顾“3·11”福岛核电站事故前的日本可再生能源普及情况的同时，重点考察了核事故对日本可再生能源政策的影响，并探讨了今后日本可再生能源政策以及可再生能源普及的趋势。

一　日本可再生能源的发展历程

（一）石油危机带来的影响

在1973年和1979年发生的两次石油危机的影响下，日本认识到了可再生能源的重要性。由供给失稳而引起的石油危机导致了石油价格高涨，因而使得物价总水平大幅上涨，家庭消费减少，这给日本经济带来了严重打击。1974年，石油危机带来的教训使日本认识到了作为可替代石油能源的可再生能源的重要性，因此通过通商产业省工业技术院（现为独立行政法人产业技术综合研究所），开始推进“阳光计划”。该计划的目的在于，为未来能源需求弥补大量的能源供给，以太阳能、地热、煤炭、氢能这四种石油替代能源的相关技术为重点进行研发。

此后在1980年，日本政府制定了《关于促进石油替代能源的开发以及引进的法律》[①]（简称《石油替代能源法》），该法以摆脱对石油的过度依赖为目标，规定了石油替代能源的开发、促进等政策。石油替代能源既包括可以代替石油进行燃烧的原料，如原油、挥发油、重油等省令规定的石油制品，也包括除石油外的可以作为热源的热能、动力能以及电力等可再生能源。同年，日本政府修订了以太阳能发电为中心的法律制度，促进了相关技术开发，这其中包括新能源综合开发机构［现为独立行政法人新能源与产业技术综合开发机构（NEDO）］设立的太阳能发电技术开发等重点项目的推进。

① 参见「非化石エネルギーの開発及び導入の促進に関する法律」、平成21年（2009）、http://law.e-gov.go.jp/htmldata/S55/S55HO071.html。

1997年，日本政府制定了《关于促进新能源利用等的特别措施法》[①]（以下简称《新能源法》），该法律旨在普及并促进《石油替代能源法》规定的能源中由于经济性制约而没有充分普及的新能源，包括：(1) 太阳能发电；(2) 风力发电；(3) 太阳热能利用；(4) 温差能；(5) 废弃物发电；(6) 废弃物热能利用；(7) 废弃物燃料制造；(8) 生物质能发电；(9) 生物质热能利用；(10) 生物质燃料制造；(11) 冰雪热能利用；(12) 清洁能源汽车；(13) 天然气热电联产；(14) 燃料电池等能源的利用。《新能源法》明确了国家、地方政府、企业、国民等各个主体的职责，制定了对利用新能源的企业的金融支援措施。

此后，在2003年4月开始施行《关于电力经营者利用新能源等的特别措施法》[②]（RPS法），该法律规定（十大电力公司等）电力企业有义务使用一定量以上的可再生能源电力。

如上文所述，面对20世纪70年代的两次石油危机，日本在认识到可再生能源重要性的同时，也为可再生能源的普及完善了法律，促进了相关技术的开发。

（二）日本太阳能发电产业的发展和衰退

石油危机以后，当然也是在政府推行促进可再生能源技术开发政策的影响下，日本的太阳能发电产业取得了惊人发展。到2006年，日本企业夏普的光伏年生产量（发电容量为基准）达到世界第一，世界年生产量排名前五位中有四位被日本企业所占据，京瓷、三洋电机、三菱电机位列其中。然而，21世纪第一个十年过半后，欧美以及中国迅速追赶，2007年，夏普第一的宝座让给了Q-Cells（独），2009年，夏普的排名下降至第三位，京瓷下降到第七位。2005年时日本企业还拥有约50%的世界市场份额，到2009年下降到了14%，2012年仅为6%。

硅原料是太阳能电池原材料，硅原料的采购困难被认为是日本企业的世界市场份额下跌的原因之一。当时，全世界对太阳能电池和半导体的需求均在提高，硅作为二者的原料被大量使用，因而在其价格大幅上升的同时，供给量也陷入了窘境。由于达不到硅采购量的预期值，日本厂商也无法扩大生产规模，因而夏普在2007年的生产量较上一年下降了。而与此同时，一些国外企业由于签订了硅原料的长期购买合同等原因而实现了稳定采购，成功扩大生产规模，如Q-Cells

---

① 「新エネルギー利用等の促進に関する特別措置法」、http：//law. e－gov. go. jp/htmldata/H09/H09HO037. html。

② 「電気事業者による新エネルギー等の利用に関する特別措置法」、http：//law. e－gov. go. jp/haishi/H14HO062. html。

公司（独）等企业就扩大了其世界市场份额。此外，2008 年前后，针对需求上升的欧洲市场，中国内地、中国台湾的太阳能电池生产商进行了量产投资，而日本以及欧洲的厂商没有及时跟上脚步，因而世界的生产量大半都被中国大陆与中国台湾企业占据。另外，中国企业采用了成本低廉的多晶硅技术，同时其大规模生产时低廉的人工费用也降低了生产成本。与中国企业相比，日本企业却在研发提高能源转换率以及降低硅使用量的技术等方面下了许多功夫，更加追求可以提高附加价值但成本高的技术。这种高附加价值的产品适合安装在如独栋住宅的屋顶等小规模的太阳能发电场所上，但在广阔土地上建设超过 1 兆瓦的大型太阳能发电厂成为一种潮流，市场上对太阳能电池的需求量骤然扩大。即使转换效率低一些，但价格便宜的太阳能电池更有成本优势，因而日本企业没能成功获取市场①。

其结果是，2012 年全世界的太阳能电池生产的份额中，中国内地、中国台湾的企业占据了 62%，而日本企业则衰退至 6%。

（三）雷曼冲击后引发的绿色新政的影响

就在日本太阳能发电企业在世界市场中的占有率集体下挫之时，2008 年发生了雷曼冲击，结果引发了全球范围内的金融危机，以此为契机，作为世界能源领域的新趋势，可以带来新的雇用以及经济成长的被称为“绿色新政”的政策登场了。该政策的宗旨是，要针对包括可再生能源普及在内的全球变暖问题进行公共投资。

英国独立研究组织绿色新政集团［办公室设在英国的非营利组织新经济基金会（New Economic Foundation）］在 2008 年 7 月公开发表政策建议，该组织提出，为了应对金融危机、气候变化问题、能源危机这“三个危机”，应当对包括节能、低碳社会基础设施、可再生能源发电在内的这一低碳能源系统，每年实行 50 亿英镑的政府投资。②“绿色新政”这一概念由此而生。从 2008 年到 2009 年，英国、澳大利亚、韩国、中国等国也公布了与绿色新政具有同样宗旨的政策。

日本环境省也在 2009 年 1 月发布了被称为日本版的绿色新政的《绿色经济和社会变革》③，该政策中提到了日本正在努力发展为可再生能源大国。此外，

---

① “The Compressed Development of China's Photovoltaic Industry and the Rise of Suntech Power,” MARUKAWA Tomoo（Institute of Social Science, University of Tokyo）, RIETI Discussion Paper Series 12 – E – 051, August 2012.

② “A Green New Deal: Joined-up Policies to Solve the Triple Crunch of the Credit Crisis, Climate Change and High Oil Prices,” Green New Deal Group, New Economics Foundation, 2008.

③ 環境省「緑の経済と社会の変革」（2009 年 1 月）、http://www.env.go.jp/guide/info/gnd/pdf/igecs_main.pdf。

2009 年 12 月，内阁会议批准通过了《新成长战略——再造日本辉煌》。① 该文件以包括可再生能源的普及在内的“绿色创新”（Green Innovation）为根据，写入了环境大国和能源大国战略。

日本也在绿色新政的影响下，努力提高大型水力发电以外的太阳能、风力发电等可再生能源的普及率，而从实际情况来看，这一数据在石油危机以来几乎没有提高。第一次石油危机的 1973 年，日本按发电来源分类的电力结构为：煤炭 4.7%，石油 73.2%，天然气 2.4%，核能 2.6%，大型水力 17.2%，可再生能源（大型水力以外）0.03%。“3·11”福岛核电站事故前的 2010 年的电力结构则变为：煤炭 25%、石油 7.5%、天然气 29.3%、核能 28.6%、大型水力 8.5%，可再生能源（大型水力除外）1.1%（参见图 23－1）。与第一次石油危机时相比，石油大幅减少，煤炭、天然气、核能大幅增加，大型水力发电量减为以前的一半左右，而除大型水力以外的可再生能源则几乎没有增加。也就是说，从普及可再生能源层面来看，日本几乎没有受到雷曼冲击引发的绿色新政的积极影响。上文中虽然也提到了日本太阳能发电产业衰退的原因，但从现实情况来看，则是由于日本国内未能普及可再生能源，从而导致国内基础市场没有形成，这也是日本太阳能发电产业衰退的一大要因。

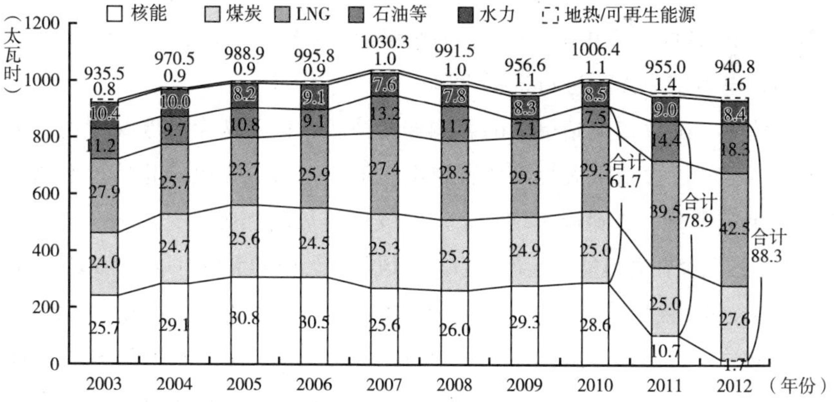

图 23－1　日本根据电力来源分类的发电结构

资料来源：Federation of Electric Power Companies，May 17，2013。

① 「新成長戦略～輝きのある日本へ～」（2009 年 12 月）、http：//www. kantei. go. jp/jp/kakugikettei/2009/1230sinseichousenryaku. pdf#search。

二 “3·11”福岛核电站事故带来的可再生能源政策的变化

（一）大地震后暴露出日本能源体制的问题

石油危机以来，可再生能源的普及几乎没有进展，而2011年3月11日福岛核电站事故的发生，使得可再生能源的政策发生重大转变。

“3·11”福岛核电站事故致使日本的核安全神话崩溃，电力供给能力下降并进行了计划停电，而且为了代替核能，火力发电燃料的成本迅速增加。严重的放射性污染也使得核电站周围的居民去外地避难，当地还因为各种谣传而受害。这些在地震灾害前从未看到过的各种问题纷纷摆在面前。

灾害初期，随着事态的发展，马上出现了以下四个问题。

第一，一般电力经营企业①（以下称“十大电力公司”）垄断了各地区的电力系统，各地区的系统被分割，电力不能实现广域性运用，无法为电力不足的地方提供充分的跨地域性电力供给。

第二，即使想要从十大电力公司以外购买电力，但其电力供应也很弱。

第三，电力供给失稳的时候，没有抑制需求的方法（这导致了计划性停电）。

第四，电力用户无法进行选择性购电。

而在此后，随着核电站事故的影响变得清晰，以下两个问题又浮出水面。

第五，尽管过去曾很大程度依赖核电，但尚未形成核电停止后控制风险的体制（电力供应中断、燃料成本增加、温室气体排放增加等）。

第六，核电存在着可能引起严重事故的风险，严格的事故对策、事故灾害预测以及避难计划、包括谣传受害者在内的事故赔偿制度、放射性废弃物的处理均不可或缺。

十大电力公司已持续送配电长达60年，“3·11”福岛核电站事故凸显了以下问题：（1）电力系统与零售的地区垄断；（2）从发电到送电、配电直至零售的垂直一体化体制；（3）以火力、核能为中心的大规模集中型发电；（4）东西部由50赫兹和60赫兹两种频率分隔的体制（参见图23－2）。上述问题使现行送配电体制的脆弱性暴露无遗。

---

① 一般电力经营企业是指北海道电力、东北电力、东京电力、中部电力、北陆电力、关西电力、四国电力、中国电力、九州电力和冲绳电力十大电力公司。

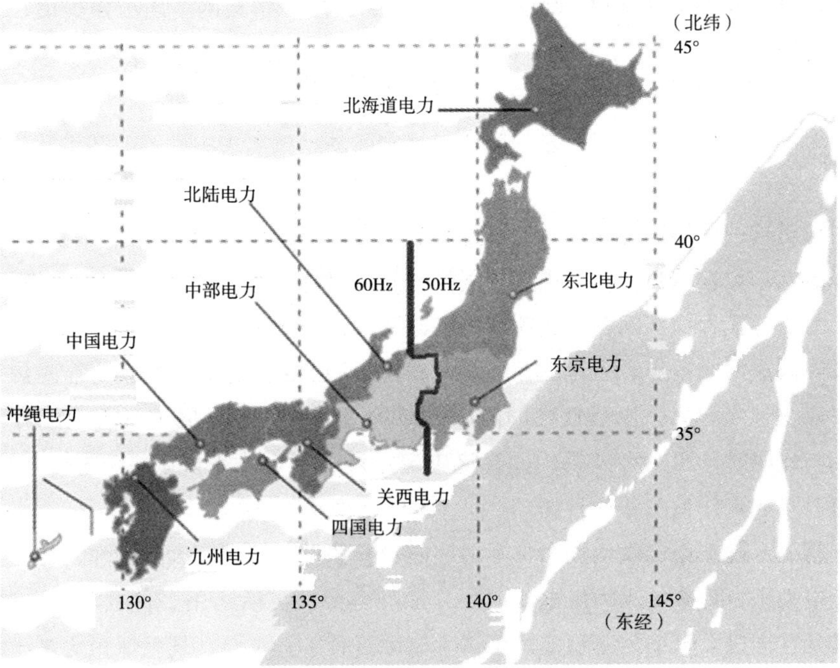

图 23－2　十大电力公司的分区范围

资料来源：The Federation of Electric Power Companies of Japan（FEPC）。

“3·11”福岛核电站事故以后，为了进行安全检查，日本的核电站几乎全部停机。2012 年，根据发电来源分类的发电结构变为：煤炭 27.6%、石油 18.3%、天然气 42.5%、核能 1.7%、大型水力发电 8.4%、可再生能源（大型水力除外）1.6%（见图 23－1）。

（二）“3·11”福岛核电站事故后出台的新政策

“3·11”福岛核电站事故引发的这些问题，一方面提高了中长期摆脱核依赖的必要性，另一方面使人们对可再生能源的期待高于以往。因此，代替了一直以来的 RPS（Renewables Portfolio Standard）制度，作为普及可再生能源的新政策措施，《关于电力经营者采购可再生能源电力的特别措置法》①，即所谓可再生能

① 「電気事業者による新エネルギー等の利用に関する特別措置法」、http：//law. e－gov. go. jp/htmldata/H24/H24F15001000046. html。另见张季风编《日本能源文献选编：战略、规划、法律》，社会科学文献出版社，2014。

源固定价格购买制度（FIT 制度）于 2012 年 7 月开始实施。该法律提出，在一定的时期内，按国家规定价格购入可再生能源（太阳能、风力、水力、地热、生物质能）生产的电力是电力企业的义务。

对于福岛核电站事故引发的问题，震灾前的以核电为中心的旧基本计划已经无法应对这次事故处理，也失去了明确的发展方向，因此，地震灾害后日本也开始讨论对这一计划进行修改。自民党和公明党针对核电利用方向性的问题，不仅和在野党，也在执政的两党内进行了长时间的讨论。

另外，作为现实问题，震灾后的能源政策必须重新规划，从能源的稳定供给以及降低能源成本等观点考虑，要对至今为止的能源政策进行修改。作为构筑对现在以及未来的国民生活负责的能源政策的重要一环，要促进可再生能源的引入。与此同时，2013 年 4 月内阁会议决定通过了《电力系统改革方针》①，该方针将以下三点作为改革的目的。

第一，确保稳定供给。东日本大地震后，核电依赖程度大幅下降，目前，大部分电力来自现有的火力发电。启用分散型电源，灵活运用多种电源是大趋势。尤其是在推进发电输出不稳定的可再生能源过程中，也要实现确保稳定供给的计划。

第二，最大限度地抑制电费上涨。当前，核电比例下降和燃料成本增加使得电费面临上涨压力。即使如此，也要促进竞争，彻底普及智能电表，使人们能在全国范围内按价格选用更廉价的电。用户通过选择性购电来抑制电力需求，使发电投资更加合理，从而最大限度地抑制电费。

第三，增加电力需求用户的可选项与扩大电力经营者的业务机会。转换电力制度，以满足电力需求用户选择电力公司、电费菜单、发电来源等多样化的需求。另外，要建立具有创新激励的电力系统，包括跨行业、跨地区参与，使用新技术进行发电，以及采用抑制需求的对策等。

《电力系统改革方针》明确规定，为了改善当前脆弱的发电送电体制，今后的电力系统改革将分为三个阶段予以推进。第一阶段，为了应对电力供需的紧张状况和扩大有发电输出不稳定风险的可再生能源，要求在国家的监督下，统一把握需求计划、系统计划等信息，实现全国性跨区域的大型系统的运营，无论日常还是紧急时刻都能无条件进行各地区的供需调整。此外，以 2015 年为目标，建

① 資源エネルギー庁「電力システムに関する改革方針」、http：//www. meti. go. jp/press/2013/04/20130402001/20130402001 －2. pdf#search = ′。

立能够实现中立的系统信息披露等的“广域运营推进机构”。第二阶段，以2016年为目标，实行参入电力零售的全面自由化。第三阶段，在2018～2020年内，按照法律规定的分离方式，进行发电、送电及配电部门的分离，并确保各部门的中立性。

（三）《能源基本计划》的修订

在内阁会议敲定《电力系统改革方针》的一年后，2014年4月11日，作为国家基本方针的新的能源基本计划——《第四次能源基本计划》① 在内阁会议上获得通过。惨痛的地震灾害与核电事故后已经过去三年多，不能不说国家对能源政策基本方向的公布有些迟。

《第四次能源基本计划》确定了以下两点基本方针。

第一，“3E＋S”是以安全性（Safety）为前提，将能源的稳定供给（Energy Security）放在第一位，提高经济效益（Economic Efficiency），同时要适应环境（Environment）。

第二，为确保平时以及危机时稳定的能源供需平衡，实现“多层次、多样化的灵活的能源结构”目标。

这个基本方针的意义是，必须对当前十大电力公司的区域垄断、大规模集中发电、垂直一体化统制、东西地区频率分开的这一体制进行大胆改革，而作为能源多样化的一环，发展可再生能源就成为比以往任何时候都重要的要素。

根据修订后的能源基本计划，对可再生能源做如下定位：“当前，可再生能源存在稳定供给、成本等多方面的问题，但由于其不排放温室气体，可在国内自行生产，有望确保能源安全保障，且多样性强，因此是重要的国产低碳能源。”其政策的方向性为：“从2013年起，在三年左右的时间里，最大限度加快可再生能源的引进，之后也要持续积极推进。……通过这些措施，旨在推出远超此前能源基本计划水平的新目标，以此为基础对能源结构进行讨论。”

所谓“此前的能源基本计划的水平”是指2009年8月制定的《长期能源供需预测（再计算）》② 中2020年的发电量中可再生能源的比例为13.5%（1414亿千瓦时），以及2010年6月召开的综合资源能源调查会综合分会、基本计划委

---

① 資源エネルギー庁「エネンルギー基本計画2014」、http：//www.enecho.meti.go.jp/category/others/basic_ plan/pdf/140411.pdf。

② 「長期エネルギー需給見通し（再計算）」、http：//www.meti.go.jp/report/downloadfiles/g90902a01j.pdf。

员会联席会议资料《2030 年能源供需的形势》① 中 2030 年的发电量中可再生能源等约占两成（2140 亿千瓦时）。

在绿色新政的大潮中被定位为可使经济政策与环境政策并存的可再生能源，在“3·11”福岛核电站事故后，作为重新规划日本能源政策的能源选项之一，其作用和定位发生了重大转变。

三　可再生能源的普及动向与课题

（一）可再生能源的暂缓并网问题

“3·11”福岛核电站事故的发生，使可再生能源的角色发生了重大转变，再加上 FIT 制度的实施，使人们看到可再生能源已真正开始普及。但是，在 10 所电力公司中，5 所决定对可再生能源暂缓并网，这可能会让可再生能源的普及有所停滞。

2014 年 9 月 25 日，九州电力公司公布，对可再生能源购买暂缓并网，随后，9 月 30 日东北电力公司也公布了可再生能源暂缓并网方针，其辖区包括福岛县等东北六县（青森县、岩手县、宫城县、秋田县、山形县、福岛县）以及新潟县。福岛县作为核电事故最大的受灾地区，从核电事故后就开始致力于通过发展可再生能源来实现复兴。在可再生能源的普及问题上，受《第四次能源基本计划》中所确定的“实现福岛的再生、复兴，是重新规划可再生能源政策的出发点”影响很大。暂缓并网的理由是，可再生能源固定价格购买制度（FIT 制度）的实施使得可再生能源发电企业增加，可再生能源发电的并网申请急剧增多，如此大量的申请如果全部通过的话，会影响到电力系统，也可能会给东北电力公司辖区的电力供需调控带来障碍。

现在日本的可再生能源固定价格购买制度规定，在“该电力企业无法确保电力能够顺利供给时”，可以拒绝并网。可再生能源发电企业办理并网手续的流程大致可以概括为：可再生能源经营者去作为主管官厅的经济产业省进行设置可再生能源设备的申请（设备审批申请），在经济产业省受理设备审批后，前去所在地区管理电力系统的电力公司提交并网申请，十大电力公司受理并对申请内容

① 「2030 年のエネルギー需給の姿」、http：//www. meti. go. jp/committee/materials2/downloadfiles/g100608a07j. pdf#search = 2030 年のエネルギー需給の姿。

进行审查，在十大电力公司承诺可以进行并网后，才能开始进行电站工程建设。

如果东北电力公司在 2014 年 5 月对管辖范围内受理审批的太阳能发电设备全部完成并网，那么可再生能源发电设备的输出功率会达到超过 1200 万千瓦的规模。在其所管区内，这已远远超过了白天用电低值的电力需求 970 千瓦的数值，而可再生能源的发电量、输出功率受天气影响严重，因而如果与电力系统大量连接，会对供需调控造成障碍。

但并不是在制度层面的设备审批量就要全部并网，且受理设备审批的计划自身也存在很多不现实的问题，因而从理论上讲，设备审批量并不一定被判断为并网量。

仅就东北电力公司暂缓并网的情况来看，福岛县内批准的可再生能源发电设备已达 446 万千瓦（其中太阳能发电为 441 万千瓦），在日本 47 各都道府县中排名第一，但这其中实际开始运转的发电设备不足 5%（可再生能源共 22 万千瓦，太阳能发电为 21 万千瓦）。笔者认为，东北电力不应当只依据设备审批量来判断是否可以并网，也应当细致调查申请内容，尽早公布实际状态的并网量。欧洲各国也正在引入可再生能源，针对天气变化会引起可再生能源发电量变动这一问题，欧洲各国的对策是，常识性地实施广域联合系统来实现不稳定电力的平稳化（不是地区分割而是在广域进行电力的融通）。但灵活运用蓄电池、抽水发电等平稳化对策在东北电力公司等十大电力公司中还没有充分实施。

另外，在普及可再生能源方面，如何对核电进行定位也是一个问题。2015 年 1 月，日本的核电站因为等待原子能规制委员会的安全审查等，均处于停止状态。2014 年 12 月，包括公布了可再生能源暂缓并网的电力公司，共有 7 所电力公司宣布进行可再生能源发电的并网可能量的估算结果。但是，所公布的并网可能量的估算值都是以当前停运核电站全部重新运转为前提做出的。当然，核电如果并网，可再生能源的并网量也就会相应减少。预计在 2015 年迎来 40 周年的九州电力公司的玄海一号机组（55.9 万千瓦）也要实行并网。日本核电运行的时间原则上是以 40 年为限的，而在并网估算中加进已达到 40 年堆龄的核电站，核电重新启动、运转的设想是非现实的①，因此这些因素可能会制约可再生能源的并网。

① WWF「電力会社による再エネ接続可能量の算定結果を踏まえた固定価格買取制度改善の方向性についての意見」（2015 年 1 月 9 日）、http://www.wwf.or.jp/activities/2015/01/1244209.html。

（二）关于可再生能源征税的争论

正如东北电力等对可再生能源实施暂缓并网的电力公司公布的那样，可再生能源的供给已超过需求预期，自2012年7月FIT制度实施以后到2013年12月为止，除大型水力发电以外的可再生能源发电设备以太阳能发电为中心，开始向非住宅类方向发展。与制度实行前比较，设备导入量增加了34%，可以说终于出现了大踏步前进的局面。但是，普及可再生能源的FIT制度征收的税金（买入费用）会对国民造成负担，而今后这一负担会怎样增长也成为一个问题。2014年度，用电者的税金负担为0.75日元/千瓦时（全国共6520亿日元），一个标准家庭每月约为225日元。经济产业省公布了一个测算结果：如果在2014年6月末之前完成审批的项目（审批量）全部开始运转，一年的税金会从现在的6500亿日元升至27018亿日元，按照一般家庭一个月的用电量，一个标准家庭的负担会从225日元升至4倍以上的约935日元。但这是在2014年6月末时的审批项目全部投入运转情况下的数字，如前所述，在制度上通过审批的项目全部运行并网。不过，根据FIT制度引入的可再生能源今后将增加，这会成为用户负担上升的主要原因之一。

由于FIT制度是通过对可再生能源投资给予回报的可能性来促进投资速度的制度，因此，通过对其不间断、稳定且适当的运用，降低增添国民负担的制度风险，实行有利于可再生能源发电企业进行合理的集中竞争的制度等都是必不可少的。

四　总结——今后扩大普及可再生能源的要点

上文叙述了从石油危机到“3·11”福岛核电站事故的可再生能源的普及动向以及存在的问题。而对于今后日本能否扩大可再生能源的普及，有以下三个要点。

其一是电力系统的改革能否成功。上文阐述了电力公司关于可再生能源暂缓并网的问题，指出暂缓并网的理由是可再生能源的供给可能超过5所电力公司管辖区域内的需求，导致引发供需控制方面的问题，另外，不稳定的可再生能源大量并网也可能引起供需失控问题。电力系统改革是要通过设置广域运营推进机构进行电力的广范围融通，实行发电送电分离以确保电力系统的中立性等。通过这些措施，构筑调控体制，使容易受天气影响而使发电量不稳定的可再生能源大量导入后也能可控，这也是电力改革的目的之一。因此，只要电力系统改革能够按照计划实行，暂缓并网的问题就可以解决，就能够导入更多的可再生能源。

其二是明确核电的定位。各电力公司在公布暂缓并网后，提出的可再生能源并网可能量是以电力公司的核电站几乎全部重新运转为前提的，而3·11福岛核电站事故引起的以下四个问题如果不被解决的话，核电站就很难轻松地重新运转。（1）由于核电站可能会引起严重事故，因而必须建立针对发电设施的技术层面的事故对策；（2）加强核事故灾害预测、制订可行的避难计划和完善避难基础设施；（3）必须建立和完善包括谣传受害在内的事故赔偿制度；（4）尚未决定放射性废弃物的最终处理场所。《第四次能源基本计划》把核电定位为“有助于稳定能源供需结构的重要的基荷电源”，而在现实问题上，对于上述极难解决的问题可以解决到哪种程度，核电的定位以及结构比例也会相应做出改变。如果没办法给出解决方法，那么作为补充和替代，促进扩大可再生能源的普及就是十分必要的。

其三是如何评估可再生能源的宏观经济价值。对可再生能源的经济利益来说，在日本，人们常常从FIT制度税金所带来的国民负担以及因此发生的电费上涨的角度来考虑，但是，在绿色新政以后，致力于普及可再生能源的其他国家也把构筑灵活使用可再生能源的能源系统和争夺新生的电力产业市场作为可再生能源经济性的考量要素。

致力于普及可再生能源的欧美国家，正在规划电力综合体制（Energy Integration System）。这种体制不仅能够稳定控制可再生能源大量并网后的电力供需，也会统合石油、天然气等其他的能源发电（当然，那些使用核能的国家也包括核能），同时通过能源管理系统以及蓄电池技术实现高级调控，以达到节能、高效及减少温室气体排放的效果。① 在能源智能体制的建设中，最先进的可再生能源设备自然是蓄电设备以及控制系统的设计，且这一体制能够孕育出能源服务等新的产业，根据预测，其全球市场规模可达到约160万亿日元。因此，各国开始争先恐后构筑自己的电力综合体制，以尽早形成本国基础市场，借此争夺全球市场。日本如果能够敏感嗅到全球的动向，也以这种争夺新的能源产业市场的意识来判断是否应当努力普及可再生能源，那么，其未来可再生能源的发展将会出现不同的结果。

（王相怡 译　张季风 校）

① 参见東京財団政策提言「日本のエネルギー政策再構築 ~ 電力統合体制（Energy Integration）を構築しエネルギーの多元化を実現せよ ~」（2014年9月）、http：//www.tkfd.or.jp/files/doc/2014－02.pdf。

节能与能源合作

Energy Saving and Cooperation

BLUE BOOK

B.24

日本节能政策的基本框架、战略演变

任景波*

摘　要：本文从日本节能政策基本框架谈起，从历史演进、法制建设、政府战略等角度进行了全面分析。基于信息经济学和公共经济学理论，针对市场失灵和其他政策推行中的现实问题，本文介绍并分析了日本的具体节能措施。通过梳理中日两国不同经济发展阶段的不同节能对策，笔者认为，在实现可持续发展、推动经济转型的大背景下，中国需要加速推进节能政策，增加公共支撑，建设合理的激励与约束相容的节能框架。

关键词：节能政策　节能措施　激励约束相容机制

改革开放30多年来，中国走过了发达国家用百余年走过的工业化、城镇化

---

* 任景波，管理学博士，中国地质大学（北京）人文经管学院讲师，全国日本经济学会理事，主要研究领域：动态社会经济学、资源环境经济学。本研究受到教育部人文社会科学研究基金（10YJC790210）及中央高校基本服务费专项资助。

道路，但是经济发展付出了较大的资源环境代价，资源环境约束凸显。环境恶化与能耗过度相关性较高，传统的高资金、高资源投入、高能耗的发展模式亟待改变。本文探讨作为节能先进国家的日本的节能基本框架以及节能政策的经验教训，对我国有十分重要的理论和现实意义。

一 日本节能政策的基本框架

20 世纪 70 年代初，日本的工业部门最终耗能占总耗能的 60% 以上，工业部门的耗能管理成为工作重点。从 1973 年石油危机至今，日本单位 GDP 能耗降低了约 45%，工业部门能耗降低近 50%，日本成为先进的节能国家之一。日本在工业部门、服务、家庭部门及交通部门实现了较好的节能效果。例如“领跑者制度”“节能环保积分制度”都提供了较为有效的节能工具，并为某些国家所效仿。

（一）日本节能的政策主体

作为法治国家，日本的节能措施有章可循，基本框架由《能源合理利用法》，即《节能法》设定，细则则由政府颁布的省令、政令以及告示的形式发布。《节能法》适用于经济社会环境的能源保障，及实施有效措施推进工厂等场所、建筑、机械器具的合理化用能。除了管制措施之外，《节能法》还规定，政府有义务运用公共财政手段支持并引导企业、家庭、个人节能，并配合以节能宣传。

日本的节能政策原来由通商产业省牵头，建设省、运输省协同负责耗能管理。2001 年日本实施了大规模省厅改革，由经济产业省的资源能源厅全权负责对全国的节能管理，下设政策部、节能对策部和新能源对策部。经济产业省资源能源厅（中央官厅）与地方经济产业局、节能中心及其支部相配套，实现中央和地方对节能的共同管理（参见图 24 - 1）。节能政策的直接负责人为经济产业大臣，经济产业大臣认为有必要时可以对法律进行修改。同时，根据《节能法》（2014 年 6 月 18 日法律第 72 号）第二章“基本方针”第三条第 4 款的规定，在经济产业大臣决策基本方针之际，有关运输、建筑物（建筑材料的品质及标注项目等除外）及有关汽车性能的能耗比等相关部分需要与国土交通大臣协商。

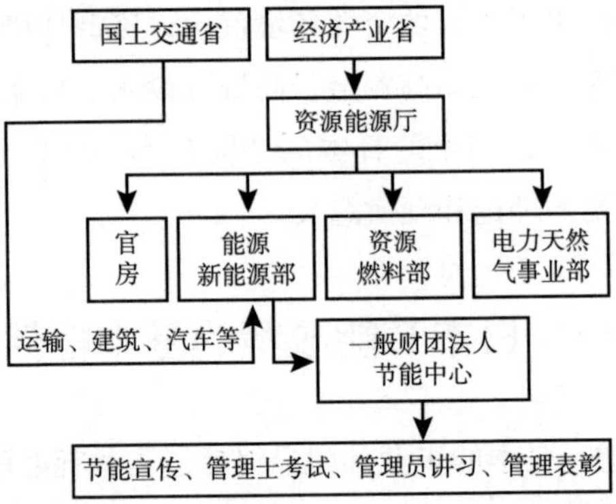

图 24－1　经济产业省主导的节能体系

资料来源：笔者根据相关资料整理而成。

（二）日本节能政策的内容与特点

从供给方面，能源可分为不可再生能源和可再生能源，而需求则可以按工业部门、服务部门、家庭部门和运输部门进行分类。《节能法》的管制对象包含所有经济部门，涉及的能源包含化石能源、热力以及电力等。根据《节能法》，按上述的能源需求日本节能管制涉及四大部门：工业部门（industrial sector）、服务部门（business or commercial sector）、家庭部门（residential or household sector）、交通运输部门（transitional sector），其中服务部门和家庭部门统称民生部门（civilian sector）。

《节能法》实施管制的主要对象分为工作场所、交通运输、住宅和建筑物、机械器具等四个方面。具体而言，工作场所包括农林水产业、矿业、建设业、制造业工厂或事务所；交通运输包括企业、家庭在工厂和事务所等办公室及住宅以外的货物和人员的运输耗能，责任人为运输业者和托运业者；住宅和建筑物包括服务和家庭部门，即家庭住宅耗能及第三产业工作场所耗能，责任人为建筑商和改建时的建筑物所有人，即管理者；机械器具商包括耗能机械器具的制造商及进口商。电力部门对于服务和家庭部门来说是能源供给部门，但是其消耗一次能源，生产二次能源，因此，就“节能”这一领域来讲，其作用与普通的工厂车间相同。

日本设置了“能源管理指定工厂”，针对合理用能设定了基本方针。此后经过多次修订《节能法》，设立了国家资格“能源管理士”制度，并要求公司管理层内要有“能源管理士”，对热能和电能实施标准化管理。1998 年之后，日本将能源管理认知度扩展到民生和运输领域。目前，日本全面实施电气化机械器具的节能性能试验机构的标准化，实现制造商信息共享；从自造或进口环节开始到零售店，全面实施节能标识制度，整理节能信息数据库，提升其便利性。

此外，日本还规定了对与节能相关的优良产品、工作场所和零售店的表彰制度。日本对耗能一定规模以上的企业规定了耗能合理化义务，包括节能管理者选拔情况、节能计划的提交和能源使用状况定期报告。这些措施可以有效提高企业内的节能意识，提升节能动机，从而影响企业的治理结构，增加对技术和方法的改进和发展。再有，“环境自主行动计划”也有效地提高了日本的节能水平。包括大学在内的越来越多的企业定期发行《环境报告书》，以体现自己的社会责任。企业将其列为社会责任投资（Socially Responsible Investment，SRI），有效的节能环保指标被看作优良企业稳定指标的重要部分。

在建筑领域，一定面积以上的住宅和办公室等建筑物外墙、窗户的隔热保温性能，及空调、换气、照明、热水设备等节能性能成为判断标准。这些标准贯穿于建筑物新建、改建、装修及使用的各个环节。

日本节能中心举办的工地、工厂、建筑物的节能案例报告会是全国性节能管理技术人员自由发表节能技术、方法的场所。会议打破了在市场环境下难以避免的企业规模、行业壁垒方面的限制，节约了交易成本。

就消费层面而言，日本在制造业领域，对机械设备、电气制品等实施衡量节能标准达标程度的节能标识制度，即所谓的“领跑者制度”（Top Runner System）。在节能标识制度下，即使所有者不直接负担相关费用，但由于市场能够根据节能标识对其进行正确的市场评价，也能达到在节能方面优胜劣汰的效果。除此之外，《节能法》还设计了关于评价、公布住宅断热、气密性能、汽车的能耗指标等多种制度。这些制度一方面可以通过正确信息的发布与传播引导节能消费者正确消费，同时又对各种机械器具的生产者起到了节能激励作用，促使其大力开展节能产品的研制和开发。

除官方的管制和财政支持框架之外，日本社会各界还形成了良好的节能企业、节能社会文化，民间团体也在技术、金融等方面做出了努力（参见图 24－2）。例如，日本经济团体联合会（经团联）实施了自主行动计划，进行跟踪调查，对节能设备、技术的导入、普及予以财政金融支持，实施低息融资、优惠税制、补助金制度，加大对工业部门的节能相关投资。

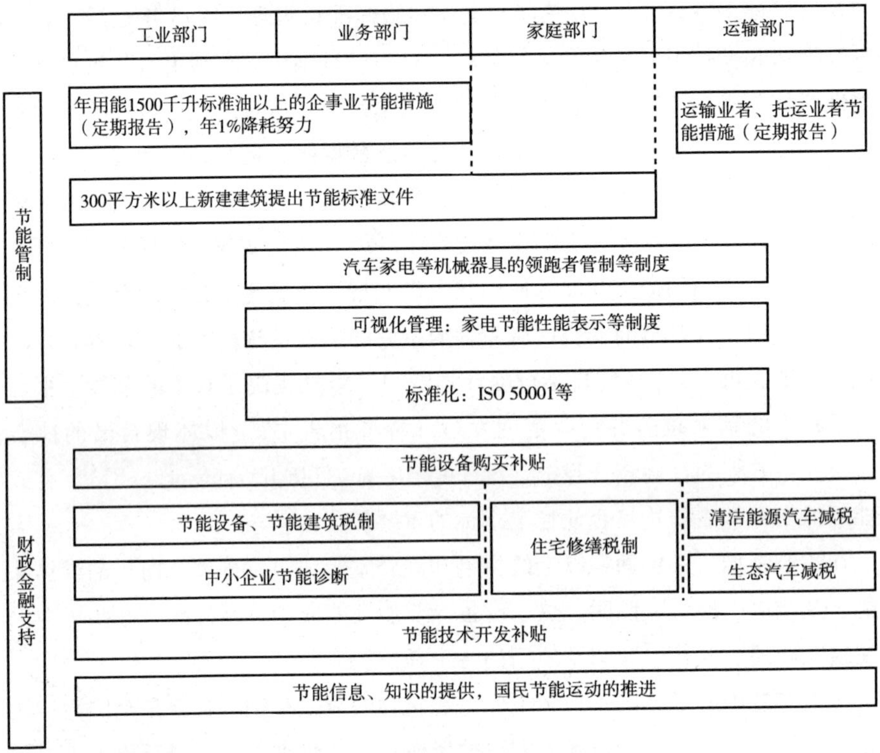

图 24－2　日本节能的基本框架

资料来源：日本資源エネルギー庁「我が国の省エネルギー政策について)」等。

二　日本节能政策的历史变迁

战后，日本秉承了节约型国家的理念，从20世纪40年代末至50年代初的能源短缺对策，到20世纪50年代至60年代的污染防治、70年代的石油危机、90年代以后的低碳经济，各个阶段都有其特点。其节能政策随之发生变化（参见表24－1）。

表 24－1　日本节能政策的变迁

1947 年	制定《热管理规则》
1951 年	《热管理法》出台
1972 年	罗马俱乐部：增长极限理论的提出
1973 年	第一次石油危机爆发，石油危机紧急对策：能耗的自我约束
1975 年	《石油储备法》实施

续表

1977 年	综合能源对策推进阁僚会议
1978 年	第二次石油危机爆发
1978 年	通产省工业技术院(独立行政法人产业技术综合研究所)启动大型节能技术开发研究与支援项目(Moonlight Program);财团法人节能中心成立
1979 年	制定并实施《能源合理利用法》(《节能法》):制定节能标准,制定大型用能工厂及工作场所,其负有能源管理者选拔、记录用能情况等义务
1983 年	能源管理士考试制度
1988 年	日本环境协会制定生态标识(Eco-mark)
1990 年	防止地球温暖化行动计划
1991 年	制定《促进再生资源利用法》
1992 年	能源供需结构改革投资促进税制设立;联合国通过《气候变化纲要公约》
1993 年	《环境基本法》成立;修订《节能法》,将自然环境变化与节能相关联,添加了相关部门节能基本方针的制定、能源管理指定工厂的定期报告制度;制定实施《促进能源利用合理化及再生资源利用相关事业活动临时措施法》(《节能循环支援法》);能源环境领域综合技术开发推进项目(New Sunshine Program);创立石油对策特别会计
1996 年	制定环境管理系统(JISQ14001)(ISO14001)
1997 年	气候变动框架条约第三回缔约国会议(COP3),《京都议定书》
1998 年	修订《节能法》(翌年 4 月实施):每年能效提高 1% 目标设定,中长期节能计划书提出制度、第 2 种指定工厂领跑者制度、节能管理员设置,汽车、家电领跑者制度;提出《地球温室效应对策突进大纲》
2000 年	修订《促进再生资源利用法》,翌年 4 月实施;节能标准委员会制定节能标签制度
2002 年	制定《能源政策基本法》;修订《节能法》(翌年 4 月实施):强化民生部门节能,服务部门定期报告制度,业者中长期节能计划书提出义务(能源管理士必须参加)
2004 年	成立绿色物流伙伴会议
2005 年	修订《节能法》(翌年 4 月实施):热/电一体化管理;环境省开展“夏季轻装运动”(Cool Biz)和“冬秋装运动”(Warm Biz)
2006 年	日本全国节能标签协会的节能标签变更为全国统一节能标签。
2008 年	修订《节能法》(翌年 4 月实施):强化服务和家庭部门温室气体排放管制,强化惩罚措施;连锁店整体能耗如果超过 1500 千升标准油就会作为特定连锁化事业者进入管制范围;能源管理系统(ISO 50001)开发
2011 年	“3·11”大地震实施电管制措施
2013 年	修订《节能法》:电力需求平滑化(2014 年 4 月 1 日实施),建筑材料领跑者制度(2013 年 12 月 28 日实施)

资料来源:根据日本内阁府、环境省公示材料综合做成。

（一）节能政策的历史演进

具体而言，日本节能政策的发展可以分为以下几个阶段。

（1）1973～1978 年

1947 年 11 月，以煤炭管理为目的的《热管理规则》出台。1951 年，日本制定《热管理法》，并于 1953 年实施。1960 年，日本政府将能源政策的重点由煤炭转向石油。1972 年，社团法人日本热能源技术协会设立。第一次石油危机后，工业界整体强化耗能管理，改善工程操作，加大节能投资。

（2）1979～1990 年

1979 年，日本制定《节能法》，涉及工厂、建筑及机械用具相关联的综合节能效率的提高和措施的推进及相关的公共政策的支持。与制度建设相并列，在技术建设方面，1978 年通产省工业技术院（独立行政法人产业技术综合研究所）启动了大型节能技术开发研究与支援项目——“月光计划”，提供大型节能技术及先进的基础性节能技术、民间节能技术开发的财政支持。1983 年的《节能法》比照《热管理法》，导入能源管理士认定制度。

（3）1990 年以后

节能重点由工业向服务和家庭部门以及运输部门转移。地球温室效应得到重视，降低二氧化碳排放量成为重要课题。联合国在 1992 年通过《气候变化纲要公约》，该公约于 1994 年 3 月 2 日生效。1993 年，大型节能技术开发研究与支援项目同另一个新能源技术开发项目——“日光计划”进行整合，形成了一个新的能源环境领域综合技术开发推进项目——“新日光计划”，目的是进行节能技术研究。鉴于日本国内外经济、政治环境的变化，1993 年《节能法》做出重大修订，添加了相关部门节能基本方针的制定、能源管理指定工厂的定期报告制度。

（二）节能政策的战略意图

1951 年日本制定《热管理法》，以应对巨大的经济耗能需求与有限能源供给之间的矛盾。该法的主要内容包括：设立指定工厂，选任热能管理人员，提供并报告能耗状况。

随着经济发展，能源消耗的环境破坏性逐渐显现，20 世纪五六十年代全球发生的八大污染事件中，日本占了四个。日本当时的节能固然有其自然能源约束的客观基础，但与减少环境污染也有其深层的内在关联，本质上与中国 20 世纪

90年代“节能减排”的实质内容并无二致。减排对象主要是工业污染物，作为温室气体的二氧化碳并不在管制对象中。

1979年版《节能法》以工厂及建筑节能为中心，工业部门为其节能重点，将节能作为企业的基本方针之一，督促企业在服从节能管制的同时，通过自律性节能提升能效，降低生产成本，提升企业效益。随着经济发展，服务和家庭部门及运输部门的节能措施也逐步得到强化，日本开始对建筑业者实施节能标准规范，对机械器具导入“领跑者”标准，对运输业者及托运业者则实施了节能管理规范制度。

在石油危机之前，日本朝野对原油价格长期上涨的合理预估成为日本能够在世界节能市场上取得先机的决定性因素之一。作为资源贫乏的国家，战后日本长期重视节能工作，起初专注于工业部门，之后转向对社会所有部门的整体覆盖。例如，从1998年开始的“领跑者”制度将竞争与管制引入节能体系，取得了良好效果。再如，通过修订2005年版的《节能法》，将集装箱所有人及发送人的节能义务纳入法律框架，节能措施不断完善。就节能的大目标而言，从20世纪70年代的“单纯”节能逐渐过渡到90年代开始“减碳”。

进入20世纪90年代以后，日本经济萧条，供给部门增长乏力，节能工作的重点向生活、服务用能转移，政府对全社会展开节能教育，在世界范围内推广节能生态理念。1997年推出《京都议定书》，该文件在节能减碳领域具有里程碑的意义，确立了日本在相关领域的国际地位，与其长期的低速增长的经济现实形成强烈对比。《京都议定书》成功地将日本传统的节能优势与世界各国所关心的碳排放相结合。当前，节能、新能源开发及碳排放交易成为日本低碳政策的三大支柱，而节能是其基础。根据国际能源署（IEA）的数据，发达国家60%的降低碳排放任务需要通过节能实现，而发展中国家则需要70%。

综上所述，日本自20世纪70年代开始的国家节能战略的根本出发点在于国家的能源安全。而国家能源安全的内涵在于，实施能源多元化、用能管理以及新能源开发，在需求方面，节能降耗成为重要施政对象。20世纪90年代至今的节能的根本目的则在于减碳，实施绿色经济战略。减碳的原动力不只是温室气体对策，还在于日本朝野在推动环保产业、节能产业发展的同时，扩大日本国际话语权的战略考量。

（三）节能政策的法制建设

在日本，完善的能源法制建设为其节能政策的实施提供了可靠保证（参见

表24－1)。与节能相关的法律主要是1979年制定的《节能法》。随着日本经济社会的发展和节能重心的变化，为适应节能形势的需要，日本对《节能法》进行了多次修订。

1998年日本修订了《节能法》，翌年4月该法实施，主要修订内容包括：制定了汽车燃料费标准，界定了电器、电力机械等领域的“领跑者”制度，规定大规模耗能工厂有义务制订、提交中长期节能计划，中等规模耗能的工厂需要导入节能对策，设立节能管理员制度。为了强化服务和家庭部门的节能对策，在民生部门能源消费显著增加的背景下，2002年修订的“节能法”加强了对民生部门的节能措施，将工业部门范围扩大至五个业别，对大规模写字楼实施相当于大规模工厂的节能管理义务，规定2000平方米以上非住宅型建筑需要提交节能措施报告。

随着《节能法》的实施，财政支持制度迅速完善，设备朝着节能方向改进，大量高效率节能设备被引入生产过程。同时，包括以提升能源利用效率、削减费用、提升生产率为目的的改善生产过程活动，这一措施在高耗能产业全面展开。自石油危机以来，服务和家庭部门的能源消费不断增加。虽然家庭部门的节能效率不断提高，但是家庭数量不断增加，新式家电、汽车迅速普及，其保有数量、使用时间的延长等因素成为能耗提升的原因。同时，产业结构调整，服务设施增加，导致服务部门能耗上升。2005年修订的《节能法》充实了对一定规模以上的运输业者及托运业者实施节能义务，首次规范了运输业者与托运业者，提倡节能设备投资支持政策，将热能与电力合并管理，并再度将产业部门涵盖范围扩大，在建筑物方面，规范了非住宅新建筑物的改建与外壁修缮。

2008年5月修订的《节能法》扩大了业务部门的涵盖范围，将单一节能管理变为企业单位管理。在加大公共财政对优良节能技术、设备的补贴的同时，推进“能源供求结构改革投资促进税制”。对引进特定节能设备的企事业单位，返还取得单价的30%（中小企事业单位7%免税）。目前，节能标准的对象已由电冰箱、空调、汽车3种发展到28种以上。在2008年《节能法》修订前，连锁店的单个门店由于耗能水平较低，难以成为管制对象；在法律修订后，连锁店整体能耗如果超过1500千升标准油就会作为特定连锁化事业者进入管制范围。

此外，日本政府还于1993年通过了《促进能源利用合理化及再生资源利用相关事业活动临时措施法》（《节能循环支援法》）这一以十年为限的“时限立法”，提出了对从事节能以及再生资源利用活动的机构的支持措施。相关法律法规相互配合，为日本节能事业的发展提供了法制保障。

（四）节能的产业化发展

日本的节能范围从工业部门向整个经济社会延伸，节能对象从点到线到面，逐渐系统化。同时也应看到，日本从石油危机开始就已经将节能政策与产业发展相关联，节能本身业已成长为一个朝阳产业，日本的国际话语权也随着节能环保理念的散播、技术外溢得到大幅度提升，产生了巨大的经济、政治效果。

起初，日本产业界的节能未能形成企业联合，而是以公司自身为中心，在技术手段、机器设备、工厂等方面进行节能尝试。随着时代发展，在节能方面，生产节能系统化、企业内部工厂和连锁店节能的体系化及企业间联合节能的趋势十分明显。企业间耗能设备的共有、企业间热能和生产废料的共同调解，节能产业已经不再局限于传统的节能服务（ESCO），而是以设备投资为中心，推进节能可视化管理，改善节能效果，业务范围已经不局限于单纯的节能，而是从传统的节能向“节能减碳”迈进。

2014 年 4 月开始，日本实施电力需求高峰段管制措施。新一代电力电子工学技术革命进展给日本的节能事业注入了新的活力。商业家庭部门的高效节能值得期待。建筑、住宅的节能，尤其是窗户、保温材料的使用十分有效。此外，该部门“领跑者”制度的导入势必会产生较大效果，汽车和家电部门设定了最优能效，并要求制造商或进口商在目标年度前达到这一标准。2013 年修订《节能法》还将该制度引入了建筑物和住宅领域。此外，扩大了“领跑者”制度所涉及的电器范围，将业务用冰箱、冷库、复印机、打印机、电暖壶、LED 灯泡等纳入框架之内。作为运输部门的节能措施，日本政府提出在 2030 年前要实现新一代汽车 50% ~ 70% 的普及。值得一提的是，干线道路网的修缮以及智能交通（Intelligent Transport Systems，简称 ITS）的突进作为节能措施得到了开展。

另外，进入 20 世纪 90 年代以来，日本的节能重点从工业部门向服务部门、家庭部门以及公共部门转换的迹象十分明显。对于工业部门而言，能效提升意味着生产力的上升，符合企业利润最大化或费用最小化的目标，工业部门的节能自主性倾向较为明显。而对于服务部门，传统观念认为其核心竞争力似乎与节能并无直接关联，导致节能手段贫乏。因此，节能服务等外部资源对其提升能效十分有利。至于家庭部门，不只是简单的“节约”，我们应告知其如何节约。因此，高能效家电、器具以及智能电表的安装使用等节能可视化的努力必不可少。

三 市场失灵、市场确立及节能对策

市场充斥着短视行为，节能领域尤为如此。在节能领域，大量具有“经济性”的节能技术得不到有效应用，很多在经济上看似“合理”的节能投资并未实施。节能技术对于整个社会节能有其重要意义，但对于作为个体的部门或企业，其意义可能就要大打折扣。例如，节能效率低的设备制品经过数年完全可以收回投资，结果是价格较低的非节能机械器具、建筑材料在市场上大行其道。

除此之外，诸多因素都对节能工作的顺利展开起抑制作用。例如，市场交易的外部费用，企业组织内部的协调、管理、信息传播以及经营方针的转换所造成的巨大费用等。金融是经济的血液，充足的资金是企业稳定运行的关键之一，而资金缺口是阻碍企业全面采取节能措施的一个重要因素。此外，不完全信息制约了节能技术的发展普及和节能产品的推广，导致市场扭曲。

日本政府针对节能领域存在的问题，实施了颇具针对性的政策。针对传统意义上的“市场失灵”、市场经济中普遍存在的有限理性以及由于存在交易费用而导致的节能融资障碍，政府在大力宣传节能环保这一可持续发展理念的同时，还具体实施了信息提供、知识普及以及节能标准和激励约束机制的制度设计，以纠正市场扭曲，完善市场机制（参见表24－2）。

表24－2　节能过程中的部分表现与对策

分类	表现	对策
信息不足	节能性能了解不足	信息提供、免费节能诊断、标签制度、“领跑者”制度、定期节能讲习会
逆选择	选择低能效产品	标签制度、能效标准
外部性	技术开发成本难以回收；无主观意愿节能	政府补贴、税式支出、管制、颁发“节能奖”
有限理性	节能的短视行为	节能知识、政策宣传、提供能效标准、环境报告书制度、管制
不确定性	高贴现率	担保、技术支持
资金问题	融资困难/费用过高	融资平台的设立、信息提供、免费节能诊断
交易费用	节能菜单成本	政府补贴、税收支出

资料来源：笔者整理。

四 对中国的启示

日本政府的经济工作重点专注于低增长背景下的经济社会可持续发展。节能政策从节能到减碳的变化过程反映了社会心态的变化。此外，不论是节能还是低碳，在日本都已发展为一个产业，虽然还无法与传统大产业相比，但它的成长潜力不可低估，因此日本节能政策的变化具有长期增长战略的特点。

《节能法》实施之初的大背景之一是日本高度的能源进口依赖。伴随时代发展，日本整体经济水平大幅度提高，第二产业升级换代，第三产业的重要性大幅度增加，节能的对象部门逐渐扩大，运输、家庭和服务部门的节能重要性日益提高，并在2008年修订《节能法》时提出企事业单位共同节能，并制定了节能标准。日本经济在20世纪70年代后已进入后重化工工业阶段，石油危机只是加速了经济转型的进程，而外生的能源价格冲击给政府更多的发言权以实施经济转型政策。

日本在开展能源进口多元化的同时，大力开展用能多元化和节能工作，并且将其作为产业升级和经济革新改造的重要契机。日本汽车业之所以能够在20世纪80年代全面挑战美国，与其先于美国的节能战略关系紧密。例如，丰田汽车不仅将燃油车的节能当成长期目标，而且，该公司早在20世纪70年代初就投入混合动力车的研发。当前，丰田汽车又提出50年内全面取代化石燃料的构想。虽然这一“构想”并不排除有宣传其企业形象的成分，但是日本朝野对能源领域的前瞻性理解确实令人深思。

在自由市场，有效率的能源使用量是使能源价格等于边际成本。外部因素难以反映到价格之中，价格过低会导致能源消耗过量。而很多经济体，尤其是发展中国家，出于发展经济或提高人民福利的动机，人为压低价格，能源的过量消费将不可避免，能源使用量会超过最优水平。除此之外，能源使用也有代际公平或能源可持续利用的问题。中国面临同样的问题。

作为全球第二大经济体，中国在大力发展工业的同时，服务业增长明显，中国一线城市服务业占比接近80%，内需拉动型增长模式导致消费耗能急剧增加。但是中国传统的节能重点侧重于工业，日本自20世纪70年代至90年代的措施演变对今日的中国具有重大意义，尤其是其在服务、家庭、运输部门的政策措施具有借鉴意义。

必须看到，日本节能的成功与其经济发展阶段有关。日本经济的低速增长和制造业的外移导致本土制造业的高端化以及第三产业的兴旺，进而形成较低的单位能耗。原子能在总能源供给中的占比增加也是一个不可忽视的原因。但是，2011 年东日本大地震给日本政府出了一个难题，令其面临新的选择。能源自给率是衡量一个国家能够在多大程度上独立供给电力等的数值。东日本大地震导致福岛第一核电站发生事故，进而导致各地的核电站相继停止运转，为弥补短缺的电力，火力发电燃料进口增加。国际能源署（IEA）将核电站视为自主能源，由于大力发展核电，日本的自给率在最近十年来一直徘徊在 20% 左右，如果除去核电站，自给率在 5% 左右。IEA 的调查显示，日本 2011 年的能源自给率同比下降了 6 个百分点，降至 13%，这是 1981 年以来时隔 30 年的低水平。中国能源的自给率在 90% 左右，但是石油自给率只有 40% 强，虽然中国总能耗中的石油占比只有约 20%，但随着中国进入全民消费型社会，这一比例将会大大提高。

1981 ~ 2011 年，中国能源消费以年均 5.82% 的速度增长，支撑了国民经济年均约 10% 的实际增长率，中国的经济发展属于高能耗型。要突破中国的能源瓶颈，必须要开源节流，节能被专家视为与煤炭、石油、天然气和电力同等重要的“第五能源”。这是因为从供给方面看，中国加大了对世界油气资源的获取力度，但步履维艰；对内加大了能源资源的勘察力度，在页岩油气勘探开发方面也开始投入大量资金，但是对于一个水资源匮乏的国家而言难度巨大；煤炭利用也存在一系列问题。短期而言，技术瓶颈难以突破，运输成本巨大，煤炭的集中开采、集中变电、集中污染、集中治理成为不二选择，而相关税费制度不合理，财政制度改革步伐缓慢，对原住民补偿不合理等问题远未解决。随着中国中产阶级的壮大，未来石油供给形势更趋严峻，石油峰值对中国的影响是比较直接的。而且，节能不仅关系到能源本身，也是解决中国环境压力的一个重大突破口。日本在消费领域的节能经验对中国尤其重要。

B.25

日本提高能源效率的成效与战略措施

——基于制造业视角

侯珺然*

摘　要：制造业是日本能源效率最高也是最具竞争力的产业，具有易于采用新技术实现节能减排的特点。本文仅以制造业为视角研究日本的能源效率，本文首先分析1973年石油危机以来日本制造业在提高能源效率方面取得的成效和主要推力，然后结合当前日本面临的国际、国内能源形势，讨论其政府提出的提高制造业能源效率的战略措施，最后得出值得中国借鉴的四点启示。

关键词：能源效率　日本制造业　节能　技术创新　核泄漏

剑桥能源研究协会会长丹尼尔·尤金认为，在提高能源效率①方面，日本所创下的纪录非常明显，日本是全球的榜样。当前，中国还处于经济高速增长的重化工业发展阶段，重化工业的发展离不开大量化石能源的支撑，而以化石能源支撑的重化工业的发展必然会带来高能耗、高污染和高排放。如何在能源和环境的双重约束下既保持适度的经济增长又提高能源效率，是摆在我们面前的重要课题，因此，研究日本的做法具有重要的现实意义。

---

* 侯珺然，经济学博士，河北大学日本研究所研究员，全国日本经济学会理事，主要研究领域：日本经济、世界经济。

① 按照世界能源委员会1995年的定义，能源效率是指“减少提供同等能源服务的能源投入”。即有效的能源利用可以在提供相同水平服务的同时减少能源消费，并且降低成本和减少废弃物排放。林伯强主编《高级能源经济学》，中国财政经济出版社，2009。

由于制造业是日本能源效率最高也是最具竞争力的产业，制造业具有易于采用新技术实现节能减排的特点，本文仅从制造业的视角研究日本提高能源效率的成效、主要推力以及战略措施，以期对中国能源效率水平的提高以及能源安全的巩固提供借鉴。

一 1973年以来日本制造业提高能源效率的成效与主要推力

1973 年，日本一次能源消费结构中石油占比为 75.5%，所需石油几乎全部依赖进口，因此第一次石油危机对日本的打击甚大。此后，日本政府、企业和国民共同努力，厉行节能，竭力降耗，成就显著。经过几十年努力节能降耗，实行能源多样化，日本的能源消费结构得到了改善，能源效率大为提高。到 2010 年，日本一次能源消费对石油的依赖降至 40%。作为仅次于美国和中国的世界第三经济大国，日本生产单位 GDP 所需要的一次能源较少，能源利用效率较高。以 2011 年日本的指数为 1，则同期英国是 0.8，欧盟 27 国为 1.1，美国为 1.7，韩国为 2.5，印度为 5.1，中国（含香港）为 6.2，俄罗斯高达 7.7，世界平均水平为 2.5，[①] 这说明日本是世界上能源效率最高的国家之一。

日本的产业部门、民生部门和运输部门对能源的需求各异，能耗水平也存在较大差异，因此在提高能源效率方面取得的成效也不同。日本的产业部门（制造业、农林水产业、矿业与建筑业合计）以 20 世纪 70 年代两次石油危机为契机，大力引进节能设备和节能技术，努力开发节能产品，成功地抑制了能源消费的增长。而民生部门（含家庭部门和业务部门）和运输部门的能源消费则一直在增长，结果这三个部门在能源消费中所占的比重发生了很大变化，分别从 1973 年度的 65.5%、18.1% 和 16.4%，变成 2012 年度的 42.6%、34.3% 和 23.1%。2012 年度日本能源消费仅为 1973 年度的 1.3 倍，其中产业、民生和运输三部门的能源消费分别是 1973 年度的 0.8 倍、2.4 倍和 1.8 倍。[②]

产业部门能耗的 90% 为制造业消费。制造业可分为原材料型产业和非原材料型（加工组装型）产业，前者包括钢铁、化学、窑业（含砖瓦、玻璃、水泥）和造纸，是能耗较高的产业；非原材料型产业含食品、烟草、纺织、金属、机械

① 資源エネルギー庁『エネルギー白書 2014』、http：/www. enecho. meti. go. jp/。
② 資源エネルギー庁『エネルギー白書 2014』、http：/www. enecho. meti. go. jp/。

及其他制造业。20 世纪 70 年代石油危机后，为减少石油消费，日本制造业在节约能源、提高能源效率方面，开发出大量先进的节能技术和节能产品，在大量消耗能源的产业推行各种节能措施并取得了显著成就。

（一）日本制造业提高能源效率的成效

石油危机前的 1965～1973 年，日本制造业的能源消费年均增长 11.8%，超过了同期 GDP 的增长速度。危机后的 1973～1986 年，14 年间日本能源消费年均增长率为 -1.8%，呈负增长之势，之后有所增加。尤其是 20 世纪 90 年代由于日本经济低迷，设备开工率不足，制造业单位能耗曾一度上扬。2001 年以后，日本制造业的能源效率继续改善，2001～2006 年制造业的单位能耗（制造业能源消费量比工矿业生产指数）指数分别为 -0.4、-2.2、-2.4、-3.2、-2.8、-2.2，2007 年度制造业单位能耗比 1973 年下降了约 45%。受 2008 年国际金融危机和 2011 年大地震的影响，日本制造业能源消费的增长幅度有所波动，2008～2012 年的增长率分别是 -11.1%、-1.9%、7.2%、-5.8% 和 -2.0%。① 2012 年日本的 GDP 为 1973 年的 2.4 倍，其中制造业产值是 1973 年的 1.6 倍，而制造业的能源消费是 1973 年的 0.8 倍（参见图 25-1），单位能耗降低了 50% 左右。

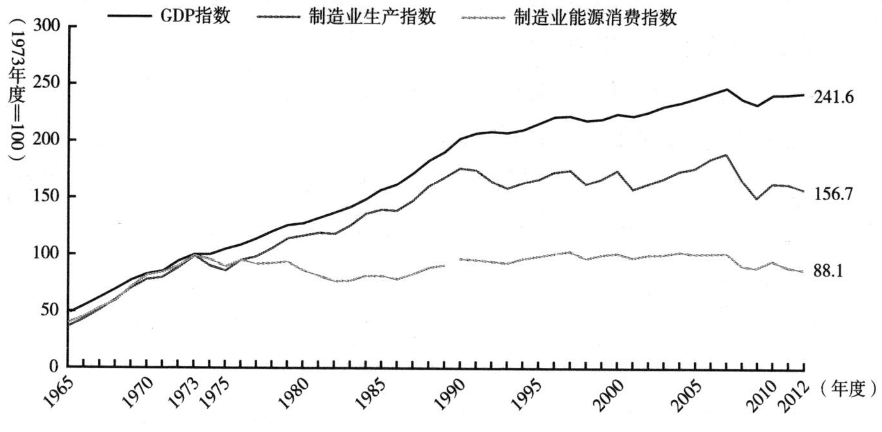

图 25-1　日本的 GDP 与制造业的能源消费

资料来源：資源エネルギー庁『エネルギー白書 2014』。

① 資源エネルギー庁『エネルギー白書 2014』、http：/www. enecho. meti. go. jp/。

从日本能耗较高的原材料型产业来看，节能取得了非常好的效果。1984 年与 1973 年相比，石油化学工业的能耗下降了 30% 以上，平板玻璃、纸浆业下降了 20% 以上，钢铁业也下降了近 20%。因为钢铁业采用了高炉重油顶吹技术，该产业实行了无油生产；水泥产业的窑炉燃料也从重油再次转换成煤炭。[①] 1970 年，在日本制造业能源消耗总量中，原材料型产业的能耗占比为 80%，非原材料型产业占 20%；2006 年度，原材料型产业的能耗所占比重下降至 74%，其中钢铁 26%、化学 35%、窑业土石 5%、造纸 6%；非原材料型产业能耗占整个制造业的比重上升到 26%。[②] 原材料型产业能耗比例的降低，一方面说明原材料型产业本身节能降耗取得了成效，另一方面说明是耗能产业构成比例的降低带来的，而耗能产业比例的下降是产业结构调整与升级带来的结果。1973 年石油危机以后，日本缩小了大量消耗能源的产业规模，其工业化发展的重点从基础材料型产业向汽车、机械、电子等加工组装型产业转移，整个产业结构向能源节约型、技术密集型、高附加价值型的结构转变。

（二）技术创新是日本制造业能源效率提高的主要推力

日本能源效率的提高以技术创新和进步为前提。石油价格高升使节能技术和节能产品变得尤为重要，通过研发推动能源技术进步，使得节能产品的数量和质量不断提高，能源效率和能源结构不断改善。日本注重在制造业中应用节能的机器设备，大力开发节能技术和产品。

以汽车业为例，通过大力开发低马力、低公害等节能和新能源汽车，提高汽车业核心技术的节能减排水平，使日本汽车既有技术上的先进性，又保持了价格上的优势，提升了产品的国际竞争力。2009 年度，日本已有八成左右的新车为节能环保车，所有车辆的总供货量约为 476 万辆，其中低燃耗、低排放车及混合动力车等低公害车的供货量约为 403 万辆。[③] 2013 年度丰田、铃木、马自达、三菱等六家日本主要汽车厂商的净利润均创新高；2012 ~ 2014 年丰田汽车连续三年销量世界第一，2014 年度日本最好的企业是丰田，日产和本田排名第六、第七（《日本经济新闻》发布）。可见，日本经济增长的“领头羊”依然是汽车业，坚持技术创新的日本汽车业借助日元贬值的契机大量增加出口，带动了国家整体经济的回升。

---

① 桥本寿郎：《日本经济论——20 世纪体系和日本经济》，上海财经大学出版社，1997。

② 資源エネルギー庁『エネルギー白書 2009』、http：/www. enecho. meti. go. jp/。

③ 《日经环保》2011 年第 4 期，日经能源环境网。

钢铁业是耗能大户，日本通过对钢铁业高能耗设备进行更新或技术改造，节能化也取得了突出成就，如 1973 年每吨粗钢石油消费量为 128 立方米，1983 年为 33 立方米，减少了 74%；钢铁业的重油消费量 1973 年为 1346 万千克，1983 年度为 190 万千克，约减少 86%。① 最初日本钢铁业是为应对石油危机而采取节能技术，以保持其国际竞争力，随后的技术立国战略使日本钢铁业保持了长达几十年的领先地位。目前，日本钢铁业的能源效率在全球占据绝对优势（参见图 25－2）。据估算，如果在全球采用日本钢铁业的节能技术，每年可削减 3.4 亿吨二氧化碳，相当于日本整体二氧化碳排放量的 25%。②

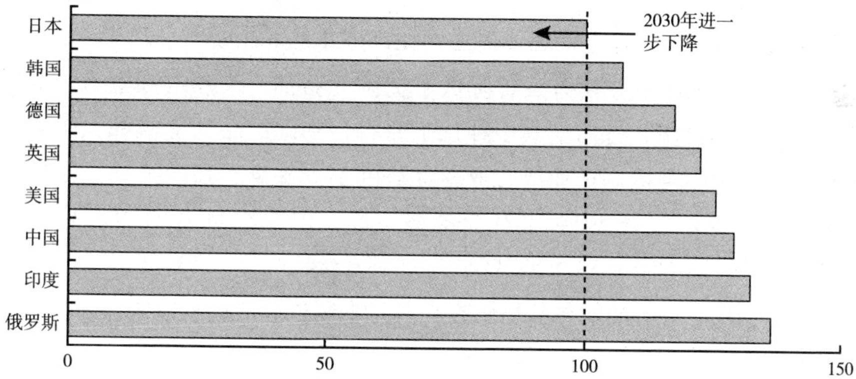

图 25－2　制造 1 吨钢所需能源的国际比较

注：采用高炉和转炉法，据日本指数＝100 进行比较。
资料来源：地球环境产业研究机构（RITE）。

日本制造业的节能工作是在法律的约束下进行的。1979 年日本颁布了《能源使用合理化法》（简称《节能法》，1998 年、2002 年、2006 年、2008 年和 2013 年对该法进行了修订），要求和鼓励企业使用节能技术，补贴国民购买节能产品。1998 年《节能法》修订后规定，从 1999 年开始实施节能产品“领跑者”（Top Runner）制度，即以同类产品中能源效率最佳的产品作为领跑者，并参照今后技术开发的前景，设定出“领跑者”基准，日本的产品标准按照这个最先进的水平制定，以督促企业提高产品的节能性能。目前，日本已在汽车、空调、冰箱、热水器等 26 个产品群实行了“领跑者”制度。

① 孙执中：《当代西方经济论——日本模式及其他》，世界知识出版社，2001。

② 田村贤司、伊藤正伦、山根小雪、北爪匡：《节能技术将成为出口创汇的利器》，日经能源环境网，2013 年 4 月 3 日。

二　当前日本制造业提高能源效率的战略措施

美国“页岩气革命”、福岛核泄漏事故使日本制造业面临的国际、国内能源形势更加严峻，减核节能，尤其是借助节能新技术减少能源需求是缓解能源供应压力必不可少的环节。

（一）日本制造业面临的国际、国内能源形势严峻

1. 美国“页岩气革命”对日本制造业生产成本的冲击

页岩气和页岩油的成功开发，降低了美国的石油、天然气和电力、交通燃料等生产要素的价格，进而使其多种化工原料、基础产品的价格都大幅度低于国际市场，促进了美国制造业综合成本优势的不断提高，强劲推动了制造业向美国本土的回归。尽管2014年石油价格下跌，但美国页岩油增产趋势仍难止步。

与美国相比，日本的能源价格较高，对日本制造业的成本造成冲击，日本正推动本国制造企业向美国发展。例如化学工业，由于“页岩气革命”，日本化学企业加速进军美国市场，从洗涤剂到成套设备，多家公司已在美国发现商机。日本可乐丽公司在美国生产洗涤剂包装等使用的POVAL树脂，大阳日酸在美国子公司生产水压致裂使用的氨气，荏原制作所在美国生产乙烯工厂等使用的机械设备，新日铁住友属公司收购美国油井管加工厂，成为无缝钢管世界巨头。

2. 核泄漏事故加大了日本制造业的成本，也加大了日本对节能技术和产品的需求

2011年3月东日本大地震发生，福岛核泄漏事故特别是核电站停运导致的电力短缺问题，对日本经济和社会产生了巨大影响。例如造成大量的电力缺口，总发电量减少了1/4，导致消费者用电成本急剧增加，日本制造业生产成本上升；导致日本经济发展对化石燃料的依赖加重，使能源自给率只有4.4%（不含核能）、95.6%的能源依赖进口的日本面临着更为严峻的能源供应形势，短期内不得不增加液化天然气、原油、燃料油和煤炭等化石能源的进口量，这对日本能源安全造成威胁。

解决电力短缺问题的办法不外乎开源与节流两种，一是加快发展太阳能、风能、生物能等新能源；二是加大力度开发节能技术与产品。但是，新能源发展存

在着技术不够成熟、成本过高等问题，扩大火力发电又需要大量增加石油、天然气和煤炭的进口。因此，尤其是在核电站停运、火力发电规模扩大的形势下，开发节能技术与产品显得尤为重要。也可以说，核泄漏事故使日本核能发电受阻，也为节能技术和产品以及可再生能源带来了新的发展机遇。

（二）日本制造业提高能源效率的技术战略——《节能技术战略2011》

2006年5月，日本经济产业省发表了《新国家能源战略》，该文件成为保障国家能源安全的基本指导文件，规定了2030年前推行新能源战略要实现的七个战略目标，其中包括：大力发展节能技术，争取到2030年之前将日本的整体能源使用效率提高30%以上；建立和完善有利于研发节能技术和新能源技术的制度，支持企业开发利用新技术。2008年日本又制定了《实现低碳社会行动计划》，力争到2020年比2005年减排15%，将能源效率提高33%，实现产业结构的低碳化乃至整个社会生活的低碳化。

日本大地震以及核泄漏事故的发生，给日本经济和社会造成了巨大冲击，也成为日本科技政策、能源政策和经济社会发展战略的转折点。面对持续了20年的经济低迷，及核电站停运造成的电力供应紧张，化石能源使用增加导致二氧化碳排放量上升，2011年3月日本政府制定了《节能技术战略2011》。该战略提出了日本面向2030年的“3E”战略目标，即“确保能源的安全供给、保护环境、利用市场功能提高经济效益”。到2030年，日本需要基于先进的节能技术开发，进一步提高能源利用效率，并针对电力系统、可再生能源等迅速增长的产品和设备需求，进一步加快产品和技术的推广与普及。

《节能技术战略2011》涉及制造业的内容主要有：成本方面，以经济合理的设备投资为重点，强化节能与低成本的低碳产品制造；节能技术研发方面，对钢铁、化工、水泥、纸浆和造纸等高能耗行业实行更加积极的节能政策，以燃料热利用最高化为目标开展技术研发；工艺创新方面，使生产工序减少并实现高度集成化，生产工艺高度精密化，实现产品高附加值化和整体能源效率的提高。如钢铁业，通过新型炼钢和环境友好型制铁技术，在进一步提高能效的同时，保持国际竞争力并夯实国内制造基础。①

---

① 資源エネルギー庁『省エネルギー技術戦略2011』、2011年3月、http：/www. meti. go. jp/。

（三）2012年《革新性能源环境战略》和2014年《能源基本计划》

为了缓解福岛核危机所造成的一系列负面影响并保障能源安全，2012 年 9 月，民主党野田政府制定了《革新性能源环境战略》，明确提出“为在 21 世纪 30 年代实现零核电而投入所有政策资源”，这是日本政府首次提出“零核电”方针。该战略高度重视可再生能源的发展，大力实施节约能源战略，提出 2030 年电力消耗量在 2010 年的基础上节约 1100×108 千瓦时，能源消耗量在 2010 年的基础上节约 720×108 升的目标。

但是，《革新性能源环境战略》命运坎坷。2013 年 1 月，新首相安倍晋三在国会明确表示废除野田的“零核电”政策，只是对核电站的依赖度将逐步减低。2012 年 5 月 5 日，日本全部 54 座商用核电站停运。仅仅 57 天后，由于缺电严重，关西电力公司所属的大饭核电站 3 号机组在抗议声浪中重启。重启核电站实属无奈之举，因为日本能源高度依赖进口，核电停运势必造成电力价格上涨，增加制造业的生产成本，加速制造业向海外迁移。

迫于国内外能源环境的巨大变化，2014 年 4 月安倍政府通过了新的《能源基本计划》，确定了日本中长期能源政策的方向，摒弃了前执政党民主党提出的“零核电”政策，将核电站定位为“重要的基本负荷电源”，力图通过能源政策的实施，促进可燃冰等国产资源的开发，加速产业部门的节能活动，如支援节能设备的投资，提供多种政策支援改善制造流程等，彻底“实现真正意义上的节能社会”。能源政策的要点是以安全性为前提，以能源稳定供给为第一要务，通过提升经济效益实现低成本的能源供给，同时尽最大努力与环境相协调。①

三　对我国的启示

今天，日本已是世界上能源效率最高的发达国家，但仍将节约能源放在重要地位。

我国作为世界上人口最多、增长速度最快的发展中国家，几十年的发展道路都是高能耗的粗放型增长。据 BP《世界能源统计报告》，2012 年我国能源消耗已经占到全球一次能源需求量的 21.9%，7.4% 的消费增速远超 1.8% 的世界平均水平。美国、日本能源消耗分别占全球一次能源需求量的 17.7%、3.8%，同

① 张季风编《日本能源文献选编：战略、计划、法律》，社会科学文献出版社，2014。

比分别增长 -2.8%、-0.9%。而且，2010 年我国的能源效率仅为 36.1%，比代表国际先进水平的日本低 8 个百分点左右，石油的对外依存度已超 50% 的安全警戒线。① 因此，借鉴日本在节能降耗、提高能源效率方面的成功经验及核安全方面的教训，对实现我国经济社会的可持续发展是非常必要的。

（1）学习日本在制造业及相关领域普及节能技术的成功经验，把提高能源效率和保护环境相结合，走新型工业化道路，依靠技术创新、政策支持等手段，大力发展高效能源和清洁能源，在保持持续和适度经济增长的同时，提高我国的能源效率，减少资源和能源的消耗，保障能源安全，减少环境负荷。

（2）从战略高度对待节能技术和能源效率，加强与日本在节能先进技术领域的合作，弥补我国节能技术上的不足，解决我国能源效率不高的问题。

（3）注重核能的安全使用。国家在核电站选址设计时须充分考虑各种极端事故的发生，核电企业须建立健全核电运行安全监控的规章制度和强有力的检测机构，加强核安全技术和设备的研究与开发。

（4）重视页岩气资源的开发与利用。加快完成对页岩气资源的勘探，大力研发页岩气开采技术，加快页岩气市场对民间资本的开放。

① 王庆一：《中国能源效率评析》，《中国能源》2012 年第 8 期。

B.26

中日两国的节能环保合作

——以“中日节能环保综合论坛”为例*

丁红卫**

摘　要： 中日两国节能环保领域有较强的互补性，两国间最具代表性的合作机制是始于2006年的“中日节能环保综合论坛”，现已成为两国节能环保合作的最大平台。该论坛将两国间的政策理解、地方政府间交流、学术研究机构及企业间交流有机融合，实现了中日间节能环保合作向多层面综合性合作的转变，增进了两国对环保节能合作的理解互信，也建立了良好的合作机制与对接渠道。

关键词： 中日节能环保综合论坛　节能环保政策　综合合作机制

我国面临稳定推动经济发展与节能环保的双重任务，节能环保产业已成为“十二五”期间支撑我国社会经济发展的战略性新兴产业，为此，我国在积极推动国家间合作。日本经历了两次石油危机后，将产业部门与民生部门的节能机制纳入能源政策体系，通过政府对企业的管理与支持形成了较完善的节能机制，为产业与民生部门的节能减排打下了良好基础。学习日本的相关经验，不仅有利于构筑我国的节能环保政策体系，更有助于进一步推动中日两国间的节能环保合作。

中日两国在节能环保领域有较强的互补性，两国间的节能环保交流与合作也在不断发展，由早期的政府开发援助（ODA）这一单方向提供援助的方式转变为两国政府、地方城市、科研机构、企业等进行多层面综合性合作的方式，其中

---

* 本研究得到日本国际交流基金的资助。

** 丁红卫，经济学博士，北京外国语大学北京日本学研究中心副教授，全国日本经济学会理事，主要研究领域：日本经济、区域经济合作、能源环境经济。

最具代表性的合作机制是始于2006年的“中日节能环保综合论坛”（以下简称“论坛”），“论坛”是目前两国节能环保合作的最大平台。

“论坛”由初期的政策性合作不断向多层面综合性合作转变，不仅增进了两国间对环保节能合作的理解互信，也为两国建立了良好的合作机制与对接渠道。论坛至今已召开八届，为中日两国的节能环保搭建了产业间、地方政府间、科研机构间多方合作的机制，得到了两国市场的高度认可。同时我们也应认识到，未来如要实现中日间节能环保领域可持续、高效率的合作模式，该论坛尚有诸多课题需要解决，进一步完善该论坛的综合合作机制，才能使其为推动两国节能环保领域的合作发挥更大作用。

一　中日节能环保合作的重要性

节能环保产业是战略性新兴产业，其产业链长，吸纳就业能力强，对可持续经济增长的拉动作用明显，既是保持经济平稳较快发展的新增长点，也是走绿色低碳发展之路的基础。在应对国际金融危机时，不少发达国家提出了绿色新政，也投入了巨大的资金来支持节能环保和新能源等新兴产业，以抢占未来世界经济发展的制高点。

2012年8月，我国《节能减排“十二五”规划》制定了各项减排目标，其中有至2015年我国单位国内生产总值能耗比2010年降低16%、单位国内生产总值温室气体排放比2010年降低17%、非化石能源占一次能源比重达到11.4%等约束性指标，并提出了资源产出率提高15%以及合理控制能源消费总量的政策导向。这充分表明了中国积极应对气候变化、加快推进绿色低碳发展的决心。

中国节能环保产品产业市场广阔，潜力巨大。它包括了节能产业、资源循环利用产业和环保产业，涉及节能环保技术与装备、节能产品和服务等。初步预测，到2015年，我国节能环保产业的总产值将达到4万亿元以上，吸纳就业人口4200万人。[①] 为此，我国将积极加强国家间合作，引进海外技术。

日本是目前全球节能环保产业发展水平最高的国家之一。纵观战后日本的能源消费状况可以发现，除两次石油危机与经济萧条时期外，虽然日本的能源消费呈不断增加的趋势，但由于节能政策与节能技术的不断发展，能源效率不断提高。现今，日本的GDP是1973年第一次石油危机时期的2.3倍左右，而各产业

① 摘自国家发展和改革委员会副主任解振华在第四届“中日节能环保综合论坛”上的讲话。

部门、民生部门、运输部门的能源消费量分别为1973年的0.85倍、2.4倍、1.9倍。[①] 据日本经济产业省估算，1979年至今的30多年间，日本人均GDP的能源消耗量得到了大幅度改善，能源效率改善幅度达33%，这使日本的能源效率达到世界领先水平。同时，日本还有运行多年的节能环保技术出口经验。迄今为止，日本通过ODA方式为发展中国家的节能环保做出了一定贡献。

中日两国互为近邻，温室气体减排等环境问题是两国需要共同面对的课题。两国政府也认识到双方在环保节能技术与市场的潜在巨大互补性，因此，双方政府与相关部门长期以来积极推动两国间的环保节能合作，在双方一致利益的推动下，各地方政府也积极参与。特别是风电产业、生态城市的发展等领域，两国行政部门与地方政府都发挥着重要的作用。未来，我国要实现减排目标还需要各地加大节能环保力度，地方政府如果能够积极改善当地产业结构，促进包括节能环保在内的战略性新兴产业的发展，必将为中国的节能减排做出贡献，同时也有利于地方经济的可持续发展。

二　对日本环保机制的认识与“中日节能环保综合论坛”的诞生

如上所述，节能环保合作是中日两国面临的最现实需求，对此，两国政府也已达成共识。特别是对中国的节能环保而言，借鉴日本的相关经验，特别是理解日本能源政策中的节能环保机制不仅有助于我国相关政策的制定，更有助于促进中日节能环保的合作。

（一）日本能源政策的节能特征

众所周知，日本是发达国家中能源自给率最低的，经历了20世纪70年代的两次石油危机后，“节能”成为日本能源政策的重中之重。1979年，日本制定了《能源使用合理化法》（简称《节能法》），明确规定工厂、企业、运输、住宅建筑、机械器具等能源利用的合理化。进入20世纪90年代后，为应对全球气候变暖等问题，日本的能源政策体系中更多纳入了节能方面的内容，与签署《京都议定书》同年，1997年日本通过了《关于促进新能源利用的特别措施法》（简称

① 経済産業省『エネルギー白書』、2013、http://www.enecho.meti.go.jp/about/whitepaper/2013pdf/。

《新能源法》）。该法律的主要目的是对石油替代能源中受经济性制约难以普及的新能源进行支持，并于2002年对该法律进行了修改，确定了对利用新能源的企业进行金融支持的基本方针。

现今，日本能源政策的核心——《能源政策基本法》也是2002年制定的。该法律规定了日本能源政策的基本方针，即“保障能源的稳定供给”、“环保”与“灵活利用市场机制”三个方针。该法律在2007年进行了第一次修改，在明确日本能源政策三个基本方针——能源安全、应对全球变暖、能源的高效供给（3E）的基础上，提出了实现以能源为轴心的经济增长与能源产业的结构改革等目标。

2011年3月东日本大地震后，日本的公众舆论主张废除核能，当时的能源、环境会议制定了“革新能源环境战略”，主张早日实现不依赖核能发电的社会，不增设新核电站。2012年12月，安倍再次当选内阁总理大臣，日本的能源政策面临对核电、未来能源组合的重大抉择。2014年4月1日，安倍内阁通过了第四次能源基本计划，在原有“稳定供给”“经济性”“环保”三原则的基础上，该计划强调能源的“安全性”、“国际性”与“促进经济增长”因素。该计划将2018～2020年定义为“集中改革”时期，旨在明确日本中长期能源发展方向，但并未明确日本将摆脱核电这一方针。

关闭核电站后日本的化石燃料进口增加，电力价格上涨，给经济增长带来了负面影响。日本社会对未来能源利用的共识又归结到了“节能”这一能源利用的核心问题，特别是民生部门的节能问题受到重视。现今，日本将1998年版《节能法》中适用“领跑者”制度的产品由电视机、冰箱等9类大幅增加至23类，其中包括建材、住宅水循环设备等非直接耗能产品。①

（二）日本能源政策中节能机制的实施和贯彻

如前所述，节能一直是日本能源政策的重要组成部分。如表26－1所示，日本的节能政策体系可划分为产业部门、民生部门（商业部门与家庭部门）、运输部门，依据《节能法》，日本政府对企业进行政策管理，同时通过预算、税收等经济手段对企业进行支持与激励。

---

① 日本経済産業省エネルギー庁『第四次エネルギー基本計画』、http：//www.enecho.meti.go.jp/category/others/basic_ plan/pdf/140411.pdf。

表 26－1　日本能源政策中的节能机制（管理与支持）

	产业部门	民生部门		运输部门
		商业	家庭	
行政管理（依据《节能法》）	耗能1500千升以上的企业需定期上报节能措施，每年有义务减排1%			一定规模以上的货主、运输公司需采取节能措施并定期上报
	300平方米以上的建筑物、住宅在建造阶段须遵守节能标准并备案			
		对汽车、家电等行业实施“领跑者”制度加以管理		
		家电产品标识其节能性能等		
支持措施（预算与税制等）	对节能设备的引进实施补贴或利率补贴等		住宅环保积分制度	对清洁能源汽车实施购置补贴等
	在节能设备的引进、节能建筑即建造时给予特别折旧等税制优惠		住宅重建减税措施	环保车减税措施
	对节能技术研发实施补贴制度（高性能热泵、高性能保温材料等）			
	为提高国民的节能意识提供信息、推动宣传活动等			

注：运输部门中，“一定规模”指拥有运输卡车 200 辆、铁路列车 300 辆规模的运输企业；“货主”指每年发送 3000 万吨以上货物的货主。

资料来源：経済産業省資源エネルギー庁「我が国の省エネルギー政策について」、http：//www. enecho. meti. go. jp/category/saving_ and_ new/saving/pdf/current_ situation_ japanese. pdf。

日本《节能法》中明确规定，对于政策管理的部分通过实施“能源管理士制度”进行，并对工厂、公司的能源管理提供支持性服务，这被称为“节能诊断”，即为工厂企业的节能对策提供指导。

“能源管理士制度”分电力与热力两种资格，旨在对企业及其员工进行具体指导，促进能源使用现场节能活动的开展。此外，年度使用能源总量超过 3000 千升的企业中，制造业、矿业、电力供给业、燃气供给业、供暖企业应根据其能源使用量从获得“能源管理士”资格者中选 1～4 人担任“能源管理者”。企业员工通过考试、研修等制度取得资格证书，负责企业生产设备的维持管理、燃料使用方法的改进等，不断提高其节能水平，并为企业培养节能人才。

“节能诊断”主要针对技术与资金并不充足的中小企业，为其采用环保技术提供相关咨询诊断，并为企业提供环境监测系统等支持，根据监测诊断的数据结果等为企业提供节能状况报告，促进企业的节能环保活动。可申请“节能诊断”的企业为年耗能 100～1500 千升的工厂企业，该诊断无须企业付费，由经济产业省负担。从实施效果看，日本的整体政策措施增加了企业对节能、再循环设备设施和产品的开发投资，激发了企业发展环保产业的积极性。

（三）“论坛”的诞生

对日本能源政策中节能机制的研究为我国的节能环保政策提供了参考，也为双方的合作奠定了基础。两国政府认识到以往合作存在的问题，成为“论坛”诞生的契机。

众所周知，早期的中日环保节能合作以日方提供的政府开发援助（ODA）为资金支持、双方政府为主开展，存在的问题便是参加项目的企业因切身利益未能得到充分体现而丧失积极性。而中方企业接受的技术援助等也常有与自身需求存在差距的情况，反过来又影响双方合作的效果。中日两近邻之间形成可持续、双赢的合作模式，才能更好地将双方的技术与市场进行对接，这种合作模式应当发挥国家、地方政府、研发机构、企业等多层面互动的综合性长效机制，尊重双方合作企业的商业利益。

随着中国城镇化的不断发展，“节能优先”和“科学发展”成为评价地方经济发展的重要标准，满足地方政府产业升级、环保节能等社会需求的新模式将成为中日节能环保合作的主流，如生态城市、智能环保城市等。

在这种形势下，中日两国加强节能环保领域综合合作的必要性、紧迫性得到了两国政府、产业界、学术界的认同。2006年，“中日节能环保综合论坛”应运而生。该论坛由中国国家发展和改革委员会、商务部与日本经济产业省、日中经济协会共同主办，至今已召开八届，两国企业、机构在这一平台下累计签署合作项目达259项。

三　中日节能环保合作综合机制的形成与发展

（一）中日节能环保合作综合机制的形成

研究至今八届论坛签署的中日节能环保合作项目（参见表26－2）可以发现，第一届论坛为中日之间初期合作奠定了基础，中国国家发展和改革委员会与日本经济产业省之间确认了双方在节能环保领域合作的意向，这一阶段两国间的合作领域主要有煤矿安全生产、能源管理等，确认意向以政策性合作为主，民间、企业层面的合作项目数量尚少。第二届论坛所签署的合作项目主要有燃煤发

表 26-2 中日节能环保综合论坛的相关情况

召开时间、地点	主要成果	论坛议题	论坛活动特点	合作项目数量
第一届(2006年5月29~30日,东京)	就中日两国的现状、面临的问题、节能环保合作的意义达成共识	①节能环保政策法规、标准,产品认证;②节能服务企业(ESCO)与融资担保(信用担保)机制;③钢铁产业;④玻璃、水泥、新型建材;⑤可再生能源、电力、煤气、煤炭;⑥汽车、节能减排;⑦长期贸易	视察东京、北海道、中部地区、关西、北九州节能环保情况	5
第二届(2007年9月27~28日,北京)	两国确认了如何通过双赢合作,共同努力促成具体项目的签署及实施的必要性	①电力;②汽车;③电器、变压器;④钢铁;⑤环境;⑥节能政策;⑦民生(建筑)节能;⑧长期贸易	重点视察重庆市的节能环保。21个日企、相关团体参展	10
第三届(2008年11月28日,东京)	促进两国产业界环保节能的供需对接,有利于企业商业模式的确立	①化学;②汽车;③海水淡化、水处理与回收;④节能技术(节电、节油)与节能诊断;⑤发电;⑥循环经济;⑦长期贸易	视察日本各地方城市的节能环保情况	19
第四届(2009年11月8日,北京)	促进中日节能环保领域的互惠合作并将其延伸至各个地方城市	①"领跑者"制度;②循环经济;③海水淡化、水处理;④汽车;⑤发电、煤炭;⑥化学;⑦污泥处理	分九个团组赴重庆、唐山等地视察,33个日企参展	42
第五届(2010年10月24日,东京)	中日节能环保合作项目从量的扩大向质量提高转变	①LED照明与建筑节能;②循环经济;③水处理、污泥处理、焚烧垃圾发电;④汽车;⑤低碳(CCS-EOR);⑥煤炭、火力发电;⑦中小企业节能ESCO;⑧长期贸易	分九个代表团赴日本22个城市视察,32个日本企业进行宣传展示	44
第六届(2011年11月26日,北京)	进一步促进中日两国的互惠合作,节能环保合作进入新阶段	①"领跑者"制度;②绿色建筑;③水处理、污泥处理;④循环经济;⑤新能源汽车;⑥煤炭火力发电;⑦长期贸易	按照议题分九个团组赴九省市视察,17个日企参展	51

续表

召开时间、地点	主要成果	论坛议题	论坛活动特点	合作项目数量
第七届（2012年8月6日，东京）	进一步深化中日节能环保领域的信赖关系，促进合作主体与区域的多样化、内容的具体化	①循环经济；②水处理、污泥处理；③能源管理体系；④绿色建筑、LED；⑤汽车；⑥煤炭、火力发电；⑦分散型能源；⑧中日长期贸易协议委员会	按照议题分九个团组视察各地城市的节能环保，15个日企、机构参展	47
第八届（2014年12月28日，北京）	增进互信，进一步扩大节能环保合作领域与合作机会	①能源管理体系、LED；②煤炭、火力发电（清洁煤技术）；③大气污染对策；④循环经济；⑤下一代汽车；⑥长期贸易	按照议题分五个团组视察中国各地城市的节能环保情况	41

资料来源：笔者根据相关资料整理。

电技术改造、污泥以及城市垃圾有效利用、钢铁化工行业机电节能与余热余压有效利用、循环城市（青岛市与北九州市）等。除此之外，该届论坛还形成了协会间合作（中国石油化工协会与日本化学工业协会）以及推动节能环保的金融合作计划，这标志着中日节能环保在不断扩大合作领域的同时，行业间协调机制与金融服务体系也随之启动，开始向全面深入合作迈进。第三届论坛在第二届成果的基础上增加了水处理（中国蓝星股份与日本东丽株式会社合作成立水处理膜合资公司；哈尔滨乐普实业发展中心与日本 Pure Water 开展水处理项目信息交流）、汽车零部件产业节能诊断（中国汽车技术研究中心与日本汽车研究所）、民生建筑节能合作（中方为国家发展和改革委员会、上海市发展改革委员会、上海花园饭店，日方为新能源·产业技术综合开发机构、日本设备解决方案）等项目。另外，双方签署了节能人才培养合作框架备忘录（国家发展和改革委员会与日本经济产业省），共同成立了以中小企业为投资对象的风险投资基金（深圳市创新投资集团与日本亚洲投资集团）。[1] 可见，中日环保合作不仅在产业部门不断扩大，且开始向中小企业、民生部门扩展，节能环保金融服务也开始吸引风险投资等民间资金，日本更多的综合商社（三菱商事、丸红、丰田通商等）也加入了中日环保合作领域。这些现象说明中日环保合作的商务模式正不断向多样化发展。

① 具体项目内容参见日中经济协会，http：//www. jc－web. or. jp/。

至此，“论坛”形成了国家、地方政府、企业、金融机构等多层面的综合合作机制，合作内容涉及国家与产业的节能政策、地方政府间合作以及企业合作。

（二）中日节能环保合作综合机制的不断发展

随着中日间节能环保合作机制的不断完善，从第四届论坛开始，合作领域、项目数量等都有大幅上升。新能源及资源循环领域、物流领域的合作也逐年增多。各领域的多方合作显著增加，例如，从污水污泥焚烧灰回收磷技术商用化的共同研究是由中方同济大学环境科学与工程学院、上海社会科学院外国投资研究中心与日方岐阜市、美得华水务、三菱东京日联银行（中国）多方合作进行的。另外，大连新绿再生资源加工有限公司（复合型回收利用工厂）项目的合作方由中方大连三众科学技术发展、伊藤忠（中国）集团、大连新绿再生资源、鞍山钢铁集团公司与日方伊藤忠商事、伊藤忠金属、三众物产、铃木商会组成。

自第六届“论坛”以来，中国各省、市与日本相关机构、地方政府、企业间的合作也在不断增加，如山东省、湖北省、天津市政府与日中经济协会的节能环保交流合作。北京市新交通信息系统技术验证项目也是由中方国家发展和改革委员会、北京市发展和改革委员会、北京市交通委员会与日方新能源·产业技术综合开发机构、日产汽车多方开展合作的。中国大学、科研机构与日方的实质性合作研究也在不断深入，清华大学与日本东芝公司开展火力发电厂燃烧后二氧化碳回收技术、二元地热发电用新介质技术、面向城市轨道交通的下一代高性能电源装置系统、整体煤气化燃气—蒸汽联合循环发电系统应用、智能电网等研究。北京大学也与日本大和化学工业合作开展废水“零排放—资源化”产业技术研究。同济大学与日本电装公司之间就新交通控制系统的技术验证等项目展开合作研究。①

全球温室气体减排目标的达成对中日两国而言都是环境大气整治的重要目标，双方需要更为深入的政策理解与研究。因此，近几年有关“领跑者”制度等具体政策的研究不断深入。为实现低碳社会，促进碳交易，北京环境交易所与日方北九州市、亚洲低碳化中心就促进碳交易等合作项目也开始启动。金融投资方面，至今的投资体系得到进一步加强，多方合作的日中节能环保投资基金充实

---

① 中日节能环保签约项目汇总参见 https：//jcpage. jp/pj/index. php? ln = cn。

了双方的投资构成，中方由中国进出口银行、杭州市产业发展投资、杭州市上城区投资控股集团，日方由国际协力银行、瑞穗实业银行、日挥、月岛机械组成，进一步完善了两国间节能环保投融资体系。

（三）成功案例

“论坛”对接成功的合作中有许多成功案例，其中第二届“论坛”上签署的安徽海螺与日本川崎重工的合作项目成为中日节能环保合作领域双赢合作的典范。

2007年由中日共同投资的安徽海螺川崎节能设备制造公司项目是中国国务院确定的“十一五”十大节能重点工程之一，在水泥余热发电方面取得了良好业绩，经济效益和社会效益显著。海螺集团因此拥有了余热发电技术的多项自主知识产权，该合作成为水泥工业节能减排的成功实践，对我国水泥行业的节能减排具有很强的示范作用。

双方早期的合作源于海螺集团引进日本的关键技术，双方实现了技术合作。之后，海螺集团立足中国现有技术，致力研发并不断完善设备工艺，实现了设备的国产化，并在此基础上自主设计，自主与协同创新。如今，海螺集团纯低温余热发电技术已经实现了多项突破，生产成本也大大降低。以上各项举措对合作的中日双方企业都具有重大意义。川崎重工在日本进行生产时，如果仅依靠节能收益，费用回收需要五年时间。① 国产化的实现大大降低了设备的生产费用，费用回收时间缩短至两年。而且，由于日本市场趋于饱和，川崎重工的类似设备过去15年在日本的销售量不足15套，而中等收入国家的水泥生产企业对该产品有巨大的需求。目前，该水泥余热发电设备七年间已在中国国内销售164套，国产化后该产品已开始出口至泰国、巴基斯坦、土耳其等国家。② 该合作发展成为在全球范围内推广实施水泥低温余热发电等先进的节能环保新技术，为合作双方带来巨大经济效益的同时，也为亚洲地区水泥产业的节能减排做出了积极贡献，得到了中日两国政府的高度评价。

任何成功的合作都基于合作各方的互信、互补、互利，以往以市场换技术的合作思路如果没有这样的合作基础，容易导致日本企业过度担心投资后的知识产

---

① 日本貿易振興機構（JETRO）北京センター『中国の環境産業に関する調査報告書』、2009、76～77頁。

② JETRO『2011年の対中直接投資動向』、2012、7頁。

权保护问题。未来，中日节能环保合作将面临共同的市场与技术研发，构筑双赢、可持续的合作模式对双方的环保节能合作而言至关重要。

四　展望未来的中日节能环保合作

中日节能环保具有巨大的潜在优势互补性，在两国政府的支持下，双方企业的合作热情高涨，“论坛”所形成的合作机制在不断完善，已有诸多成功案例。但总体看，双方的合作在数量上、质量上均有待进一步提高，还存在诸多需双方政府、企业共同努力解决的问题。

首先，从技术、研发相关的层面看，随着城镇化的不断发展与城市整体节能环保需求的不断变化，环保技术由单一技术向综合集聚技术转变势在必行，掌握综合集聚型技术才能在未来的环保节能领域拥有市场主导权，才能以此带动产业结构的调整与地方经济的发展。而中国的研发多集中在末端应用领域，基础研发不充分。将已有技术转化为生产能力的中间研发不能满足市场需求，重大技术存在的瓶颈难题未得到充分解决，部分企业与产业容易陷入“技术引进—技术落后—再引进”的恶性循环。目前，“论坛”的对接项目中已经出现不少产、学、研综合合作的项目，今后这类合作模式值得进一步推广。

日本企业的节能环保产品、技术的节能效率虽然较高，但价格过高，不仅会使日本企业担心其在中国市场投资的回收，更削弱了其产品的国际竞争力。另外，日本对中国的技术出口存在限制性政策，这在一定程度上阻碍了双方的合作。日本应该认识到，日本的相关技术如果没有相应市场应用，会逐渐失去价值，技术是实现经营目的的手段。对中国技术合作有利于降低日本技术开发的成本，提升日本新技术的研发水平和应用效率。

中国的可持续发展需要节能环保技术与创新，将单纯的技术引进转变为以尊重知识产权为前提的协同研发、自主创新才能够成为我国节能环保、增强企业竞争力、促进产业升级的主力。同时，节能环保领域的技术转移不应止步于技术、知识产权的转移，技术的现场应用、操作等后续研发以及市场开拓亦应成为中日双方合作的商业模式。特别是节能环保领域，技术与节能环保运营机制的关联性强，各种机制的构筑与运营方式的转变势在必行。同时，通过碳排放交易、金融合作等手段为节能环保提供必要的服务才有利于长效机制的确立。

其次，从企业层面看，如何保障中日双方合作企业的商业利益是产业界合作的基础，以民间企业为主的，与国外先进企业之间的技术交流、对接成为有效的合作手段，这也是“论坛”取得较大成效的原因之一。中日两国民间存在的投资热情与创新精神的结合，将会形成可持续合作的商业模式。中国企业应在发挥成本竞争力的同时，不断提高技术创新水平，扩大市场份额，形成综合优势。同时，我国企业也面临包括技术、政策、法规和制度等方面的挑战。

着眼未来，实现节能减排等目标需要社会各部门形成综合的节能机制。日本世界领先的节能环保水平来自长期技术革新、企业机制与城市结构的改善，最终形成了生产、民生、运输等各部门节能环保的综合效果。节能环保不仅在于引进先进设备或技术，更在于社会生活各方面机制的协调及其水平的不断提高，实现综合节能环保效果需要我们改变以往的生活方式，寻求综合全面的解决方案。

应该看到，中日两国间的合作模式也将在不远的将来面临转变，多方合作将更有利于两国间的合作。现今，亚洲能源消费占全世界的40%左右，今后亚洲仍将是世界能源的主要消费地。各国的节能环保政策、措施不仅对自己国家内部，对亚洲地区而言都将有重大影响。仅限于两国之间的合作存在一定的局限性，区域性合作将日趋重要。目前无论是规模还是市场潜力，中国都是日本开展节能环保领域合作的最佳选择。对中日两国企业而言，多方合作无论在技术、市场、成本控制等各个方面都可能为自己带来更多益处。

B.27

日美深化能源合作对日本能源战略转型的影响分析

笪志刚 *

摘　要： 作为战后最牢固的伙伴关系，战后70年的日美关系虽然充满了一波三折的博弈，但双边的经贸合作从未停止过，政治、军事同盟更是从未动摇过。进入21世纪，日美针对东北亚乃至亚太的新变化，均采取了较为务实的交流与合作，尤其是在以美国主导的亚太再平衡不断调整，日本遭受震灾重创后的能源稳定面临威胁，能源战略转型势在必行的背景下，双方一方面强化军事同盟体制，另一方面深化TPP谈判和能源合作。尤其是在以美国页岩气为标志的能源革命趋势下，美国向日本供应页岩气、双边开发合作加速等加强能源深度合作的举动，被视为具有地缘战略意图和支撑日本能源战略转型及应对全球能源博弈色彩。随着日美能源合作的稳步推进，日本能源战略转型中的美国因素也日益加大，对次区域和全球能源合作与博弈将产生深远影响。

关键词： 日美双边　能源合作　日本能源战略　转型影响

作为世界第三经济大国和能源消费第三位的国家，能源自给率问题一直是困扰日本的重要课题。因为与日本经济规模不相适应的是，日本的能源自给率一直是发达国家中比例最低的，化石能源自给率只有5%，加上核能也才只有11%

* 笪志刚，经济学博士，黑龙江省社会科学院东北亚研究所所长、研究员，全国日本经济学会常务理事，主要研究领域：世界经济、日本经济、区域经济等。

（参见表 27 －1）。能源安全和与之相关的能源转型成为日本近年来一直追求的战略目标。

表 27 －1　2011 年度主要国家能源自给率比较

国　家	自给率(%)		
	化石能源	核能	合计
美　国	72	9	81
俄罗斯	174	6	180
中　国	88	1	89
加拿大	153	9	162
英　国	59	10	69
德　国	31	9	40
法　国	8	46	54
意大利	19	0	19
日　本	5	6	11

资料来源：IEA，*ENERGY BALANCES OF OECD COUNTRIES*（2013 *Edition*），*ENERGY BALANCES OF NON-OECD COUNTRIES*（*2013 Edition*）。根据相关数据整理。

如果没有 2011 年的“3 · 11”东日本大地震引发的特大海啸，福岛核电站没有出现核泄漏事故，相信人们对日本能源发展的乐观期望一定高于悲观。这场给日本制造业、交通、物流、金融、农业和观光等行业带来不同程度重创的地震，也使日本一向乐观的能源发展战略的风险陡然上升。核电站的停止运行及核能风险引发的反核电浪潮，使重启核电主张备受社会关注，重启进程可谓步履艰难。日本能源供给能力瞬间减少 1/3 的冲击，不仅引发夏季断电、限电和节电风潮，也使企业不得不面临是否转移海外的尴尬选择。由于进口 LNG、石油、煤炭等火力发电燃料成本高，不仅民众需要承受电费涨价的无奈，日本战后长达 42 年的贸易顺差神话也被打破，居高不下的逆差趋势无疑将影响日企的收益，直接打击日本经济的体质，甚至影响今后“安倍经济学”的成效。能源的持续短缺和供求关系的新变化，使日本 2012 年火力发电占总发电量的比重高达 88.3%，为战后新高，日本从中东进口石油的比例也再次由 1973 年石油危机时的 78% 窜升至 83%，能源自给率跌至只有不到 5%，在发达国家中居末位，日本能源战略转型迫在眉睫。①“3 · 11”大地震迫使日本加大进口火力发电燃料、加紧开发替代

① 関西電力『日本のエネルギー事情』、http：//www. kepco. co. jp/corporate/energy/nowenergy/japan_ energy. html。

能源、加快能源外交多元化、加速能源相关的节能立法等，开辟了多措并举的能源战略转型之路。在日本紧锣密鼓推进与中东、非洲、中南美洲等的能源外交的同时，美国“页岩气革命”引发的全球能源格局新变化，尤其是美国能源自给率大幅攀升及带来的出口潜力大增，使日美深化能源合作的前景不断明朗，相关实质合作也不断浮出水面。特别是日美能源合作不仅局限于经贸合作范畴，还具有以能源合作推进两国在地缘战略上不断靠拢的显著特点，将引发以日美能源合作为牵动的综合实力外溢，以能源为背景的平衡地缘博弈的影响力提升，进而谋求实现以能源转型和TPP合作为两翼助推美日影响东北亚及大南亚区域格局的战略取向，日美深化能源合作对日本能源战略转型影响的各种猜想因此不胫而走。而且日本因能源纠结长期对俄罗斯所采取的避重就轻的务实战略，也受到2014年3月开始的乌克兰局势恶化、俄罗斯将克里米亚纳入本国版图引发欧美制裁的深度影响，日本以对俄罗斯领土和能源为中心展开的睦邻外交面临两难选择。一方面日本要倚重美国，维持G7团结一致的局面，另一方面作为承担“开罪”俄罗斯的后果，不仅领土问题再次被束之高阁，能源多元化战略也将受到削弱。在上述复杂的大国博弈和地缘趋势背景下，日美深化能源合作及相对乐观走势，无疑将影响日本能源战略转型，乃至影响日本基于能源安全的地缘判断和能源博弈。

一　日美深化能源合作现状与趋势分析

（一）日美能源合作现状

1. 二战前的美日能源合作及崩溃

日美能源合作可以追溯至战前的20世纪30年代，当时日本石油生产能力只有10%，其余80%和10%来自美国和荷属东印度，美国是日本偷袭珍珠港前最大的能源供应国。1941年7月，随着日本南下侵占法属印度支那，美国、英国、荷兰从自身势力范围和利益出发，宣布对日本实施石油禁运。究竟此次美国、英国、荷兰发动的石油禁运对当时的日本造成了怎样的冲击，或许是一个见仁见智的问题。但由于能源短缺造成的战事失利不断出现，石油禁运成为日本对美国发动珍珠港袭击的一个理由，能源战略及其失算也是招致其太平洋战争失败的重大原因，这是很多包括政府人士和专家都认同的一个观点。至今很多学者依然不明白能源资源极度匮乏的日本，缘何与当时以石油为主的能源产量占据世界70%的美国为敌，至今在很多国家看来这不仅是冒险，甚至很多日本人认为简直就是不可思议。上述日美战前能源合作的惨痛经历，无疑为战后日美能源合作提供了诸多教训和启示。

2. 二战后日美能源合作演变

由于日本战败，被以美国为首的占领军占领，其外交和经济活动的展开处于美国居高临下的调度之下。战争使日本石油及精炼设备的58%遭到损毁，成为制造业中破坏最为严重的行业。而且由于美国最初的占领政策中心是肢解日本，使其失去发动战争和威胁美国的能力，日本能源开采仅被限定于日本海沿岸新潟平原的零星石油储备和相关炼化，对日本经济整体可谓杯水车薪。这一时期日本的石油供给主要来源于使用占领区救济援助资金和占领区救济复兴资金，从驻日美军的富余中给予调剂解决。但随着美国占领政策的转变，尤其是1949年访日的诺埃尔一行在报告中发出“恢复日本太平洋沿岸炼油厂产能，将进口石油制品转换为直接进口石油”① 的建议，这使日本获得了重启炼油厂和进口石油的许可，1950年首批来自美国圣华金的进口石油进入日本，拉开了根据日本炼油厂炼油能力给予配额，由民间贸易公司实施的日美特殊时期能源合作的序幕。1952年随着石油贸易和国内买卖自由化，日本石油业迎来了炼油业复苏和向现代化迈进的契机。这一时期需要优先解决的两大问题，一是炼油业现代化和石油进口均需要大量外汇资金，二是需要维持稳定的进口来源。与美资为首的外资合作成为日本石油业解决上述问题的不二选择。1949年三爱石油与日本东亚燃料工业签署资本合作协议，1950年加德士与兴亚石油签署资本合作协议，拉开了日本石油炼化企业与外资石油公司之间围绕石油炼化、销售等的技术引进、委托炼化和销售的合作序幕，日本炼化能力也由1952年《旧金山条约》签署当年的日14.750万桶，跃升至1960年的日78.928万桶。从这一时期，直至发生石油危机，日美能源合作处于日本过度依赖美国一边倒的垂直型合作。由于与美国的同盟关系，加上国际市场石油为主的能源价格长期廉价，日美的能源合作主要体现在日本向美国购买能源和与之相关的石化工业技术和设备，发展本国的能源精深加工体系。由于战后相当长时期的美苏冷战格局，日本包括能源外交在内的外交基轴没有脱离过日美同盟框架，所不同的是由于国际市场长期廉价供应石油等能源的现实，日本追求能源独立性的能源外交的紧迫性被掩盖在美日特殊关系之中。

---

① JX日鉱日石エネルギー『石油便覧　石油産業発達史』、http://www.noe.jx-group.co.jp/binran/part03/chapter02/section04.html。

3. 日美深化能源合作的三大标志

进入21世纪，虽然美日在地缘政治、经济利益、大国外交等方面不时出现不和谐声音，但日美能源合作却呈现出与时俱进的务实发展态势，即使是在欲对美国说“不”的鸠山由纪夫时代，日美能源合作的脚步也一直在加快，仅政府层面的就多达数个。这体现在近年日美能源合作的几个主要标志上。一是双边页岩气合作已完成实质签约程序。2013年5月，日美签署了页岩气供应合约，规定美国从2017年开始向日本东京煤气和大阪煤气先后提供页岩气合计近440万吨，占日本液化页岩气进口总量的约5%。2014年2月，美国能源部批准本国的桑普拉能源子公司的卡梅伦公司向包括日本三井物产、三菱商事和日本邮船在内的公司出口LNG，此举是美国能源部批准的继大阪和东京煤气之后的第三个对日能源出口项目，也是应日本政府因核电停运，电力等能源供应紧张，希望早日实现对日出口的一大措施，预计规模达年1200万吨，合同期为20年，2017年正式出口。二是美国成为日本稳定的能源供应源。为确保眼下的海外能源稳定供应，从规避地缘政治和安全风险角度，日本政府在2013年提出了“对日资源稳定供应国”的概念，并将美国和加拿大等北美国家列入名单的主要阵容。三是日本企业对美国能源领域的投资将大幅增加。随着2010年美国在页岩气开采实现技术上的突破以来，日本企业对该领域的投资明显增加，并形成了与中国企业竞争加剧的态势。不过与中国企业投资美国页岩气领域主要为获得相关技术和管理经验相比，在新能源和页岩气开采方面技术同质化的日本对美国该领域的投资更多是为了获得更大份额的资源。

（二）日美能源合作趋势

1. 日美能源资源同盟或将呼之欲出

从未来趋势看，日美能源合作具有需求恒定、供给稳定、地缘风险小、可持续性强等特点，未来两国形成以能源合作为中心的“日美能源资源同盟”的可能性极大。从日美两国围绕能源的诸多要素比较，即使扣除“页岩气革命”带来的增量增产因素，日美能源合作的互补潜力依然巨大（参见表27－2）。而且这种同盟一旦注入诸多正能量的话，将对日美携手影响区域能源合作格局，乃至世界能源格局产生重大威慑，日美应对俄罗斯能源“要挟”的筹码进一步放大。现在，伴随美国“页岩气革命”，北美的天然气价格已跌至三年前的1/5，美国不仅可以实现能源完全自给，还有可能以极低的价格影响全球能源格局和帮助自己的战略伙伴提高能源自给率，形成以能源安全提升同盟稳定性的良性循环。

表 27-2 2011 年日美关于能源的主要因子指标比较

指标内容	美国	日本
一次能源总供给量(TPES)(换算为石油,百万吨)	2191.2	461.5
构成比(%)		
煤炭	21.9	23.3
石油	35.9	44.7
天然气	26.0	21.7
核能	9.8	5.7
水力	1.3	1.6
地热、太阳能	1.0	0.8
可再生燃料	4.2	2.3
电力	0.1	0.0
全能源进口依存度(%)	18.5	88.8
石油进口依存度(%)	54.1	99.7
GDP 单位 TPES(换算为石油,吨/千美元)	0.17	0.10
人均 TPES(换算为石油,吨/人)	7.0	3.6
最终能源消费量(换算为石油,百万吨)	1503.7	314.5
构成比(%)		
产业部门	19.1	26.9
运输部门	39.2	24.1
民生等部门	41.7	48.9

资料来源：IEA, *Energy Balances of Oecd Countries* (2013 Edition), *Energy Balances of Non-Oecd Countries* (2013 *Edition*)。根据相关数据整理。

2. 日美互为能源供求合作重要伙伴

从日美能源合作发展趋势看，首先，美国将成为日本重要的能源供应国和合作伙伴。美国“页岩气革命”使美国能源产量大幅增加，甚至有预测说未来美国很有可能成为超过沙特阿拉伯和俄罗斯的世界第一能源出口国。根据日美2013 年签署的能源合作协议，最早 2017 年，最迟 2018 年，美国将向日本正式出口页岩气，比重占日本 LNG 总进口量的两成。美国对非 FTA 国家实施能源出口审查，但接受来自美国能源进口的日本企业自 2013 年 5 月至今已基本获批，剩下的就是日本如何夯实环境评估和进行必要的进口基地建设的问题。不过由于美国国内存在以威胁国内供给和价格，违反公共利益为理由的较为严重的反对向国外出口能源的声音，美国能源部还在 2014 年 5 月 29 日重新变更了审查和承认 LNG 出口的手续，审查时间也大幅延长，将影响日美今后新的页岩气供给合作。

其次，日美对美国稳定日本能源安全最终符合美国国家利益和亚太等区域利益的共识将增强，美国对日本的优先能源合作政策最终将反映在美国的外交政策当中。最后，日本企业在日美能源合作趋势中将加大对美国页岩气出口设施的相关投资，这有利于美国利用合作伙伴资金能力，解决能源革命必需的相关基础设施投入资金问题，并最终有利于美国能源行业的高技术制造业向本土回流。

（三）日美能源合作战略意图

1. 助力日美政治和军事同盟合作

从政治外交角度看，日美能源合作强化了两国的同盟认知，进一步巩固了以日美同盟作为美国全球同盟合作范例的战略推介地位，有助于美国稀释日本对俄罗斯的能源外交需求产生的日俄接近效应，将有助于美国维护全球同盟体制。从恢复经济体质和刺激需求角度看，美国页岩气、3D 打印和移动互联网引导的能源、新兴制造业和新信息革命，将为美国一蹶不振的经济注入新的活力，实现增加就业、增强企业竞争力、改善国际收支、缓解国债压力等多重目标。尤其是以页岩气为标志的能源革命已经在美欧日主导的对俄罗斯的制裁中逐渐展现效力，全球油价的快速下跌和与油价关联度极大的卢布的贬值，已经引发地缘政治和经济的新变化。作为价值观和国家利益的亲密盟友，日美的能源合作不仅可以缓解美国对日多年存在的贸易逆差，还可直接实现拉动经济和刺激就业的多重目的。从军事角度看，随着东北亚乃至亚太的局部冲突可能性加大，东海和南海多国博弈及互动和联动概率的加大，能源合作可能转为军事支撑，甚至直接调度能源资源应对战争已不是什么秘密。能源在当今世界已成为区域安全和国家安全保障的重要领域中不可或缺的内容。

2. 稳定并推动“安倍经济学”取得成效

从提振日本经济和促进双边经贸合作角度看，日美深化能源合作对缓解和稳定日本“3·11”地震以来的能源供给局面，保持日本经济的韧性和耐力，保持新一轮美国为引领的发达经济体的有效复苏至关重要。作为世界第三大经济体，日本经济体质的健康与否关乎全球经济和金融的稳定，也直接影响甚至决定安倍经济学的成功与否。实践证明，由于能源拉升的成本攀升和贸易逆差已给企业营收造成冲击，直接或间接导致企业薪资增长缓慢，加上日元贬值因素，“安倍经济学”开始备受质疑。日美深化能源合作及全球市场能源价格下跌，无疑将直接助推“安倍经济学”度过阵痛，取得可持续发展。与此同时，美国总统奥巴马在 2015 年 1 月 20 日国情咨文演说中强调，力争在 6 月缔结 TPP 协议，绕开日美的先行一步似乎也不可能，因此，深化日美能源合作还可直接影响甚至软化日本在未来TPP谈判上的立场。另外，对美国而言，深化日美新一轮能源合作，不仅可以在军事上巩固美日韩体制，从能源角度支持日本，还可以缓解日本因电力供应不稳定造成的中长期财政和经济的恶化，增大日本经济对美国主导的亚太经济整体复苏的贡献可能性，也可以促使日本以较低价格使用美国页岩气后，增加对中国的制衡能力和底气，另外还可以控制日本政经界不时出现的对美强硬声音，实现“一石三鸟”的多重节制战略。

二　日美能源合作对日本能源战略转型的影响

（一）有利日本能源战略多元化

1. 能源战略多元化选项风险骤降

日本能源战略转型面临的最大问题就是如何确保稳定的多元化供给渠道。随着中日韩在俄远东、非洲、中南美围绕能源开发的能源外交博弈加大，在全球化石资源日渐枯竭的背景下，日本对开辟能源战略多元化的努力也开始加速。日本首相安倍执政以来出访之密集、国家之多、区域之广泛，为战后日本首相中少见，而且每次出访几乎都或多或少牵涉到能源合作，对非洲的尼日利亚、中东的沙特阿拉伯、巴林、阿联酋、阿曼、中南美的哥伦比亚、巴西的出访尤其反映了日本因核能停堆造成能源供应不稳定的焦灼心态。不仅如此，针对石油利益和能源外交，日本在对俄罗斯制裁上的“半推半就”，日本企业对俄民间的“暗送秋波”，在伊朗核问题表态上的暧昧不明和与伊朗签署石油合作协议，在中东问题上重稳定大于人权和民主、推广实用外交招数等，几次险些“开罪”盟友美国，透过让盟友光火的表面，实则反映了日本对能源多元化选项的风险意识之高，对确保能源多元化已达到如饥似渴的程度。

2. 日美能源合作的多元衍生成果增多

美国能源出口潜力的日渐明朗化，无疑使日本看到了拓展能源战略多元化及由此带来的诸多衍生好处的前景。2013年9月，日本首相安倍访问了页岩气开发前景可观和不断加大页岩气开发力度的美国和加拿大。日本除了看好美加两国长期稳定的供应渠道外，还看好了日美能源合作将为日本带来页岩气运输航线上的额外收益。亦即随着运输线路变成热线，日本可以顺理成章地开拓横贯太平洋的海上新航路，并与美国联手以维护航道安全为由扩展海上势力范围，实现能源合作衍生安保合作的迂回战略。① 同时，日美深化能源合作也将带来一些负面的合作隐忧，而且并非没有合作先例。20 世纪第二次世界大战期间，日美能源和战略资源的合作甚至可以被定性为美国在能源上的“对日绥靖政策”。在美国亚太再平衡出现新变化和中美博弈日渐趋于强硬，中俄不断深化能源合作，以能源为武器的大国博弈加大的背景下，美国扩大对日本的能源合作对日本来说是充实了其多元化战略，对美国本身则是增强了对日本的综合影响力，增加了一条维系及提升军事同盟关系的新纽带。但应警惕在未来的亚太格局中再次出现日美能源合作进程中，美国以能源约束或放纵日本的新的绥靖倾向。

（二）有利日本能源外交均衡化

1. 能源均衡外交的筹码加大

2012 年 12 月，安倍率领日本自民党取得众议院选举胜利，时隔三年后从民主党手中夺回政权。安倍执政之时，正是日本核电站停止运行的关键当口，零核电导致日本火力发电用燃料进口激增，2012 年日本进口液化天然气 8730 万吨，为全球第一。煤炭进口由近年逐年减少到不足 1 亿吨猛增至 1 亿吨以上，并直逼 1.5 亿吨大关，主要来自澳大利亚和印度尼西亚的进口煤炭和 LNG 比重大增，使日本国际和贸易收支受到严重影响，日本贸易和投资结构也面临重大调整，日本能源外交步伐加快。但在能源多元化外交的推进上，日本也面临同为东亚消费国的中韩的强劲竞争。尤其是在对俄能源外交方面，日俄关系的时好时坏使日本争夺远东能源的底气相对不足。此轮日美能源合作将使日本作为世界性的能源消费大国，在与同样是能源消费大国的中韩之间，在与能源供应国的俄罗斯、蒙古、中东各国之间，围绕价格、资源谈判形成较具优势的博弈筹码。

2. 促进日美价值观外交合作

从 2012 年 12 月安倍晋三成为日本第 96 任首相，到 2014 年 12 月又连任第 97 任首相，虽然安倍在任上推出了以“三支利箭”为标志的大刀阔斧的安倍经济学，其大胆的金融量化宽松政策和加大财政支出的政策已经显现出股票市场上升、日元贬值、大中企业收益增加等成效，但作为第三支箭的“经济增长战略”却迟迟没有见到成效。尤其是能源政策备受争议，② 围绕进口火力发电燃料引发

---

① 庞中鹏：《页岩气给日本外交带来了什么?》，环球时报，2013 年 10 月 16 日。

② 《日媒：安倍两年执政存七大争议》，钱江晚报，2014 年 12 月 3 日，http://japan.xinhuanet.com/2014-12/03/c_133829074.htm。

的贸易赤字结构性趋势、重启核电的各方压力、财政健全化受阻等问题，安倍不仅面临内政压力，还面临领导人魅力和价值观扭曲的诟病。日美能源外交等于给安倍开出了一服缓解内政压力，提升领导人形象的药方。众所周知，日本经常受制于俄罗斯以能源为筹码的地缘外交施压态势之下，对俄的实用外交与欧美的价值观和普世价值外交的乖离明显。因为对能源需求的渴望，日本外交与欧美形成的温度差也经常被欧美诟病为现用现交和缺乏原则。日美深化能源合作无疑将使日本在能源合作与价值观外交上更加紧跟欧美，客观上有利于日本总体能源外交均衡化。亦即，日本在能源外交上将最大限度顾及来自美国的战略考量，修正以获得能源为终极目的的实用能源外交原则，在能源内政外交中更多加入民主价值观为引领的区域战略和地缘战略考量。

（三）有利日本加快开发新能源

1. 促进日本加快开发替代新能源

从表面看，日美深化能源合作似乎让日本的能源自给能力有所提高，客观上好像与日本加快开发新能源关系不大，但仔细考量便会发现，日美能源合作其实是日本加快开发新能源的催化剂。换言之，从全球角度看，能源价格下跌给一些本应转型和改革的行业再次带来苟延残喘的机会，美国的“页岩气革命”在使美国成为能源出口国的同时，也让美国在风能、太阳能等新能源开发上放慢脚步，极有可能影响美国总体开发新能源的进程。从日本战后能源外交与开发的历史看，日本是一个危机感严重的国度，不愿意在能源这个左右国家战略发展的领域受制于人，哪怕是盟国。因此，日本一方面积极谋划与美国的能源合作，利用页岩气合作深化与美国在能源领域，尤其是新能源领域的研发和技术创新上的平等交流；另一方面，将会一如既往，甚至比以前更加积极主动地开发新能源和替代能源。在第二次世界大战和数次石油危机中吃过美国苦头的日本深知，倚重谁也不如倚重自身。

2. 日本获得美国能源开发技术更加便捷

此次日本格外重视与美国的页岩气合作，还有一个来自美国的新能源技术外溢因素。换言之，随着日美能源合作的扩大，日本不可避免地将接触到更多的与清洁能源等相关的来自美国的最新技术。本来就拥有该领域高新技术的日本与美国的技术相结合，无疑将极大地推动日本在开发新能源上的研发和量产步伐。日美在这方面从奥巴马第一届任期开始就展开了上至政府、中至企业、下至民间的三位一体的各种能源合作。例如，2008 年日美宣布将联合开发甲烷水合物，俗称“可燃冰”的能源资源；2009年日美宣布针对环境和能源的8个领域进行合作研究。其中参与合作研究的包括日本产业技术综合研究所、美国能源部下属的洛斯阿拉莫斯国家实验室等5个顶级机构。研究领域包括太阳能发电、利用谷物以外的植物纤维素制造生物燃料、碳捕捉与封存技术等。① 此外，日美在新能源、下一代汽车、智能电网等方面还将开展合作；2010年日本昭和壳牌石油公司的子公司与美国IBM公司就研究新型太阳能电池实用化达成一致，此次研究的看点在于以IBM公司已研发的技术为基础进行；2010年11月日美还就合作开发清洁能源技术及替代稀土签署谅解备忘录；2011年日本石油天然气·金属矿物资源机构（JOGMEC）与美国企业签署了关于共同开发可燃冰的实际应用的合作协议。2014年11月，日本石油天然气·金属矿产资源机构（JOGMEC）理事长河野博文与代表美国能源技术研究所签字的美国能源部首席助理副部长史密斯就开发新一代能源——甲烷水合物（可燃冰）在东京签署备忘录，日本经济产业大臣宫泽洋一与美国驻日大使肯尼迪出席签约活动。双方将从2015年起在美国阿拉斯加州北部地区进行开采技术合作研究，力争早日在日本国内实现商业化开采。②

① 『環境・エネルギー日米共同研究』、読売新聞、2009年3月29日。

② 《日美合作开发新能源，共同研究可燃冰开采技术》，中国商务部网站，2014年11月7日，http：//www.mofcom.gov.cn/article/i/jyjl/j/201411/20141100787251.shtml。

附 录

Appendix

B.28

日本经济与中日经贸关系主要数据变化

附表1-1 国民经济统计（1）

年度	国内生产总值(GDP)			国民总收入(GNI)	
	名义		实际	名义	实际
	金额(十亿日元)	年增长率(%)	年增长率(%)	年增长率(%)	年增长率(%)
1955	8807.7	—	—	—	—
1956	9883.2	12.2	6.8	12.1	6.7
1957	11334.1	14.7	8.1	14.5	8.0
1958	12134.2	7.1	6.6	7.0	6.5
1959	14236.2	17.3	11.2	17.2	11.1
1960	17087.7	20.0	12.0	19.9	11.9
1961	20663.1	20.9	11.7	20.9	11.7
1962	22873.8	10.7	7.5	10.6	7.5
1963	26868.8	17.5	10.4	17.4	10.4
1964	31141.7	15.9	9.5	15.8	9.4
1965	34589.4	11.1	6.2	11.1	6.2
1966	40667.8	17.6	11.0	17.6	11.1
1967	47579.0	17.0	11.0	17.0	11.0
1968	56288.1	18.3	12.4	18.3	12.3
1969	66649.3	18.4	12.0	18.4	12.0
1970	77136.3	15.7	8.2	15.8	8.3
1971	84922.6	10.1	5.0	10.2	5.1
1972	98841.2	16.4	9.1	16.6	9.3
1973	119563.6	21.0	5.1	20.9	5.0
1974	141830.2	18.6	-0.5	18.4	-0.7
1975	156080.2	10.0	4.0	10.2	4.1

续附表

年度	国内生产总值(GDP)			国民总收入(GNI)	
	名义		实际	名义	实际
	金额(十亿日元)	年增长率(%)	年增长率(%)	年增长率(%)	年增长率(%)
1976	175474.1	12.4	3.8	12.4	3.8
1977	194734.1	11.0	4.5	11.0	4.6
1978	213693.5	9.7	5.4	9.9	5.5
1979	230734.5	8.0	5.1	8.0	5.1
1980	251539.6	9.0	2.6	8.9	2.4
1981	268012.5	6.5	3.9	6.5	3.9
1982	279680.4	4.4	3.1	4.6	3.1
1983	292450.9	4.6	3.5	4.7	3.7
1984	312164.5	6.7	4.8	6.8	4.9
1985	334605.2	7.2	6.3	7.3	6.7
1986	346626.0	3.6	1.9	3.6	3.7
1987	366911.4	5.9	6.1	6.1	6.0
1988	392623.7	7.0	6.4	7.0	6.6
1989	421182.5	7.3	4.6	7.5	4.6
1990	457436.3	8.6	6.2	8.4	5.6
1991	479640.1	4.9	2.3	4.9	2.7
1992	489411.0	2.0	0.7	2.3	1.0
1993	488754.8	-0.1	-0.5	-0.2	-0.4
1994	495612.2	1.4	1.5	1.3	1.5
1995	504594.3	1.8	2.7	1.9	2.8
1996	515943.9	2.2	2.7	2.6	2.6
1997	521295.4	1.0	0.1	1.1	0.3
1998	510919.2	-2.0	-1.5	-2.0	-1.2
1999	506599.2	-0.8	0.5	-0.9	0.3
2000	510834.7	0.8	2.0	1.0	1.9
2001	501710.6	-1.8	-0.4	-1.5	-0.1
2002	498008.8	-0.7	1.1	-0.9	0.8
2003	501889.1	0.8	2.3	0.9	2.3
2004	502760.8	0.2	1.5	0.4	1.1
2005	505349.4	0.5	1.9	1.1	1.3
2006	509106.3	0.7	1.8	1.1	1.4
2007	513023.3	0.8	1.8	1.2	1.3
2008	489520.1	-4.6	-3.7	-4.9	-4.7
2009	473933.9	-3.2	-2.0	-3.5	-1.1
2010	480232.5	1.3	3.4	1.3	2.4
2011	473670.4	-1.4	0.3	-1.0	-0.6
2012	472644.6	-0.2	0.7	-0.1	0.7
2013	481507.6	1.9	2.3	2.3	2.2
2013年7~9月	117420.8	1.9	2.3	2.5	2.4
2013年10~12月	125239.6	2.0	2.5	2.3	2.0
2014年1~3月	120551.6	3.0	3.0	3.1	2.4

资料来源：内閣府『平成26年度 年次経済財政報告—よみがえる日本経済、広がる可能性—』(長期経済統計)、2014年7月。

附表 1-2　国民经济统计（2）

年　度	国　民　收　入					
	名义国民收入		雇员名义报酬		人均 GDP（千日元）	人均雇员报酬年增长率（%）
	金　额（十亿日元）	年增长率（%）	金　额（十亿日元）	年增长率（%）		
1955	6973.3	—	3548.9	—	98	—
1956	7896.2	13.2	4082.5	15.0	109	—
1957	8868.1	12.3	4573.0	12.0	123	—
1958	9382.9	5.8	5039.2	10.2	131	—
1959	11042.1	17.7	5761.2	14.3	152	—
1960	13496.7	22.2	6702.0	16.3	181	—
1961	16081.9	19.2	7988.7	19.2	217	—
1962	17893.3	11.3	9425.6	18.0	238	—
1963	21099.3	17.9	11027.3	17.0	277	—
1964	24051.4	14.0	12961.2	17.5	317	—
1965	26827.0	11.5	14980.6	15.6	349	—
1966	31644.8	18.0	17208.9	14.9	406	—
1967	37547.7	18.7	19964.5	16.0	471	—
1968	43720.9	16.4	23157.7	16.0	550	—
1969	52117.8	19.2	27488.7	18.7	644	—
1970	61029.7	17.1	33293.9	21.1	735	—
1971	65910.5	8.0	38896.6	16.8	794	13.8
1972	77936.9	18.2	45702.0	17.5	911	14.9
1973	95839.6	23.0	57402.8	25.6	1087	21.7
1974	112471.6	17.4	73752.4	28.5	1272	27.7
1975	123990.7	10.2	83851.8	13.7	1382	12.8
1976	140397.2	13.2	94328.6	12.5	1537	11.0
1977	155703.2	10.9	104997.8	11.3	1689	10.0
1978	171778.5	10.3	112800.6	7.4	1837	6.6
1979	182206.6	6.1	122126.2	8.3	1967	6.1
1980	203878.7	9.5	131850.4	8.7	2123	5.6
1981	211615.1	3.8	142097.7	7.8	2246	6.4
1982	220131.4	4.0	150232.9	5.7	2328	3.8
1983	231290.0	5.1	157301.3	4.7	2417	2.3
1984	243117.2	5.1	166017.3	5.5	2564	4.1
1985	260559.9	7.2	173977.0	4.8	2731	3.7

续附表

年　度	国　民　收　入					
	名义国民收入		雇员名义报酬		人均 GDP	人均雇员报酬年增长率（%）
	金　额（十亿日元）	年增长率（%）	金　额（十亿日元）	年增长率（%）	（千日元）	
1986	267941.5	2.8	180189.4	3.6	2815	2.3
1987	281099.8	4.9	187098.9	3.8	2965	2.2
1988	302710.1	7.7	198486.5	6.1	3160	3.3
1989	320802.0	6.0	213309.1	7.5	3378	4.3
1990	346892.9	8.1	231261.5	8.4	3655	4.6
1991	368931.6	6.4	248310.9	7.4	3818	4.1
1992	366007.2	-0.8	254844.4	2.6	3883	0.5
1993	365376.0	-0.2	260724.0	2.3	3865	0.9
1994	366752.4	1.3	265567.0	1.9	3958	1.3
1995	370772.7	1.1	270187.8	1.7	4021	1.0
1996	380912.2	2.7	274129.2	1.5	4101	0.2
1997	382268.1	0.4	278996.3	1.8	4133	0.9
1998	369371.5	-3.4	272937.9	-2.2	4041	-1.5
1999	368781.7	-0.2	268001.5	-1.8	4000	-1.3
2000	375186.3	1.7	269158.9	0.4	4025	-0.4
2001	366783.8	-2.2	265692.2	-1.3	3944	-1.0
2002	363890.1	-0.8	258088.1	-2.9	3909	-2.4
2003	368100.9	1.2	252787.1	-2.1	3931	-2.2
2004	370116.6	0.5	252159.4	-0.2	3936	-0.5
2005	374125.1	1.1	254064.0	0.8	3956	-0.5
2006	378190.3	1.1	255747.5	0.7	3981	-0.7
2007	381239.2	0.8	255640.1	-0.0	4008	-0.9
2008	355038.0	-6.9	254279.5	-0.5	3822	-0.6
2009	344384.8	-3.0	242980.7	-4.4	3701	-3.5
2010	352702.8	2.4	243951.6	0.4	3750	0.0
2011	349056.3	-1.0	245636.4	0.7	3705	0.8
2012	351113.9	0.6	245976.5	0.1	—	0.0
2013	—	—	248553.1	1.0	—	0.1
2013年7~9月	—	—	58639.7	0.6	—	-0.3
2013年10~12月	—	—	71968.8	1.6	—	0.4
2014年1~3月	—	—	53238.0	0.5	—	-0.2

资料来源：内閣府『平成26年度 年次経済財政報告—よみがえる日本経済、広がる可能性—』（長期経済統計）、2014年7月。

附表1－3　国民经济统计（3）

年　度	民　间						
	最终消费支出（实际）		住宅投资（实际）		企业设备投资（实际）		民间库存增加(实际)
	年增长率(%)	贡献度	年增长率(%)	贡献度	年增长率(%)	贡献度	贡献度
1955	—	—	—	—	—	—	—
1956	8.2	5.4	11.1	0.4	39.1	1.9	0.7
1957	8.2	5.4	7.9	0.3	21.5	1.3	0.5
1958	6.4	4.2	12.3	0.4	-0.4	-0.0	-0.7
1959	9.6	6.3	19.7	0.7	32.6	2.1	0.6
1960	10.3	6.7	22.3	0.8	39.6	3.1	0.5
1961	10.2	6.6	10.6	0.4	23.5	2.3	1.1
1962	7.1	4.5	14.1	0.6	3.5	0.4	-1.4
1963	9.9	6.2	26.3	1.1	12.4	1.3	0.9
1964	9.5	6.0	20.5	1.0	14.4	1.5	-0.5
1965	6.5	4.1	18.9	1.0	-8.4	-0.9	0.1
1966	10.3	6.5	7.5	0.5	24.7	2.3	0.2
1967	9.8	6.1	21.5	1.3	27.3	2.9	0.2
1968	9.4	5.8	15.9	1.0	21.0	2.6	0.7
1969	9.8	5.9	19.8	1.3	30.0	3.9	-0.1
1970	6.6	3.9	9.2	0.7	11.7	1.8	1.0
1971	5.9	3.4	5.6	0.4	-4.2	-0.7	-0.8
1972	9.8	5.7	20.3	1.5	5.8	0.8	-0.0
1973	6.0	3.5	11.6	0.9	13.6	1.9	0.4
1974	1.5	0.9	-17.3	-1.5	-8.6	-1.3	-0.6
1975	3.5	2.1	12.3	0.9	-3.8	-0.5	-0.8
1976	3.4	2.0	3.3	0.2	0.6	0.1	0.4
1977	4.1	2.5	1.8	0.1	-0.8	-0.1	-0.2
1978	5.9	3.5	2.3	0.2	8.5	1.0	0.1
1979	5.4	3.2	0.4	0.0	10.7	1.3	0.2
1980	0.7	0.4	-9.9	-0.7	7.5	1.0	0.0
1981	2.4	1.3	-2.0	-0.1	3.8	0.6	-0.0
1982	4.6	2.5	1.1	0.1	1.4	0.2	-0.6
1983	3.0	1.7	-8.4	-0.5	1.9	0.3	0.2
1984	3.0	1.7	-0.1	-0.0	12.3	1.8	0.1
1985	4.4	2.4	3.5	0.2	15.1	2.4	1.0
1986	3.6	1.9	9.4	0.4	5.0	0.8	-1.2
1987	4.8	2.6	24.3	1.1	8.2	1.3	0.7

续附表

年度	民间						
	最终消费支出（实际）		住宅投资（实际）		企业设备投资（实际）		民间库存增加(实际)
	年增长率(%)	贡献度	年增长率(%)	贡献度	年增长率(%)	贡献度	贡献度
1988	5.3	2.9	5.8	0.3	19.9	3.3	-0.2
1989	4.1	2.2	-1.4	-0.1	10.7	2.0	0.3
1990	5.4	2.8	5.5	0.3	11.5	2.2	-0.2
1991	2.2	1.2	-9.2	-0.5	-0.4	-0.1	0.3
1992	1.3	0.7	-3.0	-0.1	-6.1	-1.2	-0.7
1993	1.4	0.7	3.7	0.2	-12.9	-2.3	-0.1
1994	2.1	1.2	7.2	0.4	-1.9	-0.3	0.0
1995	2.3	1.3	-5.7	-0.3	3.1	0.5	0.6
1996	2.4	1.3	13.3	0.6	5.1	0.7	0.1
1997	-1.0	-0.6	-18.9	-1.0	5.5	0.8	0.4
1998	0.5	0.3	-10.6	-0.5	-7.8	-1.2	-0.8
1999	1.2	0.7	3.5	0.1	0.5	0.1	-0.7
2000	0.3	0.2	-0.1	-0.0	4.8	0.7	0.8
2001	1.6	0.9	-7.2	-0.3	-3.2	-0.5	-0.3
2002	1.2	0.7	-2.1	-0.1	-2.2	-0.3	-0.1
2003	0.8	0.5	-0.3	-0.0	5.1	0.7	0.4
2004	0.8	0.4	1.5	0.1	4.5	0.6	0.2
2005	1.9	1.1	-0.7	-0.0	4.4	0.6	-0.1
2006	0.8	0.5	0.1	0.0	5.9	0.8	-0.1
2007	0.8	0.5	-14.5	-0.5	3.0	0.4	0.2
2008	-2.0	-1.1	-1.1	-0.0	-7.7	-1.1	0.0
2009	1.2	0.7	-21.0	-0.7	-12.0	-1.7	-1.5
2010	1.6	0.9	2.2	0.1	3.8	0.5	1.1
2011	1.4	0.8	3.2	0.1	4.8	0.6	-0.3
2012	1.5	0.9	5.3	0.2	0.8	0.1	-0.1
2013	2.6	1.6	9.5	0.3	2.6	0.4	-0.5
2013年7~9月	2.4	1.5	8.6	0.3	-0.8	-0.1	-0.4
2013年10~12月	2.3	1.4	10.5	0.3	1.1	0.1	-0.2
2014年1~3月	3.7	2.2	11.9	0.4	11.6	1.8	-0.8

资料来源：内閣府『平成26年度 年次経済財政報告—よみがえる日本経済、広がる可能性—』(長期経済統計)、2014年7月。

附表 1-4 国民经济统计（4）

年 度	政府最终消费支出（实际）		公共固定资本形成（实际）		商品服务出口（实际）		商品服务进口（实际）	
	年增长率（%）	贡献度	年增长率（%）	贡献度	年增长率（%）	贡献度	年增长率（%）	贡献度
1955	—	—	—	—	—	—	—	—
1956	-0.4	-0.1	1.0	0.1	14.6	0.5	34.3	-1.3
1957	-0.2	-0.0	17.4	0.8	11.4	0.4	8.1	-0.4
1958	6.3	1.2	17.3	0.9	3.0	0.1	-7.9	0.4
1959	7.7	1.4	10.8	0.6	15.3	0.5	28.0	-1.2
1960	3.3	0.6	15.0	0.9	11.8	0.4	20.3	-1.0
1961	6.5	1.1	27.4	1.6	6.5	0.2	24.4	-1.3
1962	7.6	1.2	23.5	1.6	15.4	0.5	-3.1	0.2
1963	7.4	1.1	11.6	0.9	9.0	0.3	26.5	-1.4
1964	2.0	0.3	5.7	0.4	26.1	0.9	7.2	-0.4
1965	3.3	0.5	13.9	1.0	19.6	0.8	6.6	-0.4
1966	4.5	0.6	13.3	1.1	15.0	0.7	15.5	-0.9
1967	3.6	0.5	9.6	0.8	8.4	0.4	21.9	-1.3
1968	4.9	0.6	13.2	1.1	26.1	1.2	10.5	-0.7
1969	3.9	0.4	9.5	0.8	19.7	1.0	17.0	-1.1
1970	5.0	0.5	15.2	1.2	17.3	1.0	22.3	-1.5
1971	4.8	0.5	22.2	1.9	12.5	0.8	2.3	-0.2
1972	4.8	0.5	12.0	1.2	5.6	0.4	15.1	-1.1
1973	4.3	0.4	-7.3	-0.7	5.5	0.3	22.7	-1.8
1974	2.6	0.3	0.1	0.0	22.8	1.5	-1.6	0.1
1975	10.8	1.1	5.6	0.5	-0.1	-0.0	-7.4	0.7
1976	4.0	0.4	-0.4	-0.0	17.3	1.3	7.9	-0.7
1977	4.2	0.4	13.5	1.2	9.6	0.8	3.3	-0.3
1978	5.4	0.6	13.0	1.2	-3.3	-0.3	10.8	-0.9
1979	3.6	0.4	-1.8	-0.2	10.6	0.9	6.1	-0.5
1980	3.3	0.3	-1.7	-0.2	14.4	1.2	-6.3	0.6
1981	5.8	0.8	1.0	0.1	12.6	1.7	4.0	-0.6
1982	4.2	0.6	-2.1	-0.2	-0.4	-0.1	-4.8	0.7
1983	5.6	0.8	-1.0	-0.1	8.6	1.2	1.7	-0.2
1984	2.5	0.4	-2.2	-0.2	13.5	1.9	8.1	-1.0
1985	1.8	0.3	-4.9	-0.4	2.5	0.4	-4.4	0.5
1986	3.8	0.5	4.7	0.3	-4.3	-0.6	7.1	-0.7
1987	3.9	0.6	8.0	0.5	1.0	0.1	12.3	-0.9

续附表

年度	政府最终消费支出（实际）		公共固定资本形成（实际）		商品服务出口（实际）		商品服务进口（实际）	
	年增长率（%）	贡献度	年增长率（%）	贡献度	年增长率（%）	贡献度	年增长率（%）	贡献度
1988	3.6	0.5	0.7	0.1	8.7	0.9	18.9	-1.4
1989	2.8	0.4	1.9	0.1	8.5	0.8	15.0	-1.2
1990	3.8	0.5	4.3	0.3	6.7	0.7	5.4	-0.5
1991	3.6	0.5	5.7	0.4	5.2	0.5	-0.6	0.1
1992	2.8	0.4	17.3	1.1	3.7	0.4	-2.1	0.2
1993	3.3	0.5	9.1	0.7	-0.6	-0.1	0.4	-0.0
1994	3.5	0.5	-1.6	-0.1	4.9	0.4	9.8	-0.7
1995	4.3	0.6	6.7	0.6	4.4	0.4	13.8	-1.0
1996	2.2	0.3	-2.3	-0.2	7.4	0.7	11.6	-0.9
1997	0.6	0.1	-7.1	-0.6	8.7	0.9	-1.5	0.1
1998	2.0	0.3	1.9	0.2	-4.0	-0.4	-6.7	0.6
1999	3.8	0.6	-3.2	-0.3	5.9	0.6	6.7	-0.6
2000	4.8	0.8	-6.1	-0.5	9.3	1.0	11.2	-1.0
2001	3.9	0.7	-6.0	-0.4	-7.8	-0.9	-3.5	0.3
2002	2.1	0.4	-5.1	-0.3	11.9	1.2	4.3	-0.4
2003	2.1	0.4	-7.3	-0.5	10.1	1.2	3.2	-0.3
2004	1.2	0.2	-10.9	-0.6	11.1	1.4	7.9	-0.8
2005	0.4	0.1	-6.7	-0.3	8.5	1.1	4.5	-0.5
2006	0.4	0.1	-7.3	-0.3	8.7	1.3	3.8	-0.5
2007	1.2	0.2	-4.9	-0.2	9.4	1.6	2.4	-0.4
2008	-0.4	-0.1	-6.7	-0.3	-10.6	-1.9	-4.7	0.8
2009	2.7	0.5	11.5	0.5	-9.7	-1.5	-10.7	1.7
2010	2.0	0.4	-6.4	-0.3	17.2	2.3	12.0	-1.5
2011	1.2	0.2	-3.2	-0.1	-1.6	-0.2	5.3	-0.8
2012	1.5	0.3	1.3	0.1	-1.2	-0.2	3.7	-0.6
2013	1.8	0.4	15.1	0.7	4.7	0.7	7.0	-1.2
2013年7~9月	2.2	0.4	19.0	0.8	3.2	0.5	3.2	-0.6
2013年10~12月	1.8	0.4	20.8	1.0	7.0	1.0	9.2	-1.5
2014年1~3月	0.9	0.2	11.4	0.6	8.9	1.4	14.9	-2.7

资料来源：内閣府『平成26年度 年次経済財政報告—よみがえる日本経済、広がる可能性—』（長期経済統計）、2014年7月。

附表 1－5　国民经济统计（5）

年份	国内生产总值(GDP)			国民总收入(GNI)	
	名义		实际	名义	实际
	金额(十亿日元)	年增长率(%)	年增长率(%)	年增长率(%)	年增长率(%)
1955	8588.6	—	—	—	—
1956	9668.9	12.6	7.5	12.5	7.4
1957	11142.6	15.2	7.8	15.1	7.7
1958	11840.4	6.3	6.2	6.2	6.1
1959	13535.7	14.3	9.4	14.2	9.3
1960	16428.9	21.4	13.1	21.3	13.0
1961	19842.8	20.8	11.9	20.7	11.8
1962	22517.2	13.5	8.6	13.4	8.6
1963	25770.8	14.4	8.8	14.4	8.7
1964	30314.8	17.6	11.2	17.5	11.1
1965	33726.5	11.3	5.7	11.3	5.7
1966	39169.4	16.1	10.2	16.2	10.3
1967	45901.7	17.2	11.1	17.2	11.1
1968	54362.0	18.4	11.9	18.4	11.9
1969	63858.3	17.5	12.0	17.5	12.0
1970	75265.3	17.9	10.3	17.9	10.3
1971	82814.3	10.0	4.4	10.1	4.5
1972	94813.6	14.5	8.4	14.7	8.6
1973	115443.7	21.8	8.0	21.8	8.1
1974	137758.8	19.3	－1.2	19.1	－1.4
1975	152210.8	10.5	3.1	10.6	3.2
1976	170934.8	12.3	4.0	12.3	4.0
1977	190482.2	11.4	4.4	11.5	4.4
1978	209756.1	10.1	5.3	10.2	5.4
1979	227347.5	8.4	5.5	8.5	5.6
1980	246464.5	8.4	2.8	8.2	2.7
1981	264966.2	7.5	4.2	7.3	4.1
1982	278179.0	5.0	3.4	5.2	3.5
1983	289314.5	4.0	3.1	4.1	3.2
1984	307498.6	6.3	4.5	6.4	4.6
1985	330260.5	7.4	6.3	7.6	6.6

续附表

年份	国内生产总值(GDP)			国民总收入(GNI)	
	名义		实际	名义	实际
	金额(十亿日元)	年增长率(%)	年增长率(%)	年增长率(%)	年增长率(%)
1986	345644.4	4.7	2.8	4.6	4.5
1987	359458.4	4.0	4.1	4.2	4.3
1988	386427.8	7.5	7.1	7.5	7.3
1989	416245.8	7.7	5.4	7.8	5.4
1990	449392.2	8.0	5.6	7.9	5.1
1991	476430.8	6.0	3.3	6.0	3.5
1992	487961.4	2.4	0.8	2.6	1.1
1993	490934.1	0.6	0.2	0.6	0.3
1994	495743.4	1.0	0.9	0.9	0.9
1995	501706.9	1.2	1.9	1.2	1.9
1996	511934.8	2.0	2.6	2.4	2.7
1997	523198.3	2.2	1.6	2.4	1.5
1998	512438.6	-2.1	-2.0	-2.0	-1.6
1999	504903.2	-1.5	-0.2	-1.6	-0.3
2000	509860.0	1.0	2.3	1.0	2.0
2001	505543.2	-0.8	0.4	-0.5	0.7
2002	499147.0	-1.3	0.3	-1.3	0.2
2003	498854.8	-0.1	1.7	-0.0	1.5
2004	503725.3	1.0	2.4	1.2	2.1
2005	503903.0	0.0	1.3	0.5	0.8
2006	506687.0	0.6	1.7	1.1	1.1
2007	512975.2	1.2	2.2	1.8	2.1
2008	501209.3	-2.3	-1.0	-2.3	-2.6
2009	471138.7	-6.0	-5.5	-6.5	-4.0
2010	482384.4	2.4	4.7	2.3	3.5
2011	471310.8	-2.3	-0.5	-1.9	-1.3
2012	473777.1	0.5	1.4	0.6	1.2
2013	478035.7	0.9	1.5	1.4	1.7

资料来源：内閣府『平成26年度 年次経済財政報告—よみがえる日本経済、広がる可能性—』(長期経済統計)、2014年7月。

附表 1－6　国民经济统计（6）

年份	国民收入					
	名义国民收入		雇员名义报酬		人均 GDP	人均雇员报酬年增长率（%）
	金额（十亿日元）	年增长率（%）	金额（十亿日元）	年增长率（%）	（千日元）	
1955	6772.0	—	3456.0	—	94	—
1956	7587.4	12.0	3973.5	15.0	105	7.5
1957	8790.1	15.9	4480.9	12.8	120	5.8
1958	9188.0	4.5	4952.1	10.5	126	6.2
1959	10528.7	14.6	5590.8	12.9	143	7.8
1960	12912.0	22.6	6483.1	16.0	172	10.5
1961	15572.3	20.6	7670.2	18.3	206	13.4
1962	17499.2	12.4	9151.7	19.3	231	13.9
1963	20191.9	15.4	10672.5	16.6	262	12.9
1964	23377.0	15.8	12475.8	16.9	305	12.8
1965	26065.4	11.5	14528.2	16.5	336	11.0
1966	30396.1	16.6	16811.9	15.7	386	11.2
1967	36005.3	18.5	19320.1	14.9	448	11.6
1968	42479.3	18.0	22514.0	16.5	525	14.5
1969	49938.3	17.6	26500.7	17.7	609	15.0
1970	59152.7	18.5	31942.2	20.5	708	15.9
1971	64645.1	9.3	37867.7	18.6	764	14.6
1972	74601.0	15.4	44069.3	16.4	862	14.2
1973	91823.1	23.1	55235.8	25.3	1035	21.0
1974	109060.8	18.8	70087.7	26.9	1219	25.7
1975	121025.9	11.0	81678.2	16.5	1330	16.2
1976	137119.6	13.3	92120.9	12.8	1478	11.1
1977	151395.2	10.4	102896.8	11.7	1631	10.1
1978	167571.7	10.7	111163.6	8.0	1780	7.4
1979	180707.3	7.8	120120.3	8.1	1912	6.0
1980	196750.2	8.0	129450.8	8.5	2079	5.7
1981	209047.2	6.3	140212.4	8.3	2219	6.5
1982	219327.2	4.9	148139.8	5.7	2314	4.1
1983	227666.8	3.8	155794.1	5.2	2390	2.4
1984	240786.9	5.8	164317.9	5.5	2524	4.1
1985	256338.4	6.5	171856.1	4.6	2693	3.4
1986	267217.4	4.2	179186.2	4.3	2805	2.7

续附表

年份	国民收入					
	名义国民收入		雇员名义报酬		人均 GDP	人均雇员报酬年增长率（%）
	金额（十亿日元）	年增长率（%）	金额（十亿日元）	年增长率（%）	（千日元）	
1987	276729.3	3.6	185370.1	3.5	2901	2.3
1988	296228.2	7.0	196141.1	5.8	3107	3.2
1989	316002.5	6.7	210167.9	7.2	3333	3.9
1990	339441.1	7.4	227308.6	8.2	3587	4.7
1991	363375.7	7.1	245586.0	8.0	3787	4.4
1992	366179.6	0.8	253562.8	3.2	3866	0.9
1993	366975.1	0.2	259081.2	2.2	3877	0.6
1994	363366.3	0.1	264295.9	2.0	3962	1.3
1995	368280.1	1.4	269084.4	1.8	3999	1.3
1996	377885.4	2.6	272551.0	1.3	4072	0.2
1997	384945.3	1.9	278365.0	2.1	4151	0.8
1998	371987.6	-3.4	274210.8	-1.5	4055	-1.1
1999	368892.5	-0.8	268247.1	-2.2	3988	-1.5
2000	373383.7	1.2	269053.4	0.3	4020	-0.2
2001	368116.1	-1.4	267015.1	-0.8	3976	-1.0
2002	364783.9	-0.9	259670.7	-2.8	3919	-2.1
2003	366695.7	0.5	254838.2	-1.9	3909	-1.9
2004	371109.6	1.2	252538.8	-0.9	3944	-1.3
2005	373809.5	0.7	253982.8	0.6	3945	-0.1
2006	375387.9	0.4	255672.3	0.7	3963	-0.9
2007	382246.3	1.8	254851.8	-0.3	4009	-1.4
2008	367231.3	-3.9	255722.8	0.3	3913	0.2
2009	340223.6	-7.4	243309.5	-4.9	3679	-3.9
2010	353468.7	3.9	243605.8	0.1	3768	-0.1
2011	347558.6	-1.7	245200.6	0.7	3681	0.5
2012	351454.1	1.1	245894.5	0.3	—	0.4
2013	—	—	248264.8	1.0	—	0.1

资料来源：内閣府『平成26年度 年次経済財政報告—よみがえる日本経済、広がる可能性—』（長期経済統計）、2014年7月。

附表 1－7　国民经济统计（7）

年　份	民　间						
	最终消费支出（实际）		住宅投资（实际）		企业设备投资（实际）		民间库存增加（实际）
	年增长率(％)	贡献度	年增长率(％)	贡献度	年增长率(％)	贡献度	贡献度
1955	—	—	—	—	—	—	—
1956	8.9	5.8	11.4	0.4	37.9	1.7	0.7
1957	8.1	5.4	6.8	0.2	27.5	1.6	1.2
1958	6.3	4.2	14.0	0.5	－0.6	0.0	－1.3
1959	8.4	5.5	9.9	0.4	23.1	1.5	0.5
1960	11.0	7.3	27.9	1.0	44.4	3.2	0.5
1961	10.4	6.7	12.8	0.5	27.8	2.6	1.2
1962	7.5	4.8	15.6	0.6	6.2	0.7	－1.0
1963	8.8	5.5	18.3	0.8	8.3	0.9	0.2
1964	10.8	6.8	25.6	1.2	17.9	1.9	0.3
1965	5.8	3.6	20.7	1.1	－5.7	－0.6	－0.4
1966	10.0	6.3	6.0	0.4	14.5	1.4	－0.1
1967	10.4	6.5	19.2	1.1	28.6	2.9	0.6
1968	8.5	5.3	19.5	1.2	23.4	2.8	0.4
1969	10.3	6.3	16.7	1.1	25.6	3.3	0.0
1970	7.4	4.4	13.3	0.9	19.3	2.8	1.3
1971	5.5	3.2	4.7	0.3	－2.5	－0.4	－0.8
1972	9.0	5.3	18.0	1.3	2.3	0.3	－0.1
1973	8.8	5.2	15.3	1.2	14.2	2.0	0.2
1974	－0.1	－0.0	－12.3	－1.0	－4.2	－0.6	0.5
1975	4.4	2.6	1.2	0.1	－6.0	－0.9	－1.6
1976	2.9	1.8	8.7	0.6	－0.1	－0.0	0.2
1977	4.0	2.4	0.5	0.0	－0.5	－0.1	0.0
1978	5.3	3.2	5.6	0.4	4.5	0.5	－0.1
1979	6.5	3.9	－0.9	－0.1	12.8	1.5	0.3
1980	1.1	0.6	－9.2	－0.6	7.9	1.0	－0.0
1981	1.8	1.0	－2.7	－0.2	4.5	0.7	－0.1
1982	4.6	2.5	－1.2	－0.1	2.0	0.3	－0.0
1983	3.3	1.8	－4.8	－0.3	－0.2	－0.0	－0.4
1984	2.9	1.6	－2.6	－0.1	9.6	1.4	0.1

续附表

年份	民间						
	最终消费支出（实际）		住宅投资（实际）		企业设备投资（实际）		民间库存增加（实际）
	年增长率(%)	贡献度	年增长率(%)	贡献度	年增长率(%)	贡献度	贡献度
1985	4.1	2.3	2.8	0.1	17.9	2.7	0.9
1986	3.7	2.0	6.9	0.3	5.9	1.0	-0.5
1987	4.4	2.4	20.5	0.9	5.6	0.9	-0.2
1988	5.1	2.8	13.0	0.7	16.6	2.7	0.6
1989	4.8	2.6	-1.2	-0.1	16.2	2.9	-0.0
1990	5.2	2.8	4.1	0.2	9.5	1.8	-0.2
1991	2.2	1.2	-5.3	-0.3	4.7	0.9	0.2
1992	2.1	1.1	-5.7	-0.3	-7.4	-1.5	-0.5
1993	1.0	0.5	1.5	0.1	-9.6	-1.8	-0.2
1994	2.3	1.2	7.6	0.4	-5.8	-0.9	-0.2
1995	1.7	0.9	-4.8	-0.2	3.3	0.5	0.6
1996	2.3	1.3	11.7	0.6	1.7	0.2	0.1
1997	0.9	0.5	-12.2	-0.6	8.9	1.3	0.1
1998	-0.8	-0.4	-14.0	-0.7	-5.8	-0.9	-0.2
1999	1.2	0.7	0.0	0.0	-3.5	-0.5	-1.2
2000	0.4	0.2	0.8	0.0	6.5	0.9	0.7
2001	1.6	0.9	-5.0	-0.2	-0.4	-0.1	0.1
2002	1.2	0.7	-3.4	-0.1	-5.2	-0.7	-0.5
2003	0.5	0.3	-1.3	-0.0	4.9	0.6	0.3
2004	1.2	0.7	1.7	0.1	3.5	0.5	0.5
2005	1.5	0.9	-0.9	-0.0	5.7	0.8	-0.3
2006	1.1	0.6	0.6	0.0	4.0	0.6	-0.1
2007	0.9	0.5	-9.8	-0.4	4.9	0.7	0.3
2008	-0.9	-0.5	-6.6	-0.2	-2.6	-0.4	0.2
2009	-0.7	-0.4	-16.6	-0.5	-14.3	-2.1	-1.6
2010	2.8	1.7	-4.5	-0.1	0.3	0.0	0.9
2011	0.3	0.2	5.1	0.1	4.1	0.5	-0.3
2012	2.0	1.2	2.9	0.1	3.7	0.5	0.1
2013	2.0	1.2	8.9	0.3	-1.5	-0.2	-0.3

资料来源：内閣府『平成26年度 年次経済財政報告—よみがえる日本経済、広がる可能性—』(長期経済統計)、2014年7月。

附表 1-8 国民经济统计（8）

年 份	政府最终消费支出（实际）		公共固定资产形成（实际）		商品服务出口（实际）		商品服务进口（实际）	
	年增长率（%）	贡献度	年增长率（%）	贡献度	年增长率（%）	贡献度	年增长率（%）	贡献度
1955	—	—	—	—	—	—	—	—
1956	-0.2	-0.0	-1.5	-0.1	17.4	0.5	26.9	-1.0
1957	-0.4	-0.1	10.3	0.5	11.4	0.4	22.8	-1.0
1958	4.6	0.9	17.7	0.9	5.2	0.2	-13.4	0.7
1959	7.5	1.4	11.8	0.7	13.0	0.5	22.8	-1.0
1960	4.4	0.8	15.0	0.8	12.8	0.5	23.1	-1.1
1961	5.4	0.9	22.8	1.3	5.3	0.2	26.4	-1.4
1962	7.5	1.2	28.2	1.8	17.2	0.6	-1.2	0.1
1963	7.6	1.2	13.9	1.0	7.0	0.3	19.6	-1.0
1964	3.0	0.5	6.3	0.5	21.6	0.8	13.6	-0.8
1965	3.1	0.4	10.0	0.7	23.8	0.9	5.6	-0.3
1966	4.5	0.6	19.2	1.5	16.9	0.8	12.2	-0.7
1967	3.4	0.4	3.8	0.3	6.8	0.3	22.7	-1.4
1968	4.7	0.6	16.3	1.3	23.9	1.1	12.1	-0.8
1969	4.1	0.5	9.6	0.8	20.8	1.1	13.7	-0.9
1970	4.8	0.5	13.8	1.1	17.5	1.0	22.6	-1.5
1971	4.9	0.5	18.6	1.5	16.0	1.0	7.0	-0.5
1972	5.0	0.5	16.2	1.5	4.1	0.3	10.5	-0.8
1973	5.4	0.5	4.9	0.5	5.2	0.3	24.3	-1.9
1974	-0.4	-0.0	-11.8	-1.1	23.1	1.4	4.2	-0.4
1975	12.6	1.2	6.4	0.6	-1.0	-0.1	-10.3	1.0
1976	4.2	0.4	2.5	0.2	16.6	1.2	6.7	-0.6
1977	4.2	0.4	9.5	0.8	11.7	1.0	4.1	-0.3
1978	5.2	0.5	14.2	1.3	-0.3	-0.0	6.9	-0.6
1979	4.2	0.4	2.7	0.3	4.3	0.4	12.9	-1.1
1980	3.1	0.3	-4.8	-0.5	17.0	1.4	-7.8	0.7
1981	5.5	0.8	3.9	0.4	13.3	1.8	2.1	-0.3
1982	4.5	0.6	-2.9	-0.3	1.4	0.2	-0.7	0.1
1983	5.7	0.8	-1.2	-0.1	5.0	0.7	-3.4	0.5
1984	3.4	0.5	-0.9	-0.1	15.3	2.1	10.5	-1.3

续附表

年份	政府最终消费支出（实际）		公共固定资产形成（实际）		商品服务出口（实际）		商品服务进口（实际）	
	年增长率（%）	贡献度	年增长率（%）	贡献度	年增长率（%）	贡献度	年增长率（%）	贡献度
1985	1.4	0.2	-7.0	-0.5	5.3	0.8	-2.7	0.3
1986	3.4	0.5	3.9	0.3	-5.1	-0.7	3.8	-0.4
1987	3.9	0.5	5.1	0.3	-0.1	-0.0	9.0	-0.7
1988	3.9	0.6	5.5	0.4	6.7	0.7	18.7	-1.3
1989	2.9	0.4	-0.4	-0.0	9.5	0.9	18.0	-1.4
1990	3.3	0.4	6.2	0.4	7.2	0.7	8.1	-0.7
1991	4.1	0.5	2.6	0.2	5.2	0.5	-1.1	0.1
1992	2.7	0.4	16.3	1.1	4.4	0.4	-1.1	0.1
1993	3.2	0.4	11.6	0.9	0.4	0.0	-1.3	0.1
1994	3.5	0.5	1.5	0.1	3.9	0.4	8.2	-0.6
1995	4.3	0.6	-0.1	-0.0	4.2	0.4	11.4	-0.8
1996	3.0	0.5	5.4	0.5	5.9	0.5	14.3	-1.1
1997	0.8	0.1	-7.4	-0.6	11.1	1.1	1.2	-0.1
1998	1.2	0.2	-4.9	-0.4	-2.7	-0.3	-6.7	0.6
1999	3.7	0.6	4.3	0.3	1.8	0.2	3.3	-0.3
2000	4.6	0.8	-9.4	-0.7	12.6	1.3	10.7	-0.9
2001	4.2	0.7	-3.8	-0.3	-7.0	-0.8	0.9	-0.1
2002	2.6	0.5	-5.1	-0.3	7.9	0.8	0.3	-0.0
2003	1.9	0.3	-8.6	-0.5	9.5	1.1	3.9	-0.4
2004	1.5	0.3	-7.5	-0.4	14.0	1.7	7.9	-0.8
2005	0.8	0.1	-10.1	-0.5	6.2	0.8	4.2	-0.5
2006	0.0	0.0	-5.1	-0.2	9.9	1.4	4.5	-0.6
2007	1.1	0.2	-5.9	-0.3	8.7	1.4	2.3	-0.3
2008	-0.1	-0.0	-7.4	-0.3	1.4	0.3	0.3	-0.1
2009	2.3	0.4	7.0	0.3	-24.2	-4.3	-15.7	2.8
2010	1.9	0.4	0.7	0.0	24.4	3.1	11.1	-1.4
2011	1.2	0.2	-8.2	-0.4	-0.4	-0.1	5.9	-0.8
2012	1.7	0.4	2.8	0.1	-0.1	-0.0	5.3	-0.9
2013	2.0	0.4	11.4	0.5	1.7	0.2	3.4	-0.6

资料来源：内閣府『平成26年度 年次経済財政報告—よみがえる日本経済、広がる可能性—』（長期経済統計）、2014年7月。

附表1－9 国民经济统计（9）

年末	国民总资产				
	金额（十亿日元）	与名义GDP之比	占比（%）		
			实物资产（土地等除外）	土地等	金融资产
1955	51422.0	5.99	32.6	30.6	36.8
1956	60322.2	6.24	31.8	29.8	38.4
1957	68244.2	6.12	29.8	29.9	40.3
1958	76193.1	6.44	27.0	30.6	42.4
1959	89131.9	6.58	25.5	30.2	44.4
1960	107840.0	6.56	23.7	31.7	44.6
1961	133283.4	6.72	23.5	31.0	45.6
1962	156357.7	6.94	22.3	31.3	46.4
1963	183270.6	7.11	21.8	29.3	48.9
1964	213870.8	7.05	21.5	29.1	49.4
1965	241570.7	7.16	21.2	27.9	50.9
1966	280648.7	7.16	21.2	27.8	51.0
1967	333694.7	7.27	21.0	28.2	50.8
1968	394566.2	7.26	20.7	29.4	49.9
1969	476211.0	7.46	20.6	30.0	49.4
	499408.6	7.82	19.6	28.6	51.7
1970	590573.4	7.85	20.5	29.4	50.1
1971	702445.3	8.48	20.0	29.8	50.2
1972	932810.6	9.84	18.8	31.5	49.7
1973	1178254.6	10.21	20.6	32.0	47.4
1974	1300905.2	9.44	23.4	29.1	47.5
1975	1438800.4	9.45	23.1	28.1	48.7
1976	1627933.8	9.52	23.3	26.6	50.1
1977	1781916.0	9.35	23.2	26.0	50.8
1978	2031898.0	9.69	22.3	25.9	51.7
1979	2335455.9	10.27	22.7	27.0	50.3
1980	2642194.0	10.72	22.4	28.2	49.4
	2864276.8	11.62	21.2	26.1	52.7
1981	3160372.8	11.93	20.0	26.7	53.3
1982	3416324.6	12.28	19.3	26.5	54.2

续附表

年末	国民总资产				
	金额（十亿日元）	与名义 GDP 之比	占比（%）		
			实物资产（土地等除外）	土地等	金融资产
1983	3699899. 5	12. 79	18. 2	25. 5	56. 3
1984	4006993. 9	13. 03	17. 5	24. 4	58. 1
1985	4377491. 7	13. 25	16. 5	24. 3	59. 2
1986	5094260. 6	14. 74	14. 4	26. 3	59. 3
1987	5962689. 6	16. 59	13. 0	29. 4	57. 6
1988	6716329. 3	17. 38	12. 2	28. 9	58. 9
1989	7710418. 9	18. 52	11. 9	29. 4	58. 7
1990	7936547. 0	17. 66	12. 6	31. 2	56. 1
1991	7987085. 8	16. 76	13. 4	28. 7	57. 8
1992	7804398. 3	15. 99	14. 3	26. 6	59. 1
1993	7903074. 8	16. 10	14. 3	25. 1	60. 6
1994	8239118. 7	16. 62	16. 5	23. 8	59. 7
1995	8352451. 1	16. 65	16. 6	22. 4	61. 0
1996	8495871. 9	16. 60	16. 9	21. 6	61. 5
1997	8618233. 2	16. 47	17. 1	20. 8	62. 1
1998	8622031. 4	16. 83	17. 0	20. 0	62. 9
1999	8832805. 9	17. 49	16. 7	18. 7	64. 6
2000	8704474. 6	17. 07	17. 1	18. 1	64. 8
2001	8512996. 1	16. 84	17. 3	17. 5	65. 2
2002	8433393. 3	16. 90	17. 4	16. 6	66. 0
2003	8486160. 7	17. 01	17. 5	15. 6	67. 0
2004	8577519. 8	17. 03	17. 5	14. 8	67. 7
2005	8981401. 4	17. 82	17. 0	13. 9	69. 1
2006	8998855. 5	17. 76	17. 3	14. 1	68. 5
2007	8915915. 8	17. 38	18. 0	14. 6	67. 4
2008	8510459. 5	16. 98	19. 2	15. 1	65. 7
2009	8459592. 2	17. 96	18. 7	14. 5	66. 8
2010	8490686. 7	17. 60	18. 5	14. 1	67. 4
2011	8448329. 7	17. 93	18. 6	13. 7	67. 6
2012	8685143. 6	18. 33	18. 0	13. 2	68. 9

资料来源：内閣府『平成 26 年度 年次経済財政報告—よみがえる日本経済、広がる可能性—』（長期経済統計）、2014 年 7 月。

附表 1－10　国民经济统计（10）

年　末	国民财富		年　末	国民财富	
	金额(十亿日元)	与名义 GDP 之比		金额(十亿日元)	与名义 GDP 之比
1955	32704. 7	3. 81	1963	92923. 6	3. 61
1956	37103. 0	3. 84	1964	107292. 4	3. 54
1957	40481. 3	3. 63	1965	118028. 4	3. 50
1958	43752. 0	3. 70	1966	137212. 2	3. 50
1959	49584. 9	3. 66	1967	163842. 2	3. 57
1960	59819. 6	3. 64	1968	197671. 5	3. 64
1961	72297. 0	3. 64	1969	241579. 4	3. 78
1962	83461. 1	3. 71		241682. 8	3. 78
1970	296467. 3	3. 94	1991	3422746. 4	7. 18
1971	352859. 8	4. 26	1992	3265515. 1	6. 69
1972	473379. 9	4. 99	1993	3192859. 5	6. 50
1973	624072. 1	5. 41	1994	3398934. 3	6. 86
1974	685723. 9	4. 98	1995	3341941. 5	6. 66
1975	739585. 8	4. 86	1996	3377540. 3	6. 60
1976	814906. 7	4. 77	1997	3394855. 7	6. 49
1977	883505. 2	4. 64	1998	3329137. 1	6. 50
1978	989289. 6	4. 72	1999	3208619. 1	6. 35
1979	1166035. 8	5. 13	2000	3193539. 3	6. 26
1980	1339614. 4	5. 44	2001	3141476. 2	6. 21
	1363008. 4	5. 53	2002	3041359. 1	6. 09
1981	1484720. 7	5. 60	2003	2975996. 7	5. 97
1982	1575452. 3	5. 66	2004	2956546. 8	5. 87
1983	1629378. 0	5. 63	2005	2959473. 8	5. 87
1984	1699381. 1	5. 53	2006	3046819. 5	6. 01
1985	1811019. 5	5. 48	2007	3160336. 4	6. 16
1986	2113913. 1	6. 12	2008	3146252. 9	6. 28
1987	2579662. 1	7. 18	2009	3076572. 0	6. 53
1988	2836726. 9	7. 34	2010	3022469. 8	6. 27
1989	3231062. 4	7. 76	2011	2999247. 3	6. 36
1990	3531467. 2	7. 86	2012	3000298. 0	6. 33

资料来源：内閣府『平成 26 年度 年次経済財政報告—よみがえる日本経済、広がる可能性—』（長期経済統計）、2014 年 7 月。

附表 1－11　居民消费、工资、住宅统计

年份	个人消费			工资		住宅	
	家庭储蓄率（%）	新车初次登记、申报台数（轿车）（台）	轿车持有台数（平均每 100 户）（年度末值）（台）	春季工资上涨率（%）	工资现金总额增长率（%）	新房开工户数 数量（千户）	新房开工户数 年增长率（%）
1955	11.9	—	—	—	—	257	3.1
1956	12.9	—	—	—	—	309	19.9
1957	12.6	—	—	—	—	321	4.0
1958	12.3	49236	—	—	—	338	5.3
1959	13.7	73050	—	—	—	381	12.6
1960	14.5	145227	—	—	—	424	11.5
1961	15.9	229057	—	—	—	536	26.4
1962	15.6	259269	—	—	—	586	9.4
1963	14.9	371076	—	—	—	689	17.5
1964	15.4	493536	—	—	—	751	9.1
1965	15.8	586287	—	10.6	—	843	12.1
1966	15.0	740259	9.8	10.6	—	857	1.7
1967	14.1	1131337	13.3	12.5	—	991	15.7
1968	16.9	1569404	17.6	13.6	—	1202	21.2
1969	17.1	2036677	22.6	15.8	—	1347	12.1
1970	17.7	2379137	26.8	18.5	—	1485	10.2
1971	17.8	2402757	32.0	16.9	14.6	1464	－1.4
1972	18.2	2627087	38.8	15.3	16.0	1808	23.5
1973	20.4	2953026	42.3	20.1	21.5	1905	5.4
1974	23.2	2286795	45.0	32.9	27.2	1316	－30.9
1975	22.8	2737641	47.2	13.1	14.8	1356	3.1
1976	23.2	2449429	55.0	8.8	12.5	1524	12.4
1977	21.8	2500095	55.6	8.8	8.5	1508	－1.0
1978	20.8	2856710	60.8	5.9	6.4	1549	2.7
1979	18.2	3036873	64.1	6.0	6.0	1493	－3.6
1980	17.7	2854175	64.9	6.74	6.3	1269	－15.0
1981	18.6	2866695	71.7	7.68	5.3	1152	－9.2
1982	17.3	3038272	76.4	7.01	4.1	1146	－0.5
1983	16.8	3135611	79.2	4.40	2.7	1137	－0.8
1984	16.7	3095554	83.6	4.46	3.6	1187	4.4
1985	16.2	3252291	84.5	5.03	2.8	1236	4.1
1986	15.4	3322888	91.3	4.55	2.7	1365	10.4
1987	13.7	3477762	94.5	3.56	1.9	1674	22.7

续附表

年份	个人消费			工资		住宅	
	家庭储蓄率(%)	新车初次登记、申报台数(轿车)(台)	轿车持有台数(平均每100户)(年度末值)(台)	春季工资上涨率(%)	工资现金总额增长率(%)	新房开工户数	
						数量(千户)	年增长率(%)
1988	14.2	3980942	104.1	4.43	3.5	1685	0.6
1989	14.1	4760084	108.0	5.17	4.2	1663	-1.3
1990	13.5	5575208	112.3	5.94	4.7	1707	2.7
1991	15.1	5416423	114.2	5.65	3.5	1370	-19.7
1992	14.7	5097435	116.1	4.95	1.7	1403	2.4
1993	14.2	4805535	116.2	3.89	0.6	1486	5.9
1994	13.3	4860582	118.6	3.13	1.8	1570	5.7
1995	12.6	5119034	121.0	2.83	1.8	1470	-6.4
1996	10.5	5394596	125.1	2.86	1.6	1643	11.8
1997	10.3	5182286	127.8	2.90	2.0	1387	-15.6
1998	11.4	4647966	126.7	2.66	-1.4	1198	-13.6
1999	10.0	4656505	130.7	2.21	-1.4	1215	1.4
2000	8.7	4802493	132.7	2.06	-0.3	1230	1.3
2001	3.7	4789300	137.3	2.01	-0.9	1174	-4.6
2002	3.1	4790215	143.8	1.66	-2.9	1151	-1.9
2003	2.5	4707626	142.3	1.63	-0.1	1160	0.8
2004	2.1	4760675	134.3	1.67	-0.8	1189	2.5
2005	1.4	4740643	139.1	1.71	1.0	1236	4.0
2006	1.1	4633823	140.2	1.79	1.0	1290	4.4
2007	0.9	4392734	140.3	1.87	-0.9	1061	-17.8
2008	0.4	4220556	137.0	1.99	-0.5	1094	3.1
2009	2.4	3917460	139.4	1.83	-5.0	788	-27.9
2010	2.0	4205097	136.9	1.82	1.0	813	3.1
2011	2.7	3519855	141.8	1.83	0.2	834	2.6
2012	1.3	4566355	138.4	1.78	-0.6	883	5.8
2013	—	4555525	128.6	1.80	0.3	980	11.0
2013年7~9月	—	1140587	—	—	-0.3	999	13.5
2013年10~12月	—	1270870	—	—	0.9	1026	12.9
2014年1~3月	—	1323981	—	—	0.5	939	3.4
2014年4~6月	—	1071207	—	—	—	—	—

资料来源：内閣府『平成26年度 年次経済財政報告—よみがえる日本経済、広がる可能性—』(長期経済統計)、2014年7月。

附表 1－12 设备投资、工矿业生产统计

年份	设备投资	工矿业生产					
	设备投资与名义 GDP 之比(%)	生产指数		出厂指数		生产者商品库存指数	
		2010 年 =100	年增长率(%)	2010 年 =100	年增长率(%)	2010 年 =100	年增长率(%)
1955	9.4	6.4	8.5	6.4	8.5	7.4	-3.9
1956	12.8	7.7	20.3	7.8	21.9	7.7	4.1
1957	15.4	9.1	18.2	8.9	14.1	11.4	48.1
1958	14.0	9.0	-1.1	9.0	1.1	11.1	-2.6
1959	14.9	10.8	20.0	10.7	18.9	11.6	4.5
1960	18.2	13.4	24.1	13.2	23.4	14.4	24.1
1961	20.2	16.1	20.1	15.6	18.2	18.8	30.6
1962	19.2	17.4	8.1	16.9	8.3	22.5	19.7
1963	18.1	19.4	11.5	18.7	10.7	23.4	4.0
1964	18.3	22.4	15.5	21.5	15.0	27.9	19.2
1965	15.7	23.3	4.0	22.4	4.2	29.9	7.2
1966	15.8	26.4	13.3	25.5	13.8	30.5	2.0
1967	17.8	31.5	19.3	30.0	17.6	36.0	18.0
1968	18.7	36.3	15.2	34.7	15.7	43.8	21.7
1969	20.2	42.1	16.0	40.5	16.7	51.2	16.9
1970	21.0	48.0	14.0	45.7	12.8	62.6	22.3
1971	19.0	49.2	2.5	47.1	3.1	68.5	9.4
1972	17.5	52.8	7.3	51.2	8.7	65.1	-5.0
1973	18.5	60.6	14.8	58.5	14.3	67.2	3.2
1974	18.4	58.2	-4.0	55.3	-5.5	96.3	43.3
1975	16.4	51.8	-11.0	51.2	-7.4	87.8	-8.8
1976	15.1	57.7	11.4	56.5	10.4	94.1	7.2
1977	14.1	60.0	4.0	58.7	3.9	97.1	3.2
1978	13.7	63.8	6.3	62.1	5.8	94.5	-2.7
1979	14.9	68.5	7.4	66.3	6.8	97.6	3.3
1980	16.0	71.7	4.7	68.2	2.9	105.8	8.4
1981	15.7	72.4	1.0	68.6	0.6	102.0	-3.6
1982	15.3	72.7	0.4	68.2	-0.6	100.3	-1.7
1983	14.6	74.8	2.9	70.5	3.4	94.6	-5.7
1984	15.0	81.9	9.5	76.2	8.1	101.9	7.7
1985	16.5	84.9	3.7	78.9	3.5	105.5	3.5
1986	16.5	84.7	-0.2	79.3	0.5	104.2	-1.2
1987	16.4	87.6	3.4	82.4	3.9	101.1	-3.0
1988	17.7	96.1	9.7	89.8	9.0	106.5	5.3
1989	19.3	101.7	5.8	95.0	5.8	115.4	8.4
1990	20.0	105.8	4.0	99.7	4.9	114.6	-0.7

续附表

年份	设备投资	工矿业生产					
	设备投资与名义GDP之比（%）	生产指数		出厂指数		生产者商品库存指数	
		2010年=100	年增长率（%）	2010年=100	年增长率（%）	2010年=100	年增长率（%）
1991	20.1	107.6	1.7	101.1	1.4	130.0	13.4
1992	18.3	101.0	-6.1	96.0	-5.0	128.8	-0.9
1993	16.3	97.1	-3.9	93.2	-2.9	126.3	-1.9
1994	14.4	98.1	1.0	94.1	1.0	120.4	-4.7
1995	14.5	101.2	3.2	96.5	2.6	127.1	5.6
1996	14.1	103.5	2.3	99.1	2.7	126.7	-0.3
1997	15.0	107.3	3.7	103.1	4.0	134.3	6.0
1998	14.2	99.9	-6.9	97.3	-5.6	123.5	-8.0
1999	13.6	100.1	0.2	98.3	1.0	115.0	-6.9
2000	14.2	105.9	5.8	104.1	5.9	117.4	2.1
2001	13.8	98.7	-6.8	97.5	-6.3	116.5	-0.8
2002	12.9	97.5	-1.2	97.3	-0.2	107.2	-8.0
2003	13.2	100.4	3.0	100.6	3.4	104.1	-2.9
2004	13.3	105.2	4.8	105.5	4.9	104.0	-0.1
2005	13.9	106.7	1.4	107.0	1.4	108.9	4.7
2006	14.4	111.4	4.4	111.9	4.6	112.8	3.6
2007	14.9	112.4	0.9	112.9	0.9	113.8	0.9
2008	14.9	110.7	-1.5	110.6	-2.0	121.9	7.1
2009	13.2	86.5	-21.9	86.6	-21.7	100.5	-17.6
2010	12.7	100.0	15.6	100.0	15.5	102.9	2.4
2011	13.4	97.2	-2.8	96.3	-3.7	105.0	2.0
2012	13.8	97.8	0.6	97.5	1.2	110.5	5.2
2013	13.5	97.0	-0.8	96.9	-0.6	105.7	-4.3
2011年10~12月	14.2	100.5	-0.2	100.2	0.1	104.5	2.5
2012年1~3月	13.7	101.3	6.6	101.9	5.9	109.6	12.1
2012年4~6月	13.9	99.1	6.8	98.8	10.3	110.2	5.3
2012年7~9月	13.8	95.9	-3.9	94.6	-3.6	112.2	5.3
2012年10~12月	13.7	94.1	-5.9	93.4	-6.4	110.4	5.2
2013年1~3月	13.4	94.6	-7.8	96.5	-6.3	107.2	-3.0
2013年4~6月	13.4	96.1	-3.0	95.5	-3.5	107.6	-2.9
2013年7~9月	13.6	97.8	2.3	96.6	1.5	107.5	-3.5
2013年10~12月	13.8	99.6	5.8	99.1	6.5	105.5	-4.3
2014年1~3月	14.6	102.5	8.2	103.7	7.4	105.7	-1.4

资料来源：内閣府『平成26年度 年次経済財政報告―よみがえる日本経済、広がる可能性―』（長期経済統計）、2014年7月。

附表 1 –13　工矿业指数、第三产业活动指数、企业收益、企业统计

年　份	工矿业指数		第三产业活动指数	企业收益		企业破产
	生产者商品库存率指数	制造业开工率指数		经常收益	销售额与经常收益比率	银行停止与其往来的处分者件数
	2010 年 = 100	2010 年 = 100	2005 年 = 100	年增长率(%)	%	件
1955	—	—	—	32.5	2.8	—
1956	—	—	—	59.3	3.4	—
1957	—	—	—	9.6	3.1	—
1958	—	—	—	-22.7	2.4	—
1959	—	—	—	76.8	3.5	—
1960	—	—	—	40.7	3.8	—
1961	—	—	—	20.2	3.6	—
1962	—	—	—	-1.9	3.2	—
1963	—	—	—	25.5	3.3	—
1964	—	—	—	10.6	2.9	—
1965	—	—	—	-4.5	2.5	10152
1966	—	—	—	42.2	3.0	11058
1967	—	—	—	39.4	3.3	13683
1968	76.4	-	—	19.5	3.4	13240
1969	77.4	—	—	30.2	3.6	10658
1970	81.5	—	—	13.7	3.4	11589
1971	94.0	—	—	-17.4	2.6	11489
1972	86.8	—	—	30.3	2.9	9544
1973	73.2	—	—	78.9	3.8	10862
1974	101.2	—	—	-27.3	2.2	13605
1975	114.3	—	—	-32.6	1.4	14477
1976	101.7	—	—	72.9	2.1	16842
1977	103.1	—	—	8.0	2.1	18741
1978	94.9	113.4	—	34.3	2.6	15526
1979	87.6	120.1	—	31.9	3.0	14926
1980	95.3	120.3	—	10.0	2.8	16635
1981	99.9	114.8	—	-8.2	2.4	15683
1982	100.3	111.4	—	-4.4	2.2	14824
1983	95.4	112.9	—	12.3	2.4	15848
1984	92.8	119.4	—	17.9	2.6	16976
1985	96.8	119.6	—	3.9	2.6	15337
1986	98.6	114.2	—	-1.6	2.5	13578
1987	92.8	114.2	—	27.6	3.0	9040

续附表

年份	工矿业指数		第三产业活动指数	企业收益		企业破产
	生产者商品库存率指数	制造业开工率指数		经常收益	销售额与经常收益比率	银行停止与其往来的处分者件数
	2010 年 = 100	2010 年 = 100	2005 年 = 100	年增长率(%)	%	件
1988	87.9	120.8	74.0	25.6	3.4	7819
1989	90.2	123.2	78.6	14.7	3.7	5550
1990	89.1	124.5	82.7	-6.9	3.1	5292
1991	95.2	121.9	85.8	-8.8	2.7	9066
1992	104.5	111.9	86.3	-26.2	2.0	10728
1993	105.7	106.2	86.9	-12.1	1.8	10352
1994	101.5	105.8	88.2	11.9	1.9	10246
1995	103.2	108.5	89.8	10.9	2.0	10742
1996	104.3	109.6	92.2	21.9	2.4	10722
1997	103.3	113.3	93.2	4.8	2.5	12048
1998	114.0	104.8	92.8	-26.4	1.9	13356
1999	104.3	104.5	92.9	17.7	2.3	10249
2000	101.1	109.1	94.6	33.7	3.0	12160
2001	111.5	100.8	95.6	-15.5	2.5	11693
2002	103.0	101.9	95.6	-0.7	2.7	10730
2003	98.0	106.4	96.4	12.6	3.0	8189
2004	93.8	111.3	98.1	27.7	3.6	6374
2005	96.2	112.7	100.0	11.8	3.9	5489
2006	96.3	115.8	101.8	9.1	4.0	5227
2007	97.3	116.8	102.8	3.6	4.0	5257
2008	105.7	111.5	101.8	-26.3	3.0	5687
2009	127.2	83.6	96.5	-35.3	2.3	4568
2010	100.0	100.0	97.8	68.1	3.5	3134
2011	108.1	95.7	97.9	-6.0	3.4	2609
2012	113.2	97.8	99.3	8.8	3.8	2391
2013	109.0	97.3	99.9	19.7	4.6	1820
2012 年 1~3 月	107.6	102.6	99.0	9.3	3.8	572
2012 年 4~6 月	111.5	99.6	99.0	11.5	3.7	603
2012 年 7~9 月	116.4	95.1	99.0	6.3	3.8	632
2012 年 10~12 月	117.7	93.1	99.3	7.9	4.0	584
2013 年 1~3 月	113.4	95.1	99.8	6.0	4.2	481
2013 年 4~6 月	108.3	96.3	100.1	24.0	4.7	469
2013 年 7~9 月	109.4	97.8	100.2	24.1	4.6	454
2013 年 10~12 月	104.6	100.2	100.0	26.6	4.9	416
2014 年 1~3 月	102.6	106.0	101.7	20.2	4.9	365

资料来源：内閣府『平成 26 年度 年次経済財政報告—よみがえる日本経済、広がる可能性—』（長期経済統計）、2014 年 7 月。

附表1－14　人口、就业、劳动时间统计（1）

年　份	人　　口			就　　业	
	总人口（万人）	平均家庭人数（人）	合计特殊出生率（%）	劳动力人口（万人）	劳动力参与率（%）
1955	8928	4.68	2.37	4194	70.3
1956	9017	4.53	2.22	4268	70.7
1957	9093	4.38	2.04	4363	70.7
1958	9177	4.27	2.11	4387	69.7
1959	9264	4.23	2.04	4433	69.0
1960	9342	4.13	2.00	4511	69.2
1961	9429	3.97	1.96	4562	69.1
1962	9518	3.95	1.98	4614	68.3
1963	9616	3.81	2.00	4652	67.1
1964	9718	3.83	2.05	4710	66.1
1965	9828	3.75	2.14	4787	65.7
1966	9904	3.68	1.58	4891	65.8
1967	10020	3.53	2.23	4983	65.9
1968	10133	3.50	2.13	5061	65.9
1969	10254	3.50	2.13	5098	65.5
1970	10372	3.45	2.13	5153	65.4
1971	10515	3.38	2.16	5186	65.0
1972	10760	3.32	2.14	5199	64.4
1973	10910	3.33	2.14	5326	64.7
1974	11057	3.33	2.05	5310	63.7
1975	11194	3.35	1.91	5323	63.0
1976	11309	3.27	1.85	5378	63.0
1977	11417	3.29	1.80	5452	63.2
1978	11519	3.31	1.79	5532	63.4
1979	11616	3.30	1.70	5596	63.4
1980	11706	3.28	1.75	5650	63.3
1981	11790	3.24	1.74	5707	63.3
1982	11873	3.25	1.77	5774	63.3
1983	11954	3.25	1.80	5889	63.8
1984	12031	3.19	1.81	5927	63.4
1985	12105	3.22	1.76	5963	63.0
1986	12166	3.22	1.72	6020	62.8

续附表

年份	人口			就业	
	总人口（万人）	平均家庭人数（人）	合计特殊出生率（%）	劳动力人口（万人）	劳动力参与率（%）
1987	12224	3.19	1.69	6084	62.6
1988	12275	3.12	1.66	6166	62.6
1989	12321	3.10	1.57	6270	62.9
1990	12361	3.05	1.54	6384	63.3
1991	12410	3.04	1.53	6505	63.8
1992	12457	2.99	1.50	6578	64.0
1993	12494	2.96	1.46	6615	63.8
1994	12527	2.95	1.50	6645	63.6
1995	12557	2.91	1.42	6666	63.4
1996	12586	2.85	1.43	6711	63.5
1997	12616	2.79	1.39	6787	63.7
1998	12647	2.81	1.38	6793	63.3
1999	12667	2.79	1.34	6779	62.9
2000	12693	2.76	1.36	6766	62.4
2001	12732	2.75	1.33	6752	62.0
2002	12749	2.74	1.32	6689	61.2
2003	12769	2.76	1.29	6666	60.8
2004	12779	2.72	1.29	6642	60.4
2005	12777	2.68	1.26	6651	60.4
2006	12777	2.65	1.32	6664	60.4
2007	12777	2.63	1.34	6684	60.4
2008	12769	2.63	1.37	6674	60.2
2009	12751	2.62	1.37	6650	59.9
2010	12806	2.59	1.39	6632	59.6
2011	12780	2.58	1.39	6591	59.3
2012	12752	2.57	1.41	6555	59.1
2013	12730	—	1.43	6577	59.3
2013年7～9月	12734	—	—	6588	59.4
2013年10～12月	12730	—	—	6598	59.5
2014年1～3月	12722	—	—	6520	58.8
2014年4～6月	P12714	—	—	—	—

资料来源：内閣府『平成26年度 年次経済財政報告—よみがえる日本経済、広がる可能性—』（長期経済統計）、2014年7月。

附表 1－15　人口、就业、劳动时间统计（2）

年　份	就　　业						劳动时间
	就业人数（万人）	雇佣者人数（万人）	雇佣者比例（%）	完全失业人数（万人）	完全失业率（%）	有效求人倍率（倍）	总实际劳动时间（小时）
1955	4090	1778	43.5	105	2.5	—	—
1956	4171	1913	45.9	98	2.3	—	—
1957	4281	2053	48.0	82	1.9	—	—
1958	4298	2139	49.8	90	2.1	—	—
1959	4335	2250	51.9	98	2.2	—	—
1960	4436	2370	53.4	75	1.7	—	—
1961	4498	2478	55.1	66	1.4	—	—
1962	4556	2593	56.9	59	1.3	—	—
1963	4595	2672	58.2	59	1.3	0.70	—
1964	4655	2763	59.4	54	1.1	0.80	—
1965	4730	2876	60.8	57	1.2	0.64	—
1966	4827	2994	62.0	65	1.3	0.74	—
1967	4920	3071	62.4	63	1.3	1.00	—
1968	5002	3148	62.9	59	1.2	1.12	—
1969	5040	3199	63.5	57	1.1	1.30	—
1970	5094	3306	64.9	59	1.1	1.41	2239.2
1971	5121	3412	66.6	64	1.2	1.12	2217.6
1972	5126	3465	67.6	73	1.4	1.16	2205.6
1973	5259	3615	68.7	68	1.3	1.76	2184.0
1974	5237	3637	69.4	73	1.4	1.20	2106.0
1975	5223	3646	69.8	100	1.9	0.61	2064.0
1976	5271	3712	70.4	108	2.0	0.64	2094.0
1977	5342	3769	70.6	110	2.0	0.56	2096.4
1978	5408	3799	70.2	124	2.2	0.56	2102.4
1979	5479	3876	70.7	117	2.1	0.71	2114.4
1980	5536	3971	71.7	114	2.0	0.75	2108.4
1981	5581	4037	72.3	126	2.2	0.68	2101.2
1982	5638	4098	72.7	136	2.4	0.61	2096.4
1983	5733	4208	73.4	156	2.6	0.60	2097.6
1984	5766	4265	74.0	161	2.7	0.65	2115.6
1985	5807	4313	74.3	156	2.6	0.68	2109.6
1986	5853	4379	74.8	167	2.8	0.62	2102.4

续附表

年　份	就　业						劳动时间
	就业人数（万人）	雇佣者人数（万人）	雇佣者比例（%）	完全失业人数（万人）	完全失业率（%）	有效求人倍率（倍）	总实际劳动时间（小时）
1987	5911	4428	74.9	173	2.8	0.70	2110.8
1988	6011	4538	75.5	155	2.5	1.01	2110.8
1989	6128	4679	76.4	142	2.3	1.25	2088.0
1990	6249	4835	77.4	134	2.1	1.40	2052.0
1991	6369	5002	78.5	136	2.1	1.40	2016.0
1992	6436	5119	79.5	142	2.2	1.08	1971.6
1993	6450	5202	80.7	166	2.5	0.76	1912.8
1994	6453	5236	81.1	192	2.9	0.64	1904.4
1995	6457	5263	81.5	210	3.2	0.63	1909.2
1996	6486	5322	82.1	225	3.4	0.70	1918.8
1997	6557	5391	82.2	230	3.4	0.72	1899.6
1998	6514	5368	82.4	279	4.1	0.53	1879.2
1999	6462	5331	82.5	317	4.7	0.48	1842.0
2000	6446	5356	83.1	320	4.7	0.59	1858.8
2001	6412	5369	83.7	340	5.0	0.59	1848.0
2002	6330	5331	84.2	359	5.4	0.54	1837.2
2003	6316	5335	84.5	350	5.3	0.64	1845.6
2004	6329	5355	84.6	313	4.7	0.83	1839.6
2005	6356	5393	84.8	294	4.4	0.95	1828.8
2006	6389	5478	85.7	275	4.1	1.06	1842.0
2007	6427	5537	86.2	257	3.9	1.04	1850.4
2008	6409	5546	86.5	265	4.0	0.88	1836.0
2009	6314	5489	86.9	336	5.1	0.47	1767.6
2010	6298	5500	87.3	334	5.1	0.52	1797.6
2011	6289	5508	87.6	302	4.6	0.65	1788.0
2012	6270	5504	87.8	285	4.3	0.80	1808.4
2013	6311	5553	88.0	265	4.0	0.93	1791.6
2013 年 7～9 月	6313	5564	88.1	263	4.0	0.95	—
2013 年 10～12 月	6343	5579	88.0	256	3.9	1.01	—
2014 年 1～3 月	6332	5570	88.0	237	3.6	1.05	—

资料来源：内閣府『平成 26 年度 年次経済財政報告—よみがえる日本経済、広がる可能性—』（長期経済統計）、2014 年 7 月。

附表 1－16　物价统计

年份	物价等					
	国内企业价格指数		消费者价格指数		市街地价格指数	
	2010 年＝100	年增长率（%）	2010 年＝100	年增长率（%）	2000 年＝100	年增长率（%）
1955	—	—	17.7	－1.1	2.2	—
1956	—	—	17.8	0.3	2.5	14.0
1957	—	—	18.3	3.1	3.2	28.1
1958	—	—	18.2	－0.4	3.9	21.9
1959	—	—	18.4	1.0	4.8	23.6
1960	49.4	—	19.1	3.6	6.1	27.3
1961	50.0	1.2	20.1	5.3	8.7	42.5
1962	49.1	－1.8	21.5	6.8	11.1	27.1
1963	49.9	1.6	23.1	7.6	13.0	17.2
1964	49.9	0.0	24.0	3.9	14.8	14.0
1965	50.5	1.2	25.6	6.6	16.8	13.4
1966	51.7	2.4	26.9	5.1	17.7	5.2
1967	53.1	2.7	27.9	4.0	19.2	8.3
1968	53.6	0.9	29.4	5.3	21.8	13.6
1969	54.5	1.7	31.1	5.2	25.5	17.2
1970	56.4	3.5	32.6	7.7	30.5	19.7
1971	55.9	－0.9	34.8	6.3	35.3	15.7
1972	56.8	1.6	36.4	4.9	40.0	13.2
1973	65.8	15.8	40.7	11.7	50.1	25.1
1974	83.9	27.5	50.1	23.2	61.6	23.0
1975	86.2	2.7	56.0	11.7	58.9	－4.3
1976	90.9	5.5	61.3	9.4	59.4	0.8
1977	94.0	3.4	66.2	8.1	60.7	2.1
1978	93.5	－0.5	69.1	4.2	62.3	2.8
1979	98.2	5.0	71.6	3.7	65.2	4.6
1980	112.9	15.0	77.2	7.7	70.7	8.5
1981	114.4	1.3	80.9	4.9	76.9	8.7
1982	114.9	0.4	83.2	2.8	82.3	7.1
1983	114.2	－0.6	84.7	1.9	86.2	4.7
1984	114.3	0.1	86.7	2.3	89.0	3.2
1985	113.4	－0.8	88.4	2.0	91.5	2.8
1986	108.1	－4.7	89.0	0.6	94.1	2.8

续附表

年份	物价等					
	国内企业价格指数		消费者价格指数		市街地价格指数	
	2010年=100	年增长率(%)	2010年=100	年增长率(%)	2000年=100	年增长率(%)
1987	104.7	-3.1	89.0	0.1	99.2	5.4
1988	104.2	-0.5	89.7	0.7	109.1	10.0
1989	106.1	1.8	91.7	2.3	117.4	7.6
1990	107.7	1.5	94.5	3.1	133.9	14.1
1991	108.9	1.1	97.6	3.3	147.8	10.4
1992	107.8	-1.0	99.3	1.6	145.2	-1.8
1993	106.2	-1.5	100.6	1.3	137.2	-5.5
1994	104.4	-1.7	101.2	0.7	130.9	-4.6
1995	103.5	-0.9	101.1	-0.1	126.1	-3.7
1996	101.9	-1.5	101.2	0.1	120.5	-4.4
1997	102.5	0.6	103.1	1.8	115.6	-4.1
1998	101.0	-1.5	103.7	0.6	111.5	-3.5
1999	99.5	-1.5	103.4	-0.3	106.1	-4.8
2000	99.5	0.0	102.7	-0.7	100.0	-5.8
2001	97.3	-2.2	101.9	-0.7	93.7	-6.3
2002	95.3	-2.1	101.0	-0.9	87.4	-6.7
2003	94.4	-0.9	100.7	-0.3	81.2	-7.1
2004	95.6	1.3	100.7	0.0	74.4	-8.4
2005	97.2	1.7	100.4	-0.3	69.1	-7.1
2006	99.3	2.2	100.7	0.3	65.7	-4.8
2007	101.1	1.8	100.7	0.0	64.4	-2.1
2008	105.7	4.5	102.1	1.4	63.9	-0.8
2009	100.1	-5.3	100.7	-1.4	61.4	-3.9
2010	100.0	-0.1	100.0	-0.7	58.5	-4.6
2011	101.5	1.5	99.7	-0.3	56.1	-4.1
2012	100.6	-0.9	99.7	0.0	54.2	-3.4
2013	101.9	1.3	100.0	0.4	52.7	-2.7
2013年4~6月	101.6	0.7	99.8	-0.3	—	—
2013年7~9月	102.4	2.2	100.3	0.9	—	—
2013年10~12月	102.6	2.5	100.8	1.4	—	—
2014年1~3月	102.8	1.9	100.8	1.5	—	—

资料来源：内閣府『平成26年度 年次経済財政報告—よみがえる日本経済、広がる可能性—』(長期経済統計)、2014年7月。

附表 1－17　国际经济统计（1）

年　份	进出口通关				
	出口数量指数		进口数量指数		进口商品比例（%）
	2010 年＝100	年增长率（%）	2010 年＝100	年增长率（%）	
1955	—	—	—	—	11. 9
1956	—	—	—	—	15. 9
1957	—	—	—	—	22. 9
1958	—	—	—	—	21. 7
1959	—	—	—	—	21. 5
1960	3. 5	—	4. 8	—	22. 1
1961	3. 7	5. 7	6. 2	29. 2	24. 5
1962	4. 4	18. 9	6. 1	－1. 6	25. 9
1963	4. 9	11. 4	7. 2	18. 0	24. 5
1964	6. 1	24. 5	8. 2	13. 9	25. 8
1965	7. 8	27. 9	8. 3	1. 2	22. 7
1966	9. 1	16. 7	9. 7	16. 9	22. 8
1967	9. 3	2. 2	11. 8	21. 6	26. 8
1968	11. 5	23. 7	13. 3	12. 7	27. 5
1969	13. 6	18. 3	15. 4	15. 8	29. 5
1970	15. 7	15. 4	18. 6	20. 8	30. 3
1971	18. 8	19. 7	18. 6	0. 0	28. 6
1972	20. 1	6. 9	20. 9	12. 4	29. 6
1973	21. 1	5. 0	26. 9	28. 7	30. 6
1974	24. 8	17. 5	26. 3	－2. 2	23. 7
1975	25. 3	2. 0	23. 0	－12. 5	20. 3
1976	30. 8	21. 7	24. 8	7. 8	21. 5
1977	33. 5	8. 8	25. 5	2. 8	21. 5
1978	33. 9	1. 2	27. 3	7. 1	26. 7
1979	33. 5	－1. 2	30. 2	10. 6	26. 0
1980	39. 2	17. 0	28. 5	－5. 6	22. 8
1981	43. 3	10. 5	27. 8	－2. 5	24. 3
1982	42. 3	－2. 3	27. 6	－0. 7	24. 9
1983	46. 1	9. 0	28. 1	1. 8	27. 2
1984	53. 4	15. 8	31. 0	10. 3	29. 8
1985	55. 7	4. 3	31. 1	0. 3	31. 0
1986	55. 4	－0. 5	34. 1	9. 6	41. 8
1987	55. 5	0. 2	37. 3	9. 4	44. 1

续附表

年　份	进出口通关				
	出口数量指数		进口数量指数		进口商品比例（%）
	2010 年 = 100	年增长率（%）	2010 年 = 100	年增长率（%）	
1988	58.4	5.2	43.5	16.6	49.0
1989	68.6	17.5	76.3	75.4	50.3
1990	64.0	-6.7	49.6	-35.0	50.3
1991	65.6	2.5	51.5	3.8	50.8
1992	66.6	1.5	51.3	-0.4	50.2
1993	65.5	-1.7	53.5	4.3	52.0
1994	66.6	1.7	60.7	13.5	55.2
1995	69.1	3.8	68.3	12.5	59.1
1996	70.0	1.3	72.1	5.6	59.4
1997	78.2	11.7	73.3	1.7	59.3
1998	77.2	-1.3	69.4	-5.3	62.1
1999	78.8	2.1	76.1	9.7	62.5
2000	86.2	9.4	84.4	10.9	61.1
2001	78.1	-9.4	82.8	-1.9	61.4
2002	84.3	7.9	84.4	1.9	62.2
2003	88.4	4.9	90.4	7.1	61.4
2004	97.8	10.6	96.7	7.0	61.3
2005	98.6	0.8	99.5	2.9	58.5
2006	106.3	7.8	103.3	3.8	56.8
2007	111.4	4.8	103.2	-0.1	56.4
2008	109.7	-1.5	102.5	-0.7	50.1
2009	80.5	-26.6	87.8	-14.3	56.1
2010	100.0	24.2	100.0	13.9	55.0
2011	96.2	-3.8	102.6	2.6	51.6
2012	91.6	-4.8	105.0	2.3	50.9
2013	90.2	-1.6	105.3	0.3	51.7
2013 年 4～6 月	91.0	1.5	103.2	-0.9	51.8
2013 年 7～9 月	90.2	-0.9	105.9	2.6	53.2
2013 年 10～12 月	90.3	0.1	107.7	1.7	52.4
2014 年 1～3 月	90.3	0.1	110.7	2.8	51.4

资料来源：内閣府『平成 26 年度 年次経済財政報告—よみがえる日本経済、広がる可能性—』（長期経済統計）、2014 年 7 月。

附表 1 - 18　国际经济统计（2）

年　份	进出口通关		国际收支等			
	关税负担率（%）	出口中日元结算占通货比例（%）	贸易收支（亿日元）	出口额（亿日元）	进口额（亿日元）	日元汇率（日元/美元）
1955	—	—	—	—	—	360.00
1956	—	—	—	—	—	360.00
1957	—	—	—	—	—	360.00
1958	—	—	—	—	—	360.00
1959	—	—	—	—	—	360.00
1960	—	—	—	—	—	360.00
1961	—	—	—	—	—	360.00
1962	—	—	—	—	—	360.00
1963	—	—	—	—	—	360.00
1964	—	—	—	—	—	360.00
1965	—	—	—	—	—	360.00
1966	—	—	8247	34939	26692	360.00
1967	—	—	4200	37049	32849	360.00
1968	—	—	9096	45948	36851	360.00
1969	—	—	13257	56190	42933	360.00
1970	6.9	—	14188	67916	53728	360.00
1971	6.6	—	26857	81717	54860	347.83
1972	6.3	—	27124	84870	57747	303.08
1973	5.0	—	10018	98258	88240	272.18
1974	2.7	—	4604	159322	154718	292.06
1975	2.9	—	14933	162503	147570	296.84
1976	3.3	—	29173	195510	166337	296.49
1977	3.8	—	45647	211833	166187	268.32
1978	4.1	—	51633	199863	148230	210.11
1979	3.1	—	3598	222958	219360	219.47
1980	2.5	—	3447	285612	282165	226.45
1981	2.5	—	44983	330329	285346	220.83
1982	2.6	—	45572	342568	296996	249.26
1983	2.5	—	74890	345553	270663	237.61
1984	2.5	—	105468	399936	294468	237.61
1985	2.6	—	129517	415719	286202	238.05
1986	3.3	—	151249	345997	194747	168.03

续附表

年 份	进出口通关		国际收支等			
	关税负担率(%)	出口中日元结算占通货比例(%)	贸易收支(亿日元)	出口额(亿日元)	进口额(亿日元)	日元汇率(日元/美元)
1987	3.4	—	132319	325233	192915	144.52
1988	3.4	—	118144	334258	216113	128.20
1989	2.9	—	110412	373977	263567	138.11
1990	2.7	—	100529	406879	306350	144.88
1991	3.3	—	129231	414651	285423	134.59
1992	3.4	—	157764	420816	263055	126.62
1993	3.6	—	154816	391640	236823	111.06
1994	3.4	—	147322	393485	246166	102.18
1995	3.1	—	123445	402596	279153	93.97
1996	2.8	—	90346	430153	339807	108.81
1997	2.5	—	123709	488801	365091	120.92
1998	2.6	—	160782	482899	322117	131.02
1999	2.4	—	141370	452547	311176	113.94
2000	2.1	36.1	126983	489635	362652	107.79
2001	2.2	34.9	88469	460367	371898	121.58
2002	1.9	35.8	121211	489029	367817	125.17
2003	1.9	38.9	124631	513292	388660	115.94
2004	1.7	40.1	144235	577036	432801	108.17
2005	1.5	38.9	117712	630094	512382	110.21
2006	1.4	37.8	110701	720268	609567	116.31
2007	1.3	38.3	141873	800236	658364	117.77
2008	1.2	39.9	58031	776111	718081	103.39
2009	1.4	39.9	53876	511216	457340	93.61
2010	1.3	41.0	95160	643914	548754	87.76
2011	1.3	41.3	-3302	629653	632955	79.77
2012	1.3	39.4	-42719	619568	662287	79.80
2013	—	35.6	-87734	678290	766024	97.71
2013年4~6月	—	—	-16635	167826	184461	98.76
2013年7~9月	—	—	-23135	171523	194658	98.93
2013年10~12月	—	—	-28048	177601	205649	100.36
2014年1~3月	—	—	-37966	183493	221459	102.77

资料来源：内閣府『平成26年度 年次経済財政報告—よみがえる日本経済、広がる可能性—』(長期経済統計)、2014年7月。

附表 1－19　国际经济统计（3）

年　份	国际收支等						
	经常收支（亿日元）	经常收支对名义 GDP 之比	贸易服务收支（亿日元）	资本收支（亿日元）	投资收支（亿日元）	外汇储备（百万美元）	对外纯资产（十亿日元）
1955	—	—	—	—	—	—	—
1956	—	—	—	—	—	467	—
1957	—	—	—	—	—	524	—
1958	—	—	—	—	—	861	—
1959	—	—	—	—	—	1322	—
1960	—	—	—	—	—	1824	—
1961	—	—	—	—	—	1486	—
1962	—	—	—	—	—	1841	—
1963	—	—	—	—	—	1878	—
1964	—	—	—	—	—	1999	—
1965	—	—	—	—	—	2107	—
1966	4545	1.2	—	—	—	2074	—
1967	－693	－0.2	—	—	—	2005	—
1968	3757	0.7	—	—	—	2891	—
1969	7595	1.2	—	—	—	3496	—
1970	7052	1.0	—	—	—	4399	—
1971	19935	2.5	—	—	—	15235	—
1972	19999	2.2	—	—	—	18365	—
1973	－341	0.0	—	—	—	12246	—
1974	－13301	－1.0	—	—	—	13518	—
1975	－2001	－0.1	—	—	—	12815	—
1976	10776	0.6	—	—	—	16604	—
1977	28404	1.5	—	—	—	22848	—
1978	34793	1.7	—	—	—	33019	—
1979	－19722	－0.9	—	—	—	20327	—
1980	－25763	－1.1	—	—	—	25232	—
1981	11491	0.4	—	—	—	28403	—
1982	17759	0.6	—	—	—	23262	—
1983	49591	1.7	—	—	—	24496	—
1984	83489	2.7	—	—	—	26313	—
1985	119698	3.7	106736	—	—	26510	—
1986	142437	4.2	129607	—	—	42239	28865

续附表

年　份	国　际　收　支　等						
	经常收支（亿日元）	经常收支对名义 GDP 之比	贸易服务收支（亿日元）	资本收支（亿日元）	投资收支（亿日元）	外汇储备（百万美元）	对外纯资产（十亿日元）
1987	121862	3.4	102931	—	—	81479	30199
1988	101461	2.7	79349	—	—	97662	36745
1989	87113	2.1	59695	—	—	84895	42543
1990	64736	1.5	38628	—	—	77053	44016
1991	91757	2.0	72919	—	—	68980	47498
1992	142349	3.0	102054	—	—	68685	64153
1993	146690	3.0	107013	—	—	95589	68823
1994	133425	2.7	98345	—	—	122845	66813
1995	103862	2.1	69545	—	—	182820	84072
1996	74943	1.5	23174	72723	-3537	217867	103359
1997	115700	2.2	57680	152467	-4879	220792	124587
1998	149981	2.9	95299	136226	-19313	215949	133273
1999	129734	2.6	78650	130830	-19088	288080	84735
2000	140616	2.8	74298	148757	-9947	361638	133047
2001	104524	2.1	32120	105629	-3462	401959	179257
2002	136837	2.7	64690	133968	-4217	469728	175308
2003	161254	3.2	83553	136860	-4672	673529	172818
2004	196941	3.9	101961	160928	-5134	844543	185797
2005	187277	3.7	76930	163444	-5490	846897	180699
2006	203307	4.0	73460	160494	-5533	895320	215081
2007	249490	4.9	98253	263775	-4731	973365	250221
2008	148786	3.0	18899	192482	-5583	1030647	225908
2009	135925	2.9	21249	161859	-4653	1049397	268246
2010	190903	4.0	65646	222578	-4341	1096185	255906
2011	101333	2.2	-33781	132284	282	1295841	265426
2012	46835	1.0	-83041	49158	-804	1268125	296315
2013	32343	0.7	-122521	-16310	-7436	1266815	325007
2013 年 4～6 月	18447	1.5	-23629	-12893	-3476	1238713	—
2013 年 7～9 月	5653	0.5	-31911	30689	-1111	1273446	—
2013 年 10～12 月	7	0.0	-38078	-28032	-546	1266815	—
2014 年 1～3 月	-14016	-1.2	-48975	-18353	-660	1279346	—

资料来源：内閣府『平成 26 年度 年次経済財政報告—よみがえる日本経済、広がる可能性—』（長期経済統計）、2014 年 7 月。

附表 1－20　金融统计

年　份	金　融						
	货币存量(M_2)平均余额		国内银行贷款约定平均利率(%)	流通国债收益率(%)	东证股价指数	东证股价时价总额(第一部)(亿日元)	股价收益率(PER)(第一部)
	亿日元	%					
1956	—	—	8.25	—	51.21	16404	—
1957	—	—	8.62	—	43.40	16748	—
1958	—	—	8.27	—	60.95	23226	—
1959	—	—	8.11	—	80.00	37770	—
1960	—	—	8.08	—	109.18	54113	—
1961	—	—	8.20	—	101.66	54627	—
1962	—	—	8.09	—	99.67	67039	—
1963	—	—	7.67	—	92.87	66693	—
1964	—	—	7.99	—	90.68	68280	—
1965	—	—	7.61	—	105.68	79013	—
1966	—	—	7.37	6.86	111.41	87187	—
1967	297970	—	7.35	6.96	100.89	85901	—
1968	344456	15.6	7.38	7.00	131.31	116506	—
1969	403883	17.2	7.60	7.01	179.30	167167	—
1970	477718	18.3	7.69	7.07	148.35	150913	—
1971	575437	20.3	7.45	7.09	199.45	214998	—
1972	728126	26.5	6.72	6.71	401.70	459502	25.5
1973	893370	23.0	7.92	8.19	306.44	365071	13.3
1974	999819	12.0	9.37	8.42	278.34	344195	13.0
1975	1130832	13.1	8.51	8.53	323.43	414682	27.0
1976	1301739	15.1	8.17	8.61	383.88	507510	46.3
1977	1449873	11.4	6.80	6.40	364.08	493502	24.2
1978	1620195	11.7	5.94	6.40	449.55	627038	34.3
1979	1812232	11.9	7.06	9.15	459.61	659093	23.3
1980	1978716	9.2	8.27	8.86	494.10	732207	20.4
1981	2155266	8.9	7.55	8.12	570.31	879775	21.1
1982	2353360	9.2	7.14	7.67	593.72	936046	25.8
1983	2526400	7.4	6.80	7.36	731.82	1195052	34.7
1984	2723601	7.8	6.56	6.65	913.37	1548424	37.9
1985	2951827	8.4	6.46	5.87	1049.40	1826967	35.2
1986	3207324	8.7	5.50	5.82	1556.37	2770563	47.3

续附表

年　份	金　融						
	货币存量(M_2)平均余额		国内银行贷款约定平均利率	流通国债收益率	东证股价	东证股价时价总额(第一部)	股价收益率(PER)(第一部)
	亿日元	%	(%)	(%)	指　数	(亿日元)	
1987	3540364	10.4	4.93	5.61	1725.83	3254779	58.3
1988	3936668	11.2	4.93	4.57	2357.03	4628963	58.4
1989	4326710	9.9	5.78	5.75	2881.37	5909087	70.6
1990	4831186	11.7	7.69	6.41	1733.83	3651548	39.8
1991	5006817	3.7	6.98	5.51	1714.68	3659387	37.8
1992	5036241	0.6	5.55	4.77	1307.66	2810056	36.7
1993	5089787	1.1	4.41	3.32	1439.31	3135633	64.9
1994	5194212	2.1	4.04	4.57	1559.09	3421409	79.5
1995	5351367	3.0	2.78	3.19	1577.70	3502375	86.5
1996	5525715	3.3	2.53	2.76	1470.94	3363851	79.3
1997	5694907	3.1	2.36	1.91	1175.03	2739079	37.6
1998	5969526	4.0	2.25	1.97	1086.99	2677835	103.1
1999	6162653	3.6	2.10	1.64	1722.20	4424433	—
2000	6292840	2.1	2.11	1.64	1283.67	3527846	170.8
2001	6468026	2.8	1.88	1.36	1032.14	2906685	240.9
2002	6681972	3.3	1.83	0.90	843.29	2429391	—
2003	6782578	1.7	1.79	1.36	1043.69	3092900	614.1
2004	6889343	1.9	1.73	1.43	1149.63	3535582	39.0
2005	7013739	1.8	1.62	1.47	1649.76	5220681	45.8
2006	7084273	1.0	1.76	1.67	1681.07	5386295	36.0
2007	7195822	1.6	1.94	1.50	1475.68	4756290	26.7
2008	7346008	2.1	1.86	1.16	859.24	2789888	20.0
2009	7544922	2.7	1.65	1.28	907.59	3027121	—
2010	7753911	2.8	1.55	1.11	898.80	3056930	45.0
2011	7966304	2.7	1.45	0.98	728.61	2513957	21.0
2012	8166216	2.5	1.36	0.79	859.80	2964429	18.4
2013	8460696	3.6	1.25	0.73	1302.29	4584843	23.5
2014年1~3月	8637400	4.0	1.25	0.64	1202.89	4272316	22.0

资料来源：内閣府『平成26年度 年次経済財政報告—よみがえる日本経済、広がる可能性—』(長期経済統計)、2014年7月。

附表 1 - 21 财政统计（1）

单位：%

年 度	财 政					
	一般政府财政平衡（与 GDP 之比）	中央政府财政平衡（与 GDP 之比）	地方政府财政平衡（与 GDP 之比）	社会保障基金财政平衡（与 GDP 之比）	租 税 负担率	国 民 负担率
1955	-0.7	—	—	—	18.9	22.2
1956	1.4	—	—	—	19.5	22.8
1957	1.3	—	—	—	19.5	23.0
1958	-0.1	—	—	—	18.5	22.1
1959	1.0	—	—	—	18.0	21.5
1960	2.2	—	—	—	18.9	22.4
1961	2.4	—	—	—	19.5	23.3
1962	1.3	—	—	—	19.3	23.3
1963	1.0	—	—	—	18.7	22.9
1964	1.0	—	—	—	19.0	23.4
1965	0.4	—	—	—	18.0	23.0
1966	-0.4	—	—	—	17.2	22.3
1967	0.8	—	—	—	17.4	22.5
1968	1.2	—	—	—	18.1	23.2
1969	1.8	—	—	—	18.3	23.5
1970	1.8	0.0	-0.4	2.2	18.9	24.3
1971	0.5	-1.0	-1.0	2.5	19.2	25.2
1972	0.2	-1.1	-1.1	2.4	19.8	25.6
1973	2.0	0.4	-1.0	2.6	21.4	27.4
1974	0.0	-1.4	-1.3	2.6	21.3	28.3
1975	-3.7	-4.0	-2.1	2.4	18.3	25.7
1976	-3.6	-4.3	-1.6	2.3	18.8	26.6
1977	-4.2	-5.0	-1.8	2.7	18.9	27.3
1978	-4.2	-4.8	-1.7	2.4	20.6	29.2
1979	-4.4	-5.7	-1.4	2.6	21.4	30.2
1980	-4.0	-5.4	-1.3	2.6	21.7	30.5
1981	-3.7	-5.2	-1.2	2.8	22.6	32.2
1982	-3.4	-5.2	-0.9	2.7	23.0	32.8
1983	-2.9	-4.9	-0.8	2.7	23.3	33.1
1984	-1.8	-4.0	-0.6	2.8	24.0	33.7

续附表

年　度	财　政					
	一般政府财政平衡（与GDP之比）	中央政府财政平衡（与GDP之比）	地方政府财政平衡（与GDP之比）	社会保障基金财政平衡（与GDP之比）	租税负担率	国民负担率
1985	-0.8	-3.6	-0.3	3.1	24.0	33.9
1986	-0.3	-3.0	-0.4	3.1	25.2	35.3
1987	0.7	-1.9	-0.2	2.8	26.7	36.8
1988	2.2	-1.1	0.1	3.2	27.2	37.1
1989	2.6	-1.2	0.6	3.2	27.7	37.9
1990	2.6	-0.5	0.5	2.6	27.7	38.4
1991	2.4	-0.4	0.1	2.7	26.6	37.4
1992	-0.8	-2.4	-0.9	2.4	25.1	36.3
1993	-2.8	-3.6	-1.4	2.2	24.8	36.3
1994	-4.1	-4.3	-1.8	1.9	23.4	35.2
1995	-4.9	-4.4	-2.4	1.9	24.0	36.7
1996	-4.8	-4.0	-2.5	1.7	23.8	36.5
1997	-4.0	-3.5	-2.3	1.8	24.0	37.1
1998	-11.9	-10.7	-2.4	1.2	23.6	37.2
1999	-7.9	-7.3	-1.6	1.0	23.1	36.7
2000	-6.8	-6.4	-0.9	0.5	23.7	37.3
2001	-6.5	-5.7	-0.9	0.2	23.3	37.5
2002	-8.1	-6.6	-1.3	-0.2	21.8	36.0
2003	-7.4	-6.4	-1.3	0.3	21.2	35.3
2004	-5.3	-5.1	-0.7	0.5	22.1	36.2
2005	-4.1	-4.0	-0.2	0.1	23.3	37.6
2006	-0.7	-0.9	0.1	0.1	24.0	38.6
2007	-2.6	-2.4	0.0	-0.2	24.4	39.3
2008	-3.4	-3.0	0.3	-0.6	24.1	40.3
2009	-9.1	-7.5	-0.2	-1.3	21.9	38.1
2010	-8.5	-6.8	-0.6	-1.1	22.1	38.5
2011	-8.9	-8.2	0.1	-0.8	22.7	39.8
2012	-8.7	-8.0	0.0	-0.7	23.2	40.7
2013	—	—	—	—	23.3	40.6
2014	—	—	—	—	24.1	41.6

资料来源：内閣府『平成26年度 年次経済財政報告—よみがえる日本経済、広がる可能性—』（長期経済統計）、2014年7月。

附表 1 – 22　财政统计（2）

年　度	财　政				
	国债发行额		国债依存度（%）	国债余额	
	总　额（亿日元）	赤字国债（亿日元）		金　额（亿日元）	与名义 GDP 之比
1956	0	0	0	0	0
1957	0	0	0	0	0
1958	0	0	0	0	0
1959	0	0	0	0	0
1960	0	0	0	0	0
1961	0	0	0	0	0
1962	0	0	0	0	0
1963	0	0	0	0	0
1964	0	0	0	0	0
1965	1972	1972	5. 3	2000	0. 6
1966	6656	0	14. 9	8750	2. 2
1967	7094	0	13. 9	15950	3. 4
1968	4621	0	7. 8	20544	3. 7
1969	4126	0	6. 0	24634	3. 8
1970	3472	0	4. 2	28112	3. 7
1971	11871	0	12. 4	39521	4. 8
1972	19500	0	16. 3	58186	6. 0
1973	17662	0	12. 0	75504	6. 5
1974	21600	0	11. 3	96584	7. 0
1975	52805	20905	25. 3	149731	9. 8
1976	71982	34732	29. 4	220767	12. 9
1977	95612	45333	32. 9	319024	16. 8
1978	106740	43440	31. 3	426158	20. 4
1979	134720	63390	34. 7	562513	25. 0
1980	141702	72152	32. 6	705098	28. 4
1981	128999	58600	27. 5	822734	31. 1
1982	140447	70087	29. 7	964822	34. 9
1983	134863	66765	26. 6	1096947	38. 0
1984	127813	63714	24. 8	1216936	39. 5
1985	123080	60050	23. 2	1344314	40. 7
1986	112549	50060	21. 0	1451267	42. 4

续附表

年度	财政				
	国债发行额		国债依存度（%）	国债余额	
	总额（亿日元）	赤字国债（亿日元）		金额（亿日元）	与名义GDP之比
1987	94181	25382	16.3	1518093	41.9
1988	71525	9565	11.6	1567803	40.4
1989	66385	2085	10.1	1609100	38.7
1990	73120	9689	10.6	1663379	36.8
1991	67300	0	9.5	1716473	36.2
1992	95360	0	13.5	1783681	36.9
1993	161740	0	21.5	1925393	39.9
1994	164900	41443	22.4	2066046	42.2
1995	212470	48069	28.0	2251847	45.2
1996	217483	110413	27.6	2446581	48.1
1997	184580	85180	23.5	2579875	50.2
1998	340000	169500	40.3	2952491	58.7
1999	375136	243476	42.1	3316687	66.4
2000	330040	218659	36.9	3675547	72.9
2001	300000	209240	35.4	3924341	79.5
2002	349680	258200	41.8	4210991	86.0
2003	353450	286520	42.9	4569736	92.6
2004	354900	267860	41.8	4990137	100.1
2005	312690	235070	36.6	5269279	104.7
2006	274700	210550	33.7	5317015	104.1
2007	253820	193380	31.0	5414584	105.0
2008	331680	261930	39.2	5459356	110.9
2009	519550	369440	51.5	5939717	125.3
2010	423030	347000	44.4	6363117	132.5
2011	427980	344300	42.5	6698674	141.4
2012	474650	360360	48.9	7050072	149.2
2013	428510	358370	43.7	7514623	155.2
2014	412500	352480	43.0	7804477	156.0

资料来源：内閣府『平成26年度 年次経済財政報告—よみがえる日本経済、広がる可能性—』（長期経済統計）、2014年7月。

附表 1－23 中日贸易额变化

单位：亿美元，%

年 份	中日贸易总额	增减率	出口额	增减率	进口额	增减率	贸易平衡
1989	146.63	81.47	81.47	1.80	65.16	－11.21	16.31
1990	129.27	－11.84	88.71	8.89	40.55	－37.77	48.16
1991	202.83	22.30	102.52	13.9	100.31	32.2	2.21
1992	235.80	25.1	116.99	14.4	136.8	36.3	－19.81
1993	390.30	53.80	157.80	35.1	232.5	69.9	－74.70
1994	478.90	22.70	215.70	36.70	263.20	13.20	－47.50
1995	574.60	17.99	284.60	31.90	290.05	10.20	－7.20
1996	600.58	4.50	308.70	8.4	291.80	0.60	16.9
1997	608.58	1.20	318.20	3.0	289.93	－0.60	28.27
1998	578.99	－4.80	296.62	－6.70	282.07	－2.70	14.85
1999	661.67	14.20	323.99	9.2	337.68	19.40	－13.69
2000	831.70	25.70	416.5	28.5	415.10	22.90	1.40
2001	877.54	5.50	449.58	7.9	427.97	3.1	21.6
2002	1018.89	16.1	484.32	7.73	534.57	27.24	－51.0
2003	1335.74	31.1	594.26	22.7	741.51	38.7	－147.0
2004	1678.86	25.7	735.14	23.7	943.72	27.3	－208.58
2005	1844.43	9.9	839.92	14.3	1004.52	6.5	－164.6
2006	2073.56	12.5	916.39	9.1	1157.17	15.2	－240.8
2007	2360.22	13.8	1020.71	11.4	1339.51	15.8	－318.79
2008	2667.9	13.0	1161.3	13.8	1506.5	12.5	－345.2
2009	2288.5	－14.2	979.1	－15.7	1309.4	－13.1	－330.3
2010	2977.7	30.2	1210.6	23.7	1767.1	35.0	－556.5
2011	3429.9	15.2	1483.0	22.5	1945.9	10.1	－462.9
2012	3294.5	－3.9	1516.4	2.3	1778.1	－8.6	－261.7
2013	3125.5	－5.1	1502.8	－0.9	1622.7	－8.7	－119.9
2014	3124.38	－0.03	1494.42	－0.5	1629.96	0.4	－135.54

资料来源：中国《海关统计》各年第 12 期。

附表 1－24 日中贸易额变化

单位：百万美元，%

年 度	日本对华出口		日本从华进口		贸易总额	
	金 额	增长率	金 额	增长率	金 额	增长率
1991	8593	40.2	14216	17.9	22809	25.4
1992	11949	39.1	16953	19.3	28902	26.7
1993	17273	44.6	20565	21.3	37838	30.9
1994	18682	8.2	27566	34.0	46248	22.2
1995	21931	17.4	35922	30.3	57853	25.1
1996	21890	－0.2	40550	12.9	62440	7.9
1997	21785	－0.5	42066	3.7	63851	2.3
1998	20022	－8.1	36896	－12.3	56917	－10.9
1999	23336	16.6	42880	16.2	66216	16.3
2000	30428	30.4	55303	29.0	85731	29.5
2001	31091	2.2	58105	5.1	89195	4.0
2002	39866	28.2	61692	6.2	101557	13.9
2003	57219	43.5	75193	21.9	132412	30.4
2004	73818	29.0	94227	25.3	168045	26.9
2005	80340	8.8	109105	15.8	189445	12.7
2006	92852	15.6	118516	8.6	211368	11.6
2007	109060	17.5	127643	7.7	236640	12.0
2008	124035	13.7	142337	11.5	266372	12.5
2009	109630	－11.6	122545	－13.9	232176	－12.8
2010	149086	36.0	152801	24.7	301887	30.0
2011	161467	8.3	183487	20.1	344955	14.3
2012	144686	－10.4	189019	3.0	333704	－3.3
2013	129883	－10.2	182112	－3.7	311995	－6.5
2014	162686	0.3	180996	0.1	343682	0.2
1 月	12689	5.1	18400	15.2	31089	10.9
2 月	11118	9.3	11641	－3.4	22759	2.4
3 月	13564	－0.8	16712	17.8	30276	8.7
4 月	14310	－1.3	15209	3.0	29519	0.9
5 月	12851	－1.3	13958	－3.4	26809	－2.4
6 月	13462	6.5	14404	5.4	27866	6.0
7 月	14652	－0.1	14312	－4.4	28964	－2.3
8 月	13289	－5.7	13129	－9.9	26418	－7.8
9 月	15453	－3.6	17005	0.1	32458	1.8
10 月	13444	0.5	16840	－0.6	30284	－0.2
11 月	12960	－8.1	15044	－10.5	28004	－9.4
12 月	14893	－0.5	14339	－7.4	29232	－4.0

资料来源：日本贸易振兴机构（JETRO）。

附表 1－25　日本对华直接投资

年　份	项目数		协议金额		实际使用金额	
	件	增长率(%)	亿美元	增长率(%)	亿美元	增长率(%)
1979～1985	211	—	12.3	—	8.3	—
1986	94	—	2.1	—	2.0	—
1987	113	20.2	3.0	42.9	2.2	10
1988	237	109.7	2.8	-6.7	5.2	136
1989	294	24.1	4.4	57.1	3.4	-35
1990	341	16.0	4.6	4.5	5.0	47
1991	599	75.7	8.1	77.7	5.3	6.0
1992	1805	201.3	21.7	167.9	7.1	34.0
1993	3488	93.2	29.6	36.4	13.2	85.9
1994	3018	-13.5	44.4	50.0	20.8	57.6
1995	2945	-2.4	75.9	70.9	31.1	49.5
1996	1742	-40.9	51.3	-32.4	36.8	18.3
1997	1402	-19.5	34.0	-33.7	43.3	17.7
1998	1188	-15.3	27.0	-20.6	31.6	-27.0
1999	1167	-1.8	25.9	-4.1	29.7	-6.0
2000	1614	38.3	36.8	42.1	29.2	-1.7
2001	2019	25.1	54.2	47.3	43.5	49.0
2002	2745	37.0	53.0	-1.9	41.9	-8.9
2003	3254	18.5	79.6	50.2	50.5	20.6
2004	3454	6.1	91.6	15.2	54.5	7.9
2005	3269	-5.4	119.2	30.1	65.3	19.8
2006	2590	-20.8	99.1	-16.9	46.0	-29.6
2007	1974	-23.8	—	—	35.9	-22.0
2008	1438	-27.2	—	—	36.5	1.7
2009	1275	-11.3	—	—	41.1	12.4
2010	—	—	—	—	42.4	3.0
2011	—	—	—	—	63.5	49.7
2012	—	—	—	—	73.8	16.3
2013	—	—	—	—	70.6	-4.3
2014	—	—	—	—	43.3	-38.8

资料来源：中国商务部《中国商务年鉴》。

Abstract

Japan's economy experienced instability and hardship in 2014. Due to combined effects of the failure of "Abenomics" and sales tax rise, real GDP growth started high but slipped later. The second and third quarters of 2014 experienced consecutive negative growths, which could be considered as recessions technically, and year on year economic growth would also be negative. Economic difficulties mounted up in 2014, including unequal benefit sharing between SMEs and large enterprises, economic disparity between localities and metropolitans, wage falling behind inflation, and low income households' difficulties. Because of the Abe administration's delay of the second sales tax rise until April 2017 and the lackluster economic performance in 2014, Japan's economy will probably bounce back in 2015. However, it is difficult for consumption, investments, and exports to effectively drive the economy, and the economic outlook is not certainly rosy. Due to the continuing economic problem and tense political relationship, despite smaller declining rate in 2014, the Sino - Japanese bilateral trade maintained the downward trend, two-way government bonds holding and the direct trading of RMB experienced setbacks, and negotiations on China - Japan - Korea FTA were lack of substantive progress, especially Japan's direct investments to China decreased significantly, which reflected the cold political and economic relationships starkly. Since the meeting between President Xi and Prime Minister Abe during APEC held in Beijing last year, the bilateral relationship has shown warming signs, against this background; Sino - Japanese relationship is expected to improve systematically in 2015, especially it is possible for negotiations on China - Japan - Korea FTA to make breakthroughs.

This book focuses on "Japan's national energy strategy study", therefore the general report is entitled "Japan's energy situation and energy strategy transition study report". However, for the continuity of the blue book, topics such as "Japan's economic hot issues" and "The status quo and future path of Sino - Japanese relationship" are kept in the book. In addition, four topics are also discussed, including "Japan's energy strategy evolution and transition", "Japan's energy security and overseas energy development", "Oil, nuclear power, coal, and new energy", "Energy saving and cooperation" . Based on the general report, this book provides a systematic analysis on topics such as Japan's economy, Sino – Japanese economic relationship, especially Japan's energy strategy evolution, energy strategy transition, and energy outlook.

Energy strategy has always been embedded in Japanese economic development. During the post war era, Japan's energy strategy experienced seven stages, including coal and steel development, " oil supported by coal " energy structural transition, oil substitution, energy diversification, energy saving after oil crisis, strategic oil reserve, and " three E " balanced development. Given Japan's extremely limited energy resources, these measures played an important role to secure Japanese energy demand, and promote its economic take off and long term growth. However, East Japan earthquake and Fukushima nuclear plant accident severely challenged Japan's energy status, and Japan had to adjust its energy strategy. Looking forward for Japan's energy development dynamics, nuclear plants will probably be reactivated, and renewable energy development strategy is both hopeful and challenging. An analysis on Japan's energy status and strategy transition could provide important lessons for China to learn.

Keywords: Japan's Economy; Sino – Japanese Economic and Trade Relationship; Energy Strategy; Energy Security; Strategy Transition

Contents

B I General Report

Abstract: Energy strategy has always been embedded in Japanese economic development. During the post war era, Japan's energy strategy experienced seven stages, including coal and steel development, "oil supported by coal" energy structural transition, oil substitution, energy diversification, energy saving after oil crisis, strategic oil reserve, and "three E" balanced development. Given Japan's extremely limited energy resources, these measures played an important role to secure Japanese energy demand, and promote its economic take off and long term growth. However, East Japan earthquake and Fukushima nuclear plant accident severely challenged Japan's energy status, and Japan had to adjust its energy strategy. Looking forward for Japan's energy development dynamics, nuclear plants will probably be reactivated, and renewable energy development strategy is both hopeful and challenging. An analysis on Japan's energy status and strategy transition could provide important lessons for China to learn.

Keywords: Japan; Energy Strategy; Energy Status; Energy Security; Strategic Transition

Ⅱ Japan's Economic Hot Issues

B. 2 Japan's Economy in 2014 and Its Outlook

Liu Changli / 023

Abstract: By analyzing Japan's economic growth situation and basic features, this paper points out several issues, including benefits inequality between large enterprises and SMEs, unbalanced economic development between metropolitans and local communities, wage growth lagging behind inflation, and difficulties faced by low income households. Although Japanese government has kept praising the effect of "Abenomics", deflation has not been eliminated; the fiscal soundness and economic growth targets have failed to a large extent; employment rate has deteriorated. "Abenomics" was seriously challenged and has risk of being a failure. The outlook for Japan's economy in 2015 is mixed with interactions of good and bad conditions.

Keywords: Japan's Economy; Economic Development Disparity; Abenomics; Deflation; Fiscal Soundness

B. 3 Japan's Economic Outlook and the Projects of "Abenomics"

Yumoto Kenji / 037

Abstract: During implementation in the first two years, "Abenomics" depended on the first and second arrows to generate economic impact. Due to three miscalculations, namely the large unexpected influence of sales tax increase, wage fell behind inflation, the marginal effect of yen depreciation on exports, Japan's economy deteriorated significantly since 2014. In discussing the importance of the third arrow of "Abenomics", growth strategy, this paper highlights five areas for its implementation: reduction of enterprises' effective income tax rate, "fortress" regulation reform in national strategic zone, continual wage raise and labor market reform, promotion of regional economic cooperation agreements and agricultural reform, and "Abenomics" with regional characteristics.

Keywords: Abenomics; Japan's Economy; Growth Strategy; QE; Increase of Sales Tax Rate

Abstract: Since the December 2012 general election, which elected Shinzo Abe to his second term as prime minister, Japan launched so-called "Abenomics". Its aim was to revive the sluggish economy with monetary policy and fiscal policy in a short time, and to guarantee the economic development and fiscal re-establishment in long term. However, "Abenomics" might bring about increase in sovereign debt risk in the long run. Meanwhile, Japan had to increase sales tax rate to fix the inequality of its fiscal system in order to deal with the social security's cash-flow deficit. The increased sales tax would also offset the effect of the short-term economic stimulus plan. Therefore, Japan's economy in the future would be heavily relied on the result of the structural reforms.

Keywords: Abenomics; Inflation Target; Sales Tax; Structural Reforms

Abstract: Japanese Prime Minister Shinzo Abe declared in November 2014 that he decided to delay the second round sales tax hike, dissolve the lower house and hold general election, which showed the political intention of long-term governance obviously. However, based on inadequate information, the decision of postponing the second round sales tax hike, which had been decided by Congress before, is not only hasty, but has showed no respect to the legislature as well. The political tendency of populism like this postpones the solution of the problem and has no benefit for Japan's fiscal reconstruction. Through analyzing Japan's political movement after general election, this paper points out that in order to improve Japan's fiscal soundness, multiple measures have to be adopted sincerely, which are legal system improvement and government reform at the same time, the application of independent forecasting institution, and financial budget for several years.

Keywords: Fiscal Reconstruction; General Election; the Second Round Sales Tax Hike; Populism; Fiscal Soundness

Ⅲ The Status Quo and Prospect of Sino-Japanese Economic and Trade Relationship

B. 6 Sino-Japanese Economic and Trade Relationship in 2014 and Its Outlook in 2015

Lv Kejian / 073

Abstract: This paper begins with reviewing economic and trade development in 2014, and points out that Sino-Japanese relationship saw many complications and difficulties, which continued to hamper economic and trade cooperation. Economic and local exchanges recovered partially, however, bilateral trade expansion slowed down, and investment and skilled intern collaborations decreased significantly. There were still severe challenges to multi-level, all dimension, broad scope, and mutually beneficial China-Japan economic and trade cooperation. For Sino-Japanese economic and trade cooperation outlook in 2015, this paper recommends both countries to focus on long term and overall interests, and have more confidence, resolution, and patience to overcome difficulties, disturbances, and obstacles, to put the mutually beneficial relationship and economic and trade cooperation back in the right track.

Keywords: Sino-Japanese Economic and Trade Relationship; Confront Difficulties; Reciprocal Development

B. 7 The Status Quo and Outlook of Sino –Japanese Trade and Investment Relationship

Yoichi Maie / 081

Abstract: Based on statistics from Japan's Ministry of Finance and China's Customs Office, JETRO has conducted investigation on Japan-China trade, which shows that bilateral trade increased slightly by 0. 2% to 343. 7 billion dollars in 2014. There will be several areas worth noting in 2015. Japan's direct investment to China decreased significantly by 38. 8% to 4. 3 billion dollars, and a number of factors were behind this. About 50% of Japanese enterprises expressed the willingness to expand sales in 2014, specifically domestic market oriented firms and sectors were more enthusiastic about expanding sales in China, however, the enthusiasm of export oriented firms and sectors reduced because of rising labor cost and RMB appreciation.

Keywords: Sino-Japanese Trade; Japan's Direct Investment to China; Business Trend of Japanese Enterprises; Business Environment Changes

Abstract: In 2014, Sino-Japanese economic and trade relationship maintained the trend from last year, that is, bilateral trade continued to contract, Japan's investment to China reduced significantly, and China's relative strength continued to increase. The major problem hampering bilateral economic exchanges is that Japan tends to be excessively concerned with China's rising up. Although bilateral deadlock has been mitigated by the "four-point principled agreement", and two-way exchanges have picked up, more time is needed to get bilateral economic relationship back on track.

Keywords: Sino-Japanese Economic Relationship; Four-point Principled Agreement; Economic and Trade Complementarity

B IV Japan's Energy Strategy and Its Transition

Abstract: Japan's energy policy transformation after World War II has been carried out in the logical framework which is called "Changing and Responding". The energy constraint problems that Japan is facing are manifested as energy supply crisis in the period of economic recovery, oil demand surge in the high-speed economic growth process, oil crisis, "3E" relationship problems, the international oil price fluctuation problem and nuclear safety issues at different stages. To solve these problems, Japan separately established different kinds of energy policy with different orientation in each corresponding historical stage, which are coal based production policy, oil based comprehensive energy policy, crisis resolution based energy management policy, "3E" coordination based multi-target energy policy, "new national energy security strategy" to respond to turbulent international energy market, and continuation of "nuclear power advocacy" policy.

Keywords: Energy Constraint; Energy Policy Transformation; Oil; Nuclear Power Policy; Security

B. 10 An Analysis on Japan's Energy Strategy Making and Regulation Mechanism

Zhang Haochuan, *Ma Rui* / 118

Abstract: As an energy-poor country, Japan's energy strategy is an important part of its state strategy. In order to strengthen the scientific nature, authority, and validity of energy strategy, Japan has built up a set of regimes from the manipulating, implementing, to the monitoring and evaluating of energy strategy, which provide an important institutional assurance of the sustainable and efficient use of energy. Council of Ministers for Promotion of Comprehensive Measures for Energy, Advisory Committee for Natural Resources and Energy, and Agency for Natural Resources and Energy are the core agencies of Japan's energy policy-making. Japanese government secures implementation of energy strategy by budget support, project researching, and energy saving measures. For the effectiveness of energy policy implementation, Japanese government pays great attention to the monitoring and checking of policy implementation with a clear standard. It is worth for China to learn from successful Japan's experiences in the decision-making, implementation, monitor, and evaluation of energy strategy.

Keywords: Japan; State Strategy; Energy Strategy; Energy Policy-making

B. 11 "Energy Chain" System Innovation and Transformation of Japanese Energy Strategy

Zhang Yulai / 129

Abstract: East Japan earthquake, which erupted in 2011, not only completely destroyed Japan's so-called "nuclear security myth", but also dissolved the energy security system, and it was even difficult for Japan to fulfill international commitments made in "Kyoto Protocol". After the earthquake, with the regime change and debate on nuclear power, government of Japan's energy system rebuilding was shaken. At present, although the Abe cabinet proposed explicitly to resume its nuclear policy, Japan's energy strategy transition is not finished yet. From the perspective of the "energy chain" system innovation, and four processes, named as energy procurement, production, distribution and consumption, this paper analyses Japan's energy consumption structure and its supply system pattern and characteristics; furthermore, the background and development trend of energy transformation strategy are discussed.

Keywords: Japan; Energy Chain; Nuclear Security Myth; Strategic Transformation

Abstract: As a large energy consumer and importer, energy reserve is vital for Japan's energy security. Japan built its energy reserve from 1960s. With economic development and international energy market dynamics, Japan's energy reserve strategy has continued to perfect. Since 1980s, natural gas and nuclear power have developed at a fast pace, and these energy sources have been lifted to the policy level in Japan's energy reserve strategy. Japan has built natural gas and nuclear power reserve systems after its oil reserve system. Energy reserve strategy such as oil reserve helps Japan to increase energy security.

Keywords: State Energy Reserve Strategy; Oil Reserve; Natural Gas Reserve; Nuclear Power Reserve

Abstract: Japan's economy is built on energy imports. With several energy crisis shocks, Japan's economy has managed to operate smoothly, and retained the status as the world's second largest economy as long as 40 years. This is closely linked to Japan's careful planning of energy development strategy, and in turn is highly related to support from finance and taxation measures. What are these measures? What are the focal areas? What adjustments has Japan adopted in face of heavy debt? These questions are worth studying deeply.

Keywords: Finance and Taxation; Energy Specific Program; Fiscal Difficulty; Policy Adjustment; Institutional Reform

Abstract: In recent years, Japan's energy finance has witnessed some new changes. The financial support to renewable energy sector, overseas large project and ocean energy development has been significantly strengthened. The core of energy finance is the market-oriented pricing mechanism, which focuses on pricing control over world energy commodities by major countries, especially oil pricing competition, among which futures prices play a decisive role in the international oil market pricing. As one of the world's three major oil futures market, TOCOM is facing the difficulty of reducing oil market transactions, and has adopted a series of new initiatives, including plans to integrate energy market such as electricity and LNG on the basis of oil futures market, and to creat a comprehensive trading market in the future. At present, China's crude oil futures market has entered a substantive stage, the Japanese experience is worth drawing upon.

Keywords: Energy Finance; Petroleum Futures Market; Price Formation Mechanism; TOCOM

B V Japan's Energy Security and Overseas Energy Development

Abstract: Shale oil and gas revolution, originated from the United States, has made the world energy supply structure significantly changed. On the other hand, Japan's nuclear plants are still in suspension because of East Japan earthquake. Natural gas and oil powered energy has increased, trade balance has deteriorated because of increasing fuel import, and negative effects emerged. Providing the unsustainable dependence on nuclear power, Japan has a strong motive to import LNG from USA to diversify natural gas supply channel. Based on energy situations in Japan and the world, this paper briefly introduces Japan's current and future primary energy supply (oil, natural gas, coal), and discusses future energy situation and trend in the world and Asia in addition.

Keywords: Shale Oil and Gas Revolution; Energy Supply; Energy Demand; Energy Security

Abstract: Due to the lack of domestic energy, Japan had to develop and utilize overseas energy, therefore gradually formed a mode of unique overseas energy development. At the same time, Japan built an adequate support system including the government, policy implementation institutions, banks, and comprehensive trading company, so as to secure Japanese energy development and utilization. As the energy policy implementation mechanism, JOGMEC plays extremely important coordination and supporting roles in following areas: investment, debt guarantees, establishment of the global mineral resources information network, technology development and support, basic geological structure survey and others.

Keywords: Overseas; Energy Development; Support System; JOGMEC

Abstract: The rise of unconventional energy, including shale gas and gas hydrate, has brought significant changes to global gas market, energy supply pattern, and geopolitics, therefore both Japan's and China's energy strategies are greatly affected. "Shale gas revolution" has strengthened USA's dominancy in energy diplomacy and climate change response. The Middle East has redirected its gas exports to Europe and Asia-Pacific region. Russia has to change its energy strategy on Europe and China. It is worth noting that the development technique and experience of gas hydrate will probably be a bargaining chip in Japan's energy diplomacy. China should draw upon Japan's active participation in North America's shale gas development, and joint efforts of government and enterprises to develop gas hydrate

Keywords: Unconventional Energy; Shale Gas Revolution; Gas Hydrate; Energy Strategy

B Ⅵ Oil, Nuclear Power, Coal, and New Energy

B. 18 The Development and Regulatory Reform of Petroleum Industry in Japan

Li Hongzhou, Tian Zhenzhen / 218

Abstract: The petroleum industry has played an important role in Japan's economy and society. After World War II, Japan implemented government regulations on import, refinement and consumption of oil, to promote the development of the oil industry. In the mid-1980s, the limitation of regulation appeared gradually. Japan began to reform the regulation of the oil industry, ease the administrative guidance and application, and abolish the relevant legal system. These measures promoted the further development of the oil industry, but led to many problems as well.

Keywords: Petroleum Industry; Economic Regulation; Regulatory Reform

B. 19 Japan's Nuclear Energy Development and Policy Adjustments

Hu Xinxin / 232

Abstract: Since Fukushima nuclear disaster in March 2011, more public attention has been paid to nuclear energy, and it led to a worldwide reconsideration on nuclear energy, which induced people to reflect and discuss the development means and technical paths of nuclear energy. This report is organized around four facts and issues, including the history of Japan's nuclear development and policy, Fukushima nuclear disaster and influence, Japan's policy adjustments after the nuclear crisis, and lessons of

Japan's nuclear crisis for China.

Keywords: Nuclear Energy; Fukushima; Nuclear Safety; Regulation

Abstract: In Japan's energy portfolio, the supply of coal has always accounted for about 20% , and this value is higher than that of other developed countries. It can be inferred that the utilization of coal resources in Japan has certain advantages. This paper briefly introduces the developing course and characteristics of the coal industry in Japan, and attempts to analyze the advantages and underlying causes. As Chinese coal industry is in the process of transforming, this paper also summarizes the Japan's experience and points out the enlightenment for China.

Keywords: Energy Structure; Clean Coal Technology (CCT); Coal-fired Power Generation

Abstract: There is still a large gap to fill for Japan's renewable energy development, considering its huge potential and Japan's advanced manufacturing and technologic capacity for related equipment. Solar energy plays a leading role in Japan's renewable energy industry, while the development and utilization of wind power lagging behind relatively, the share of biomass energy in primary energy supply being far below the world average level, and the geothermal energy, ocean energy and other renewable resources remaining to be exploited. Regarded as a model in energy efficiency, Japan remains at the average level of the world in utilizing the renewable energy, however, it can be predicted that Japan will reach the advanced level with accelerating the development in the renewable energy in the coming decade.

Keywords: Renewable Energy; Solar Energy; Wind Energy; Biomass Energy; Geothermal Energy; Ocean Energy; Energy Conservation

B. 22 The Status of Japanese New Energy Automobiles in International Competition *Huang Zemin* / 271

Abstract: New energy automobiles are mainly electric cars. Currently pure electric cars and plug-in hybrid cars are manufactured in large scales. Despite their technological advantage, fuel cell cars have not entered into massive production because of constraints from technical economy. USA, Japan, and Europe are major producers as well as consumers for new energy cars. Supported by its technological advantage and policy, Japan has become an important player in global new energy cars market.

Keywords: New energy; Automobile; Japan

B. 23 Japan's Policy on Renewable Energy and Its Future Path

Hikaru Hiranuma / 281

Abstract: East Japan earthquake and the induced Fukushima nuclear plant accident have posed a serious challenge to Japan's nuclear-centered energy strategy. To satisfy the "3E + S" strategic demand, the importance of renewable energy has grown. The development of renewable energy faces challenges from technology, electricity allocating and supplying regime, and fiscal burden. However, renewable energy's development can not only mitigate Japan's current difficulty in energy supply, but also nurture the competitiveness of its renewable energy industry. By analyzing Japan's energy strategy development, this paper studies Japan's renewable energy policy characteristics and its future path.

Keywords: Japan; Renewable Energy; Energy Policy; Nuclear Power

B Ⅶ Energy Saving and Cooperation

B. 24 The Basic Framework and Strategic Evolution of Japan's Energy Saving Policy *Ren Jingbo* / 294

Abstract: Starting from the basic framework of Japan's energy saving policy, this paper systematically analyzes issues from perspectives of historical evolution, legal framework building, and governmental strategy. Based on theory from information economics and public economics, market failures and practical issues in other policy implementations, this study introduces and analyzes Japan's specific measures on energy saving. By taking stock of energy saving means in different development stage of Japan and China, this paper put forward recommendations for China as follows, in the context of realizing sustainable economic growth and economic transition, China needs to speed up energy policy advancement, increase public support, and develop reasonable incentive-discipline complementary energy saving framework.

Keywords: Energy Saving Policy; Energy Saving Measures; Incentive-discipline Complementary Mechanism

Abstract: Manufacturing is both the most energy efficiency and the most competitive industry in Japan, and it is characterized to adopt new technology easily to realize energy conservation and emissions reduction. Studying Japan's energy efficiency in manufacturing, this paper first analyzes the effect and main driving force of improving energy efficiency of Japanese manufacturing since the oil crisis in 1973, and discusses the strategic measures of improving energy efficiency of manufacturing in current energy situations domestically and internationally. Finally, this paper concludes with four points for China's reference.

Keywords: Energy Efficiency; Japanese Manufacturing; Energy Conservation; Technical Innovation; Nuclear Leak

Abstract: China and Japan have strong complementarity in the field of energy conservation and environmental protection. The most representative mechanism of cooperation between the two countries is "Sino-Japanese Energy Conservation Forum", which began in 2006 and now is the largest platform for both countries to cooperate energy conservation. The forum has become an integration mechanism for energy conservation policy understanding, local government exchanges, academic and research institutions and enterprises cooperation. It realized a change to comprehensive multi-level cooperation on energy conservation, enhanced the understanding and mutual trust of cooperation on energy conservation, and established a good cooperation mechanism and the docking channels between China and Japan.

Keywords: Sino-Japanese Energy Conservation Forum; Energy Conservation Policy; Comprehensive Cooperation Mechanism

B. 27 The Impact of Deepening Japan-USA Cooperation on Japan's Energy Strategy Transition

Da Zhigang / 328

Abstract: As the most strong partnership in the post war era, despite Japan-USA relationship has witnessed tricky games played by both sides in 70 years, bilateral economic and trade cooperation has never been put on hold, and political and military alliances has never been shaken. In 21st century, both Japan and USA have adopted pragmatic exchanges and cooperation to address new changes in Northeast Asia and Asian-Pacific region. Especially the USA-led Asia-Pacific rebalancing has kept on adjusting; Japan's energy security faces threats after the earthquake, and its energy strategy transition is bound to kick off. Against this background, the two nations have strengthened military alliance as well as deepened TPP negotiations and energy cooperation. In the context of USA's shale gas revolution, activities such as providing shale gas to Japan, speeding up of bilateral development cooperation are considered to have geopolitical motives, aiming to support Japan's energy strategy transition and play games in global energy market. As Japan-USA energy cooperation advances steadily, USA will exhibit a growing importance in Japan's energy strategy transition, which has long term effects on sub-regional and global energy cooperation.

Keywords: Japan-USA Bilateral Relationship; Energy Cooperation; Japan's Energy Strategy; Transition Impact

B VIII Appendix

皮书起源

“皮书”起源于十七、十八世纪的英国，主要指官方或社会组织正式发表的重要文件或报告，多以“白皮书”命名。在中国，“皮书”这一概念被社会广泛接受，并被成功运作、发展成为一种全新的出版型态，则源于中国社会科学院社会科学文献出版社。

皮书定义

皮书是对中国与世界发展状况和热点问题进行年度监测，以专业的角度、专家的视野和实证研究方法，针对某一领域或区域现状与发展态势展开分析和预测，具备权威性、前沿性、原创性、实证性、时效性等特点的连续性公开出版物，由一系列权威研究报告组成。皮书系列是社会科学文献出版社编辑出版的蓝皮书、绿皮书、黄皮书等的统称。

皮书作者

皮书系列的作者以中国社会科学院、著名高校、地方社会科学院的研究人员为主，多为国内一流研究机构的权威专家学者，他们的看法和观点代表了学界对中国与世界的现实和未来最高水平的解读与分析。

皮书荣誉

皮书系列已成为社会科学文献出版社的著名图书品牌和中国社会科学院的知名学术品牌。2011 年，皮书系列正式列入“十二五”国家重点图书出版规划项目；2012~2014 年，重点皮书列入中国社会科学院承担的国家哲学社会科学创新工程项目；2015 年，41 种院外皮书使用“中国社会科学院创新工程学术出版项目”标识。

中国皮书网

www.pishu.cn

发布皮书研创资讯，传播皮书精彩内容
引领皮书出版潮流，打造皮书服务平台

栏目设置：

□ 资讯：皮书动态、皮书观点、皮书数据、皮书报道、皮书发布、电子期刊

□ 标准：皮书评价、皮书研究、皮书规范

□ 服务：最新皮书、皮书书目、重点推荐、在线购书

□ 链接：皮书数据库、皮书博客、皮书微博、在线书城

□ 搜索：资讯、图书、研究动态、皮书专家、研创团队

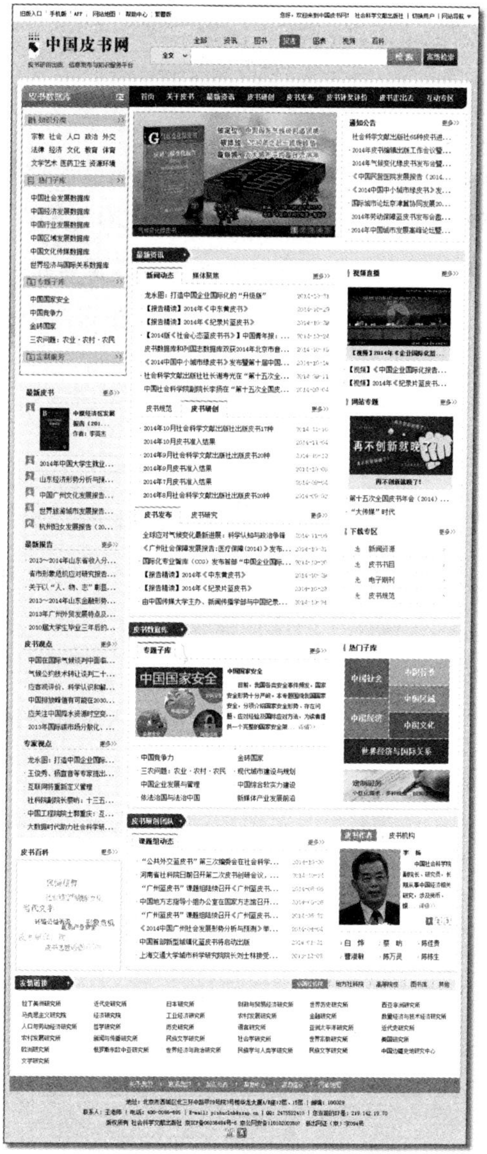

中国皮书网依托皮书系列“权威、前沿、原创”的优质内容资源，通过文字、图片、音频、视频等多种元素，在皮书研创者、使用者之间搭建了一个成果展示、资源共享的互动平台。

自 2005 年 12 月正式上线以来，中国皮书网的 IP 访问量、PV 浏览量与日俱增，受到海内外研究者、公务人员、商务人士以及专业读者的广泛关注。

2008 年、2011 年中国皮书网均在全国新闻出版业网站荣誉评选中获得“最具商业价值网站”称号；2012 年，获得“出版业网站百强”称号。

2014 年，中国皮书网与皮书数据库实现资源共享，端口合一，将提供更丰富的内容，更全面的服务。

法律声明

权威·前沿·原创

社会科学文献出版社

皮书系列

2015年

盘点年度资讯 预测时代前程

社会科学文献出版社 学术传播中心 编制

社会科学文献出版社成立于1985年，是直属于中国社会科学院的人文社会科学专业学术出版机构。

成立以来，特别是1998年实施第二次创业以来，依托于中国社会科学院丰厚的学术出版和专家学者两大资源，坚持“创社科经典，出传世文献”的出版理念和“权威、前沿、原创”的产品定位，社科文献立足内涵式发展道路，从战略层面推动学术出版五大能力建设，逐步走上了智库产品与专业学术成果系列化、规模化、数字化、国际化、市场化发展的经营道路。

先后策划出版了著名的图书品牌和学术品牌“皮书”系列、“列国志”、“社科文献精品译库”、“全球化译丛”、“全面深化改革研究书系”、“近世中国”、“甲骨文”、“中国史话”等一大批既有学术影响又有市场价值的系列图书，形成了较强的学术出版能力和资源整合能力。2014年社科文献出版社发稿5.5亿字，出版图书1500余种，承印发行中国社科院院属期刊71种，在多项指标上都实现了较大幅度的增长。

凭借着雄厚的出版资源整合能力，社科文献出版社长期以来一直致力于从内容资源和数字平台两个方面实现传统出版的再造，并先后推出了皮书数据库、列国志数据库、中国田野调查数据库等一系列数字产品。数字出版已经初步形成了产品设计、内容开发、编辑标引、产品运营、技术支持、营销推广等全流程体系。

在国内原创著作、国外名家经典著作大量出版，数字出版突飞猛进的同时，社科文献出版社从构建国际话语体系的角度推动学术出版国际化。先后与斯普林格、荷兰博睿、牛津、剑桥等十余家国际出版机构合作面向海外推出了“皮书系列”“改革开放30年研究书系”“中国梦与中国发展道路研究丛书”“全面深化改革研究书系”等一系列在世界范围内引起强烈反响的作品；并持续致力于中国学术出版走出去，组织学者和编辑参加国际书展，筹办国际性学术研讨会，向世界展示中国学者的学术水平和研究成果。

此外，社科文献出版社充分利用网络媒体平台，积极与中央和地方各类媒体合作，并联合大型书店、学术书店、机场书店、网络书店、图书馆，逐步构建起了强大的学术图书内容传播平台。学术图书的媒体曝光率居全国之首，图书馆藏率居于全国出版机构前十位。

上述诸多成绩的取得，有赖于一支以年轻的博士、硕士为主体，一批从中国社科院刚退出科研一线的各学科专家为支撑的300多位高素质的编辑、出版和营销队伍，为我们实现学术立社，以学术品位、学术价值来实现经济效益和社会效益这样一个目标的共同努力。

作为已经开启第三次创业梦想的人文社会科学学术出版机构，2015年的社会科学文献出版社将迎来她30周岁的生日，“三十而立”再出发，我们将以改革发展为动力，以学术资源建设为中心，以构建智慧型出版社为主线，以社庆三十周年系列活动为重要载体，以“整合、专业、分类、协同、持续”为各项工作指导原则，全力推进出版社数字化转型，坚定不移地走专业化、数字化、国际化发展道路，全面提升出版社核心竞争力，为实现“社科文献梦”奠定坚实基础。

社长致辞

我们是图书出版者，更是人文社会科学内容资源供应商；

我们背靠中国社会科学院，面向中国与世界人文社会科学界，坚持为人文社会科学的繁荣与发展服务；

我们精心打造权威信息资源整合平台，坚持为中国经济与社会的繁荣与发展提供决策咨询服务；

我们以读者定位自身，立志让爱书人读到好书，让求知者获得知识；

我们精心编辑、设计每一本好书以形成品牌张力，以优秀的品牌形象服务读者，开拓市场；

我们始终坚持“创社科经典，出传世文献”的经营理念，坚持“权威、前沿、原创”的产品特色；

我们“以人为本”，提倡阳光下创业，员工与企业共享发展之成果；

我们立足于现实，认真对待我们的优势、劣势，我们更着眼于未来，以不断的学习与创新适应不断变化的世界，以不断的努力提升自己的实力；

我们愿与社会各界友好合作，共享人文社会科学发展之成果，共同推动中国学术出版乃至内容产业的繁荣与发展。

社会科学文献出版社社长

中国社会学会秘书长

2015 年 1 月

皮书起源

“皮书”起源于十七、十八世纪的英国，主要指官方或社会组织正式发表的重要文件或报告，多以“白皮书”命名。在中国，“皮书”这一概念被社会广泛接受，并被成功运作、发展成为一种全新的出版形态，则源于中国社会科学院社会科学文献出版社。

皮书定义

皮书是对中国与世界发展状况和热点问题进行年度监测，以专业的角度、专家的视野和实证研究方法，针对某一领域或区域现状与发展态势展开分析和预测，具备权威性、前沿性、原创性、实证性、时效性等特点的连续性公开出版物，由一系列权威研究报告组成。皮书系列是社会科学文献出版社编辑出版的蓝皮书、绿皮书、黄皮书等的统称。

皮书作者

皮书系列的作者以中国社会科学院、著名高校、地方社会科学院的研究人员为主，多为国内一流研究机构的权威专家学者，他们的看法和观点代表了学界对中国与世界的现实和未来最高水平的解读与分析。

皮书荣誉

皮书系列已成为社会科学文献出版社的著名图书品牌和中国社会科学院的知名学术品牌。2011 年，皮书系列正式列入“十二五”国家重点出版规划项目；2012~2014 年，重点皮书列入中国社会科学院承担的国家哲学社会科学创新工程项目；2015 年，41 种院外皮书使用“中国社会科学院创新工程学术出版项目”标识。

经 济 类

经济类皮书涵盖宏观经济、城市经济、大区域经济，
提供权威、前沿的分析与预测

经济蓝皮书

2015 年中国经济形势分析与预测

李　扬 / 主编　　2014 年 12 月出版　　定价 :69.00 元

◆　本书课题为“总理基金项目”，由著名经济学家李扬领衔，联合数十家科研机构、国家部委和高等院校的专家共同撰写，对 2014 年中国宏观及微观经济形势进行了深入分析，并且提出了 2015 年经济走势的预测。

城市竞争力蓝皮书

中国城市竞争力报告 No.13

倪鹏飞 / 主编　　2015 年 5 月出版　　估价 :89.00 元

◆　本书由中国社会科学院城市与竞争力研究中心主任倪鹏飞主持编写，汇集了众多研究城市经济问题的专家学者关于城市竞争力研究的最新成果。本报告构建了一套科学的城市竞争力评价指标体系，采用第一手数据材料，对国内重点城市年度竞争力格局变化进行客观分析和综合比较、排名，对研究城市经济及城市竞争力极具参考价值。

西部蓝皮书

中国西部发展报告（2015）

姚慧琴　徐璋勇 / 主编　　2015 年 7 月出版　　估价 :89.00 元

◆　本书由西北大学中国西部经济发展研究中心主编，汇集了源自西部本土以及国内研究西部问题的权威专家的第一手资料，对国家实施西部大开发战略进行年度动态跟踪，并对 2015 年西部经济、社会发展态势进行预测和展望。

中部蓝皮书

中国中部地区发展报告（2015）

喻新安 / 主编　　2015 年 5 月出版　　估价 :69.00 元

◆　本书敏锐地抓住当前中部地区经济发展中的热点、难点问题，紧密地结合国家和中部经济社会发展的重大战略转变，对中部地区经济发展的各个领域进行了深入、全面的分析研究，并提出了具有理论研究价值和可操作性强的政策建议。

世界经济黄皮书

2015 年世界经济形势分析与预测

王洛林　张宇燕 / 主编　　2015 年 1 月出版　　定价 :69.00 元

◆　本书为“十二五”国家重点图书出版规划项目，中国社会科学院创新工程学术出版资助项目，作者来自中国社会科学院世界经济与政治研究所。该书总结了 2014 年世界经济发展的热点问题，对 2015 年世界经济形势进行了分析与预测。

中国省域竞争力蓝皮书

中国省域经济综合竞争力发展报告（2013~2014）

李建平　李闽榕　高燕京 / 主编　　2015 年 2 月出版　定价 :198.00 元

◆　本书充分运用数理分析、空间分析、规范分析与实证分析相结合、定性分析与定量分析相结合的方法，建立起比较科学完善、符合中国国情的省域经济综合竞争力指标评价体系及数学模型，对 2012~2013 年中国内地 31 个省、市、区的经济综合竞争力进行全面、深入、科学的总体评价与比较分析。

城市蓝皮书

中国城市发展报告 No.8

潘家华　魏后凯 / 主编　2015 年 9 月出版　　估价 :69.00 元

◆　本书由中国社会科学院城市发展与环境研究中心编著，从中国城市的科学发展、城市环境可持续发展、城市经济集约发展、城市社会协调发展、城市基础设施与用地管理、城市管理体制改革以及中国城市科学发展实践等多角度、全方位地立体展示了中国城市的发展状况，并对中国城市的未来发展提出了建议。

金融蓝皮书

中国金融发展报告（2015）

李　扬　王国刚 / 主编　2014 年 12 月出版　定价 :75.00 元

◆　由中国社会科学院金融研究所组织编写的《中国金融发展报告（2015）》，概括和分析了 2014 年中国金融发展和运行中的各方面情况，研讨和评论了 2014 年发生的主要金融事件。本书由业内专家和青年精英联合编著，有利于读者了解掌握 2014 年中国的金融状况，把握 2015 年中国金融的走势。

低碳发展蓝皮书

中国低碳发展报告（2015）

齐　晔 / 主编　2015 年 4 月出版　估价 :89.00 元

◆　本书对中国低碳发展的政策、行动和绩效进行科学、系统、全面的分析。重点是通过归纳中国低碳发展的绩效，评估与低碳发展相关的政策和措施，分析政策效应的制度背景和作用机制，为进一步的政策制定、优化和实施提供支持。

经济信息绿皮书

中国与世界经济发展报告（2015）

杜　平 / 主编　2014 年 12 月出版　定价 :79.00 元

◆　本书由国家信息中心继续组织有关专家编撰。由国家信息中心组织专家队伍编撰，对 2014 年国内外经济发展环境、宏观经济发展趋势、经济运行中的主要矛盾、产业经济和区域经济热点、宏观调控政策的取向进行了系统的分析预测。

低碳经济蓝皮书

中国低碳经济发展报告（2015）

薛进军　赵忠秀 / 主编　2015 年 5 月出版　估价 :69.00 元

◆　本书是以低碳经济为主题的系列研究报告，汇集了一批罗马俱乐部核心成员、IPCC 工作组成员、碳排放理论的先驱者、政府气候变化问题顾问、低碳社会和低碳城市计划设计人等世界顶尖学者、对气候变化政策制定、特别是中国的低碳经济经济发展有特别参考意义。

社会政法类

社会政法类皮书聚焦社会发展领域的热点、难点问题，
提供权威、原创的资讯与视点

社会蓝皮书

2015 年中国社会形势分析与预测

李培林　陈光金　张　翼 / 主编　2014 年 12 月出版　定价 :69.00 元

◆　本报告是中国社会科学院“社会形势分析与预测”课题组 2014 年度分析报告，由中国社会科学院社会学研究所组织研究机构专家、高校学者和政府研究人员撰写。对 2014 年中国社会发展的各个方面内容进行了权威解读，同时对 2015 年社会形势发展趋势进行了预测。

法治蓝皮书

中国法治发展报告 No.13（2015）

李　林　田　禾 / 主编　　2015 年 3 月出版　　定价 :105.00 元

◆　本年度法治蓝皮书一如既往秉承关注中国法治发展进程中的焦点问题的特点，回顾总结了 2014 年度中国法治发展取得的成就和存在的不足，并对 2015 年中国法治发展形势进行了预测和展望。

环境绿皮书

中国环境发展报告（2015）

刘鉴强 / 主编　　2015 年 5 月出版　　估价 :79.00 元

◆　本书由民间环保组织“自然之友”组织编写，由特别关注、生态保护、宜居城市、可持续消费以及政策与治理等版块构成，以公共利益的视角记录、审视和思考中国环境状况，呈现 2014 年中国环境与可持续发展领域的全局态势，用深刻的思考、科学的数据分析 2014 年的环境热点事件。

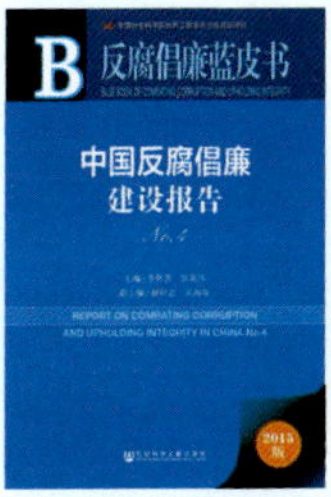

反腐倡廉蓝皮书

中国反腐倡廉建设报告 No.4

李秋芳　张英伟 / 主编　2014 年 12 月出版　　定价 :79.00 元

◆　本书抓住了若干社会热点和焦点问题，全面反映了新时期新阶段中国反腐倡廉面对的严峻局面，以及中国共产党反腐倡廉建设的新实践新成果。根据实地调研、问卷调查和舆情分析，梳理了当下社会普遍关注的与反腐败密切相关的热点问题。

女性生活蓝皮书

中国女性生活状况报告 No.9（2015）

韩湘景 / 主编　2015 年 4 月出版　估价 :79.00 元

◆　本书由中国妇女杂志社、华坤女性生活调查中心和华坤女性消费指导中心组织编写，通过调查获得的大量调查数据，真实展现当年中国城市女性的生活状况、消费状况及对今后的预期。

华侨华人蓝皮书

华侨华人研究报告 (2015)

贾益民 / 主编　2015 年 12 月出版　估价 :118.00 元

◆　本书为中国社会科学院创新工程学术出版资助项目，是华侨大学向世界提供最新涉侨动态、理论研究和政策建议的平台。主要介绍了相关国家华侨华人的规模、分布、结构、发展趋势，以及全球涉侨生存安全环境和华文教育情况等。

政治参与蓝皮书

中国政治参与报告（2015）

房　宁 / 主编　2015 年 7 月出版　估价 :105.00 元

◆　本书作者均来自中国社会科学院政治学研究所，聚焦中国基层群众自治的参与情况介绍了城镇居民的社区建设与居民自治参与和农村居民的村民自治与农村社区建设参与情况。其优势是其指标评估体系的建构和问卷调查的设计专业，数据量丰富，统计结论科学严谨。

行业报告类

行业报告类皮书立足重点行业、新兴行业领域，
提供及时、前瞻的数据与信息

房地产蓝皮书

中国房地产发展报告 No.12（2015）

魏后凯　李景国 / 主编　2015 年 5 月出版　估价 :79.00 元

◆　本书汇集了众多研究城市房地产经济问题的专家、学者关于城市房地产方面的最新研究成果。对 2014 年我国房地产经济发展状况进行了回顾，并做出了分析，全面翔实而又客观公正，同时，也对未来我国房地产业的发展形势做出了科学的预测。

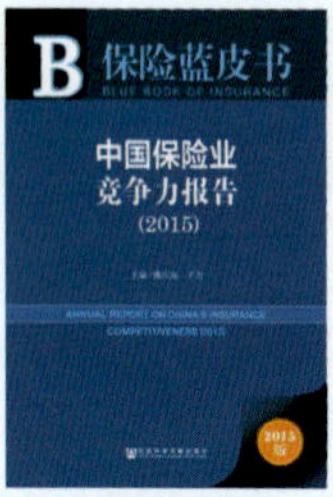

保险蓝皮书

中国保险业竞争力报告（2015）

姚庆海　王　力 / 主编　2015 年 12 出版　估价 :98.00 元

◆　本皮书主要为监管机构、保险行业和保险学界提供保险市场一年来发展的总体评价，外在因素对保险业竞争力发展的影响研究；国家监管政策、市场主体经营创新及职能发挥、理论界最新研究成果等综述和评论。

企业社会责任蓝皮书

中国企业社会责任研究报告（2015）

黄群慧　彭华岗　钟宏武　张　蒽 / 编著
2015 年　11 月出版　估价 :69.00 元

◆　本书系中国社会科学院经济学部企业社会责任研究中心组织编写的《企业社会责任蓝皮书》2015 年分册。该书在对企业社会责任进行宏观总体研究的基础上，根据 2014 年企业社会责任及相关背景进行了创新研究，在全国企业中观层面对企业健全社会责任管理体系提供了弥足珍贵的丰富信息。

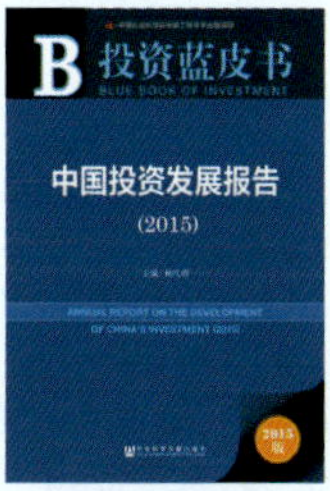

投资蓝皮书

中国投资发展报告（2015）

杨庆蔚 / 主编　　2015 年 4 月出版　　估价 :128.00 元

◆　本书是中国建银投资有限责任公司在投资实践中对中国投资发展的各方面问题进行深入研究和思考后的成果。投资包括固定资产投资、实业投资、金融产品投资、房地产投资等诸多领域，尝试将投资作为一个整体进行研究，能够较为清晰地展现社会资金流动的特点，为投资者、研究者、甚至政策制定者提供参考。

住房绿皮书

中国住房发展报告（2014~2015）

倪鹏飞 / 主编　　2014 年 12 月出版　　定价 :79.00 元

◆　本报告从宏观背景、市场主体、市场体系和公共政策四个方面，对中国住宅市场体系做了全面系统的分析、预测与评价，并给出了相关政策建议，并在评述 2013~2014 年住房及相关市场走势的基础上，预测了 2014~2015 年住房及相关市场的发展变化。

人力资源蓝皮书

中国人力资源发展报告（2015）

余兴安 / 主编　　2015 年 9 月出版　　估价 :79.00 元

◆　本书是在人力资源和社会保障部部领导的支持下，由中国人事科学研究院汇集我国人力资源开发权威研究机构的诸多专家学者的研究成果编写而成。 作为关于人力资源的蓝皮书，本书通过充分利用有关研究成果，更广泛、更深入地展示近年来我国人力资源开发重点领域的研究成果。

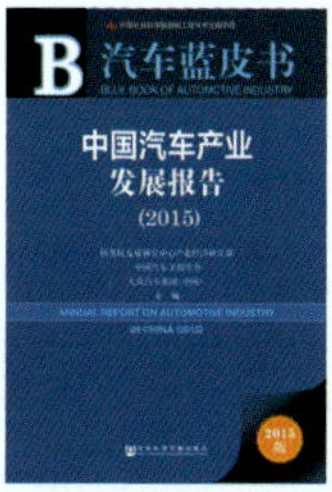

汽车蓝皮书

中国汽车产业发展报告（2015）

国务院发展研究中心产业经济研究部 中国汽车工程学会
大众汽车集团（中国）/ 主编　2015 年 7 月出版　　估价 :128.00 元

◆　本书由国务院发展研究中心产业经济研究部、中国汽车工程学会、大众汽车集团（中国）联合主编，是关于中国汽车产业发展的研究性年度报告，介绍并分析了本年度中国汽车产业发展的形势。

国别与地区类

国别与地区类皮书关注全球重点国家与地区，
提供全面、独特的解读与研究

亚太蓝皮书

亚太地区发展报告（2015）

李向阳 / 主编　　2015 年 1 月出版　　定价 :59.00 元

◆　本书是由中国社会科学院亚太与全球战略研究院精心打造的品牌皮书，关注时下亚太地区局势发展动向里隐藏的中长趋势，剖析亚太地区政治与安全格局下的区域形势最新动向以及地区关系发展的热点问题，并对 2015 年亚太地区重大动态做出前瞻性的分析与预测。

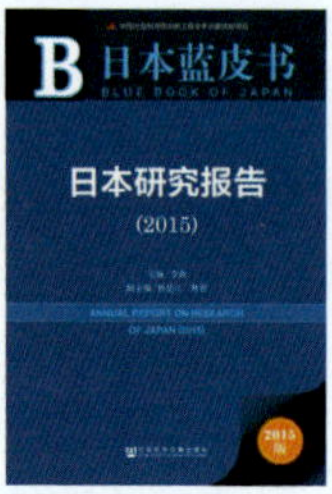

日本蓝皮书

日本研究报告（2015）

李　薇 / 主编　　2015 年 4 月出版　　估价 :69.00 元

◆　本书由中华日本学会、中国社会科学院日本研究所合作推出，是以中国社会科学院日本研究所的研究人员为主完成的研究成果。对 2014 年日本的政治、外交、经济、社会文化作了回顾、分析与展望，并收录了该年度日本大事记。

德国蓝皮书

德国发展报告（2015）

郑春荣　伍慧萍 / 主编　2015 年 6 月出版　估价 :69.00 元

◆　本报告由同济大学德国研究所组织编撰，由该领域的专家学者对德国的政治、经济、社会文化、外交等方面的形势发展情况，进行全面的阐述与分析。德国作为欧洲大陆第一强国，与中国各方面日渐紧密的合作关系，值得国内各界深切关注。

国际形势黄皮书

全球政治与安全报告（2015）

李慎明　张宇燕 / 主编　2015 年 1 月出版　定价 :69.00 元

◆　本书为“十二五”国家重点图书出版规划项目、中国社会科学院创新工程学术出版资助项目，为“国际形势黄皮书”系列年度报告之一。报告旨在对本年度国际政治及安全形势的总体情况和变化进行回顾与分析，并提出一定的预测。

拉美黄皮书

拉丁美洲和加勒比发展报告（2014~2015）

吴白乙 / 主编　2015 年 4 月出版　估价 :89.00 元

◆　本书是中国社会科学院拉丁美洲研究所的第 14 份关于拉丁美洲和加勒比地区发展形势状况的年度报告。 本书对 2014 年拉丁美洲和加勒比地区诸国的政治、经济、社会、外交等方面的发展情况做了系统介绍，对该地区相关国家的热点及焦点问题进行了总结和分析，并在此基础上对该地区各国 2015 年的发展前景做出预测。

美国蓝皮书

美国研究报告（2015）

黄　平　郑秉文 / 主编　2015 年 7 月出版　估价 :89.00 元

◆　本书是由中国社会科学院美国所主持完成的研究成果，它回顾了美国 2014 年的经济、政治形势与外交战略，对 2014 年以来美国内政外交发生的重大事件以及重要政策进行了较为全面的回顾和梳理。

大湄公河次区域蓝皮书

大湄公河次区域合作发展报告（2015）

刘　稚 / 主编　2015 年 9 月出版　估价 :79.00 元

◆　云南大学大湄公河次区域研究中心深入追踪分析该区域发展动向，以把握全面，突出重点为宗旨，系统介绍和研究大湄公河次区域合作的年度热点和重点问题，展望次区域合作的发展趋势，并对新形势下我国推进次区域合作深入发展提出相关对策建议。

地方发展类

地方发展类皮书关注大陆各省份、经济区域，
提供科学、多元的预判与咨政信息

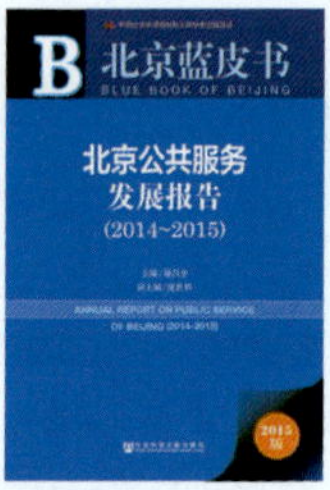

北京蓝皮书

北京公共服务发展报告（2014~2015）

施昌奎 / 主编　　2015 年 1 月出版　定价：69.00 元

◆　本书是由北京市政府职能部门的领导、首都著名高校的教授、知名研究机构的专家共同完成的关于北京市公共服务发展与创新的研究成果。内容涉及了北京市公共服务发展的方方面面，既有综述性的总报告，也有细分的情况介绍，既有对北京各个城区的综合性描述，也有对局部、细部、具体问题的分析，对年度热点问题也都有涉及。

上海蓝皮书

上海经济发展报告（2015）

沈开艳 / 主编　2015 年 1 月出版　定价 :69.00 元

◆　本书系上海社会科学院系列之一，报告对 2015 年上海经济增长与发展趋势的进行了预测，把握了上海经济发展的脉搏和学术研究的前沿。

广州蓝皮书

广州经济发展报告（2015）

李江涛　朱名宏 / 主编　2015 年 5 月出版　估价 :69.00 元

◆　本书是由广州市社会科学院主持编写的“广州蓝皮书”系列之一，本报告对广州 2014 年宏观经济运行情况作了深入分析，对 2015 年宏观经济走势进行了合理预测，并在此基础上提出了相应的政策建议。

文化传媒类

文化传媒类皮书透视文化领域、文化产业，
探索文化大繁荣、大发展的路径

新媒体蓝皮书

中国新媒体发展报告 No.5（2015）

唐绪军 / 主编　　2015 年 6 月出版　　估价 :79.00 元

◆　本书由中国社会科学院新闻与传播研究所和上海大学合作编写，在构建新媒体发展研究基本框架的基础上，全面梳理 2014 年中国新媒体发展现状，发表最前沿的网络媒体深度调查数据和研究成果，并对新媒体发展的未来趋势做出预测。

舆情蓝皮书

中国社会舆情与危机管理报告（2015）

谢耘耕 / 主编　　2015 年 8 月出版　　估价 :98.00 元

◆　本书由上海交通大学舆情研究实验室和危机管理研究中心主编，已被列入教育部人文社会科学研究报告培育项目。本书以新媒体环境下的中国社会为立足点，对 2014 年中国社会舆情、分类舆情等进行了深入系统的研究，并预测了 2015 年社会舆情走势。

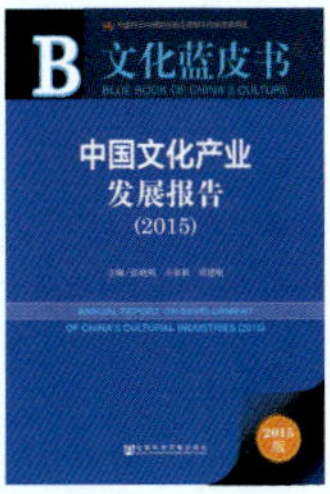

文化蓝皮书

中国文化产业发展报告（2015）

张晓明　王家新　章建刚 / 主编　　2015 年 4 月出版　　估价 :79.00 元

◆　本书由中国社会科学院文化研究中心编写。从 2012 年开始，中国社会科学院文化研究中心设立了国内首个文化产业的研究类专项资金——“文化产业重大课题研究计划”，开始在全国范围内组织多学科专家学者对我国文化产业发展重大战略问题进行联合攻关研究。本书集中反映了该计划的研究成果。

经济类

G20国家创新竞争力黄皮书
二十国集团（G20）国家创新竞争力发展报告（2015）
著(编)者:黄茂兴 李闽榕 李建平 赵新力
2015年9月出版 / 估价:128.00元

产业蓝皮书
中国产业竞争力报告（2015）
著(编)者:张其仔 2015年5月出版 / 估价:79.00元

长三角蓝皮书
2015年全面深化改革中的长三角
著(编)者:张伟斌 2015年10月出版 / 估价:69.00元

城乡一体化蓝皮书
中国城乡一体化发展报告（2015）
著(编)者:付崇兰 汝信 2015年12月出版 / 估价:79.00元

城市创新蓝皮书
中国城市创新报告（2015）
著(编)者:周天勇 旷建伟 2015年8月出版 / 估价:69.00元

城市竞争力蓝皮书
中国城市竞争力报告（2015）
著(编)者:倪鹏飞 2015年5月出版 / 估价:89.00元

城市蓝皮书
中国城市发展报告NO.8
著(编)者:潘家华 魏后凯 2015年9月出版 / 估价:69.00元

城市群蓝皮书
中国城市群发展指数报告（2015）
著(编)者:刘新静 刘士林 2015年10月出版 / 估价:59.00元

城乡统筹蓝皮书
中国城乡统筹发展报告（2015）
著(编)者:潘晨光 程志强 2015年4月出版 / 估价:59.00元

城镇化蓝皮书
中国新型城镇化健康发展报告（2015）
著(编)者:张占斌 2015年5月出版 / 估价:79.00元

低碳发展蓝皮书
中国低碳发展报告（2015）
著(编)者:齐晔 2015年4月出版 / 估价:89.00元

低碳经济蓝皮书
中国低碳经济发展报告（2015）
著(编)者:薛进军 赵忠秀 2015年5月出版 / 估价:69.00元

东北蓝皮书
中国东北地区发展报告（2015）
著(编)者:马克 黄文艺 2015年8月出版 / 估价:79.00元

发展和改革蓝皮书
中国经济发展和体制改革报告（2015）
著(编)者:邹东涛 2015年11月出版 / 估价:98.00元

工业化蓝皮书
中国工业化进程报告（2015）
著(编)者:黄群慧 吕铁 李晓华 2015年11月出版 / 估价:89.00元

国际城市蓝皮书
国际城市发展报告（2015）
著(编)者:屠启宇 2015年1月出版 / 定价:79.00元

国家创新蓝皮书
中国创新发展报告（2015）
著(编)者:陈劲 2015年6月出版 / 估价:59.00元

环境竞争力绿皮书
中国省域环境竞争力发展报告（2015）
著(编)者:李建平 李闽榕 王金南
2015年12月出版 / 估价:198.00元

金融蓝皮书
中国金融发展报告（2015）
著(编)者:李扬 王国刚 2014年12月出版 / 定价:75.00元

金融信息服务蓝皮书
金融信息服务发展报告（2015）
著(编)者:鲁广锦 殷剑峰 林义相 2015年6月出版 / 估价:89.00元

经济蓝皮书
2015年中国经济形势分析与预测
著(编)者:李扬 2014年12月出版 / 定价:69.00元

经济蓝皮书·春季号
2015年中国经济前景分析
著(编)者:李扬 2015年5月出版 / 估价:79.00元

经济蓝皮书·夏季号
中国经济增长报告（2015）
著(编)者:李扬 2015年7月出版 / 估价:69.00元

经济信息绿皮书
中国与世界经济发展报告（2015）
著(编)者:杜平 2014年12月出版 / 定价:79.00元

就业蓝皮书
2015年中国大学生就业报告
著(编)者:麦可思研究院 2015年6月出版 / 估价:98.00元

临空经济蓝皮书
中国临空经济发展报告（2015）
著(编)者:连玉明 2015年9月出版 / 估价:79.00元

民营经济蓝皮书
中国民营经济发展报告（2015）
著(编)者:王钦敏 2015年12月出版 / 估价:79.00元

农村绿皮书
中国农村经济形势分析与预测（2014~2015）
著(编)者:中国社会科学院农村发展研究所
国家统计局农村社会经济调查司
2015年4月出版 / 估价:69.00元

农业应对气候变化蓝皮书
气候变化对中国农业影响评估报告（2015）
著(编)者:矫梅燕 2015年8月出版 / 估价:98.00元

企业公民蓝皮书
中国企业公民报告（2015）
著(编)者:邹东涛　2015年12月出版 / 估价:79.00元

气候变化绿皮书
应对气候变化报告（2015）
著(编)者:王伟光 郑国光　2015年10月出版 / 估价:79.00元

区域蓝皮书
中国区域经济发展报告（2015）
著(编)者:梁昊光　2015年4月出版 / 估价:79.00元

全球环境竞争力绿皮书
全球环境竞争力报告（2015）
著(编)者:李建建 李闽榕 李建平 王金南
2015年12月出版 / 估价:198.00元

人口与劳动绿皮书
中国人口与劳动问题报告No.15
著(编)者:蔡昉　2015年1月出版 / 定价:59.00元

世界经济黄皮书
2015年世界经济形势分析与预测
著(编)者:王洛林　张宇燕　2015年1月出版 / 定价:69.00元

世界旅游城市绿皮书
世界旅游城市发展报告（2015）
著(编)者:鲁勇 周正宇 宋宇　2015年6月出版 / 估价:88.00元

商务中心区蓝皮书
中国商务中心区发展报告No.1（2014）
著(编)者:魏后凯　李国红　2015年1月出版 / 定价:89.00元

西北蓝皮书
中国西北发展报告（2015）
著(编)者:赵宗福　孙发平　苏海红　鲁顺元　段庆林
2014年12月出版 / 定价:79.00元

西部蓝皮书
中国西部发展报告（2015）
著(编)者:姚慧琴 徐璋勇　2015年7月出版 / 估价:89.00元

新型城镇化蓝皮书
新型城镇化发展报告（2015）
著(编)者:李伟　2015年10月出版 / 估价:89.00元

新兴经济体蓝皮书
金砖国家发展报告（2015）
著(编)者:林跃勤 周文　2015年7月出版 / 估价:79.00元

中部竞争力蓝皮书
中国中部经济社会竞争力报告（2015）
著(编)者:教育部人文社会科学重点研究基地
南昌大学中国中部经济社会发展研究中心
2015年9月出版 / 估价:79.00元

中部蓝皮书
中国中部地区发展报告（2015）
著(编)者:喻新安　2015年5月出版 / 估价:69.00元

中国省域竞争力蓝皮书
中国省域经济综合竞争力发展报告（2013~2014）
著(编)者:李建平 李闽榕 高燕京
2015年2月出版 / 定价:198.00元

中三角蓝皮书
长江中游城市群发展报告（2015）
著(编)者:秦尊文　2015年10月出版 / 估价:69.00元

中小城市绿皮书
中国中小城市发展报告（2015）
著(编)者:中国城市经济学会中小城市经济发展委员会
《中国中小城市发展报告》编纂委员会
中小城市发展战略研究院
2015年10月出版 / 估价:98.00元

中央商务区蓝皮书
中国中央商务区发展报告（2015）
著(编)者:中国商务区联盟
中国社会科学院城市发展与环境研究所
2015年10月出版 / 估价:69.00元

中原蓝皮书
中原经济区发展报告（2015）
著(编)者:李英杰　2015年6月出版 / 估价:88.00元

社会政法类

北京蓝皮书
中国社区发展报告（2015）
著(编)者:于燕燕　2015年6月出版 / 估价:69.00元

殡葬绿皮书
中国殡葬事业发展报告（2015）
著(编)者:李伯森　2015年4月出版 / 估价:59.00元

城市管理蓝皮书
中国城市管理报告（2015）
著(编)者:谭维克 刘林　2015年12月出版 / 估价:158.00元

城市生活质量蓝皮书
中国城市生活质量报告（2015）
著(编)者:中国经济实验研究院　2015年6月出版 / 估价:59.00元

城市政府能力蓝皮书
中国城市政府公共服务能力评估报告（2015）
著(编)者:何艳玲　2015年7月出版 / 估价:59.00元

创新蓝皮书
创新型国家建设报告（2015）
著(编)者:詹正茂　2015年4月出版 / 估价:69.00元

慈善蓝皮书
中国慈善发展报告（2015）
著(编)者:杨团　2015年5月出版 / 估价:79.00元

大学生蓝皮书
中国大学生生活形态研究报告（2015）
著(编)者:张新洲　2015年12月出版 / 估价:69.00元

地方法治蓝皮书
中国地方法治发展报告No.1（2014）
著(编)者:李林 田禾 2015年1月出版 / 定价:98.00元

法治蓝皮书
中国法治发展报告No.13（2015）
著(编)者:李林 田禾 2015年3月出版 / 定价:105.00元

反腐倡廉蓝皮书
中国反腐倡廉建设报告No.4
著(编)者:李秋芳 张英伟 2014年12月出版 / 定价:79.00元

非传统安全蓝皮书
中国非传统安全研究报告（2015）
著(编)者:余潇枫 魏志江 2015年6月出版 / 估价:79.00元

妇女发展蓝皮书
中国妇女发展报告（2015）
著(编)者:王金玲 2015年9月出版 / 估价:148.00元

妇女教育蓝皮书
中国妇女教育发展报告（2015）
著(编)者:张李玺 2015年1月出版 / 估价:78.00元

妇女绿皮书
中国性别平等与妇女发展报告（2015）
著(编)者:谭琳 2015年12月出版 / 估价:99.00元

公共服务蓝皮书
中国城市基本公共服务力评价（2015）
著(编)者:钟君 吴正杲 2015年12月出版 / 估价:79.00元

公共服务满意度蓝皮书
中国城市公共服务评价报告（2015）
著(编)者:胡伟 2015年12月出版 / 估价:69.00元

公民科学素质蓝皮书
中国公民科学素质报告（2015）
著(编)者:李群 许佳军 2015年6月出版 / 估价:79.00元

公益蓝皮书
中国公益发展报告（2015）
著(编)者:朱健刚 2015年5月出版 / 估价:78.00元

管理蓝皮书
中国管理发展报告（2015）
著(编)者:张晓东 2015年9月出版 / 估价:98.00元

国际人才蓝皮书
中国国际移民报告（2015）
著(编)者:王辉耀 2015年2月出版 / 定价:79.00元

国际人才蓝皮书
中国海归发展报告（2015）
著(编)者:王辉耀 苗绿 2015年4月出版 / 估价:69.00元

国际人才蓝皮书
中国留学发展报告（2015）
著(编)者:王辉耀 苗绿 2015年9月出版 / 估价:69.00元

国家安全蓝皮书
中国国家安全研究报告（2015）
著(编)者:刘慧 2015年5月出版 / 估价:98.00元

行政改革蓝皮书
中国行政体制改革报告（2014~2015）
著(编)者:魏礼群 2015年4月出版 / 估价:89.00元

华侨华人蓝皮书
华侨华人研究报告（2015）
著(编)者:贾益民 2015年12月出版 / 估价:118.00元

环境绿皮书
中国环境发展报告（2015）
著(编)者:刘鉴强 2015年5月出版 / 估价:79.00元

基金会蓝皮书
中国基金会发展报告（2015）
著(编)者:刘忠祥 2015年6月出版 / 估价:69.00元

基金会绿皮书
中国基金会发展独立研究报告（2015）
著(编)者:基金会中心网 2015年8月出版 / 估价:88.00元

基金会透明度蓝皮书
中国基金会透明度发展研究报告（2015）
著(编)者:基金会中心网 清华大学廉政与治理研究中心
2015年9月出版 / 估价:78.00元

教师蓝皮书
中国中小学教师发展报告（2015）
著(编)者:曾晓东 2015年7月出版 / 估价:59.00元

教育蓝皮书
中国教育发展报告（2015）
著(编)者:杨东平 2015年5月出版 / 估价:79.00元

科普蓝皮书
中国科普基础设施发展报告（2015）
著(编)者:任福君 2015年6月出版 / 估价:59.00元

劳动保障蓝皮书
中国劳动保障发展报告（2015）
著(编)者:刘燕斌 2015年6月出版 / 估价:89.00元

老龄蓝皮书
中国老年宜居环境发展报告(2015)
著(编)者:吴玉韶 2015年9月出版 / 估价:79.00元

连片特困区蓝皮书
中国连片特困区发展报告（2015）
著(编)者:冷志明 游俊 2015年4月出版 / 估价:79.00元

民间组织蓝皮书
中国民间组织报告(2015)
著(编)者:潘晨光 黄晓勇 2015年8月出版 / 估价:69.00元

民调蓝皮书
中国民生调查报告（2015）
著(编)者:谢耘耕 2015年5月出版 / 估价:128.00元

民族发展蓝皮书
中国民族区域自治发展报告（2015）
著(编)者:王希恩 郝时远 2015年6月出版 / 估价:98.00元

女性生活蓝皮书
中国女性生活状况报告No.9（2015）
著(编)者:《中国妇女》杂志社 华坤女性生活调查中心
华坤女性消费指导中心
2015年4月出版 / 估价:79.00元

企业公众透明度蓝皮书
中国企业公众透明度报告(2014~2015)No.1
著(编)者:黄速建　王晓光　肖红军
2015年1月出版 / 定价:98.00元

企业国际化蓝皮书
中国企业国际化报告(2015)
著(编)者:王辉耀　2015年10月出版 / 估价:79.00元

汽车社会蓝皮书
中国汽车社会发展报告（2015）
著(编)者:王俊秀　2015年4月出版 / 估价:59.00元

青年蓝皮书
中国青年发展报告No.3
著(编)者:廉思　2015年4月出版 / 估价:59.00元

区域人才蓝皮书
中国区域人才竞争力报告（2015）
著(编)者:桂昭明　王辉耀　2015年6月出版 / 估价:69.00元

群众体育蓝皮书
中国群众体育发展报告（2015）
著(编)者:刘国永　杨桦　2015年8月出版 / 估价:69.00元

人才蓝皮书
中国人才发展报告（2015）
著(编)者:潘晨光　2015年8月出版 / 估价:85.00元

人权蓝皮书
中国人权事业发展报告（2015）
著(编)者:中国人权研究会　2015年8月出版 / 估价:99.00元

森林碳汇绿皮书
中国森林碳汇评估发展报告（2015）
著(编)者:闫文德　胡文臻　2015年9月出版 / 估价:79.00元

社会保障绿皮书
中国社会保障发展报告（2015）
著(编)者:王延中　2015年6月出版 / 估价:79.00元

社会工作蓝皮书
中国社会工作发展报告（2015）
著(编)者:民政部社会工作研究中心
2015年8月出版 / 估价:79.00元

社会管理蓝皮书
中国社会管理创新报告（2015）
著(编)者:连玉明　2015年9月出版 / 估价:89.00元

社会蓝皮书
2015年中国社会形势分析与预测
著(编)者:李培林　陈光金　张　翼
2014年12月出版 / 定价:69.00元

社会体制蓝皮书
中国社会体制改革报告（2015）
著(编)者:龚维斌　2015年5月出版 / 估价:79.00元

社会心态蓝皮书
中国社会心态研究报告（2015）
著(编)者:王俊秀　杨宜音　2015年10月出版 / 估价:69.00元

社会组织蓝皮书
中国社会组织评估发展报告（2015）
著(编)者:徐家良　廖鸿　2015年12月出版 / 估价:69.00元

生态城市绿皮书
中国生态城市建设发展报告（2015）
著(编)者:刘举科　孙伟平　胡文臻
2015年6月出版 / 估价:98.00元

生态文明绿皮书
中国省域生态文明建设评价报告（ECI 2015）
著(编)者:严耕　2015年9月出版 / 估价:85.00元

世界社会主义黄皮书
世界社会主义跟踪研究报告（2015）
著(编)者:李慎明　2015年4月出版 / 估价:198.00元

水与发展蓝皮书
中国水风险评估报告（2015）
著(编)者:王浩　2015年9月出版 / 估价:69.00元

土地整治蓝皮书
中国土地整治发展研究报告No.2
著(编)者:国土资源部土地整治中心　2015年5月出版 / 估价:89.00元

危机管理蓝皮书
中国危机管理报告（2015）
著(编)者:文学国　2015年8月出版 / 估价:89.00元

形象危机应对蓝皮书
形象危机应对研究报告（2015）
著(编)者:唐钧　2015年6月出版 / 估价:149.00元

医改蓝皮书
中国医药卫生体制改革报告（2015～2016）
著(编)者:文学国　房志武　2015年12月出版 / 估价:79.00元

医疗卫生绿皮书
中国医疗卫生发展报告（2015）
著(编)者:申宝忠　韩玉珍　2015年4月出版 / 估价:75.00元

应急管理蓝皮书
中国应急管理报告（2015）
著(编)者:宋英华　2015年10月出版 / 估价:69.00元

政治参与蓝皮书
中国政治参与报告（2015）
著(编)者:房宁　2015年7月出版 / 估价:105.00元

政治发展蓝皮书
中国政治发展报告（2015）
著(编)者:房宁　杨海蛟　2015年5月出版 / 估价:88.00元

中国农村妇女发展蓝皮书
流动女性城市融入发展报告（2015）
著(编)者:谢丽华　2015年11月出版 / 估价:69.00元

宗教蓝皮书
中国宗教报告（2015）
著(编)者:金泽　邱永辉　2015年9月出版 / 估价:59.00元

行业报告类

保险蓝皮书
中国保险业竞争力报告（2015）
著(编)者:王力　2015年12月出版 / 估价:98.00元

彩票蓝皮书
中国彩票发展报告（2015）
著(编)者:益彩基金　2015年10月出版 / 估价:69.00元

餐饮产业蓝皮书
中国餐饮产业发展报告（2015）
著(编)者:邢颖　2015年6月出版 / 估价:69.00元

测绘地理信息蓝皮书
智慧中国地理空间智能体系研究报告（2015）
著(编)者:库热西・买合苏提　2015年12月出版 / 估价:98.00元

茶业蓝皮书
中国茶产业发展报告（2015）
著(编)者:杨江帆 李闽榕　2015年10月出版 / 估价:78.00元

产权市场蓝皮书
中国产权市场发展报告（2015）
著(编)者:曹和平　2015年12月出版 / 估价:79.00元

电子政务蓝皮书
中国电子政务发展报告（2015）
著(编)者:洪毅 杜平　2015年11月出版 / 估价:79.00元

杜仲产业绿皮书
中国杜仲橡胶资源与产业发展报告（2014~2015）
著(编)者:杜红岩 胡文臻 俞锐
2015年1月出版 / 定价:85.00元

房地产蓝皮书
中国房地产发展报告No.12（2015）
著(编)者:魏后凯 李景国　2015年5月出版 / 估价:79.00元

服务外包蓝皮书
中国服务外包产业发展报告（2015）
著(编)者:王晓红 刘德军　2015年6月出版 / 估价:89.00元

工业设计蓝皮书
中国工业设计发展报告（2015）
著(编)者:王晓红 于炜 张立群　2015年9月出版 / 估价:138.00元

互联网金融蓝皮书
中国互联网金融发展报告（2015）
著(编)者:芮晓武 刘烈宏　2015年8月出版 / 估价:79.00元

会展蓝皮书
中外会展业动态评估年度报告（2015）
著(编)者:张敏　2015年1月出版 / 估价:78.00元

金融监管蓝皮书
中国金融监管报告（2015）
著(编)者:胡滨　2015年5月出版 / 估价:69.00元

金融蓝皮书
中国商业银行竞争力报告（2015）
著(编)者:王松奇　2015年12月出版 / 估价:69.00元

客车蓝皮书
中国客车产业发展报告（2014~2015）
著(编)者:姚蔚　2015年2月出版 / 定价:85.00元

老龄蓝皮书
中国老年宜居环境发展报告（2015）
著(编)者:吴玉韶 党俊武　2015年9月出版 / 估价:79.00元

流通蓝皮书
中国商业发展报告（2015）
著(编)者:荆林波　2015年5月出版 / 估价:89.00元

旅游安全蓝皮书
中国旅游安全报告（2015）
著(编)者:郑向敏 谢朝武　2015年5月出版 / 估价:98.00元

旅游景区蓝皮书
中国旅游景区发展报告（2015）
著(编)者:黄安民　2015年7月出版 / 估价:79.00元

旅游绿皮书
2014~2015年中国旅游发展分析与预测
著(编)者:宋瑞　2015年1月出版 / 定价:98.00元

煤炭蓝皮书
中国煤炭工业发展报告（2015）
著(编)者:岳福斌　2015年12月出版 / 估价:79.00元

民营医院蓝皮书
中国民营医院发展报告（2015）
著(编)者:庄一强　2015年10月出版 / 估价:75.00元

闽商蓝皮书
闽商发展报告（2015）
著(编)者:王日根 李闽榕　2015年12月出版 / 估价:69.00元

能源蓝皮书
中国能源发展报告（2015）
著(编)者:崔民选 王军生　2015年8月出版 / 估价:79.00元

农产品流通蓝皮书
中国农产品流通产业发展报告（2015）
著(编)者:贾敬敦 张东科 张玉玺 孔令羽 张鹏毅
2015年9月出版 / 估价:89.00元

企业蓝皮书
中国企业竞争力报告（2015）
著(编)者:金碚　2015年11月出版 / 估价:89.00元

企业社会责任蓝皮书
中国企业社会责任研究报告（2015）
著(编)者:黄群慧 彭华岗 钟宏武 张蒽
2015年11月出版 / 估价:69.00元

汽车安全蓝皮书
中国汽车安全发展报告（2015）
著(编)者:中国汽车技术研究中心　　2015年4月出版 / 估价:79.00元

汽车蓝皮书
中国汽车产业发展报告（2015）
著(编)者:国务院发展研究中心产业经济研究部
中国汽车工程学会 大众汽车集团（中国）
2015年7月出版 / 估价:128.00元

清洁能源蓝皮书
国际清洁能源发展报告（2015）
著(编)者:国际清洁能源论坛（澳门）
2015年9月出版 / 估价:89.00元

人力资源蓝皮书
中国人力资源发展报告（2015）
著(编)者:余兴安　2015年9月出版 / 估价:79.00元

融资租赁蓝皮书
中国融资租赁业发展报告（2014~2015）
著(编)者:李光荣　王力　2015年1月出版 / 定价:89.00元

软件和信息服务业蓝皮书
中国软件和信息服务业发展报告（2015）
著(编)者:陈新河　洪京一　2015年12月出版 / 估价:198.00元

上市公司蓝皮书
上市公司质量评价报告（2015）
著(编)者:张跃文 王力　2015年10月出版 / 估价:118.00元

食品药品蓝皮书
食品药品安全与监管政策研究报告（2015）
著(编)者:唐民皓　2015年7月出版 / 估价:69.00元

世界能源蓝皮书
世界能源发展报告（2015）
著(编)者:黄晓勇　2015年6月出版 / 估价:99.00元

碳市场蓝皮书
中国碳市场报告（2015）
著(编)者:低碳发展国际合作联盟
2015年11月出版 / 估价:69.00元

体育蓝皮书
中国体育产业发展报告（2015）
著(编)者:阮伟 钟秉枢　2015年4月出版 / 估价:69.00元

投资蓝皮书
中国投资发展报告（2015）
著(编)者:杨庆蔚　2015年4月出版 / 估价:128.00元

物联网蓝皮书
中国物联网发展报告（2015）
著(编)者:黄桂田　2015年4月出版 / 估价:59.00元

西部工业蓝皮书
中国西部工业发展报告（2015）
著(编)者:方行明 甘犁 刘方健 姜凌 等
2015年9月出版 / 估价:79.00元

西部金融蓝皮书
中国西部金融发展报告（2015）
著(编)者:李忠民　2015年8月出版 / 估价:75.00元

新能源汽车蓝皮书
中国新能源汽车产业发展报告（2015）
著(编)者:中国汽车技术研究中心
日产（中国）投资有限公司 东风汽车有限公司
2015年8月出版 / 估价:69.00元

信托市场蓝皮书
中国信托业市场报告（2014~2015）
著(编)者:用益信托工作室　2015年2月出版 / 定价:198.00元

信息产业蓝皮书
世界软件和信息技术产业发展报告（2015）
著(编)者:洪京一　2015年8月出版 / 估价:79.00元

信息化蓝皮书
中国信息化形势分析与预测（2015）
著(编)者:周宏仁　2015年8月出版 / 估价:98.00元

信用蓝皮书
中国信用发展报告（2015）
著(编)者:田侃　2015年4月出版 / 估价:69.00元

休闲绿皮书
2015年中国休闲发展报告
著(编)者:刘德谦　2015年6月出版 / 估价:59.00元

医药蓝皮书
中国中医药产业园战略发展报告（2015）
著(编)者:裴长洪 房书亭 吴篠心　2015年5月出版 / 估价:89.00元

邮轮绿皮书
中国邮轮产业发展报告（2015）
著(编)者:汪泓　2015年9月出版 / 估价:79.00元

支付清算蓝皮书
中国支付清算发展报告（2015）
著(编)者:杨涛　2015年5月出版 / 估价:45.00元

中国上市公司蓝皮书
中国上市公司发展报告（2015）
著(编)者:许雄斌 张平 2015年9月出版 / 估价:98.00元

中国总部经济蓝皮书
中国总部经济发展报告（2015）
著(编)者:赵弘　2015年5月出版 / 估价:79.00元

住房绿皮书
中国住房发展报告（2014~2015）
著(编)者:倪鹏飞　2014年12月出版 / 定价:79.00元

资本市场蓝皮书
中国场外交易市场发展报告（2015）
著(编)者:高峦　2015年8月出版 / 估价:79.00元

资产管理蓝皮书
中国资产管理行业发展报告（2015）
著(编)者:智信资产管理研究院　2015年7月出版 / 估价:79.00元

文化传媒类

传媒竞争力蓝皮书
中国传媒国际竞争力研究报告（2015）
著(编)者:李本乾　2015年9月出版 / 估价:88.00元

传媒蓝皮书
中国传媒产业发展报告（2015）
著(编)者:崔保国　2015年4月出版 / 估价:98.00元

传媒投资蓝皮书
中国传媒投资发展报告（2015）
著(编)者:张向东　2015年7月出版 / 估价:89.00元

动漫蓝皮书
中国动漫产业发展报告（2015）
著(编)者:卢斌 郑玉明 牛兴侦　2015年7月出版 / 估价:79.00元

非物质文化遗产蓝皮书
中国非物质文化遗产发展报告（2015）
著(编)者:陈平　2015年4月出版 / 估价:79.00元

非物质文化遗产蓝皮书
中国少数民族非物质文化遗产发展报告（2015）
著(编)者:肖远平　柴立　2015年4月出版 / 估价:79.00元

广电蓝皮书
中国广播电影电视发展报告（2015）
著(编)者:杨明品　2015年7月出版 / 估价:98.00元

广告主蓝皮书
中国广告主营销传播趋势报告（2015）
著(编)者:黄升民　2015年5月出版 / 估价:148.00元

国际传播蓝皮书
中国国际传播发展报告（2015）
著(编)者:胡正荣 李继东 姬德强
2015年7月出版 / 估价:89.00元

国家形象蓝皮书
2015年国家形象研究报告
著(编)者:张昆　2015年5月出版 / 估价:79.00元

纪录片蓝皮书
中国纪录片发展报告（2015）
著(编)者:何苏六　2015年9月出版 / 估价:79.00元

科学传播蓝皮书
中国科学传播报告（2015）
著(编)者:詹正茂　2015年4月出版 / 估价:69.00元

两岸文化蓝皮书
两岸文化产业合作发展报告（2015）
著(编)者:胡惠林 李保宗　2015年7月出版 / 估价:79.00元

媒介与女性蓝皮书
中国媒介与女性发展报告（2015）
著(编)者:刘利群　2015年8月出版 / 估价:69.00元

全球传媒蓝皮书
全球传媒发展报告（2015）
著(编)者:胡正荣　2015年12月出版 / 估价:79.00元

世界文化发展蓝皮书
世界文化发展报告（2015）
著(编)者:张庆宗　高乐田　郭熙煌
2015年5月出版 / 估价:89.00元

视听新媒体蓝皮书
中国视听新媒体发展报告（2015）
著(编)者:庞井君　2015年6月出版 / 估价:148.00元

文化创新蓝皮书
中国文化创新报告（2015）
著(编)者:于平 傅才武　2015年4月出版 / 估价:79.00元

文化建设蓝皮书
中国文化发展报告（2015）
著(编)者:江畅 孙伟平 戴茂堂
2015年4月出版 / 估价:138.00元

文化科技蓝皮书
文化科技创新发展报告（2015）
著(编)者:于平 李凤亮　2015年10月出版 / 估价:89.00元

文化蓝皮书
中国文化产业供需协调检测报告（2015）
著(编)者:王亚南 2015年2月出版 / 定价:79.00元

文化蓝皮书
中国文化消费需求景气评价报告（2015）
著(编)者:王亚南 2015年2月出版 / 定价:79.00元

文化蓝皮书
中国文化产业发展报告（2015）
著(编)者:张晓明 王家新 章建刚
2015年4月出版 / 估价:79.00元

文化蓝皮书
中国公共文化投入增长测评报告(2015)
著(编)者:王亚南　2014年12月出版 / 定价:79.00元

文化蓝皮书
中国文化政策发展报告（2015）
著(编)者:傅才武 宋文玉 燕东升　2015年9月出版 / 估价:98.0

文化品牌蓝皮书
中国文化品牌发展报告（2015）
著(编)者:欧阳友权　2015年4月出版 / 估价:79.00元

文化遗产蓝皮书
中国文化遗产事业发展报告（2015）
著(编)者:刘世锦　2015年12月出版 / 估价:89.00元

文学蓝皮书
中国文情报告（2015）
著(编)者:白烨　2015年5月出版 / 估价:49.00元

新媒体蓝皮书
中国新媒体发展报告（2015）
著(编)者:唐绪军　2015年6月出版 / 估价:79.00元

新媒体社会责任蓝皮书
中国新媒体社会责任研究报告（2015）
著(编)者:钟瑛　2015年10月出版 / 估价:79.00元

移动互联网蓝皮书
中国移动互联网发展报告（2015）
著(编)者:官建文　2015年6月出版 / 估价:79.00元

舆情蓝皮书
中国社会舆情与危机管理报告（2015）
著(编)者:谢耘耕　2015年8月出版 / 估价:98.00元

地方发展类

安徽经济蓝皮书
芜湖创新型城市发展报告（2015）
著(编)者:杨少华 王开玉　2015年4月出版 / 估价:69.00元

安徽蓝皮书
安徽社会发展报告（2015）
著(编)者:程桦　2015年4月出版 / 估价:79.00元

安徽社会建设蓝皮书
安徽社会建设分析报告（2015）
著(编)者:黄家海 王开玉 蔡宪　2015年4月出版 / 估价:69.00元

澳门蓝皮书
澳门经济社会发展报告（2015）
著(编)者:吴志良 郝雨凡　2015年4月出版 / 估价:79.00元

北京蓝皮书
北京公共服务发展报告（2014~2015）
著(编)者:施昌奎　2015年1月出版 / 定价:69.00元

北京蓝皮书
北京经济发展报告（2015）
著(编)者:杨松　2015年4月出版 / 估价:79.00元

北京蓝皮书
北京社会治理发展报告（2015）
著(编)者:殷星辰　2015年4月出版 / 估价:79.00元

北京蓝皮书
北京文化发展报告（2015）
著(编)者:李建盛　2015年4月出版 / 估价:79.00元

北京蓝皮书
北京社会发展报告（2015）
著(编)者:缪青　2015年5月出版 / 估价:79.00元

北京蓝皮书
北京社区发展报告（2015）
著(编)者:于燕燕　2015年1月出版 / 定价:79.00元

北京旅游绿皮书
北京旅游发展报告（2015）
著(编)者:北京旅游学会　2015年7月出版 / 估价:88.00元

北京律师蓝皮书
北京律师发展报告（2015）
著(编)者:王隽　2015年12月出版 / 估价:75.00元

北京人才蓝皮书
北京人才发展报告（2015）
著(编)者:于淼　2015年4月出版 / 估价:89.00元

北京社会心态蓝皮书
北京社会心态分析报告（2015）
著(编)者:北京社会心理研究所　2015年4月出版 / 估价:69.00元

北京社会组织蓝皮书
北京社会组织发展研究报告(2015)
著(编)者:李东松 唐军　2015年4月出版 / 估价:79.00元

北京社会组织蓝皮书
北京社会组织发展报告（2015）
著(编)者:温庆云　2015年9月出版 / 估价:69.00元

滨海金融蓝皮书
滨海新区金融发展报告（2015）
著(编)者:王爱俭 张锐钢　2015年9月出版 / 估价:79.00元

城乡一体化蓝皮书
中国城乡一体化发展报告（北京卷）（2015）
著(编)者:张宝秀 黄序　2015年4月出版 / 估价:69.00元

创意城市蓝皮书
北京文化创意产业发展报告（2015）
著(编)者:张京成　2015年11月出版 / 估价:65.00元

创意城市蓝皮书
无锡文化创意产业发展报告（2015）
著(编)者:谭军 张鸣年　2015年10月出版 / 估价:75.00元

创意城市蓝皮书
武汉市文化创意产业发展报告（2015）
著(编)者:袁堃 黄永林　2015年11月出版 / 估价:85.00元

创意城市蓝皮书
重庆创意产业发展报告（2015）
著(编)者:程宇宁　2015年4月出版 / 估价:89.00元

创意城市蓝皮书
青岛文化创意产业发展报告（2015）
著(编)者:马达 张丹妮　2015年6月出版 / 估价:79.00元

福建妇女发展蓝皮书
福建省妇女发展报告（2015）
著(编)者:刘群英　2015年10月出版 / 估价:58.00元

甘肃蓝皮书
甘肃舆情分析与预测（2015）
著(编)者:陈双梅 郝树声 2015年1月出版 / 定价:79.00元

甘肃蓝皮书
甘肃文化发展分析与预测（2015）
著(编)者:安文华 周小华 2015年1月出版 / 定价:79.00元

甘肃蓝皮书
甘肃社会发展分析与预测（2015）
著(编)者:安文华 包晓霞 2015年1月出版 / 定价:79.00元

甘肃蓝皮书
甘肃经济发展分析与预测（2015）
著(编)者:朱智文 罗哲 2015年1月出版 / 定价:79.00元

甘肃蓝皮书
甘肃县域经济综合竞争力评价（2015）
著(编)者:刘进军 2015年4月出版 / 估价:69.00元

甘肃蓝皮书
甘肃县域社会发展评价报告（2015）
著(编)者:刘进军 柳民 王建兵 2015年1月出版 / 定价:79.00元

广东蓝皮书
广东省电子商务发展报告（2015）
著(编)者:程晓 2015年12月出版 / 估价:69.00元

广东蓝皮书
广东社会工作发展报告（2015）
著(编)者:罗观翠 2015年6月出版 / 估价:89.00元

广东社会建设蓝皮书
广东省社会建设发展报告（2015）
著(编)者:广东省社会工作委员会 2015年10月出版 / 估价:89.00元

广东外经贸蓝皮书
广东对外经济贸易发展研究报告（2015）
著(编)者:陈万灵 2015年5月出版 / 估价:79.00元

广西北部湾经济区蓝皮书
广西北部湾经济区开放开发报告（2015）
著(编)者:广西北部湾经济区规划建设管理委员会办公室
广西社会科学院广西北部湾发展研究院
2015年8月出版 / 估价:79.00元

广州蓝皮书
广州社会保障发展报告（2015）
著(编)者:蔡国萱 2015年4月出版 / 估价:65.00元

广州蓝皮书
2015年中国广州社会形势分析与预测
著(编)者:张强 陈怡霓 杨秦 2015年5月出版 / 估价:69.00元

广州蓝皮书
广州经济发展报告（2015）
著(编)者:李江涛 朱名宏 2015年5月出版 / 估价:69.00元

广州蓝皮书
广州商贸业发展报告（2015）
著(编)者:李江涛 王旭东 荀振英 2015年6月出版 / 估价:69.00元

广州蓝皮书
2015年中国广州经济形势分析与预测
著(编)者:庾建设 沈奎 郭志勇 2015年6月出版 / 估价:79.00元

广州蓝皮书
中国广州文化发展报告（2015）
著(编)者:徐俊忠 陆志强 顾涧清 2015年6月出版 / 估价:69.0

广州蓝皮书
广州农村发展报告（2015）
著(编)者:李江涛 汤锦华 2015年8月出版 / 估价:69.00元

广州蓝皮书
中国广州城市建设与管理发展报告（2015）
著(编)者:董皞 冼伟雄 2015年7月出版 / 估价:69.00元

广州蓝皮书
中国广州科技和信息化发展报告（2015）
著(编)者:邹采荣 马正勇 冯元 2015年7月出版 / 估价:79.00元

广州蓝皮书
广州创新型城市发展报告（2015）
著(编)者:李江涛 2015年7月出版 / 估价:69.00元

广州蓝皮书
广州文化创意产业发展报告（2015）
著(编)者:甘新 2015年8月出版 / 估价:79.00元

广州蓝皮书
广州志愿服务发展报告（2015）
著(编)者:魏国华 张强 2015年9月出版 / 估价:69.00元

广州蓝皮书
广州城市国际化发展报告（2015）
著(编)者:朱名宏 2015年9月出版 / 估价:59.00元

广州蓝皮书
广州汽车产业发展报告（2015）
著(编)者:李江涛 杨再高 2015年9月出版 / 估价:69.00元

贵州房地产蓝皮书
贵州房地产发展报告（2015）
著(编)者:武廷方 2015年10月出版 / 估价:89.00元

贵州蓝皮书
贵州人才发展报告（2015）
著(编)者:于杰 吴大华 2015年4月出版 / 估价:69.00元

贵州蓝皮书
贵州社会发展报告（2015）
著(编)者:王兴骥 2015年4月出版 / 估价:69.00元

贵州蓝皮书
贵州法治发展报告（2015）
著(编)者:吴大华 2015年4月出版 / 估价:69.00元

贵州蓝皮书
贵州国有企业社会责任发展报告（2015）
著(编)者:郭丽 2015年10月出版 / 估价:79.00元

海淀蓝皮书
海淀区文化和科技融合发展报告（2015）
著(编)者:孟景伟 陈名杰 2015年5月出版 / 估价:75.00元

海峡西岸蓝皮书
海峡西岸经济区发展报告（2015）
著(编)者:黄端　2015年9月出版 / 估价:65.00元

杭州都市圈蓝皮书
杭州都市圈发展报告（2015）
著(编)者:董祖德 沈翔　2015年5月出版 / 估价:89.00元

杭州蓝皮书
杭州妇女发展报告（2015）
著(编)者:魏颖　2015年6月出版 / 估价:75.00元

河北经济蓝皮书
河北省经济发展报告（2015）
著(编)者:马树强 金浩 张贵　2015年4月出版 / 估价:79.00元

河北蓝皮书
河北经济社会发展报告（2015）
著(编)者:周文夫　2015年1月出版 / 定价:79.00元

河南经济蓝皮书
2015年河南经济形势分析与预测
著(编)者:胡五岳　2015年2月出版 / 定价:69.00元

河南蓝皮书
河南城市发展报告（2015）
著(编)者:谷建全 王建国　2015年3月出版 / 定价:79.00元

河南蓝皮书
2015年河南社会形势分析与预测
著(编)者:刘道兴 牛苏林　2015年4月出版 / 估价:69.00元

河南蓝皮书
河南工业发展报告（2015）
著(编)者:龚绍东 赵西三　2015年1月出版 / 定价:79.00元

河南蓝皮书
河南文化发展报告（2015）
著(编)者:卫绍生　2015年3月出版 / 定价:79.00元

河南蓝皮书
河南经济发展报告（2015）
著(编)者:喻新安　2014年12月出版 / 定价:79.00元

河南蓝皮书
河南法治发展报告（2015）
著(编)者:丁同民 闫德民　2015年4月出版 / 估价:69.00元

河南蓝皮书
河南金融发展报告（2015）
著(编)者:喻新安 谷建全　2015年4月出版 / 估价:69.00元

河南商务蓝皮书
河南商务发展报告（2015）
著(编)者:焦锦淼 穆荣国　2015年5月出版 / 估价:88.00元

黑龙江产业蓝皮书
黑龙江产业发展报告（2015）
著(编)者:于渤　2015年9月出版 / 估价:79.00元

黑龙江蓝皮书
黑龙江经济发展报告（2015）
著(编)者:曲伟　2015年1月出版 / 定价:79.00元

黑龙江蓝皮书
黑龙江社会发展报告（2015）
著(编)者:张新颖　2015年1月出版 / 定价:79.00元

湖北文化蓝皮书
湖北文化发展报告（2015）
著(编)者:江畅 吴成国　2015年5月出版 / 估价:89.00元

湖南城市蓝皮书
区域城市群整合
著(编)者:童中贤 韩未名　2015年12月出版 / 估价:79.00元

湖南蓝皮书
2015年湖南电子政务发展报告
著(编)者:梁志峰　2015年4月出版 / 估价:128.00元

湖南蓝皮书
2015年湖南社会发展报告
著(编)者:梁志峰　2015年4月出版 / 估价:128.00元

湖南蓝皮书
2015年湖南产业发展报告
著(编)者:梁志峰　2015年4月出版 / 估价:128.00元

湖南蓝皮书
2015年湖南经济展望
著(编)者:梁志峰　2015年4月出版 / 估价:128.00元

湖南蓝皮书
2015年湖南县域经济社会发展报告
著(编)者:梁志峰　2015年4月出版 / 估价:128.00元

湖南蓝皮书
2015年湖南两型社会发展报告
著(编)者:梁志峰　2015年4月出版 / 估价:128.00元

湖南县域绿皮书
湖南县域发展报告No.2
著(编)者:朱有志　2015年4月出版 / 估价:69.00元

沪港蓝皮书
沪港发展报告（2015）
著(编)者:尤安山　2015年9月出版 / 估价:89.00元

吉林蓝皮书
2015年吉林经济社会形势分析与预测
著(编)者:马克　2015年2月出版 / 定价:89.00元

济源蓝皮书
济源经济社会发展报告（2015）
著(编)者:喻新安　2015年4月出版 / 估价:69.00元

健康城市蓝皮书
北京健康城市建设研究报告（2015）
著(编)者:王鸿春　2015年4月出版 / 估价:79.00元

江苏法治蓝皮书
江苏法治发展报告（2015）
著(编)者:李力 龚廷泰　2015年9月出版 / 估价:98.00元

京津冀蓝皮书
京津冀发展报告（2015）
著(编)者:文魁 祝尔娟　2015年4月出版 / 估价:79.00元

经济特区蓝皮书
中国经济特区发展报告（2015）
著(编)者:陶一桃 2015年4月出版 / 估价:89.00元

辽宁蓝皮书
2015年辽宁经济社会形势分析与预测
著(编)者:曹晓峰 张晶 梁启东 2014年12月出版 / 定价:79.00元

南京蓝皮书
南京文化发展报告（2015）
著(编)者:南京文化产业研究中心
2015年12月出版 / 估价:79.00元

内蒙古蓝皮书
内蒙古反腐倡廉建设报告（2015）
著(编)者:张志华 无极 2015年12月出版 / 估价:69.00元

浦东新区蓝皮书
上海浦东经济发展报告（2015）
著(编)者:沈开艳 陆沪根 2015年1月出版 / 定价:69.00元

青海蓝皮书
2015年青海经济社会形势分析与预测
著(编)者:赵宗福 2014年12月出版 / 定价:69.00元

人口与健康蓝皮书
深圳人口与健康发展报告（2015）
著(编)者:曾序春 2015年12月出版 / 估价:89.00元

山东蓝皮书
山东社会形势分析与预测（2015）
著(编)者:张华 唐洲雁 2015年6月出版 / 估价:89.00元

山东蓝皮书
山东经济形势分析与预测（2015）
著(编)者:张华 唐洲雁 2015年6月出版 / 估价:89.00元

山东蓝皮书
山东文化发展报告（2015）
著(编)者:张华 唐洲雁 2015年6月出版 / 估价:98.00元

山西蓝皮书
山西资源型经济转型发展报告（2015）
著(编)者:李志强 2015年5月出版 / 估价:98.00元

陕西蓝皮书
陕西经济发展报告（2015）
著(编)者:任宗哲 白宽犁 裴成荣 2015年1月出版 / 定价:69.00元

陕西蓝皮书
陕西社会发展报告（2015）
著(编)者:任宗哲 白宽犁 牛昉 2015年1月出版 / 定价:69.00元

陕西蓝皮书
陕西文化发展报告（2015）
著(编)者:任宗哲 白宽犁 王长寿 2015年1月出版 / 定价:65.00元

陕西蓝皮书
丝绸之路经济带发展报告（2015）
著(编)者:任宗哲 石英 白宽犁
2015年8月出版 / 估价:79.00元

上海蓝皮书
上海文学发展报告（2015）
著(编)者:陈圣来 2015年1月出版 / 定价:69.00元

上海蓝皮书
上海文化发展报告（2015）
著(编)者:荣跃明 2015年1月出版 / 定价:74.00元

上海蓝皮书
上海资源环境发展报告（2015）
著(编)者:周冯琦 汤庆合 任文伟
2015年1月出版 / 定价:69.00元

上海蓝皮书
上海社会发展报告（2015）
著(编)者:杨雄 周海旺 2015年1月出版 / 定价:69.00元

上海蓝皮书
上海经济发展报告（2015）
著(编)者:沈开艳 2015年1月出版 / 定价:69.00元

上海蓝皮书
上海传媒发展报告（2015）
著(编)者:强荧 焦雨虹 2015年1月出版 / 定价:69.00元

上海蓝皮书
上海法治发展报告（2015）
著(编)者:叶青 2015年4月出版 / 估价:69.00元

上饶蓝皮书
上饶发展报告（2015）
著(编)者:朱寅健 2015年4月出版 / 估价:128.00元

社会建设蓝皮书
2015年北京社会建设分析报告
著(编)者:宋贵伦 冯虹 2015年7月出版 / 估价:79.00元

深圳蓝皮书
深圳劳动关系发展报告（2015）
著(编)者:汤庭芬 2015年6月出版 / 估价:75.00元

深圳蓝皮书
深圳经济发展报告（2015）
著(编)者:张骁儒 2015年7月出版 / 估价:79.00元

深圳蓝皮书
深圳社会发展报告（2015）
著(编)者:叶民辉 张骁儒 2015年7月出版 / 估价:89.00元

深圳蓝皮书
深圳法治发展报告（2015）
著(编)者:张骁儒 2015年4月出版 / 估价:79.00元

四川蓝皮书
四川文化产业发展报告（2015）
著(编)者:侯水平 2015年4月出版 / 估价:69.00元

四川蓝皮书
四川企业社会责任研究报告（2015）
著(编)者:侯水平 盛毅 2015年3月出版 / 定价:79.00元

四川蓝皮书
四川法治发展报告（2015）
著(编)者:郑泰安　2015年1月出版 / 定价:69.00元

四川蓝皮书
2015年四川生态建设报告
著(编)者:四川省社会科学院
2015年4月出版 / 估价:69.00元

四川蓝皮书
四川城镇化发展报告（2015）
著(编)者:四川省城镇发展研究中心
2015年4月出版 / 估价:69.00元

四川蓝皮书
2015年四川社会发展形势分析与预测
著(编)者:郭晓鸣　李羚　2015年5月出版 / 估价:69.00元

四川蓝皮书
2015年四川经济发展形势分析与预测
著(编)者:杨钢　2015年1月出版 / 定价:89.00元

四川法治蓝皮书
四川依法治省年度报告No.1（2015）
著(编)者:李林 杨天宗 田禾　2015年3月出版 / 定价:108.00元

天津金融蓝皮书
天津金融发展报告（2015）
著(编)者:王爱俭 杜强　2015年9月出版 / 估价:89.00元

图们江区域合作蓝皮书
中国图们江区域合作开发发展报告（2015）
著(编)者:李铁　朱显平　吴成章　2015年4月出版 / 估价:79.00元

温州蓝皮书
2015年温州经济社会形势分析与预测
著(编)者:潘忠强 王春光 金浩　2015年4月出版 / 估价:69.00元

扬州蓝皮书
扬州经济社会发展报告（2015）
著(编)者:丁纯　2015年12月出版 / 估价:89.00元

云南蓝皮书
中国面向西南开放重要桥头堡建设发展报告（2015）
著(编)者:刘绍怀　2015年12月出版 / 估价:69.00元

长株潭城市群蓝皮书
长株潭城市群发展报告（2015）
著(编)者:张萍　2015年4月出版 / 估价:69.00元

郑州蓝皮书
2015年郑州文化发展报告
著(编)者:王哲　2015年9月出版 / 估价:65.00元

中医文化蓝皮书
北京中医文化发展报告（2015）
著(编)者:毛嘉陵　2015年4月出版 / 估价:69.00元

珠三角流通蓝皮书
珠三角商圈发展研究报告（2015）
著(编)者:林至颖 王先庆　2015年7月出版 / 估价:98.00元

国别与地区类

阿拉伯黄皮书
阿拉伯发展报告（2015）
著(编)者:马晓霖　2015年4月出版 / 估价:79.00元

北部湾蓝皮书
泛北部湾合作发展报告（2015）
著(编)者:吕余生　2015年8月出版 / 估价:69.00元

大湄公河次区域蓝皮书
大湄公河次区域合作发展报告（2015）
著(编)者:刘稚　2015年9月出版 / 估价:79.00元

大洋洲蓝皮书
大洋洲发展报告（2015）
著(编)者:喻常森　2015年8月出版 / 估价:89.00元

德国蓝皮书
德国发展报告（2015）
著(编)者:郑春荣 伍慧萍　2015年6月出版 / 估价:69.00元

东北亚黄皮书
东北亚地区政治与安全（2015）
著(编)者:黄凤志 刘清才 张慧智
2015年5月出版 / 估价:69.00元

东盟黄皮书
东盟发展报告（2015）
著(编)者:崔晓麟　2015年5月出版 / 估价:75.00元

东南亚蓝皮书
东南亚地区发展报告（2015）
著(编)者:王勤　2015年4月出版 / 估价:79.00元

俄罗斯黄皮书
俄罗斯发展报告（2015）
著(编)者:李永全　2015年7月出版 / 估价:79.00元

非洲黄皮书
非洲发展报告（2015）
著(编)者:张宏明　2015年7月出版 / 估价:79.00元

国际形势黄皮书
全球政治与安全报告（2015）
著(编)者:李慎明 张宇燕 2015年1月出版 / 定价:69.00元

韩国蓝皮书
韩国发展报告（2015）
著(编)者:刘宝全 牛林杰 2015年8月出版 / 估价:79.00元

加拿大蓝皮书
加拿大发展报告（2015）
著(编)者:仲伟合 2015年4月出版 / 估价:89.00元

拉美黄皮书
拉丁美洲和加勒比发展报告（2014~2015）
著(编)者:吴白乙 2015年4月出版 / 估价:89.00元

美国蓝皮书
美国研究报告（2015）
著(编)者:黄平 郑秉文 2015年7月出版 / 估价:89.00元

缅甸蓝皮书
缅甸国情报告（2015）
著(编)者:李晨阳 2015年8月出版 / 估价:79.00元

欧洲蓝皮书
欧洲发展报告（2015）
著(编)者:周弘 2015年6月出版 / 估价:89.00元

葡语国家蓝皮书
葡语国家发展报告（2015）
著(编)者:对外经济贸易大学区域国别研究所 葡语国家研究中心
2015年4月出版 / 估价:89.00元

葡语国家蓝皮书
中国与葡语国家关系发展报告·巴西（2014）
著(编)者:澳门科技大学 2015年4月出版 / 估价:89.00元

日本经济蓝皮书
日本经济与中日经贸关系研究报告（2015）
著(编)者:王洛林 张季风 2015年5月出版 / 估价:79.00元

日本蓝皮书
日本研究报告（2015）
著(编)者:李薇 2015年4月出版 / 估价:69.00元

上海合作组织黄皮书
上海合作组织发展报告（2015）
著(编)者:李进峰 吴宏伟 李伟
2015年9月出版 / 估价:89.00元

世界创新竞争力黄皮书
世界创新竞争力发展报告（2015）
著(编)者:李闽榕 李建平 赵新力
2015年12月出版 / 估价:148.00元

土耳其蓝皮书
土耳其发展报告（2015）
著(编)者:郭长刚 刘义 2015年7月出版 / 估价:89.00元

亚太蓝皮书
亚太地区发展报告（2015）
著(编)者:李向阳 2015年1月出版 / 定价:59.00元

印度蓝皮书
印度国情报告（2015）
著(编)者:吕昭义 2015年5月出版 / 估价:89.00元

印度洋地区蓝皮书
印度洋地区发展报告（2015）
著(编)者:汪戎 2015年4月出版 / 估价:79.00元

中东黄皮书
中东发展报告（2015）
著(编)者:杨光 2015年11月出版 / 估价:89.00元

中欧关系蓝皮书
中欧关系研究报告（2015）
著(编)者:周弘 2015年12月出版 / 估价:98.00元

中亚黄皮书
中亚国家发展报告（2015）
著(编)者:孙力 吴宏伟 2015年9月出版 / 估价:89.00元

皮书大事记
（2014）

☆ 2014年10月，中国社会科学院2014年度皮书纳入创新工程学术出版资助名单正式公布，相关资助措施进一步落实。

☆ 2014年8月，由中国社会科学院主办，贵州省社会科学院、社会科学文献出版社承办的“第十五次全国皮书年会（2014）”在贵州贵阳隆重召开。

☆ 2014年8月，第二批淘汰的27种皮书名单公布。

☆ 2014年7月，第五届优秀皮书奖评审会在京召开。本届优秀皮书奖首次同时评选优秀皮书和优秀皮书报告。

☆ 2014年7月，第三届皮书学术评审委员会于北京成立。

☆ 2014年6月，社会科学文献出版社与北京报刊发行局签订合同，将部分重点皮书纳入邮政发行系统。

☆ 2014年6月，《中国社会科学院皮书管理办法》正式颁布实施。

☆ 2014年4月，出台《社会科学文献出版社关于加强皮书编审工作的有关规定》《社会科学文献出版社皮书责任编辑管理规定》《社会科学文献出版社关于皮书准入与退出的若干规定》。

☆ 2014年1月，首批淘汰的44种皮书名单公布。

☆ 2014年1月，“2013(第七届)全国新闻出版业网站年会”在北京举办，中国皮书网被评为“最具商业价值网站”。

☆ 2014年1月,社会科学文献出版社在原皮书评价研究中心的基础上成立了皮书研究院。

权威报告·热点资讯·特色资源

皮书数据库

ANNUAL REPORT(YEARBOOK) DATABASE

当代中国与世界发展高端智库平台

WWW.PISHU.COM.CN

皮书俱乐部会员服务指南

1. 谁能成为皮书俱乐部成员?

- 皮书作者自动成为俱乐部会员
- 购买了皮书产品（纸质书/电子书）的个人用户

2. 会员可以享受的增值服务

- 免费获赠皮书数据库100元充值卡
- 加入皮书俱乐部，免费获赠该纸质图书的电子书
- 免费定期获赠皮书电子期刊
- 优先参与各类皮书学术活动
- 优先享受皮书产品的最新优惠

3. 如何享受增值服务?

（1）免费获赠100元皮书数据库体验卡

第1步 刮开附赠充值的涂层（右下）；

第2步 登录皮书数据库网站（www.pishu.com.cn），注册账号；

第3步 登录并进入“会员中心”—“在线充值”—“充值卡充值”，充值成功后即可使用。

（2）加入皮书俱乐部，凭数据库体验卡获赠该书的电子书

第1步 登录社会科学文献出版社官网（www.ssap.com.cn），注册账号；

第2步 登录并进入“会员中心”—“皮书俱乐部”，提交加入皮书俱乐部申请；

第3步 审核通过后，再次进入皮书俱乐部，填写页面所需图书、体验卡信息即可自动兑换相应电子书。

4. 声明

解释权归社会科学文献出版社所有

皮书俱乐部会员可享受社会科学文献出版社其他相关免费增值服务，有任何疑问，均可与我们联系。

图书销售热线：010-59367070/7028
图书服务QQ：800045692
图书服务邮箱：duzhe@ssap.cn

数据库服务热线：400-008-6695
数据库服务QQ：2475522410
数据库服务邮箱：database@ssap.cn

欢迎登录社会科学文献出版社官网（www.ssap.com.cn）和中国皮书网（www.pishu.cn）了解更多信息

社会科学文献出版社 SOCIAL SCIENCES ACADEMIC PRESS (CHINA) 皮书系列

卡号：232539346857

密码：

S 子库介绍
Sub-Database Introduction

中国经济发展数据库

涵盖宏观经济、农业经济、工业经济、产业经济、财政金融、交通旅游、商业贸易、劳动经济、企业经济、房地产经济、城市经济、区域经济等领域，为用户实时了解经济运行态势、把握经济发展规律、洞察经济形势、做出经济决策提供参考和依据。

中国社会发展数据库

全面整合国内外有关中国社会发展的统计数据、深度分析报告、专家解读和热点资讯构建而成的专业学术数据库。涉及宗教、社会、人口、政治、外交、法律、文化、教育、体育、文学艺术、医药卫生、资源环境等多个领域。

中国行业发展数据库

以中国国民经济行业分类为依据，跟踪分析国民经济各行业市场运行状况和政策导向，提供行业发展最前沿的资讯，为用户投资、从业及各种经济决策提供理论基础和实践指导。内容涵盖农业，能源与矿产业，交通运输业，制造业，金融业，房地产业，租赁和商务服务业，科学研究，环境和公共设施管理，居民服务业，教育，卫生和社会保障，文化、体育和娱乐业等 100 余个行业。

中国区域发展数据库

以特定区域内的经济、社会、文化、法治、资源环境等领域的现状与发展情况进行分析和预测。涵盖中部、西部、东北、西北等地区，长三角、珠三角、黄三角、京津冀、环渤海、合肥经济圈、长株潭城市群、关中—天水经济区、海峡经济区等区域经济体和城市圈，北京、上海、浙江、河南、陕西等 34 个省份及中国台湾地区。

中国文化传媒数据库

包括文化事业、文化产业、宗教、群众文化、图书馆事业、博物馆事业、档案事业、语言文字、文学、历史地理、新闻传播、广播电视、出版事业、艺术、电影、娱乐等多个子库。

世界经济与国际政治数据库

以皮书系列中涉及世界经济与国际政治的研究成果为基础，全面整合国内外有关世界经济与国际政治的统计数据、深度分析报告、专家解读和热点资讯构建而成的专业学术数据库。包括世界经济、世界政治、世界文化、国际社会、国际关系、国际组织、区域发展、国别发展等多个子库。